Neue Studien zur frühneuzeitlichen Reichsgeschichte

ZEITSCHRIFT FÜR HISTORISCHE FORSCHUNG

Vierteljahresschrift zur Erforschung des Spätmittelalters u. der frühen Neuzeit

Herausgegeben von

Johannes Kunisch, Klaus Luig, Peter Moraw,
Heinz Schilling, Bernd Schneidmüller

Beiheft 19

Neue Studien zur frühneuzeitlichen Reichsgeschichte

Herausgegeben von

Johannes Kunisch

Duncker & Humblot · Berlin

Die Deutsche Bibliothek – CIP-Einheitsaufnahme

[Zeitschrift für historische Forschung / Beiheft]
Zeitschrift für historische Forschung : Vierteljahresschrift zur Erforschung des Spätmittelalters und der frühen Neuzeit. Beiheft. – Berlin : Duncker und Humblot.
Früher Schriftenreihe
Reihe Beiheft zu: Zeitschrift für historische Forschung
ISSN 0931-5268

19. Neue Studien zur frühneuzeitlichen Reichsgeschichte. – 1997

Neue Studien zur frühneuzeitlichen Reichsgeschichte / hrsg. von Johannes Kunisch. – Berlin : Duncker & Humblot, 1997
(Zeitschrift für historische Forschung : Beiheft ; 19)
ISBN 3-428-09096-9

Fremddatenübernahme: Klaus-Dieter Voigt, Berlin
Druck: Berliner Buchdruckerei Union GmbH, Berlin
Printed in Germany

ISSN 0931-5268
ISBN 3-428-09096-9

Gedruckt auf alterungsbeständigem (säurefreiem) Papier
entsprechend ISO 9706 ♾

Vorwort

Bereits 1987 konnte in den Beiheften der Zeitschrift für Historische Forschung ein Band zu Grundsatzfragen der frühneuzeitlichen Reichsgeschichte vorgelegt werden, der an den programmatischen Forschungsentwurf von Peter Moraw und Volker Press zu „Problemen der Sozial- und Verfassungsgeschichte des Heiligen Römischen Reiches im späten Mittelalter und der frühen Neuzeit" (ZHF 2/1975) anknüpfte. Er hat das Seine dazu beigetragen, daß die Geschichte des Heiligen Römischen Reiches mittlerweile als eines der am intensivsten erforschten Gebiete der frühen Neuzeit gelten kann. Auch heute noch gilt die Feststellung, daß die Aktualität der auch in diesem Bande erörterten Themen nicht mehr in dem Bestreben liegen kann, dem Alten Reich nach einer langen Tradition abschätziger Betrachtung einen Rang zuzuweisen, der seiner Bedeutung für die Ausbildung frühmoderner Staatlichkeit entspricht. Vielmehr scheint es mir in der augenblicklichen Forschungssituation geboten, sich darauf zu besinnen, daß gerade die Reichsgeschichte für das Studium ständestaatlicher Verfassungsformen mit all ihren juristischen und sozialen Regelungsmechanismen entscheidende Impulse zu geben vermag und insofern auch eingebettet werden sollte in einen Diskurs über die gesamteuropäische Sozial- und Verfassungsgeschichte der frühen Neuzeit.

Einige Aufsätze dieses Bandes sind ursprünglich für die Zeitschrift für Historische Forschung bestimmt gewesen. Sie ließen sich jedoch mit Beiträgen zusammenfügen, deren Entstehung der Herausgeber während vieler Jahre intensiver Gespräche begleitet hat. So besteht die Hoffnung, daß mit diesem Beiheft ein spezifischer Beitrag zur Erforschung der frühneuzeitlichen Reichsgeschichte geleistet werden kann.

Köln, im Mai 1997 *Johannes Kunisch*

Inhaltsverzeichnis

Johannes Kunisch
zum 31. Januar 1997

Die Römische Königswahl vivente imperatore in der Neuzeit

Zum Problem der Kontinuität in einer frühneuzeitlichen Wahlmonarchie

Von Helmut Neuhaus, Erlangen

I.

„Wir wollen und verordnen" – heißt es in der Mai-Verfassung des Königreichs Polen aus dem Jahre 1791 –, „daß der polnische Thron auf immer ein Familienwahlthron seyn soll. Die zur Genüge erfahrnen Uebel der die Regierung periodisch zertrümmernden Zwischenreiche; unsere Pflicht, das Schicksal jedes Einwohners in Polen sicher zu stellen und dem Einfluß auswärtiger Mächte auf immer zu steuern; das Andenken der Herrlichkeit und Glückseligkeit unseres Vaterlandes zu den Zeiten der ununterbrochenen regierenden Familien; die Nothwendigkeit, Fremde von dem Streben nach dem Throne zurückzuhalten und dagegen mächtige Polen zur einmüthigen Beschützung der Nationalfreiheit zurückzuführen, haben uns nach reifer Ueberlegung bewogen, den polnischen Thron nach dem Gesetze der Erbfolge zu vergeben"[1].

Sehr spät zog man damit in einer der letzten der klassischen Wahlmonarchien des frühneuzeitlichen Europa die Konsequenzen aus den Nachteilen dieser Staatsform, nachdem bereits fast genau ein Jahrhundert zuvor – 1687/88 – im Wahlkönigreich Ungarn die Erbmonarchie eingeführt worden war, noch früher – 1665 – in Dänemark und schon 1627 in Böhmen. Im Land der Wenzelskrone war dies durch die „Vernewerte Landes-Ordnung des Königreichs Böhaimb" vom 10. Mai 1627 geschehen[2], mit der König Ferdinand II. (1617 - 1619, 1621 - 1637) auf die böh-

---

1 Vgl. den Text der „Verfassung vom 3. Mai 1791" in: Die europäischen Verfassungen seit dem Jahre 1789 bis auf die neueste Zeit. Mit geschichtlichen Erläuterungen und Einleitungen von *Karl Heinrich Ludwig Pölitz,* Bd. 3, 3. Aufl., Leipzig 1833, 8 - 16, hier 12; siehe auch die Übersetzung bei *Walerian Kalinka,* Der vierjährige Polnische Reichstag 1788 - 1791, Bd. 2, Berlin 1898, 746. – Folgende Abkürzungen werden (außer den allgemein üblichen) verwendet: AUR = Allgemeine Urkundenreihe, GStA = Geheimes Staatsarchiv, HHStA = Haus-, Hof- und Staatsarchiv, HStA = Hauptstaatsarchiv.

2 Obnovené Právo a Zřízení Zemské dědičného království Českého. Verneuerte Landes-Ordnung des Erb-Königsreichs Böhmen. 1627. K vydání upravil *Hermenegild Jireček,* Praze 1888, hier Tit. A.I., Von der Erb-Succession im Königreich

mische Konföderationsakte vom 31. Juli 1619 reagierte, in der von den revoltierenden Ständen der Charakter Böhmens als Wahlmonarchie letztmalig und unzweideutig festgeschrieben worden war[3]. In Dänemark hatte König Friedrich III. (1648 - 1670) mit der „Lex Regia“ vom 14. November 1665 das „Alleinherrschafts-Erb-Königtum und Regiment“ eingeführt[4]. Im Land der Stephanskrone erfolgte die Ablösung der Wahlmonarchie durch die Erbmonarchie dagegen unter der Fiktion des auf dem Reichstag zu Preßburg von 1687/88 erreichten Konsenses zwischen König Leopold I. (1655 - 1705) und den ungarischen Ständen, die nach ihren erfolglosen Bemühungen, wenigstens ein Minimum an Mitsprache beim Herrscherwechsel zu behalten, schließlich die Erbfolge der männlichen Linie des Hauses Habsburg nach Primogeniturrecht in Artikel II der Beschlüsse anerkannten[5].

Im Unterschied zu Böhmen, Dänemark und Ungarn einerseits, Polen andererseits hat das Heilige Römische Reich Deutscher Nation seinen Charakter als ständisch begrenzte Wahlmonarchie über die epochemachenden Entscheidungen der sechs Jahrzehnte von 1627 bis 1687/88 zu

---

Böhaimb, 9/11. – Bereits in seinem Testament vom 10. Mai 1621 hatte Kaiser Ferdinand II. verfügt, „daß von nuhn hinfüran zu ewigen Zeitten alle vnsere Erbkünigreich [...] keines wegs, noch auf einige weis, es seye durch verrer Testament, Vermächt, Heüraths- oder einige andere benante, noch vnbenannte conträct zerthailt oder zertrennt, sondern allezeit innsgesambt auf denn eltisten descendenten nach art vnd ausweisung des Juris Primogeniturae vnd Maioratus fallen vnd verstammet werden solle[n]“; vgl. den Text bei *Gustav Turba,* Die Grundlagen der Pragmatischen Sanktion, Teil 2: Die Hausgesetze, Leipzig/Wien 1912, 349.

3 Vgl. den Text der böhmischen Konföderationsakte vom 31. Juli 1619 in: Documenta Bohemica Bellum Tricennale Illustrantia, Tomus II: Der Beginn des Dreißigjährigen Krieges. Der Kampf um Böhmen. Quellen zur Geschichte des Böhmischen Krieges (1618 - 1621), Prag 1972, Nr. 419, 151 - 165, hier etwa §§ 22ff., 156. – Vgl. dazu *Rudolf Stanka,* Die böhmische Confoederationsakte von 1619 (Historische Studien, 213), Berlin 1932.

4 Der Text der „Lex Regia“ jetzt bei *Kersten Krüger,* Absolutismus in Dänemark. Ein Modell für Begriffsbildung und Typologie, in: Zeitschrift der Gesellschaft für schleswig-holsteinische Geschichte 104 (1979), 171 - 206, hier 196 - 206, Zitat im Abschnitt „Übertragung des absoluten Erbkönigtums“, 197. – Vgl. dazu vor allem *Johannes Kunisch,* Staatsverfassung und Mächtepolitik. Zur Genese von Staatenkonflikten im Zeitalter des Absolutismus (Historische Forschungen, 15), Berlin 1979, 17 - 39; *ders.,* Hausgesetzgebung und Mächtesystem. Zur Einbeziehung hausvertraglicher Erbfolgeregelungen in die Staatenpolitik des ancien régime, in: Der dynastische Fürstenstaat. Zur Bedeutung von Sukzessionsordnungen für die Entstehung des frühmodernen Staates, in Zusammenarbeit mit Helmut Neuhaus hrsg. von Johannes Kunisch (Historische Forschungen, 21), Berlin 1982, 49 - 80.

5 Vgl. zum Ganzen: *Gustav Turba,* Die Grundlagen der Pragmatischen Sanktion. I. Ungarn (Wiener Staatswissenschaftliche Studien, 10/2), Leipzig/Wien 1911, 3 - 87; ebd., 253 - 269, als Beilage Nr. 12 die wichtigsten Texte zur „Entstehung der ungarischen Thronfolgeartikel von 1687/8“, 261/263: „Articulus II“; siehe ferner *Ignaz Aurelius Fessler,* Geschichte von Ungarn. Zweite vermehrte und verbesserte Auflage, bearb. von Ernst Klein, Bd. 4: Die Zeit der Könige von Rudolf I. bis Leopold I. 1576 - 1705, Leipzig 1877, 443 - 454; *Heinrich Marczali,* Ungarische Verfassungsgeschichte, Tübingen 1910, 93f.

Gunsten des dynastischen Fürstenstaates und die des späten 18. Jahrhunderts zu Gunsten der konstitutionellen Monarchie hinaus bis zu seiner Auflösung im Jahre 1806 bewahren können. Mit den Gewohnheitsrecht fixierenden Grundsätzen der Römischen Königswahl war dieser Charakter in der Goldenen Bulle Kaiser Karls IV. von 1356 endgültig und reichsgrundgesetzlich festgeschrieben worden, die für die Wahl im allgemeinen das Ableben des bis dahin regierenden Kaisers oder Königs voraussetzte und vom Interregnum ausging[6]. Der Wahlcharakter des Alten Reiches wurde darüber hinaus in allen königlichen/kaiserlichen Wahlkapitulationen von 1519 bis 1792 von allen Kaisern und Königen bekräftigt, indem sie versprachen, sich „keiner Succession oder Erbschaft des [...] Römischen Reichs anmaßen, underwinden, noch in sölher Gestalt underziehen oder darnach trachten" zu wollen und dies weder für sich selbst noch ihre „Erben und Nachkommen oder [...] jemants anderst" zu beanspruchen; und sie sicherten – wie in dem hier gewählten Beispiel Karls V. vom 3. Juli 1519 – den „Churfursten, ir Nachkomen und Erben zu", sie „zu jeglicher Zeit bei irer freien Wael, wie von Alters her auf sie komen, die Guldin Bulla, babstlich Recht und ander Gesetze oder Freiheiten vermögen", zu belassen[7].

---

6 Die Goldene Bulle Kaiser Karls IV. vom Jahre 1356. Text, bearb. von Wolfgang D. Fritz, hrsg. von der Deutschen Akademie der Wissenschaften zu Berlin, Zentralinstitut für Geschichte (Fontes Iuris Germanici Antiqui in usum scholarum ex Monumentis Germaniae Historicis separatim editi XI: Bulla Aurea Karoli IV. Imperatoris Anno MCCCLVI Promulgata), Weimar 1972, Cap. I und II, 46 - 56.

7 Die Wahlkapitulation Karls V. vom 3. Juli 1519 in: Quellensammlung zur Geschichte der Deutschen Reichsverfassung in Mittelalter und Neuzeit, bearb. von Karl Zeumer (Quellensammlungen zum Staats-, Verwaltungs- und Völkerrecht, 2), 2. Aufl., Tübingen 1913, Nr. 180, 309 - 313, hier § 28, 312. – Vgl. auch die erste Wahlkapitulation Ferdinands I. von 1531: Römisch-Königliche Kapitulation Ferdinands des Ersten, vom 7. Jenner, 1531. Mit einigen Beylagen und Anmerkungen hrsg. von Gottfried August Arndt, Leipzig 1781, § 26, 16; ferner: Wahl-Capitulationes, Welche mit denen Römischen Kaysern und Königen, Dann des H. Röm. Reichs Churfürsten Als dessen vordersten Gliedern und Grund-Säulen [...] Geding- und Pacts-weise auffgerichtet, vereiniget und verglichen [...], hrsg. von Christoph Ziegler, Frankfurt/M. 1711, Art. 26, 34f. (zweite Wahlkapitulation Ferdinands I., 1558), Art. 31, 50f. (Wahlkapitulation Maximilians II., 1562), Art. 28 und 29, 67f. (Wahlkapitulation Rudolfs II., 1575), Art. 34, 89f. (Wahlkapitulation Matthias', 1612), Art. 34, 114 (Wahlkapitulation Ferdinands II., 1619), Art. 38, 145 (Wahlkapitulation Ferdinands III., 1636), Art. 36, 184f. (Wahlkapitulation Ferdinands IV., 1653), Art. 36, 254 (Wahlkapitulation Leopolds I., 1658), Art. 35, 347 (Wahlkapitulation Josephs I., 1690); Wahl-Capitulation Des Allerdurchlauchtigsten, Großmächtigsten und Unüberwindlichsten Fürsten und Herrn, Herrn Caroli des VI. [...]. Beschlossen und auffgerichtet zu Frankfurt am Mayn den 12. Octobr. 1711, in: Vollständiges Diarium alles dessen was vor, in und nach denen höchstansehnlichsten Wahl- und Crönungs-Solennitaeten [...] Caroli des VI. [...] passiret ist [...], Frankfurt/M. 1712 [ohne durchgehende Paginierung], 1 - 30, hier Art. III, 4; *Johann Jacob Moser*, Ihro Römisch-Kayserlichen Majestät Karls des Siebenden Wahl-Capitulation, Mit Beylagen und Anmerckungen, Frankfurt/M. 1742, Art. III, §§ 10ff., insbes. § 14, 10 - 12; Der Römisch Kayserl. Majestät Francisci Wahl-Capitulation, in: Zugabe zu dem Vierten Theil der Reichs-Gesetze [= Neue und vollständigere sammlung der reichs-abschiede, welche von den zeiten kaiser Konrads II.

Ähnliche Festschreibungen des Wahlcharakters einer Monarchie finden sich in zahlreichen leges fundamentales oder vergleichbaren Dokumenten Alteuropas. Zumeist stehen sie im Kontext von Bestimmungen, die die Designation, Wahl oder Krönung eines Königs zu Lebzeiten eines regierenden Monarchen verbieten und damit zugleich im historischen Zusammenhang des langandauernden Kampfes um Erb- oder Wahlmonarchie. In exemplarischer Deutlichkeit tritt dies während der Frühen Neuzeit in der vom Prager Generallandtag des Königreichs Böhmen verabschiedeten Konföderationsakte vom 31. Juli 1619 hervor. Nachdem die Stände zum Zwecke der Untermauerung ihrer verfassungspolitischen Ziele schon zu Beginn behauptet hatten, daß das Königreich Böhmen immer schon „ohne einzige Erblichkeit" gewesen sei, hieß es in § 22: Weil die Länder der Wenzelskrone „keine Erbländer sein, sondern auf freier Wahl bestehen [...], so soll kein König sich unterstehen, etwas in Praejudicium hievon zu disponieren". § 24 bestimmte dann, daß „die Juramenta [...] auch künftig bloß und allein auf den König und keine Erben gerichtet werden [sollten]", und im dazwischen liegenden § 23 wurde festgelegt: „So soll auch in künftig bei Lebzeiten eines regierenden Königs kein ander designirt, viel weniger zu Könige erwählet oder gekrönet werden, es sei dann, daß es die unirte Lande selbst für eine Notturft erachten und begehren würden"[8]. In Polen bekräftigten die

---

bis jetzo auf den Teutschen reichs-tägen abgefasst worden (...), Teil IV], Frankfurt/M. 1747, 2 - 34, hier Art. III, §§ 10ff., insbes. § 14, 4f.; Ihro Röm. Königl. Majestät Josephi II. Wahl-Capitulation [...] Nach denen Originalien [...] collationirt Durch Franz Erwin Serger, Mainz 1764, Art. III, §§ 10ff., insbes. § 14, 11 - 15; Wahlkapitulation des römischen Kaisers Leopolds des Zweiten nach dem kurmainzischen Originale, hrsg. von Johann Richard Roth, Mainz, Frankfurt/M. 1790, Art. III, §§ 9ff., insbes. § 13, 11 - 13; Die kaiserliche Wahlkapitulation Seiner Majestät Franz des Zweyten mit kritischen Anmerkungen und einem Versuche ihres Vortrags in gereinigter Kanzelley-Sprache des jetzigen Zeitalters, hrsg. von Friedrich August Schmelzer, Helmstedt 1793, Art. III, §§ 9ff., insbes. § 13, 25 - 29; siehe auch „Entwurf einer beständigen Wahlkapitulation. 1711, Juli 8", in: Quellensammlung zur Geschichte der Deutschen Reichsverfassung (wie oben), Nr. 205, 474 - 497, hier Art. III, 475f. – Zu Veränderungen in den einzelnen Wahlkapitulationen, die freilich nicht den Charakter des Reiches als Wahlmonarchie berühren, siehe unten. – Zu den königlichen/kaiserlichen Wahlkapitulationen generell: *Fritz Hartung,* Die Wahlkapitulationen der deutschen Kaiser und Könige, in: HZ 107 (1911), 306 - 344; *Gerd Kleinheyer,* Die kaiserlichen Wahlkapitulationen. Geschichte, Wesen und Funktion (Studien und Quellen zur Geschichte des deutschen Verfassungsrechts, Reihe A: Studien, 1), Karlsruhe 1968.

8 Vgl. den Text der Konföderationsakte (Anm. 3), 151f., 156; siehe auch die 1547 erfolgte „Conföderation der Stände, vereinbart bei der Zusammenkunft in Prag, welche zu Mitfasten stattgefunden hat (17. März 1547)", bei *Stanka,* Die böhmische Conföderationsakte von 1619 (Anm. 3), Nr. 3, 161 - 168, hier § XXXI, 166. Zum Wahlcharakter des Königreichs Böhmen insgesamt: *Gustav Turba,* Geschichte des Thronfolgerechtes in allen habsburgischen Ländern bis zur pragmatischen Sanktion Kaiser Karls VI. 1156 bis 1732, Wien, Leipzig 1903, 221 - 312; *Otto Peterka,* Geschichte des öffentlichen Rechtes und die Rechtsquellen in vorhussitischer Zeit, 2. Aufl., Reichenberg 1933, 30, 101, 104f., 139ff., und *ders.,* Geschichte des öffentlichen Rechtes und die Rechtsquellen von der hussitischen

„Articuli Henriciani" vom 11. Mai 1573 und die „Pacta Conventa" der polnischen Könige bis zur letzten Wahl, der Stanislaws II. August Poniatowski am 7. September 1764, den wahlmonarchischen Charakter[9], in Dänemark waren es die königlichen Handfesten von Christian II. bis zu Friedrich III., d.h. der „Haandfaestning" von 1513 bis zu der von 1648, in denen bei gleichzeitiger Zusicherung der freien Wahl der Stände stets das klare Verbot enthalten war, zu Lebzeiten eines Königs bereits seinen Nachfolger zu wählen[10]. Weniger eindeutig waren in dieser Beziehung die Wahlkapitulationen der Träger der Stephanskrone, weil das ungarische Verständnis vom Königtum – ausgeprägter noch als das durch die Auseinandersetzungen zwischen Monarchie und Ständen höchst umstrittene neuzeitlich-böhmische – „die Berufung einer Familie, nicht einer einzelnen Person, auf den Thron forderte"[11].

Zeit bis zum Theresianischen Zeitalter, Reichenberg 1928, 10f., 45, 78ff., 123, 133, 146; beide Werke jetzt in *ders.* Rechtsgeschichte der böhmischen Länder in ihren Grundzügen dargestellt, Aalen 1965; *Hugo Toman,* Das Böhmische Staatsrecht und die Entwickelung der österreichischen Reichsidee vom Jahre 1527 bis 1848. Eine rechtsgeschichtliche Studie, Prag 1872, 1 - 21, 47; zuletzt: *Winfried Becker,* Ständestaat und Konfessionsbildung am Beispiel der böhmischen Konföderationsakte von 1619, in: Politik und Konfession. Festschrift für Konrad Repgen zum 60. Geburtstag, hrsg. von Dieter Albrecht, Hans Günter Hockerts, Paul Mikat, Rudolf Morsey, Berlin 1983, 77 - 99, hier vor allem 86f.

9 Vgl. dazu zuletzt: *Jörg K. Hoensch,* Königtum und Adelsnation in Polen, in: Der dynastische Fürstenstaat, hrsg. von Johannes Kunisch (Anm. 4), 315 - 343, und: *Gotthold Rhode,* Die Königskrönungen in Polen zur Zeit der Wahlkönige (1572 - 1795), in: Herrscherweihe und Königskrönung im frühneuzeitlichen Europa, hrsg. von Heinz Duchhardt (Schriften der Mainzer Philosophischen Fakultätsgesellschaft, 8), Wiesbaden 1983, 33 - 56.

10 „oc skulle wii icke begere aff riigeũ raadh ellir thess indbygger, at nogre wor sön ellir andre i wor tiidt skall vdwœlis till koning efftir wor död at bliffue, maen Danmarckis oc Noriges riighins raadh oc indbyggere skulle nyde theris frii koor, naer wii affgaa, vden wii kunde haffue thet i theris minde", so heißt es am Ende von § 26 in „Christiern IIs Haandfaestning, dat. 22 Juli 1513", in: Aarsberetninger fra det Kongelige Geheimearchiv, indeholdende Bidrag til Dansk Historie af utrykte Kilder, udgivne af C. F. Wegener, Andet Bind, Kjöbenhavn 1856 - 1860, Nr. 16, 56 - 65, hier 60f. Vgl. ebd. Nr. 17 („Frederik Is Haandfaestning af 3 August 1523"), 65 - 79, hier 74, § 31; Nr. 19 („Christian IIIs Haandfaestning af 30 October 1536"), 82 - 89; Nr. 22 („ Kong Frederik IIs Haandfaestning af 12 August 1559"), 94 - 101; Nr. 24 („Christian den Fjerdes Haandfaestning af 17 August 1596"), 102 - 109; Nr. 27 („Frederik IIIs forelöbige Haandfaestning af 8 Maj 1648"), 111 - 119. – Vgl. dazu *Friedrich Christoph Dahlmann,* Geschichte von Dännemark, Bd. 3, Hamburg 1843, 321; *Ahasver von Brandt,* Die nordischen Länder von 1448 bis 1654, in: Die Entstehung des neuzeitlichen Europa, hrsg. von Josef Engel (Handbuch der Europäischen Geschichte, hrsg. von Theodor Schieder, 3), Stuttgart 1971, 961 - 1002, hier 972; *Dietrich Schäfer,* Geschichte von Dänemark, Bd. 4: Von der Vertreibung Christians II. (1523) bis zum Tode Christians III. (1559), Gotha 1893, 20f., 24, 207ff., 356, 369f.; *ders.,* Geschichte von Dänemark, Bd. 5: Vom Regierungsantritt Friedrichs II. (1559) bis zum Tode Christians IV. (1648), Gotha 1902, 49f., 253, 272f.

11 So *Marczali,* Ungarische Verfassungsgeschichte (Anm. 5), 67; vgl. ebd., 55 - 80 passim, 82 - 84 (zur Wahlkapitulation Ferdinands II. von 1618); siehe auch *Turba,* Geschichte des Thronfolgerechtes (Anm. 8), 313 - 360; ferner zu den Königen von Matthias I. (Corvinus) an: *Gotthold Rhode,* Ungarn vom Ende der Verbindung mit

Nur im Heiligen Römischen Reich Deutscher Nation überdauerten die Festschreibungen der Wahlmonarchie die Zeit bis zur Wende vom 18. zum 19. Jahrhundert. Diese Singularität innerhalb der frühneuzeitlichen Staatengemeinschaft Europas – sieht man einmal von den geistlichen Reichsfürstentümern[12] und dem Papsttum[13] als Wahlmonarchien ab – ist in hohem Maße bemerkenswert.

Allerdings sind die in der polnischen Mai-Verfassung von 1791 gleichsam in einer Epochenbilanz genannten Nachteile der Wahlmonarchie schon früh und immer wieder gesehen worden. So sprach Jean Bodin (1529/30 - 1596) – um einen der bedeutendsten Staatstheoretiker der europäischen Geschichte zu zitieren – 1576 in seinem Hauptwerk „Les six livres de la Républíque" von der Gefährlichkeit der „Wählbarkeit des Königs wie z. B. in Polen, Dänemark und Schweden"[14] und wandte sich bei der Entwicklung seiner Souveränitätslehre sogar dagegen, daß im Falle des Aussterbens einer Dynastie ein neuer König von den Ständen gewählt werden müsse: „Stirbt das Herrschergeschlecht aus und fällt das Recht der Wahl den Ständen zu, dann ist es weitaus sicherer, nach dem Losverfahren vorzugehen, [...] anstatt eine förmliche Wahl vorzunehmen"[15].

Zwei Jahrhunderte später hat König Friedrich II. von Preußen (1740 - 1786) die Defizite eines Wahlreiches in seiner 1770 zunächst anonym publizierten Schrift „Examen critique du système de la nature" mit

---

Polen bis zum Ende der Türkenherrschaft (1444 - 1699), in: Die Entstehung des neuzeitlichen Europa, hrsg. von Josef Engel (Anm. 10), 1061 - 1117, hier insbes. 1076, 1083, 1104 u. ö.; *Akos v. Timon,* Ungarische Verfassungs- und Rechtsgeschichte. Mit Bezug auf die Rechtsentwicklung der westlichen Staaten, Berlin 1904, 520ff., 528ff.; *Erik Fügedi,* Das Königreich Ungarn (1458 - 1541), in: Matthias Corvinus und die Renaissance in Ungarn 1458 - 1541 (Katalog des Niederösterreichischen Landesmuseums, NF 118), Wien 1982, 17 - 32, hier 27, und *Moritz Csáky,* Ungarn und die Länder der Habsburger im Zeitalter des Matthias Corvinus, in: ebd., 39 - 47, hier 45f.; *András Kubinyi,* Die Wahlkapitulationen Wladislaws II. in Ungarn (1490), in: Herrschaftsverträge, Wahlkapitulationen, Fundamentalgesetze, hrsg. von Rudolf Vierhaus (Veröffentlichungen des Max-Planck-Instituts für Geschichte, 56; = Studies presented to the International Commission for the History of Representative and Parliamentary Institutions, 59), Göttingen 1977, 140 - 162.

12 Vgl. dazu *Rudolf Reinhardt,* Kontinuität und Diskontinuität. Zum Problem der Koadjutorie mit dem Recht der Nachfolge in der neuzeitlichen Germania Sacra, in: Der dynastische Fürstenstaat, hrsg. von Johannes Kunisch (Anm. 4), 115 - 155.

13 Vgl. dazu *Wolfgang Reinhard,* Bemerkungen zu „Dynastie" und „Staat" im Papsttum, in: Der dynastische Fürstenstaat, hrsg. von Johannes Kunisch (Anm. 4), 157 - 161 (mit weiterführender Literatur).

14 *Jean Bodin,* Sechs Bücher über den Staat. Buch I - III, übersetzt und mit Anmerkungen versehen von Bernd Wimmer, eingel. und hrsg. von P. C. Mayer-Tasch, München 1981, 349.

15 *Jean Bodin,* Sechs Bücher über den Staat. Buch IV - VI, übersetzt und mit Anmerkungen versehen von Bernd Wimmer, hrsg. von P. C. Mayer-Tasch, München 1986, 438.

„Blick auf Polen" – aber auch auf die „deutschen Bistümer" – scharf herausgearbeitet und dahingehend zusammengefaßt, daß bei seinem östlichen Nachbarn „jede Königswahl zu einer Epoche inneren und äußeren Krieges ward". Als Folgen der wahlmonarchischen Regierungsform sah er, „daß die Thronkandidaten und -prätendenten sich unaufhörlich regen, das Volk gegen den Fürsten aufwiegeln, Unruhen und Empörung schüren würden, in der Hoffnung, auf solchen Wegen emporzusteigen und zur Herrschaft zu gelangen". „Um eben diesen Mißständen vorzubeugen", die für einen Staat „tausendmal gefährlicher sind als die auswärtigen Kriege" – fuhr Friedrich der Große fort –, „wurde ja die Erbfolge geschaffen und in mehreren europäischen Staaten eingeführt. Man sah, welche Unruhen die Wahlen nach sich ziehen, und fürchtete mit Recht, eifersüchtige Nachbarn könnten so günstige Gelegenheit wahrnehmen, das Land zu überwältigen oder zu verwüsten". Im Gegensatz zu den Erbmonarchen – so spitzte er seine Kritik zu – „denken die Wahlkönige nur an sich, an das, was während ihrer Lebenszeit Bestand haben kann, und an nichts weiter. Sie suchen ihre Familie zu bereichern und lassen im übrigen alles verfallen, da der Staat in ihren Augen ein unsicherer Besitz ist, auf den es eines Tages verzichten heißt. Wer sich davon überzeugen will, braucht sich nur über die Vorgänge in den deutschen Bistümern, in Polen und sogar in Rom zu unterrichten, wo die traurigen Wirkungen der Wahl nur allzusehr in die Augen springen"[16]. Die Kontinuität von Herrschaft war ihm, der die Wahlmonarchie nicht nur aus der Theorie, sondern als Kurfürst von Brandenburg auch aus der Praxis kannte, ein unverzichtbares Gut zur Wahrung der Funktions- und Handlungsfähigkeit, der Stabilität und Integrität und letztlich der Existenz eines Staates. Sie standen in einer Wahlmonarchie beim Ableben der Monarchen immer wieder neu auf dem Spiel, weil jedes Interregnum den Staat bis zur Krise schwächen konnte.

Aber die Nachteile der Wahlmonarchie sind auch in der Verfassungswirklichkeit registriert worden, und man hat zumindest zeitweise im Heiligen Römischen Reich Deutscher Nation wie in Böhmen, Dänemark und Ungarn, die der Preußenkönig in seiner „Kritik des ‚Systems der Natur'" wohl deshalb nicht eigens ansprach, weil sie zu seiner Zeit schon lange Erbmonarchien waren, Vorkehrungen getroffen, um den Unberechenbarkeiten von Interregna vorzubeugen. Trotz herrschaftsvertraglicher Verbote ist es in Böhmen und Ungarn immer wieder zu Königswahlen bzw. -annahmen bei Lebzeiten eines regierenden Königs

---

16 *Friedrich der Große,* Examen critique du système de la nature, in: Œuvres de Frédéric le Grand, hrsg. von Johann David Erdmann Preuß, Bd. 9, Berlin 1848, S. 151 - 168; ich zitiere hier nach der deutschen Übersetzung „Kritik des ‚Systems der Natur'", in: Die Werke Friedrichs des Großen, hrsg. von Gustav Berthold Volz, Bd. 7, Berlin 1913, 258 - 269, hier 268f.

zum Zwecke der direkten Nachfolge gekommen[17], ferner in einem Ausnahmefall Ende 1529 in Polen[18] – abgesehen von Wahlen bzw. Erhebungen von Gegenkönigen in der Absicht der sofortigen Ablösung des amtierenden Herrschers. In Dänemark kam es dazu formal nicht, nachdem Reichsrat, Adel und Geistlichkeit am Ende des langen Interregnums von 1533 bis 1536 „für die Zukunft der Absicherung der Thronfolge des jeweils ältesten Königssohnes zustimmen" mußten, „so daß hierdurch das Wahlrecht des Reichsrates entscheidend beschnitten wurde"[19].

Im Heiligen Römischen Reich Deutscher Nation haben vom Habsburger Friedrich III. (1440 - 1493) an nahezu alle Kaiser die Tatsache zu nutzen gesucht, daß die Goldene Bulle Kaiser Karls IV. von 1356 als Anlaß für eine Königswahl neben dem Tod eines Kaisers oder Römischen Königs[20] gleich zu Beginn auch andere nicht näher bestimmte Notwendigkeiten und Fälle[21] sowie triftige Ursachen nannte[22] und im übrigen zu der Möglichkeit, bereits zu Lebzeiten eines Kaisers seinen Nachfolger zu wählen, lediglich schwieg, sie also nicht expressis verbis

17 Vgl. die in den vorangehenden Anm. genannte Literatur und dazu ferner für Ungarn: *Friedrich Firnhaber*, Die Krönung Kaiser Maximilians II. zum Könige von Ungern 1563. Aus einer Handschrift der Wiener Hofbibliothek mitgetheilt, in: Archiv für Kunde österreichischer Geschichtsquellen 22 (1860), 305 - 338, insbes. 307ff.

18 Zu Lebzeiten König Sigismunds I. (1467 - 1548), der 1506 vom Reichstag zu Petrikau gewählt worden war, wurde sein ältester Sohn aus zweiter Ehe mit Bona Sforza, Sigismund II. August (1520 - 1572), im Dezember 1529 als Minderjähriger zum König von Polen gewählt und am 20. Februar 1530 in Krakau gekrönt. Nach dem Tode seines Vaters am 1. April 1548 übernahm er als letzter Jagiellonen-König die Herrschaft in Polen. Seine Wahl bildete den Hintergrund für das ausdrückliche Verbot der Königswahl vivente rege von 1573. In der Jagiellonen-Zeit Polens hatte sich ein Anspruch der Mitglieder dieses Hauses auf den Thron herausgebildet, seit der Adel Wladyslaw II. Jagiello zugesagt hatte, seinen Nachfolger unter seinen Söhnen auszuwählen; dies geschah allerdings bis 1529 nie vivente rege. Vgl. dazu *Hoensch*, Königtum und Adelsnation in Polen (Anm. 9), 329; ferner – auch zum Gesamtzusammenhang – *Juliusz Bardach, Andrzej Wyczański*, Staat und Herrscher in Polen zur Zeit der Jagiellonen, in: Polen im Zeitalter der Jagiellonen 1386 - 1572 (Katalog des Niederösterreichischen Landesmuseums, NF 171), Wien 1986, 16 - 28, hier bes. 18f., und die Stammtafel ebd., 572f.

19 *Erich Hoffmann*, Die Krönung Christians III. von Dänemark am 12. August 1537. Die erste protestantische Königskrönung in Europa, in: Herrscherweihe und Königskrönung im frühneuzeitlichen Europa, hrsg. von Heinz Duchhardt (Anm. 9), 57 - 68, hier 61.

20 „Cum autem ad hoc perventum fuerit, quod de imperatoris vel regis Romanorum obitu in diocesi Maguntina constiterit [...]", heißt es in: Die Goldene Bulle Kaiser Karls IV. vom Jahre 1356 (Anm. 6), Cap. I. 16, 51.

21 Vgl. ebd., Cap. I.1, 46: „[...] quotienscumque et quandocumque futuris temporibus necessitas sive casus electionis regis Romanorum in imperatorem promovendi emerserit [...]".

22 Vgl. ebd., Cap. XVIII, 74, wo es im Formular für die Wahlausschreibung heißt: „[...] electionem Romanorum regis, que ex rationabilibus causis imminet facienda [...]".

ausschloß[23]. An ihren eindeutigen Festlegungen in ihren Wahlkapitulationen vorbei, das Reich nicht in eine Erbmonarchie verwandeln zu wollen, waren die Kaiser im Konsens mit den Kurfürsten – nicht gegen sie – bestrebt, eine ungebrochene Kontinuität im Kaisertum zu erreichen. Das Instrument dazu war die Römische Königswahl vivente imperatore, zu der es bereits unter Karl IV. (1346 - 1378) im Jahre 1376 bei der Wahl Wenzels (1378 - 1400) gekommen war und die sich von der Wahl Maximilians I. (1493 - 1519) im Jahre 1486 bis zu der Josephs II. (1765 - 1790) im Jahre 1764 noch achtmal wiederholen sollte. Angesichts des Sachverhaltes, daß die Hälfte aller neuzeitlichen Königswahlen im Alten Reich – und davon der größte Teil im 16. und 17. Jahrhundert – zu Lebzeiten eines Kaisers erfolgte, ist nach der politischen und verfassungsgeschichtlichen Bedeutung dieser Vivente – imperatore – Wahlen für die Reichsgeschichte zu fragen[24].

II.

Überblicken wir die tatsächlich vollzogenen und die angestrebten Römischen Königswahlen vivente imperatore in der Frühen Neuzeit, so ist zunächst – und keineswegs überraschend – festzustellen, daß die

23 Die Frage der Möglichkeit einer Römischen Königswahl vivente imperatore nach der Goldenen Bulle von 1356 ist gerade wegen ihres Schweigens dazu in der Forschung höchst umstritten. Eindeutig verneint hat sie *Karl Zeumer,* Die Goldene Bulle Kaiser Karls IV. Erster Teil: Entstehung und Bedeutung der Goldenen Bulle (Quellen und Studien zur Verfassungsgeschichte des Deutschen Reiches in Mittelalter und Neuzeit, 2/1), Weimar 1908, 187f., wohingegen *Richard Lies,* Die Wahl Wenzels zum Römischen König in ihrem Verhältnis zur Goldenen Bulle, in: Historische Vierteljahrschrift 26 (1931), 47 - 95, eine solche Möglichkeit nicht für ausgeschlossen hielt. Vgl. dazu ferner *Max Georg Schmidt,* Die staatsrechtliche Anwendung der Goldenen Bulle bis zum Tode König Sigmunds, Diss. phil. Halle-Wittenberg 1894, Halle 1894, 1ff. Während zuletzt *Fritz Dickmann,* Der Westfälische Frieden, 4. Aufl., Münster 1977, 154, im Anschluß an Zeumer feststellte: „Die Goldene Bulle ließ bereits für eine Königswahl vivente imperatore keinen Raum mehr", folgte *Bernd-Ulrich Hergemöller,* Der Nürnberger Reichstag von 1355/56 und die „Goldene Bulle" Karls IV., Diss. phil. Münster 1978, 292ff., der Liesschen Auffassung; siehe auch *ders.,* Fürsten Herren und Städte zu Nürnberg 1355/56. Die Entstehung der „Goldenen Bulle" Karls IV. (Städteforschung. Veröffentlichungen des Instituts für vergleichende Städtegeschichte in Münster, Reihe A: Darstellungen, 13), Köln/Wien 1983, und *ders.,* Die Goldene Bulle – Karl IV. und die Kunst des Möglichen, in: Kaiser Karl IV., Staatsmann und Mäzen, hrsg. von Ferdinand Seibt, München 1978, 143 - 146, 446f., hier 145.

24 Gegenstand ist hier nicht die Zeit als Römischer König vivente imperatore von der Wahl bis zum Tod des jeweils regierenden Kaisers, die zwischen mehr als 25 Jahren (bei Karl V. und Ferdinand I.) und 55 Tagen (bei Ferdinand II. und Ferdinand III.) liegen konnte, und damit auch nicht die Frage der Kompetenzabgrenzung, Arbeitsteilung etc. zwischen Kaiser und Römischem König vivente imperatore. Vgl. zu diesem Problem beispielhaft: *Christiane Thomas,* Moderación del poder. Zur Entstehung der geheimen Vollmacht für Ferdinand I. 1531, in: MÖStA 27 (1974), 101 - 140. – Eine Übersicht „Kaiser und Könige des Heiligen Römischen Reichs Deutscher Nation 1519 - 1806" von *Christoph Bauer,* in: Die Kaiser der Neuzeit (Anm. 33), 445.

Initiative zu solchen Wahlen in der Mehrzahl der Fälle von den jeweils herrschenden Kaisern ausging. Dabei argumentierten sie stets und in erster Linie mit von außen kommenden Bedrohungen des Heiligen Römischen Reiches Deutscher Nation, so z.B. auch Kaiser Friedrich III. (1440 - 1493), der in den Jahren 1485/86 auf die nach Österreich und darüber hinaus auf die Römische Königskrone selbst ausgreifenden Ambitionen des Ungarnkönigs Matthias Corvinus (1443 - 1490) hinwies[25]. Friedrichs III. daraufhin am 16. Februar 1486 vivente imperatore gewählter Sohn Maximilian I., der bis ans Ende seines Lebens immer eifriger bemüht war, ebenfalls seinen Nachfolger noch zu seinen Lebzeiten wählen zu lassen[26], führte in einer der den Kurfürsten am 1. September 1518 ausgestellten Urkunden, die diesem Ziel dienen sollten, als Hauptgrund die Türkengefahr an, wenn er eingangs an die „gross unaussprechliche macht" erinnerte, „so die unglawbigen Turckhen bisheer an vill cristennlichen Kunigreichen unnd sonnderlich yetzo mit des Sultan Lannden und gar bis an Tewtsche lannde erlanngt" hätten. Maximilian warnte davor, daß „nach unnserm abganng, den got lanng verhuet, ainer, der die Eer unnd wirde des heiligen Reichs, so mit swerem bluetvergiessen unnd Ritterlichen tatten an die dewtsch Nation bracht ist, derselben Nation enntziehen unnd villeicht zu letst Erblich an sich zebringen unndersteen möcht", und er befürchtete, daß „durch die veinde ain solher einspruch beschehen [könnte], das nachmals swer zu widerbringen, auch des heiligen Reichs glider unnd Stennde zertrennet in grosz widerwertigkait unnd Krieg underainannder bewegt unnd Inen all Ir wesen unnd macht enntzogen wurde". Folglich empfahl er den Kurfürsten, seinen Enkel Karl „zu Romischem Kunig unnd unnserm nachfolger in der Regierung des heiligen Reichs Erwelen unnd machen [zu] mugen", der u.a. als König von Kastilien und Aragon „mit vil mechtigen Khunigreichen unnd herschafften, so auch an vill ennden an die Türgken unnd annder unglawbig stossen", ausgestattet sei[27].

---

25 Dazu grundlegend *Heinz Angermeier*, Der Frankfurter Reichstag von 1486 in seinem historischen Zusammenhang, in: Deutsche Reichstagsakten unter Maximilian I., Bd. 1: Reichstag zu Frankfurt 1486, bearb. von Heinz Angermeier unter Mitwirkung von Reinhard Seyboth (Deutsche Reichstagsakten, Mittlere Reihe, 1), Göttingen 1989, 29 - 79, hier vor allem 35 - 38.

26 Zu Maximilians I. Bemühungen um eine Wahl Karls V. zum Römischen König vivente imperatore vgl. *Hermann Wiesflecker*, Kaiser Maximilian I. Das Reich, Österreich und Europa an der Wende zur Neuzeit, Bd. 4: Gründung des habsburgischen Weltreiches, Lebensabend und Tod. 1508 - 1519, München 1981, 404 - 415. – Siehe auch: *Hans von Voltelini*, Die Bestrebungen Maximilians I. um die Kaiserkrone 1518, 2 Teile, in: MIÖG 11 (1890), 41 - 85, 574 - 626.

27 Die Urkunde befindet sich im HHStA Wien: AUR 1518 September 1. Auf sie und ihre Bedeutung für die Geschichte der Römischen Königswahl vivente imperatore hat bereits *Kleinheyer*, Die kaiserlichen Wahlkapitulationen (Anm. 7), 48 mit Fußnote 132, hingewiesen, nachdem sie bis dahin als nicht bekannt galt: Deutsche Reichstagsakten unter Kaiser Karl V., Bd. 1, bearb. v. August Kluckhohn

Wie Kaiser Maximilian I. am 1. September 1518 beschworen fast alle seine Nachfolger immer wieder die Türkengefahr, Kaiser Leopold I. (1658 - 1705) dann auch die von Frankreich ausgehenden Bedrohungen. Stets betonten die Kaiser bei der Präsentierung ihres Kandidaten den Wahlcharakter des Reiches, hoben die Lauterkeit ihrer Motive hervor, beschworen die Gefährlichkeit der jeweiligen Situation für das Reich und bekräftigten, nicht gegen Gewohnheitsrecht und Reichsgrundgesetze verstoßen sowie keinen Präzedenzfall schaffen zu wollen. Insbesondere der ausdrücklichen Bestätigung des freien Wahlrechts der Kurfürsten kam dabei eine zentrale Bedeutung zu, denn kein Kaiser - auch Karl V. und Ferdinand II. nicht - wollte sich des Verdachtes aussetzen, er habe die Umwandlung des wahlmonarchischen Heiligen Römischen Reiches Deutscher Nation in eine Erbmonarchie im Sinn[28].

In der großen, die frühneuzeitliche Reichsgeschichte insgesamt prägenden verfassungspolitischen Auseinandersetzung um eine mehr monarchisch-zentralistische oder eine mehr ständisch-föderalistische Form des Reiches spielte dieser Gedanke immer wieder eine Rolle. Wie in der Hochzeit des Geblütsrechts im Mittelalter, das das Instrument der Designation zur Verhinderung von Thronstreitigkeiten oder Erbteilungen kannte[29], das Wahlprinzip eine Schwächung erfahren, aber nicht überhaupt an Bedeutung verloren hatte, so verblaßten nach der Verankerung des freien Wahlrechts der Kurfürsten in Goldener Bulle von 1356 und Wahlkapitulationen ab 1519 erbrechtliche Tendenzen in der Frühen Neuzeit nicht gänzlich. Ebenso wie sie bei der Wahl König Wenzels im Jahre 1376 vorhanden waren und „ein Fortleben der luxemburgischen Dynastie als Reichsträger zu den Grundgedanken [Kaiser] Karls [IV.] zählte“[30], so gehörten Erbreichspläne immer wieder zu den Überlegungen der Habsburger. Am ausgeprägtesten waren sie wohl bei Kaiser Karl V., der zeitweise sogar erwogen hatte, neben seinem 1531 gewählten jüngeren Bruder Ferdinand (1556/58 - 1564)[31] seinen Sohn Philipp - den späteren

---

(Deutsche Reichstagsakten, Jüngere Reihe, 1), 113 mit Fußnote 1. - Vom 1. September 1518 datieren vier weitere Urkunden, die für die Entstehung der Wahlkapitulation Karls V. bedeutsam sind; *Kleinheyer*, Die kaiserlichen Wahlkapitulationen (Anm 7), 47 - 49, bezieht sich auf insgesamt drei Urkunden Maximilians I. von diesem Tag.

28 Dazu siehe im einzelnen das Folgende.

29 Zur Designation vgl. den entsprechenden Artikel in: Handwörterbuch zur deutschen Rechtsgeschichte, Bd. 1, Berlin 1971, Sp. 682 - 685.

30 *Hergemöller*, Die Goldene Bulle (Anm. 23), 145.

31 Zur Wahl König Ferdinands I. am 5. Januar 1531 und ihrer Bedeutung grundlegend *Alfred Kohler*, Antihabsburgische Politik in der Epoche Karls V. Die reichsständische Opposition gegen die Wahl Ferdinands I. zum Römischen König und gegen die Anerkennung seines Königtums (1524 - 1534) (Schriftenreihe der Historischen Kommission bei der Bayerischen Akademie der Wissenschaften, 19), Göttingen 1982; siehe ferner *Ernst Laubach*, Karl V., Ferdinand I. und die Nachfolge im Reich, in: MÖStA 29 (1976), 1 - 51; *Helmut Neuhaus*, Ferdinands I. Reichstags-

spanischen König Philipp II. (1556 - 1598) – zu einem zweiten Römischen König vivente imperatore wählen und krönen zu lassen, also eine „spanische Sukzession“ anzustreben, was ihm nicht nur den Widerstand König Ferdinands I., sondern seitens der Reichsstände auch den naheliegenden Vorwurf einbrachte, er beabsichtige, das Reich erblich zu machen[32].

Fraglos war verwandtschaftliche Nähe zum Kaiser bei den Römischen Königswahlen vivente imperatore von Bedeutung, denn insgesamt waren in der Frühen Neuzeit von den neun zu Lebzeiten eines Kaisers gewählten Römischen Königen acht die jeweils ältesten lebenden und hinsichtlich des Haus- und Territorialbesitzes ihrer Väter erbberechtigten Söhne und einer – Ferdinand I. – der älteste Bruder[33]. Aber dennoch wurde das Heilige Römische Reich Deutscher Nation zu keiner Zeit zu einer Erbmonarchie des Hauses Habsburg oder – nach 1740 – des Hauses Lothringen-Habsburg. Das beweisen nicht nur die erfolglosen Bemühungen der Kaiser Maximilian I., Matthias, Karl VI. und Joseph II. um Vivente-imperatore-Wahlen für Enkel, Vetter, Schwiegersohn oder Neffen[34] sowie die Wahl des bayerischen Kurfürsten Karl Albrecht aus dem Hause Wittelsbach zum Römischen König und Kaiser Karl VII. (1742 - 1745) am 24. Januar 1742[35], sondern vor allem auch die Durchführung aller 16 Wahlen zwischen 1519 und 1792 nach den Vorschriften der Goldenen Bulle von 1356 als Wahlordnung für den Römischen König[36].

---

plan 1534/35. Politische Meinungsumfrage im Kampf um die Reichsverfassung, in: MÖStA 32 (1979), 24 - 47, 33 (1980), 22 - 57.

32 Vgl. dazu u. a.: *Heinrich Lutz,* Christianitas Afflicta. Europa, das Reich und die päpstliche Poiltik im Niedergang der Hegemonie Kaiser Karls V. (1552 - 1556), Göttingen 1964, insbes. 133 - 138; *Horst Rabe,* Deutsche Geschichte 1500 - 1600. Das Jahrhundert der Glaubensspaltung, München 1991, 428 - 430. – Zu den innerhabsburgischen Meinungsverschiedenheiten vgl. die Dokumente in: Quellen zur Geschichte Karls V., hrsg. von Alfred Kohler (Ausgewählte Quellen zur Deutschen Geschichte der Neuzeit, Freiherr vom Stein-Gedächtnisausgabe, 15), Darmstadt 1990, 401 - 418, Nr. 104 - 107.

33 Zu den Römischen Königen und Kaisern in der Frühen Neuzeit informieren zusammenfassend und den neuesten Forschungsstand repräsentierend am besten die Lebensbilder in: Die Kaiser der Neuzeit. 1519 - 1918. Heiliges Römisches Reich, Österreich, Deutschland, hrsg. von *Anton Schindling* und *Walter Ziegler,* München 1990, 31 - 306, dazu die „Kommentierte Bibliographie“ ebd., 471 - 495.

34 Dazu siehe unten!

35 Zur Wahl Karls VII. u. a.: Wahl und Krönung in Frankfurt am Main. Kaiser Karl VII. 1742 - 1745, hrsg. von Rainer Koch und Patricia Stahl, 2 Bde., Frankfurt/M. 1986.

36 Zur letzten Wahl von 1792 siehe jetzt: *Christian Hattenhauer,* Wahl und Krönung Franz II. AD 1792. Das Heilige Reich krönt seinen letzten Kaiser – Das Tagebuch des Reichsquartiermeisters Hieronymus Gottfried von Müller und Anlangen (Rechtshistorische Reihe, 130), Frankfurt/M. 1995.

III.

Initiatoren einer Römischen Königswahl vivente imperatore waren von der zweiten Hälfte des 16. Jahrhunderts an allerdings – neben den Kaisern – auch die auf ihrem freien Wahlrecht bestehenden Kurfürsten, nie geschlossen zwar, aber doch mehrheitlich. Angesichts der – trotz des Augsburger Religionsfriedens von 1555 – ungeklärten Probleme im Heiligen Römischen Reich Deutscher Nation und infolge erster Berührungen mit den schweren konfessionellen Auseinandersetzungen beim französischen Nachbarn ließen sich die Kurfürsten von der Sorge leiten, bei einer Thronvakanz könnten latent vorhandene eigene oder von außen geschürte Konflikte ausbrechen und das Reich in Unruhe und Verderben stürzen. Aus ihrer ständischen Interessenlage heraus verwiesen sie primär auf die Gefährdungen des Reiches und seiner Ordnung von innen heraus, vor allem auf die nie auszuschließende Gefahr von Landfriedensbrüchen, ohne freilich die beständige äußere Bedrohung durch die Türken zu übersehen. Unter Hinweis auf hohes Alter, Krankheit oder allgemeine Gebrechlichkeit der regierenden Kaiser strebten sie die Wahl eines Nachfolgers an, der den Herausforderungen der Zeit gewachsen war und mit dem sie den Unberechenbarkeiten eines Interregnums vorbauen konnten. Eine rechtzeitige Regelung der Nachfolgefrage im Reich sollte zum eigenen Schutz ein Machtvakuum verhindern, was nicht eben von großem Vertrauen in das maßgeblich mitgeschaffene ständestaatliche Instrumentarium zur Bereinigung innerer Konflikte zeugt, etwa der Reichsexekutionsordnung von 1555.

Mit Ausnahme der calvinistischen, monarchomachischen Staatsvorstellungen anhängenden Kurfürsten von der Pfalz von Friedrich III., dem Frommen (1559 - 1576), bis zu Friedrich V. (1614 - 1623/32), der vor allem als böhmischer „Winterkönig“ in die Geschichte eingegangen ist, sahen die übrigen Kurfürsten im Instrument der Römischen Königswahl vivente imperatore keine Gefährdung ihres freien Wahlrechts mehr. Hatte sich der lutherische Kurfürst von Sachsen, Johann der Beständige (1525 - 1532), Anfang des Jahres 1531 entschieden gegen die Wahl Ferdinands I. gewandt und sein Nachfolger Johann Friedrich I. (1532 - 1547) dem Bruder Kaiser Karls V. bis 1534 die Anerkennung als Römischer König verweigert[37], so gehörte Kurfürst August von Sachsen (1553 - 1586) zu den eifrigsten Befürwortern sowohl der Wahl Maximilians II. zu Lebzeiten seines Vaters Ferdinand I. als auch Rudolfs II. zu Lebzeiten seines Vaters Maximilian II. Mag auch der Wechsel im Kurfürstentum Sachsen von der ernestinischen zur albertinischen Linie des Hauses

---

37 *Kohler*, Antihabsburgische Politik in der Epoche Karls V. (Anm. 31), 127f., 172 - 182, 203 - 373.

Wettin einige Bedeutung für den grundlegenden Wandel der kursächsischen Haltung zur Vivente-imperatore-Wahl gehabt haben, entscheidend war wohl, daß nach dem Augsburger Religionsfrieden von 1555 das konfessionspolitische Konfliktpotential der frühen 1530er Jahre minimalisiert war und Kursachsen längst nicht mehr zu den Anführern einer antihabsburgischen Politik im Reich gehörte.

Die Erhaltung der unter Kaiser Ferdinand I. erreichten Ruhe und Sicherheit war oberstes Ziel gerade auch des Kurfürsten August von Sachsen, der deshalb eine der Haltung seiner Vorgänger völlig entgegengesetzte Position einnahm: Die Römische Königswahl vivente imperatore sei – so formulierte er während des Frankfurter Wahltages am 31. Oktober 1562 – „der gulden Bul nit zuwider und den Churf[ursten] unverpotten", sie gefährde ihre Wahlfreiheit und Präeminenz unter den Reichsständen nicht und müsse als Instrument zur Sicherung des Kaisertums den Vorrang vor den Ansprüchen Kursachsens und der Kurpfalz auf Wahrnehmung des Reichsvikariats in einem Interregnum haben[38]. Die kursächsische Politik erwog nicht einmal mehr den von den Kurfürsten Johann dem Beständigen und Johann Friedrich I. in den 1530er Jahren verfolgten Plan einer Ergänzung der Goldenen Bulle von 1356 um einen Artikel zur Römischen Königswahl vivente imperatore.

Schon in einer Schrift vom 17. April 1532 – während der Schweinfurter Beratungen im Zusammenhang der Verhandlungen, die zum Nürnberger „Anstand" vom 23. Juli 1532 führten – hatte Johann der Beständige durch seinen Sohn u.a. fordern lassen, der Goldenen Bulle eine Bestimmung hinzuzufügen, wonach vor einer Wahl vivente imperatore alle Kurfürsten und sechs regierende weltliche Fürsten aus den ältesten Häusern des Heiligen Römischen Reiches Deutscher Nation über die Notwendigkeit einer solchen Römischen Königswahl entscheiden müßten; würde sie bejaht werden, sollte die Wahl selbst allerdings allein Angelegenheit der Kurfürsten sein[39]. Kurfürst Johann Friedrich I. hat nach dem Tod seines Vaters (16. August 1532) an dieser Forderung festgehalten und im reichs-

---

38 Vgl. das Protokoll des Frankfurter Kurfürstentages für die Zeit vom 16. Oktober bis 3. Dezember 1562: HHStA Wien: MEA, Wahl- und Krönungsakten 5, 1 Bd. „Protokoll Frankfurt 1562", fol. 6^r - 113^v, hier fol. 30^v - 31^v, Zitat fol. 31^r. – Zum Frankfurter Wahltag von 1562 siehe jetzt auch *Albrecht P. Luttenberger*, Kurfürsten, Kaiser und Reich. Politische Führung und Friedenssicherung unter Ferdinand I. und Maximilian II. (Veröffentlichungen des Instituts für Europäische Geschichte Mainz, Abteilung Universalgeschichte, 149; = Beiträge zur Sozial- und Verfassungsgeschichte des Alten Reiches, 12), Mainz 1994, 93 - 145, hier vor allem 119f.; ferner: *Manfred Rudersdorf*, Maximilian II. 1564 - 1576, in: Die Kaiser der Neuzeit (Anm. 33), 79 - 97, hier 85 - 87.

39 Siehe dazu *Kohler*, Antihabsburgische Politik in der Epoche Karls V. (Anm. 31), 268f.; jetzt auch: Deutsche Reichstagsakten unter Kaiser Karl V., Bd. 10, bearb. von Rosemarie Aulinger (Deutsche Reichstagsakten, Jüngere Reihe, 10), Göttingen 1992, 1186ff.

innenpolitisch so wichtigen Vertrag von Kaaden vom 29. Juni 1534 den Bruder Kaiser Karls V. unter der Bedingung als Römischen König Ferdinand I. anerkannt, daß die Mehrheit der Kurfürsten bis Ostern 1535 einer Ergänzung der Goldenen Bulle zustimmte, vom Kaiser bestätigt und beurkundet. Diese sollte beinhalten, daß sich in Zukunft im Falle eines Römischen Königs „bey Leben eines Röm[ischen] Kaysers oder Königs" alle Kurfürsten versammeln müßten, um „davon zu reden, ob Ursach gnug vorhanden und dem Reich fürträglich sey", zu einer Römischen Königswahl vivente imperatore zu schreiten. Erst wenn die Kurfürsten diesen Punkt bejahend entschieden hätten, sollten sie gemäß den im übrigen unveränderten und strikt einzuhaltenden Vorschriften der Goldenen Bulle von 1356 zu einem Wahltag geladen werden[40].

Tatsächlich ist es bis Ostern 1535 und danach nicht zu dieser oder irgendeiner anderen Novellierung der Goldenen Bulle gekommen, denn alle anderen Kurfürsten waren dazu aus prinzipiellen Erwägungen nicht bereit. Sie wehrten den kursächsischen Vorstoß mit Hinweis auf das 180 Jahre alte oberste Reichsgrundgesetz ab, das zu Beginn seines ersten Kapitels ihrer Meinung nach weit genug gefaßt war, wenn es die Wahl eines Römischen Königs und zukünftigen Kaisers anordnete, sooft und wann in künftigen Zeiten die Notwendigkeit oder der Fall – „necessitas sive casus" – dafür eintreten sollte[41]. Eine Veränderung der Goldenen Bulle, die auch nur die Möglichkeit einer Römischen Königswahl vivente imperatore andeutete, und erst recht deren reichsgrundgesetzliche Verankerung bargen die große Gefahr, daß die Wahl für die Kurfürsten nicht mehr disponibel blieb und tagespolitischem Kalkül ausgesetzt wurde. Eine solche Novellierung der Goldenen Bulle hätte unabsehbare verfassungsrechtliche Folgen haben und als ein erster Schritt des Reiches weg von der Wahlmonarchie und hin zu einer Erbmonarchie interpretiert werden können. Damit aber hätten die Kurfürsten ihre hervorgehobene Stellung im Heiligen Römischen Reich Deutscher Nation und ihre Präeminenz unter den Reichsständen verloren.

Im Vorfeld der Vivente-imperatore-Wahl Maximilians II. am 24. November 1562 war es nach einer ersten Aufforderung des brandenburgischen Markgrafen Johann I. (Hans) von Küstrin (1513 - 1571) im Jahre 1558 – gleich nach Ferdinands I. Erhebung zum Kaiser[42] – wohl

---

40 Der Text des Kaadener Vertrages bei *Johann Christian Lünig,* Das Teutsche Reichs-Archiv [...]. Pars specialis [...], Bd. 5, Leipzig 1713, 1. Abt., Nr. XIII, 27 - 32, hier 29. Siehe dazu auch *Neuhaus,* Ferdinands I. Reichstagsplan 1534/35 (Anm. 31), Erster Teil, 24ff.; *Kohler,* Antihabsburgische Politik in der Epoche Karls V. (Anm. 31), 363ff.

41 Die Goldene Bulle Kaiser Karls IV. vom Jahre 1356 (Anm. 6), Cap. I. 1, 46.

42 Dazu jetzt *Helmut Neuhaus,* Von Karl V. zu Ferdinand I. Herrschaftsübergang im Heiligen Römischen Reich 1555 - 1558, in: Recht und Reich im Zeitalter der

vor allem Kurfürst Joachim II. von Brandenburg (1505 - 1571), der Kaiser Ferdinand I. nahelegte, an die Regelung seiner Nachfolge im reichsoberhauptlichen Amt zu denken. Und dieser ergriff dann zunächst zögerlich, aber schließlich doch ebenso umsichtig wie entschlossen die Initiative, noch zu seinen Lebzeiten seinen ältesten Sohn Maximilian zum Römischen König wählen zu lassen[43]. Dabei war er von Anfang an bemüht, dem Vorwurf vorzubeugen, er strebe die Erblichkeit des Kaisertums an, indem er die Wahlfreiheit der Kurfürsten hervorhob und an die ebenfalls in seiner Wahlkapitulation vom 14. März 1558 gegebene Zusage erinnerte, „sich keiner Succession oder Erbschafft deß [...] Röm. Reichs anmassen“ zu wollen[44]. Wenn sich die Erreichung des Wahl-Zieles bis Ende 1562 verzögerte, dann vor allem deshalb, weil die drei geistlichen Kurfürsten von Mainz, Köln und Trier erst Gewißheit darüber haben wollten, daß der dem Protestantismus gegenüber aufgeschlossene Maximilian als Römischer König und späterer Kaiser auf dem Boden des Katholizismus bleiben würde[45].

Die reich fließenden Quellen verdeutlichen insgesamt, daß Kaiser Ferdinand I. sehr aktiv die Wahl seines Sohnes betrieb, aber „nicht aus eigenem Antrieb, sondern auf Drängen namhafter Stände im Interesse des Reiches“[46], was Kurfürst Joachim II. von Brandenburg in seinen Voten während des Frankfurter Kurfürstentages in der bereits erwähnten entscheidenden Sitzung vom 31. Oktober 1562 noch einmal zusammenfassend unterstrich. Er betonte, daß die Kurfürsten – abgesehen von Kurpfalz[47] –

Reformation. Festschrift für Horst Rabe, hrsg. von Christine Roll unter Mitarbeit von Bettina Braun und Heide Stratenwerth, Frankfurt/M. [u. a.] 1996, 417 - 440; siehe ferner *Luttenberger,* Kurfürsten, Kaiser und Reich (Anm. 38), 17 - 61.

43 Dazu jetzt ausführlich *Luttenberger,* Kurfürsten, Kaiser und Reich (Anm. 38), 95 ff., 120 ff.; siehe auch *Walter Goetz,* Maximilians II. Wahl zum römischen König 1562. Mit besonderer Berücksichtigung der Politik Kursachsens, Würzburg 1891, 47 ff. u. ö.

44 Vgl. Wahl-Capitulationes, Welche [...], hrsg. von Christoph Ziegler (Anm. 7), 34 (Artikel 26).

45 *Luttenberger,* Kurfürsten, Kaiser und Reich (Anm. 38), 110 ff.; siehe auch *Robert Holtzmann,* Kaiser Maximilian II. bis zu seiner Thronbesteigung (1527 - 1564). Ein Beitrag zur Geschichte des Überganges von der Reformation zur Gegenreformation, Berlin 1903; *Rudersdorf,* Maximilian II. (Anm. 38), 83 - 85, 474 f. (kommentierende Bibliographie); grundsätzlich: *Heinz Duchhardt,* Protestantisches Kaisertum und Altes Reich. Die Diskussion über die Konfession des Kaisers in Politik, Publizistik und Staatsrecht (Veröffentlichungen des Instituts für Europäische Geschichte Mainz, Abteilung Universalgeschichte, 87; = Beiträge zur Sozial- und Verfassungsgeschichte des Alten Reiches, 1), Wiesbaden 1977, hier insbes. 52 - 69.

46 *Luttenberger,* Kurfürsten, Kaiser und Reich (Anm. 38), 118.

47 Zur kurpfälzischen Position vgl. die Aktenstücke in: Briefe Friedrich des Frommen, Kurfürsten von der Pfalz, mit verwandten Schriftstücken gesammelt und bearb. von A[ugust] Kluckhohn, Bd. 1: 1559 - 1566, Braunschweig 1868, 272 - 275, 285 - 288, 302 - 303, 351 - 355 (Nr. 160, 161, 168, 174, 175, 207); siehe auch *Luttenberger,* Kurfürsten, Kaiser und Reich (Anm. 38), 116 - 120.

Ferdinand I. „pro successore angelangt" hätten „und die sachen nit vom kayser kemen"[48], gerade „dweil die gulden Bul in dem fall bei leben Keisers nichts disponierte" und weil es vor dem Hintergrund früherer Vivente-imperatore-Wahlen „das ansehen haben [mochte], alß ob Churf[ursten] uf des Kaisers suchen zu disem werck schritten und nit auß freyer wal"[49]. Und der Brandenburger hob hervor, daß die Kurfürsten mehr als jemals zuvor Ursache hätten, „bei leben Kaisers uf ein Successoren zu dencken, denn Historien geben, wenn Konigreich kein gwissen Successoren gehabt, dieselbige Konigreich zerruttet worden". Im einzelnen führte er als Begründungen das hohe Alter Ferdinands I. an, der „abgearbeitet und außgemuhet" sei, seine vielen Erkrankungen und die nicht von der Hand zu weisende Möglichkeit, er „mochte mit unversehenlichen tot abgehen". Damit beschwor er zugleich die Gefahr, unchristliche Heiden wie Türken und Moskowiter könnten ins Reich einfallen, dieses in einem Interregnum – wofür es historische Beispiele gebe – „in andere Hende geraten" oder Opfer einer zwiespältigen Wahl werden, was ein „scisma" zur Folge hätte. Ausdrücklich verwies er auf die Goldene Bulle von 1356, wonach „so oft es not zur Whal zu schreiten, welches nit allein auf den thotfal zu verstehen" sei; die früheren Beispiele solcher Wahlen hätten den Rechten der Kurfürsten keinen Abbruch getan[50]. Da die geistlichen Kurfürsten und Kursachsen dem – bei unterschiedlicher Akzentuierung einzelner Argumente – insgesamt zustimmten, konnte sich am 3. November 1562 schließlich auch Kurpfalz der Wahl Maximilians zum Römischen König vivente imperatore prinzipiell nicht mehr widersetzen[51].

Vor der nächsten Königswahl im Heiligen Römischen Reich Deutscher Nation, der Rudolfs II. am 27. Oktober 1575 in Regensburg, ergriff Kurfürst August von Sachsen die Initiative. Obwohl Kaiser Maximilian II. 1574 erst 47 Jahre alt war, schrieb er bereits am 2. Februar dieses Jahres aus Dresden an seinen Mainzer Kollegen Daniel Brendel von Homburg (1555 - 1582), dem als Reichserzkanzler die Einberufung eines Wahltages wie 1562 oblag, und erklärte ihm angesichts des angegriffenen Gesundheitszustandes des Kaisers „und weyl dye leufte itzo fast selzam" seien, daß er „nycht gerne [wolte], das sych eyn unvorstelicher urplozlicher fall zutragen und etwan das Reych ohne Hauptt seyn solte"[52]. Darüber

48 Vgl. das Protokoll des Frankfurter Kurfürstentages von 1562 (Anm. 38), fol. 22^{r}.

49 Ebd., fol. 32^{r}.

50 Ebd., fol. 32^{r} - 33^{v}.

51 Ebd., fol. 35^{v}.

52 Brief Augusts von Sachsen an den Kurfürsten von Mainz vom 2. Februar 1574: HHStA Wien: MEA, Wahl- und Krönungsakten 6, fol. 6^{r} - 7^{v}, hier fol. 6^{r}. – Zu den Motiven der kursächsischen Politik in der Nachfolgefrage vgl. *Joseph Maria Schneidt,* Vollständige Geschichte der römischen Königs-Wahl Rudolfs II. nach annoch ungedruckten Urkunden, Würzburg 1792, 10 ff.; *Hugo Moritz,* Die

hinaus verwies der sächsische Kurfürst auf die Gefährdungen des Reiches von außen an seiner Südost- und Westgrenze und erachtete es für seine innere und äußere Sicherheit als notwendig, im Sinne der Erhaltung „gemeyner Wolfart" die Sukzessionsfrage zu regeln und ein Interregnum zu vermeiden[53]. In gleichem Sinne wandte er sich am 4. Mai 1574 zusammen mit Kurfürst Johann Georg von Brandenburg (1571 - 1598) von Jüterbog aus erneut an den Mainzer Kurfürsten. Dabei verwiesen sie nicht nur darauf, daß der Kaiser „diss Jar zweymahl in solche Kranckheit gefallen, das auch nicht geringe Lebensgefahr dabey gewest, und das solche zufelle irer May[estä]t viel und oft geschehen", sprachen nicht nur noch deutlicher Zustand und Situation des Heiligen Römischen Reiches Deutscher Nation an, sondern gaben dem Reichserzkanzler auch zu bedenken, „was für gefahr und ungluck dem heiligen Reich daraus entstehen möcht", falls der Kaiser „plötzlich" sterben sollte. Insbesondere hoben sie hervor, daß „die Churfursten alle schuldig sein, furbetrachtung und fursorge für das heilig Romische Reich zu haben"[54].

Bei allem kurfürstlichen Selbstbewußtsein unterließen es der Sachse und der Brandenburger am gleichen 4. Mai 1574 allerdings nicht - damit er „der Churfursten zuhauffkunft halben kein Argwohn tragen mugen"[55] –, auch Kaiser Maximilian II. mit dem Problem der Nachfolgeregelung zu konfrontieren, was sie als durchaus heikel empfanden, denn sie wollten ihn einerseits natürlich nicht in seinem Amt beschädigen, gar den Eindruck erwecken, an seiner Regierungsfähigkeit zu zweifeln und sich von ihm zu distanzieren, andererseits nicht den wahlmonarchischen Charakter des Heiligen Römischen Reiches Deutscher Nation durch ihre Kontinuitätsüberlegungen in Frage stellen[56]. Aber sie fühlten sich zugleich zu ihrer Initiative verpflichtet, da „man in Wien ganz offenkundig noch keine konkreten Schritte zur Regelung der Nachfolge geplant hatte"[57]. Deren Notwendigkeit unterstrichen am 14. Juni 1574 von Mühlhausen aus dann auch noch einmal erneut Kurfürst August von Sachsen

---

Wahl Rudolfs II., der Reichstag zu Regensburg [1576] und die Freistellungsbewegung, Marburg/Lahn 1895, 62ff.; *Gudrun Westphal,* Der Kampf um die Freistellung auf den Reichstagen zwischen 1556 und 1576, Diss. phil. Marburg/Lahn 1975, 173ff.

53 Vgl. Brief Augusts von Sachsen an Daniel Brendel von Homburg vom 9. März 1574 aus Dresden: HHStA Wien: MEA, Wahl- und Krönungsakten 6, fol. 16r.

54 Brief Augusts von Sachsen und Johann Georgs von Brandenburg vom 4. Mai 1574 aus Jüterbog an den Kurfürsten von Mainz: HHStA Wien: MEA, Wahl- und Krönungsakten 6, fol. 32r - 34v, hier fol. 32r.

55 Ebd., fol. 32v.

56 Brief der Kurfürsten August von Sachsen und Johann Georg von Brandenburg vom 4. Mai 1574 aus Jüterbog an Kaiser Maximilian II.: HHStA Wien: MEA, Wahl- und Krönungsakten 6, fol. 35r - 37r.

57 *Luttenberger,* Kurfürsten, Kaiser und Reich (Anm. 38), 151. Ebd., 146 - 185, eine zusammenfassende Darstellung zur Vorgeschichte des Regensburger Wahltages von 1575 und zu seinem Verlauf.

und der Mainzer Kurfürst Daniel Brendel von Homburg, indem sie dem Kaiser anheim stellten, seinerseits um des Reiches willen initiativ zu werden[58].

Kaiser Maximilian II. stimmte den Überlegungen der Kurfürsten von Sachsen und Mainz hinsichtlich seiner Nachfolge voll und ganz zu, aber er spielte zu keiner Zeit eine besonders aktive Rolle, wenngleich er vom Sommer 1574 an für mehr als ein Jahr breit in das Hin und Her kaum zu überschauender Korrespondenzen zwischen den Kurfürsten einbezogen war[59]. Diese verdeutlichen einmal mehr, daß die zunächst nicht daran beteiligten Kurfürsten von Köln – Salentin von Isenburg (1567 - 1577) – und Trier – Jakob III. zu Eltz (1567 - 1581) – leicht zu gewinnen waren[60]. Nur Kurfürst Friedrich III., der Fromme, von der Pfalz spielte erneut eine eigene politische Rolle[61], obwohl alles unternommen wurde, ihm keine Veranlassung zu geben, wieder gegen eine Vivente-imperatore-Wahl zu argumentieren. So verzichtete Kaiser Maximilian II. auf dringenden Rat der Kurfürsten von Mainz und Sachsen sogar darauf, schon vor dem Wahltag seinen Sohn Rudolf als seinen Kandidaten für seine Nachfolge zu benennen, damit seinerseits nicht der geringste Anlaß gegeben wurde, das den Kurfürsten insgesamt wichtige Prinzip der freien Wahl in Frage gestellt zu sehen[62].

Auch wenn der Kaiser, der sich an Goldene Bulle von 1356 und seine eigene Wahlkapitulation vom 30. November 1562 mit der Verpflichtung, am wahlmonarchischen Charakter des Heiligen Römischen Reiches Deutscher Nation festzuhalten, gebunden fühlte[63], nicht die Initiative ergriffen hatte, so sah man in der ihn beratenden Umgebung gleichwohl schon frühzeitig die Notwendigkeit, „bey zeitten auff ein ordentlichen successor zu trachten“. So jedenfalls drückte sich mit Lazarus von Schwendi (1522 - 1583) einer seiner einflußreichsten Ratgeber und überhaupt einer

---

58 Brief der Kurfürsten August von Sachsen und Daniel von Mainz vom 14. Juni 1574 aus Mühlhausen an Kaiser Maximilian II.: HHStA Wien: MEA, Wahl- und Krönungsakten 6, fol. 48^{r} - 52^{v}.

59 Es kann also keine Rede davon sein, daß „Maximilian II. für eine zu seinen eigenen Lebzeiten erfolgte Wahl des Sohnes sorgte“; so *Karl Vocelka,* Die politische Propaganda Kaiser Rudolfs II. (1576 - 1612) (Veröffentlichungen der Kommission für die Geschichte Österreichs, 9), Wien 1981, 173; siehe auch ebd., 121f.

60 *Luttenberger,* Kurfürsten, Kaiser und Reich (Anm. 38), 160ff.; siehe u. a. auch die kurkölnischen Akten: HStA Düsseldorf: Kurköln V, Kaiserwahlakten 1519 - 1792, Nr. 8, 1 Bd. „Wahltagshandlung zu Regenspurgk gepflogenn Anno 1575“.

61 Vgl. die Aktenstücke in: Briefe Friedrichs des Frommen, Kurfürsten von der Pfalz, mit verwandten Schriftstücken gesammelt und bearb. von *A*[ugust] *Kluckhohn,* Bd. 2: 1572 - 1576, Braunschweig 1872, 741 - 914 (Nr. 783 - 857) passim; siehe ferner *Luttenberger,* Kurfürsten, Kaiser und Reich (Anm. 38), 165 - 176.

62 *Luttenberger,* Kurfürsten, Kaiser und Reich (Anm. 38), 158f.

63 Die Wahlkapitulation Maximilians II. in: Wahl-Capitulationes, Welche [...], hrsg. von Christoph Ziegler (Anm. 7), 37 - 53, hier 50 (Artikel 31).

der „einsichtsvollsten und weitblickendsten Männer seiner Zeit“[64] in seinem „Discurs und bedencken über jetzigen stand und wesen des hailigen Reichs, unsers lieben vaterlands“ aus dem Jahre 1570 aus[65]. Einerseits wollte er, „daß die wal und hocheit des kayserthumbs in irem alten standt und wesen beleybe und allein bey dem teutschen namen erhalten und den frembden kain zutritt darzue gestattet“ werde, andererseits hielt er angesichts zuvor angesprochener „beesen, gefährlichen practickhen und auschlege“ eine rechtzeitige Nachfolgeregelung im reichsoberhauptlichen Amt für erforderlich, „damit nit etwa durch ein unversehen fal, den gott lang genediglich verhütten welle, ein interregnum oder zerthailte wal und frembde eindringung zum kaiserthumb erfolge. Daraus“ – so war er überzeugt – „dann nichts anders dann eigentliche zertrennung und zerstörung des teutschen Reiches zu gewarten sein würde.“[66]

Schwendi hatte mit seinem „Discurs und bedencken“ von 1570 Vorschläge für eine Umgestaltung des Heiligen Römischen Reiches Deutscher Nation im Sinne einer Stärkung der vom Kaiser geprägten monarchisch-zentralistischen Gewalt gegenüber den ständisch-förderalen Kräften unterbreitet[67], zu denen die Befürwortung einer Römischen Königswahl vivente imperatore geradezu zwangsläufig gehörte. Vor dem Hintergrund des Scheiterns seines Programmes auf dem Speyerer Reichstag des Jahres 1570[68] mahnte er Kaiser Maximilian II. dann zwei Jahre später, sich Gedanken um seine Nachfolge zu machen, damit die Situation des Reiches in einem Interregnum nicht weiter geschwächt würde[69]. Und als er von der aus gleichen Sorgen gestarteten Initiative des Kurfür-

---

64 *Eugen von Frauenholz,* Des Lazarus von Schwendi Denkschrift über die politische Lage des deutschen Reiches von 1574 (Münchener Historische Abhandlungen, 2. Reihe, 10), München 1939, 3.

65 Schwendis „Discurs“ ediert bei *Maximilian Lanzinner,* Die Denkschrift des Lazarus von Schwendi zur Reichspolitik (1570), in: Neue Studien zur frühneuzeitlichen Reichsgeschichte, hrsg. von Johannes Kunisch (Zeitschrift für Historische Forschung, Beiheft 3), Berlin 1987, 141 - 185, hier 154 - 185; das Zitat ebd., 165. Zu Schwendi jetzt: *Thomas Nicklas,* Um Macht und Einheit des Reiches. Konzeption und Wirklichkeit der Politik bei Lazarus von Schwendi (1522 - 1583) (Historische Studien, 442), Husum 1995, hier 118ff.; zum Zusammenhang mit dem Speyerer Reichstag des Jahres 1570: *Maximilian Lanzinner,* Friedenssicherung und politische Einheit des Reiches unter Kaiser Maximilian II. (1564 - 1576) (Schriftenreihe der Historischen Kommission bei der Bayerischen Akademie der Wissenschaften, 45), Göttingen 1993, 313ff.; siehe auch *Maximilian Lanzinner,* Friedenssicherung und Zentralisierung der Reichsgewalt. Ein Reformversuch auf dem Reichstag zu Speyer 1570, in: ZHF 12 (1985), 287 - 310. Vgl. ferner die Aktenedition: Deutsche Reichstagsakten, Reichsversammlungen 1556 - 1662, Der Reichstag zu Speyer 1570, bearb. von *Maximilian Lanzinner,* Göttingen 1988.

66 „Discurs“ des Lazarus von Schwendi von 1570 (Anm. 65), 165.

67 Zur Einordnung der Schrift Schwendis: *Lanzinner,* Friedenssicherung und Zentralisierung der Reichsgewalt (Anm. 65), 297f., und *Nicklas,* Um Macht und Einheit des Reiches (Anm. 65), 118ff.

68 *Nicklas,* Um Macht und Einheit des Reiches (Anm. 65), 122 - 127.

69 *Nicklas,* Um Macht und Einheit des Reiches (Anm. 65), 145f.

sten August von Sachsen für eine Vivente-imperatore-Wahl hörte, sprach er sich gegenüber dem kursächsischen Rat Christoph von Carlowitz am 20. Juli 1574 in einem Brief für Erzherzog Rudolf, den ältesten Sohn Kaiser Maximilians II., als zu dessen Lebzeiten zu wählenden Römischen König aus[70]. Wie schon in seiner zweiten, auf den 15. Mai 1574 datierten großen Denkschrift über den Zustand des Heiligen Römischen Reiches, in der ebenfalls die Nachfolgefrage im Kaisertum angesprochen wurde[71], machte sich Lazarus von Schwendi in diesem Brief – im Unterschied zu „Discurs und bedencken" von 1570 – allerdings mehr für eine Reform der Reichsverfassung stark, bei der die Kurfürsten an Gewicht gewannen. Wenn er im „Bedenken" für Maximilian II. wie im Brief an Carlowitz forderte, bei den Ämterbesetzungen auf Reichsebene „Leute beider Religion zugleich" zu berücksichtigen"[72], dann geschah das nicht nur um der Durchsetzung des Gedankens der konfessionellen Parität im Interesse der Wahrung der Reichseinheit willen, sondern ganz konkret auch aus der Einsicht, daß die ihm dringlich erscheinende Lösung der Nachfolgefrage noch zu Lebzeiten Kaiser Maximilians II. nur mit Unterstützung der protestantischen Kurfürsten möglich sein würde.

IV.

Bis weit in die zweite Hälfte des 16. Jahrhunderts hinein – so läßt sich festhalten – hatte sich in der Verfassungwirklichkeit des Heiligen Römischen Reiches Deutscher Nation die Römische Königswahl vivente imperatore durchgesetzt, obwohl sie nirgendwo reichsgrundgesetzlich fixiert worden war. Nach Wahlen bis einschließlich der Ferdinands I. am 5. Januar 1531 in Köln, auf die in erster Linie die regierenden Kaiser gedrängt hatten und bei denen erbrechtliche Tendenzen stärker hervorgetreten waren, kam es zu den Wahlen Maximilians II. am 24. November 1562 in Frankfurt am Main und Rudolfs II. am 27. Oktober 1575 in Regensburg, zu denen die Kurfürsten die Initiative ergriffen hatten. Ohne den Wahlcharakter des Reiches und ihr freies Wahlrecht in Frage

70 Das Schreiben Schwendis an Carlowitz vom 20. Juli 1574 in: HStA Dresden: Loc. 10674, 1 Bd. „Discours und Bedencken die Wahl eines Röm. Königs und der Churfürsten dießfalls Persönliche zusammenkunfft betr. a[nn]o 1570 - 1574", unfol.; siehe jetzt auch *Thomas Nicklas*, Reichspolitische Beziehungsgeflechte im 16. Jahrhundert. Lazarus von Schwendi und der Dresdner Hof (in diesem Band).

71 Das „Bedenken an Kaiser Maximilian den Andern von Regierung des Heiligen Römischen Reichs und Freistellung der Religion" vom 15. Mai 1574 hat schon früh eine weite Verbreitung gefunden (vgl. *Nicklas,* Um Macht und Einheit des Reiches [Anm. 65), 140, Anm. 770); ebd., 140 - 144, ein Überblick über seinen Inhalt. Eine moderne Edition des Textes der Denkschrift wird von Thomas Nicklas vorbereitet.

72 *Frauenholz,* Des Lazarus von Schwendi Denkschrift (Anm. 64), 26.

gestellt zu sehen, ging es ihnen um die Vermeidung unwägbarer Interregna und um rechtzeitige Vorkehrungen zur Nachfolgeregelung im reichsoberhauptlichen Amt des Kaisers. „Daß solche Wahlen viel guts geschaffet, do hinwiederumb in verbleibung derselbigen Krieg und Auffruhr erfolget", resümierte denn auch Kurfürst Johann Georg von Brandenburg (1571 - 1598) zu Beginn der Regensburger Wahlverhandlungen im Oktober 1575 und verwies auf Gegenbeispiele in anderen europäischen Wahlmonarchien: „wie dann in Böhmen und Dennemarck geschehen und itzo noch vor augen ist, was vor beschwerunge den Polen aus deme zugestanden, daß sie bey leben ihres Königes keinen successorn erwehlet haben."[73] In einer Zeit schwelender politischer Unruhen innerhalb und außerhalb des Reiches und in einer Phase schwacher Kaiser seit den Zeiten Karls V. besannen sich die Kurfürsten – wie zuletzt grundlegend bei der Erneuerung des Kurvereins und der Verabschiedung der „Unio Electoralis novissima" am 18. März 1558[74] – ihrer Gesamtverantwortung für das Heilige Römische Reich Deutscher Nation, wie sie ihnen die Goldene Bulle von 1356 auferlegt hatte. Dort waren sie wiederholt als „columnae imperii" – „bases imperii et columpne immobiles", „imperii columpne et latera" – bezeichnet worden[75], als „Säulen des Reiches" – ein Bild, das gerade in der zweiten Hälfte des 16. Jahrhunderts in solchen Texten besonders häufig Verwendung fand, die die Präeminenz und besondere Rolle der Kurfürsten in der Reichsverfassung herausheben.

---

73 So begründete der Kurfürst von Brandenburg am 12. Oktober 1575 in Regensburg nach dem Protokoll des kursächsischen Geheimen Rates Dr. David Pfeiffer seine Befürwortung einer Römischen Königswahl vivente imperatore und erinnerte nicht nur an die Situationen in Böhmen im Jahre 1526 sowie in Dänemark bei den Königswahlen von 1513, 1523, 1533/34 und 1559, sondern vor allem auch an die vom plötzlichen Tod König Sigismunds II. August am 7. Juli 1572 ausgelösten Ereignisse in Polen, die erst im Mai 1576 mit der allgemeinen Anerkennung König Stefan Báthorys einen Abschluß erreichten; allgemein sei auf die oben in den Anm. 8 - 10 genannte Literatur hingewiesen. – Das Zitat findet sich in HStA Dresden: Loc. 10675, 1 Bd. „Protocoll der Handlung, so die Churfürsten des Heiligen Römischen Reichs auff dem Wahltage zu Regensburg über der Wahl des itzigen Römischen Königs Rudolphi des Andern collegialiter gehalten [...]. 1575", fol. 11^{v}. Siehe auch das kurkölnische Protokoll der Wahlverhandlungen in: HStA Düsseldorf: Kurköln V, Kaiserwahlakten 1519 - 1792, Nr. 8, 1 Bd. „Wahltagshandlung zu Regenspurgk gepflogenn Anno 1575", fol. 79^{r} - 123^{r}, hier fol. 87^{r} - 88^{r}. Die Wahlverhandlungen begannen am 10. Oktober 1575, am 31. Oktober erfolgte die Verlesung des Wahldekrets (fol. 118^{r} - 123^{r}), nachdem am 27. Oktober der Wahlakt vollzogen worden war (fol. 110^{r}).

74 Die „Unio Electoralis novissima d[e] a[nn]o 1558" ist abgedruckt in: *Johann Jacob Schmauss,* Corpus Juris Publici S. R. Academicum, enthaltend des Heil. Röm. Reichs deutscher Nation Grund-Gesetze, nebst einem Auszuge der Reichs-Abschiede, anderer Reichs-Schlüsse und Vergleiche. Neue [...] vermehrte Auflage durch *Heinrich Gottlieb Franken* und *Gottlieb Schumann,* Leipzig 1774, Nr. XXXIII, 210 - 218. Vgl. dazu auch *Luttenberger,* Kurfürsten, Kaiser und Reich (Anm. 38), 34 - 40.

75 Die Goldene Bulle Kaiser Karls IV. vom Jahre 1356 (Anm. 6), Cap. III, 56; XII, 68; XXV, 82, XXXI, 90.

Diese von den Kurfürsten betriebene Entwicklung – so unterschiedlich politisch sie im einzelnen auch motiviert war, wobei keineswegs nur auf Kurpfalz zu verweisen wäre – erreichte ihren Höhepunkt an der Wende vom 16. zum 17. Jahrhundert. Bereits im Jahre 1581, als der erst seit fünf Jahren regierende Kaiser Rudolf II. (1576 - 1612) gerade 29 Jahre alt war, sah sich der Mainzer Kurfürst Daniel Brendel von Homburg (1522 - 1582) angesichts der psychischen Verfassung und des allgemein schlechten Gesundheitszustandes des Reichsoberhauptes veranlaßt, die Nachfolgefrage aufzuwerfen[76]. In einem Schreiben vom 10. April 1581 an seine Mitkurfürsten erinnerte der Reichserzkanzler daran, daß der Kaiser – nach ihm vorliegenden zuverlässigen Berichten – „mit gefharlicher [...] leibs schwacheit noch immer dar behafftet" und sein Leiden „überhandt genommen und so weit eingewurtzelt, daß alle medicin und vleiß der erfarnen Chirurgen wenig helffen", und plädierte dafür, die Angelegenheit ernst zu nehmen, „damit unß und dem ganzen heiligen Reich durch unversehenliche Zufall, denen der allmechtig gnediglich abwenden und Ire Mt. bestendigs gesundtheit noch lang verleihen und geben welle, bei dieser unruwigen und unsehelichen Zeit, dho Gott erbarm, schier gantz Europa in Kriegen und grosser schwierigkait befunden, nit was argers begegne, welchs iezo mit viel geringerm nachteil durch unß, die Churfursten alß des Reichs seulen und nechste glieder vermittelst göttlicher gnaden vorkommen werden möchte"[77]. Mit aller Vorsicht und ohne die Möglichkeit einer Römischen Königswahl vivente imperatore ausdrücklich zu erwähnen, bat der Mainzer Kurfürst seine Kollegen, darüber nachzudenken, „wie antrawender gefhar bei Zeitten fürgebawt" werden könne, damit das Reich „bei seinen würden und cräften erhalten [...] pleiben möge"[78].

---

76 Zu Rudolf II. vgl. allgemein *Volker Press,* Rudolf II. 1576 - 1612, in: Die Kaiser der Neuzeit (Anm. 33), 99 - 111; ferner: *Gertrude von Schwarzenfeld,* Rudolf II. Ein deutscher Kaiser am Vorabend des Dreißigjährigen Krieges, 2. Aufl., München 1979, hier vor allem 57ff., und *Vocelka,* Die politische Propaganda Kaiser Rudolfs II. (Anm. 59), 178f.

77 Der Brief vom 10. April 1581 als Konzept in: HHStA Wien: MEA, Wahl- und Krönungsakten 7, 1 Bd. „Acta daß Succession Wesen betr. Tomus Primus de variis Annis 1581 - 1611", fol. 5^r - 6^v, hier fol. $5^{r,v}$.

78 Ebd., fol. 5^v, 6^r. – Wie zurückhaltend und vorsichtig Daniel Brendel von Homburg in dieser Angelegenheit war, hatte bereits am 12. Januar 1581 der kursächsische Gesandte Abraham Bork aus Bamberg an Kurfürst August von Sachsen berichtet. In Gesprächen mit dem Mainzer Kurfürsten hatte er den Eindruck gewonnen, daß dieser die Erörterung der Nachfolgefrage mit Rudolf II. für „eine sorgliche schwere berathschlagung" hielt: „es were das thun und laßen, auch der verzugk gefährlich; so wiste man nicht, wie die kay[serliche] M[ajestä]t als ein junger angehender Kaiser, der gleich kaum in seiner kaiserlichen regirung warm worden, hierinn gesinnet, was sie dißfals leiden, ob auch die uhrsachen vorhanden". Der Mainzer hielt die Sache einerseits für gefährlich und „die werldt itzo also geschaffen, das sonderlich denen, die solche sachenn dirigirten, die gefahr darauf stunde, wo es geriethe, so hette man es mitt gethan, wo nicht, so wollte man die Schuldt uff die authores consilii legen"; andererseits sah er, der glaubte –

Diese Initiative traf sich mit Bestrebungen des innerösterreichischen Erzherzogs Karl II. (1540 - 1590)[79] sowie Überlegungen des sächsischen Kurfürsten August[80]. Sie führte angesichts des stets schwankenden Gesundheitszustandes Rudolfs II. – was Volker Press zu der Feststellung veranlaßte, „die Regierungsgeschichte des Kaisers [sei] auch eine Krankheitsgeschichte"[81] – dazu, daß die Frage seiner Nachfolge zu einem Dauerthema der Reichspolitik bis 1612 wurde, denn der unverheiratet und damit ohne legitimen Erben gebliebene Rudolf II. ergriff zur Lösung dieses Problems nicht nur nicht die ihm immer wieder nahegelegte eigene Initiative, sondern er widersetzte sich beharrlich der Wahl eines Römischen Königs noch zu seinen Lebzeiten[82]. So interessant es wäre, die wechselvolle Geschichte des Heiligen Römischen Reiches Deutscher Nation und die im tatsächlichen, nicht nur von Franz Grillparzer erdichteten „Bruderzwist in Habsburg" gipfelnden familiengeschichtlichen Auseinandersetzungen um Rudolf II. im Spiegel der Bemühungen um die Lösung der Frage seiner Nachfolge als Reichsoberhaupt und seiner Verweigerungen über drei Jahrzehnte hinweg zu verfolgen, für die Geschichte der Römischen Königswahl vivente imperatore in der Neuzeit ist in erster Linie das Ergebnis bedeutsam: Am 16. Dezember 1611 schrieb der seit 1604 amtierende Mainzer Kurfürst Johann Schweikhard von Kronberg (1553 - 1626) von Aschaffenburg aus einen Wahltag aus, der am 21. Mai 1612 in Frankfurt am Main beginnen und zur Wahl eines Römischen Königs vivente imperatore führen sollte[83].

---

außer im „notfall et casum necessitatis" – an der nächsten Römischen Königswahl nicht mehr teilzunehmen, die großen Gefahren, die ein Interregnum mit sich bringen würde, erklärte sich aber bereit, „wann es [...] umb ihre May[es]t[ä]t also gelegen, das ein ungezweifelte gefahr vorhanden were, [...] uf einem succesorem zu dencken" (HStA Dresden: Loc. 10699: 1 Bd. „Schrifften die Succession am Römischen Reich betr.", fol. 88^{r} - 101^{v}, hier $90^{r,v}$, 91^{r}, $92^{r,v}$). 15 Jahre später hatte Kurfürst Johann Georg von Brandenburg in der Nachfolgefrage „bedenken, hartt in die kay. Maytt. zuedringen" (Brief vom 15. März 1596 an Kurfürst Christian II. von Sachsen, ebd., fol. $188^{r,v}$).

79 *Felix Stieve,* Die Verhandlungen über die Nachfolge Kaiser Rudolfs II. in den Jahren 1581 - 1602, in: Abhandlungen der Historischen Classe der Königlich Bayerischen Akademie der Wissenschaften, Bd. 15, München 1880, 1 - 160.

80 *Schwarzenfeld,* Rudolf II. (Anm. 76), 58; *Vocelka,* Die politische Propaganda Kaiser Rudolfs II. (Anm. 59), 178.

81 *Press,* Rudolf II. (Anm. 76), 100.

82 Vgl. insgesamt *Stieve,* Die Verhandlungen über die Nachfolge Kaiser Rudolfs II. in den Jahren 1581 - 1602 (Anm. 79). – Unübersehbar sind die Korrespondenzen, Beratungen und Verhandlungen in dieser Angelegenheit über drei Jahrzehnte hinweg. Hier sei lediglich verwiesen auf die folgenden Aktenbestände: HHStA Wien: MEA, Wahl- und Krönungsakten 7 (Anm. 77), fol. 1^{r} - 419^{v}; MEA, Wahl- und Krönungsakten 8 - 10; HStA Dresden: Loc. 10669, 1 Bd. „Schrifften die Successon am Römischen Reich betr.", ferner Loc. 10675, 10735, 7387, 7388 u.a.

83 Konzept des Ausschreibens in: HHStA Wien: MEA, Wahl- und Krönungsakten 10, 1 Bd. „Prothocollum deß gehaltenen Wahltags zue Franckfurt Anno 1612", fol. 258^{r} - 260^{r}. Ebd., fol. 262^{r} - 264^{r}, das Konzept eines gesonderten Ausschreibens an den König von Böhmen, der seit seiner Wahl und Krönung vivente rege am

Zu diesem vorläufigen Schlußpunkt im jahrzehntelangen Ringen der Kurfürsten mit Kaiser Rudolf II. war es während des Nürnberger Kurfürstentages vom Oktober 1611 gekommen[84], wo die bis auf den Brandenburger persönlich anwesenden Kurfürsten nicht nur beschlossen hatten, eine Abordnung zum Kaiser nach Prag zu schicken, sondern auch den Beginn des Wahltages auf den 21. Mai 1612 festgesetzt hatten, ohne die Zustimmung Rudolfs II. zu einer Römischen Königswahl vivente imperatore erhalten zu haben. Für die Kurfürsten war nach kaum noch zu überschauenden Korrespondenzen untereinander und mit dem Kaiser, nach einer unübersehbaren Fülle von bi- und multilateralen Gesprächen, Beratungen und Verhandlungen sowie angesichts ständig wechselnder Gerüchte und Informationen über den Gesundheitszustand des Reichsoberhauptes auf dem Hradschin[85] der Zeitpunkt gekommen, zu dem sie nicht mehr bereit waren, sich noch länger hinhalten zu lassen. Zwar wird man auch in Rechnung stellen müssen, daß seit 1581 in Mainz mit Johann Schweikhard von Kronberg (1604 - 1626) bereits der vierte Kurfürst – nach Daniel Brendel von Homburg (1555 - 1582), Wolfgang von Dalberg (1582 - 1601) und Johann Adam von Bicken (1601 - 1604) – Reichserzkanzler war, daß auch in den übrigen Kurfürstentümern die Herrscher mehrfach gewechselt hatten[86] und daß die insgesamt zwanzig Kurfürsten, die sich mit der Frage der Nachfolge Kaiser Rudolfs II. zu befassen hatten, sich durchaus unter wechselnden politischen Situationen mit unterschiedlicher Intensität und sich veränderndem Engagement – gerade auch angesichts verschiedener Personalvorstellungen – der Nachfolgeproblematik zuwandten, aber am Ende sah man keine anderen Möglichkeiten mehr für ein abgestimmtes gemeinsames Vorgehen mit dem Kaiser. Trotz aller wiederholten Zusicherungen, daß er – wie seine Vorgänger, zu deren Lebzeiten bereits ein Römischer König gewählt worden war – die volle und uneingeschränkte kaiserliche Regierungsgewalt,

---

23. Mai 1611 in Prag der österreichische Erzherzog und ungarische König Matthias war; er war seit 18. August 1611, als ihm sein Bruder Rudolf II. die volle Herrschaftsgewalt in Böhmen abtreten mußte, auch Inhaber der böhmischen Königswürde.

84 *Anton Ernstberger*, Der Nürnberger Kurfürsten-Tag vom Jahre 1611 und Kaiser Rudolf II., in: HZ 175 (1953), 265 - 284.

85 Vgl. z. B. das Protokoll des Fuldaer Kurfürstentages vom 27. August bis 9. September 1606: HHStA Wien: MEA, Wahl- und Krönungsakten 7, 1 Bd. „Succession Wesen betr. Tomus Primus [1581 - 1611]“, fol. 411r - 441r.

86 In Köln folgten auf Gebhard Truchseß von Waldburg (1580 - 1583) die Wittelsbacher Ernst (1583 - 1612) und Ferdinand von Bayern (1612 - 1650), seit 1596 Koadjutor, in Trier auf Jakob von Eltz (1567 - 1581), Johann von Schönenberg (1582 - 1599) und Lothar von Metternich (1599 - 1623). In den weltlichen Kurfürstentümern sahen die Wechsel folgendermaßen aus: Kursachsen: August (1553 - 1586), Christian I. (1586 - 1591), Christian II. (1591 - 1611), Johann Georg I. (1611 - 1656); Kurpfalz: Ludwig VI. (1576 - 1583), Friedrich IV. (1583 - 1610), Friedrich V. (1610 - 1621); Kurbrandenburg: Johann Georg (1571 - 1598), Joachim Friedrich (1598 - 1608), Johann Sigismund (1608 - 1619).

Würde und Hoheit behalten sollte[87], war er mit zunehmender Starrköpfigkeit nicht bereit, seine Einwilligung zu einer Vivente-imperatore-Wahl zu geben.

Und so war es nicht überraschend, daß Kaiser Rudolf II. am 23. November 1611 gegenüber den nach Prag gereisten Gesandten der sechs Kurfürsten auf deren Vortrag vom Vortag und auf die Entscheidung des Nürnberger Kurfürstentages uneinsichtig reagierte. Er teilte nicht die kurfürstliche Auffassung, daß den Gefährdungen des Reiches am besten durch die frühzeitige Wahl eines Römischen Königs und späteren Kaisers begegnet werden könne, sondern plädierte für die Fortsetzung des 1608 in Regensburg ohne Abschied zu Ende gegangenen Reichstages oder für die Ausschreibung eines neuen, suchte sich also mit all seinen Problemen in die oberste reichsständische Versammlung zu flüchten, die ihre eigenen Gesetze hatte, und verfolgte damit seine oft geübte Hinhaltetaktik weiter. Er ließ sich „der Churfursten erpieten [...] zwar auch gefallen“, hoffte „aber daneben“, daß ihm „ein solch bekweme Zeit benent werde“, daß er seine Auffassung auf einem Reichstag vortragen könne[88], obwohl er wissen mußte, daß er für die Einberufung eines Reichstages die Zustimmung der Kurfürsten benötigte[89]. In anderen Dokumenten war Rudolf II., der in „betrubtem Zuestandt zu keinem Churfursten mehr vertrauens hette“[90] – ausgenommen Sachsen – sehr viel deutlicher, fühlte sich – wie in den Auseinandersetzungen mit seinem Bruder Matthias („wie der gantz Welt kündig“) – erpreßt, „durch andeutung eines handtbriefleins“ seitens der Kurfürsten „fast zur resolution gedrungen, welches wir uns nimmermehr verstehen können oder sollen“[91], und hoffte auf Kurfürst

87 Beispielhaft sei hier auf ein undatiertes „Memorial“ kurpfälzischer und kurbrandenburgischer Gesandter nach dem Nürnberger Kurfürstentag von 1611 verwiesen, in dem der kaiserlichen Majestät zugesichert wurde, „zeit ihres lebens ohne ihr selbst nachgebungh und so langh sie dem Kayserthumb selbst vorstehen wolten, nichts endtzogen [werden], dersoselben ihre Ehre, Titul und reputation verpleiben [sollte], nichts destoweniger durch solchen erwöhlten successor ahm Kaiserthumb“ (HHStA Wien: MEA, Wahl- und Krönungsakten 9, 1 Mappe „1610 - 1613“, fol. 125^{r} - 128^{r}, hier fol. 126^{r}).

88 Vgl. die kaiserliche Resolution vom 23. November 1611: HHStA Wien: MEA, Wahl- und Krönungsakten 10, 1 Bd. „Prothocollum deß gehaltenen Wahltags zue Franckfurt Anno 1612“, fol. 245^{r} - 246^{v}, hier fol. 246^{r}; siehe auch: HStA Dresden: Loc. 7388, 1 Bd. „Vierdte Buch. Was nach Endung des A[nn]o 1611 zu Nürnberg gehaltenen Churfursten Tages des künfftigen Wahl- und Reichs-Tages halben und ferner vorgelauffen A[nn]o 1611“, fol. 4^{r} - 5^{v}, hier fol. 4^{v}.

89 Dies war – wie seit der Wahlkapitulation Karls V. von 1519 – auch in Rudolfs II. Wahlkapitulation vom 1. November 1575 festgeschrieben: Wahl-Capitulationes, Welche [...], hrsg. von Christoph Ziegler (Anm. 7), 60 (Artikel 11).

90 So im Protokoll einer Unterredung Ehrenfrieds von Minckwitz vom 26. November 1611 in Prag: HStA Dresden: Loc. 7388 (Anm. 88), fol. 7^{r} - 10^{v}, hier fol. 7^{r}.

91 So in einer Instruktion bzw. Memorial Kaiser Rudolfs II. für Ehrenfried von Minckwitz vom 15. Dezember 1611: HStA Dresden: Loc. 7388 (Anm. 88), fol. 19^{r} - 21^{r}, hier fol. 19^{v}, [19a]^{r}.

Johann Georg I. von Sachsen (1585 - 1656), der gerade erst die Nachfolge seines am 23. Juli 1611 verstorbenen Bruders Christian II. angetreten hatte. Er war geradezu empört, „daß albereit zu solcher Waal ein tag benennet sein solle, welches uns gleichermaßen frembd vorkähme und bestürtzt machte, demnach solches auch billich mit unserer Approbation beschehen solle und müße", vermutete im Hintergrund „practicken des Spanischen Anhangs, welche durch gelt alles zu erhalten vermeinen", und hoffte, daß Kursachsen in der Wahlfrage nichts übereilen werde[92]. Doch der junge Kurfürst in Dresden ließ sich von der Linie des Nürnberger Kurfürstentages nicht abbringen, wo man „sich in omnem eventum eines Wahltages" verglichen habe, insbesondere damit das Reich nicht „ad interregnum kommen möge"[93]. An einen vorgeschalteten Reichstag war nicht zu denken. Und so konnte Kaiser Rudolf II. an der ihm als „unvermeidlich" dargestellten Entscheidung der Kurfürsten nichts mehr ändern, die er als „Leichenpredigt" empfunden hat, „gleich einem Toten [...] gehalten, gleichsam als ob sie [die Kurfürsten] mit dem Herrn zu Rate säßen und wüßten, daß ich in diesem Jahre sterben werde"[94].

Allerdings ist es dann doch nicht mehr zu einer Vivente-imperatore-Wahl gekommen, denn am 20. Januar 1612 starb Rudolf II. Der schon vorher für den 21. Mai desselben Jahres angesetzte und pünktlich durchgeführte Wahltag[95] wurde zu jenem in der Goldenen Bulle von 1356 vorgeschriebenen zur Beendigung eines Interregnums, das die Kurfürsten hatten verhindern wollen, dem aber aufgrund der getroffenen Vorkehrungen nichts Unwägbares und Unberechenbares mehr anhaftete. Einstimmig gewählt wurde am 13. Juni 1612 mit Matthias (1557 - 1619) der älteste noch lebende Bruder Rudolfs II. und älteste Agnat der Habsburger, seit den Wiener Verträgen von 1606 Chef des Hauses Habsburg[96]. Der früher als Nachfolger Rudolfs II. erwogene Erzherzog Ernst (1553 - 1595)[97] war inzwischen verstorben, der zeitweilig von den geistlichen Kurfürsten favorisierte Erzherzog Albrecht VII. (1559 - 1621) wegen seiner starken Bindung an Spanien für die weltlichen nicht akzeptabel,

---

92 Ebd., Zitate fol. [19a]^{v}.

93 So Kurfürst Johann Georg I. am 24. Dezember 1611 aus Dresden an Kaiser Rudolf II. (Konzept): HStA Dresden: Loc. 7388 (Anm. 88), fol. 23^{r} - 28^{v}, hier fol. 26^{r}, 27^{v}.

94 So Rudolf II. gegenüber seinem Oberstkämmerer Ulrich Desiderius Proskowsky, zitiert nach *Schwarzenfeld,* Rudolf II. (Anm. 76), 256.

95 HHStA Wien: MEA, Wahl- und Krönungsakten 10, 1 Bd. „Prothocollum deß gehaltenen Wahltags zue Franckfurt Anno 1612". Siehe auch: *Leo Wilz,* Die Wahl des Kaisers Matthias, Diss. phil. Würzburg, Leipzig 1911.

96 Zu Matthias jetzt zusammenfassend *Volker Press,* Matthias. 1612 - 1619, in: Die Kaiser der Neuzeit (Anm. 33), 112 - 123, 477 f.

97 Erzherzog Ernst war bereits in den Gesprächen Abraham Borks mit dem Kurfürsten von Mainz Anfang 1581 genannt worden; vgl. Borks Bericht an Kurfürst August von Sachsen vom 12. Januar 1581 (Anm. 78), fol. 92^{v}.

galt dazu als selbständiger Landesfürst der (südlichen) Niederlande als der schwächere der Brüder Rudolfs II.[98] Insbesondere Kurfürst Johann Georg I. von Sachsen wünschte einen zukünftigen Kaiser mit eigenem Territorium in der Nähe seines Kurstaates, gleichsam als Vormauer gegen die immer wieder anstürmenden Türken. Und diese Bedingung erfüllte Matthias, der Sieger des „Bruderzwistes", beraten von dem einflußreichen Melchior Khlesl (1553 - 1630), als Herr Österreichs, Böhmens, Mährens, Schlesiens und eines Teils Ungarns eindeutig besser als Albrecht VII., der Fromme[99].

Die Schwierigkeiten, die Rudolf II. den Kurfürsten bei ihren Bemühungen um eine im Konsens mit ihm durchzuführende Römische Königswahl vivente imperatore gemacht hatte, blieben freilich nicht ohne Konsequenzen, denn sie waren das Resultat des reichsgrundgesetzlich ungeklärten Problems, ob die Kurfürsten berechtigt seien, ohne Zustimmung des Kaisers zu seinen Lebzeiten einen Römischen König zu wählen. Die Kurfürsten bejahten dies durch ihr Verhalten seit dem Nürnberger Kurfürstentag vom Oktober 1611, hatten für sich schon bei der Vivente-imperatore-Wahl Rudolfs II. 1575 das Recht zu prüfen in Anspruch genommen, „ob nemblich nütz und gut, bei leben und neben der kay[serlichen] M[ajestä]t einen Römischen König im Reich zu haben"[100], und sahen es – wie Kurfürst Wolfgang von Mainz fälschlicherweise – nicht nur in der Goldenen Bulle von 1356 verankert, sondern gegeben „auch sonsten bey den Churfursten des Reichs herkomen, wan sich sachen begeben, dabey dem hay[ligen] Reich gefahr zustehen konnte, daß sie sich deßwegen zu berathschlagung, wie die gemeine wolfart erhaltten werden konnte, zusamen begeben mogen"[101]. Aber in der Behauptung eines solchen Anspruchs konnte man auch die Gefahr sehen, daß die Kurfürsten das Instrument einer allein aus ihrem freien Willen hergeleiteten Vivente-imperatore-Wahl dazu nutzen konnten, einen mißliebig

98 HHStA Wien: MEA, Wahl- und Krönungsakten 9, 1 Mappe „1610 - 1613", fol. 131^{r} - 132^{v}.

99 Schon Kurfürst August von Sachsen hatte im Juni 1584 an Kaiser Rudolf II. geschrieben, daß „zu erhaltung so woll der Cron Bohemen als auch des Heiligen Reichs gemeiner wolfart dohin zu sehen sein will, das eines bei dem andern, wie von undencklicher Zeit ist herkommen, noch ferner bleiben und keine sonderung gescheen moge" (HStA Dresden: Loc. 10669, 1 Bd. „Schrifften die Succession am Römischen Reich betr.", fol. 14^{r} - 15^{v}, hier fol. 15^{r} [Konzept].

100 So in einem kursächsischen Memoriale vom 29. September 1594: HStA Dresden: Loc. 10669, 1 Bd. „Schrifften die Succession am Römischen Reich betr.", fol. 57^{r} - 63^{r}, hier fol. 61^{r,v}.

101 So der Mainzer Kurfürst Wolfgang von Dalberg in einem Brief an Herzog Friedrich Wilhelm von Sachsen-Altenburg als Administrator für den noch minderjährigen Kurfürsten Christian II. von Sachsen am 9. Dezember 1600 aus Aschaffenburg (HStA Dresden: Loc. 10675, 1 Bd. „Schrifften der Churfürsten zusammenkunfft wegen eines Successorn am Römischen Reich Anno 1600, 601", unfol. [Original].

gewordenen Kaiser teilweise zu entmachten, ohne zu dem schärferen Mittel der Absetzung wie im Falle König Wenzels (1361 - 1419) am 20. August 1400 greifen zu müssen.

In der Situation der Römischen Königswahl des Jahres 1612 gelang es den Kurfürsten bei den Wahlverhandlungen mit Matthias leicht, ihre Auffassung durchzusetzen und reichsgrundgesetzlich gültig bis zum Ende des Heiligen Römischen Reiches Deutscher Nation festzuschreiben[102]. Matthias mußte in seiner Wahlkapitulation vom 18. Juni 1612 einen bemerkenswerten Zusatz akzeptieren: „so offt sie [die Kurfürsten] es einem Kayser zu Behuff oder sonsten dem Heil[igen] Reich nothwendig und nutzlich befinden, auch bey Lebzeiten eines Römischen Kaysers“ einen Römischen König zu wählen, sollten sie dazu berechtigt sein, und zwar auch „ohne eines regierenden Kaysers Consens“, wenn dieser eine entsprechende „Bitte der Churfursten ohne genugsame erhebliche Ursachen“ verweigern sollte[103]. Die Kurfürsten ließen in den gesamten Verhandlungen keinen Zweifel darüber aufkommen, daß sie dieses für sich reklamierte Recht als Bestandteil ihres freien Wahlrechts betrachteten, und schlossen den Zusatz unmittelbar an die seit der Wahlkapitulation Karls V. von 1519 bestehende Verpflichtung der Römischen Könige und Kaiser an, das Heilige Römische Reich Deutscher Nation als Wahlreich erhalten und die „Churfursten, ihre Nachkommen und Erben, zu jeglicher Zeit bey ihrer freyen Wahl“ bleiben lassen zu wollen[104]. Sie gingen mit ihrem Zusatz noch weit über das hinaus, was Johann Friedrich von Sachsen 1534 in einem Zusatz zur Goldenen Bulle von 1356 hatte verankert wissen wollen, als er vergeblich ein kurfürstliches Prüfungsrecht vor Vivente-imperatore-Wahlen gefordert hatte[105].

V.

Daß sich die Kurfürsten zu Beginn des 17. Jahrhunderts so problemlos gegenüber Kaiser Matthias durchzusetzen vermochten, unterstreicht einmal mehr, wie sehr sie es seit der zweiten Hälfte des 16. Jahrhunderts verstanden hatten, ihren politischen Handlungsspielraum auszuweiten,

---

102 Vgl. Wahlkapitulation Franz' II. vom 5. Juli 1792 (Anm. 7), Art. III, § 10, 25 - 27.

103 Vgl. Wahlkapitulation des Matthias vom 18. Juni 1612: Wahl-Capitulationes, Welche [...], hrsg. von Christoph Ziegler (Anm. 7), 90 (Artikel 34).

104 Ebd. – Siehe auch: HHStA Wien: MEA, Wahl- und Krönungsakten 10, 1 Bd. „Prothocollum deß gehaltenen Wahltags zu Franckfurt Anno 1612“, z. B. fol. 85^{v} - 89^{v} (Beratungen u. a. über Artikel 34 der Wahlkapitulation).

105 Siehe oben zu Anm. 40.

und verweist auf dessen weiteren Ausbau auch in der Krise des Dreißigjährigen Krieges. Ohne ihr freies Wahlrecht auch nur im geringsten in Frage stellen zu lassen, waren sie in bestimmten reichspolitischen Situationen bereit, die die Monarchie stärkende Kontinuität kaiserlicher Herrschaft höher zu bewerten als die nach der Goldenen Bulle von 1356 vorgesehene, durch Interregna gekennzeichnete Diskontinuität. Die drei Römischen Königswahlen vivente imperatore des 17. Jahrhunderts bestätigen das auf ebenso eindrucksvolle Weise wie die gescheiterten Wahlprojekte zur Regelung der Nachfolge des Kaisers Matthias bis 1619 und Kaiser Ferdinands II. (1619 - 1637) im Jahre 1630.

Als die Kurfürsten angesichts der Tatsache, daß Matthias bei seiner Wahl bereits 55 Jahre alt war, mit Überlegungen aus dem Hause Habsburg konfrontiert wurden, mit dem neuen Römischen König doch gleich auch seinen Nachfolger zu wählen, also der Wahl zur Beendigung des mit dem Tod Kaiser Rudolfs II. begonnenen Interregnums sofort eine Römische Königswahl vivente imperatore folgen zu lassen, gingen sie darauf erst gar nicht ein[106]. Zwar war es – anders als noch bei der Vivente-imperatore-Wahl König Ferdinands I. Anfang 1531[107], und so dachte auch noch Kaiser Maximilian I. im Jahre 1518[108] – seit der Wahl Maximilians II. am 24. November 1562 zu Lebzeiten des ungekrönten Kaisers Ferdinand I. möglich und üblich geworden, die Kaiserkrönung nicht als Voraussetzung für eine Römische Königswahl vivente imperatore zu betrachten, da der Römische König mit seiner Wahl durch die Kurfürsten auch Kaiser wurde[109], aber weder sahen die Kurfürsten 1612 für eine „Doppelwahl" eine Notwendigkeit – bei aller Furcht vor den Gefahren eines Interregnums –, noch waren sie bereit, darauf zu verzichten, zu zeitlich versetzten Wahlen ihre politischen Forderungen in die jeweiligen Verhandlungen über die Wahlkapitulation einzubringen. Gleichwohl drängten die geistlichen Kurfürsten und Kursachsen[110] in den folgenden Jahren ebenso auf eine Regelung der Nachfolgefrage wie

106 Vgl. HHStA Wien: MEA, Wahl- und Krönungsakten 11, 1 Bd. „Tomus secundus belangendt den nach Frankfurt uf den 21. May Anno 1612 ausgeschriebenen Wahltag", fol. 294^{r} - 297^{v}.

107 Ferdinand I. wurde gewählt, nachdem Karl V. am 24. Februar 1530 in Bologna von Papst Clemens VII. zum Kaiser gekrönt worden war.

108 Vgl. Maximilians I. Zusage in der bereits herangezogenen Augsburger Urkunde vom 1. September 1518: „unnd damit daz aus solher waal kunfftigklich nit Irrung oder widerwertigkait erwachse, als ob die wider gewonnhait des heiligen Reichs beschehen were, Sollen unnd wellen wir die kayserlich Chron in einem halben Jar dem negsten nach dem tag, darauff die bemelt Election beschehen ist, von Bebstlicher heiligkait oder Irenn legaten erlanngen" (HHStA Wien: AUR 1518 September 1 [Anm. 27]); vgl. dazu auch *Wiesflecker,* Kaiser Maximilian I. (Anm. 26), 414.

109 *Goetz,* Maximilians II. Wahl zum römischen König 1562 (Anm. 43), 198; *Holtzmann,* Kaiser Maximilian II. (Anm. 45), 393, 399ff.; siehe auch *Neuhaus,* Von Karl V. zu Ferdinand I. (Anm. 42), 438f.

Kaiser Matthias und seine Umgebung.[111] Aber die sich verschärfenden konfessionellen und politischen Gegensätze im Reich verhinderten eine Römische Königswahl vivente imperatore, zumal „der Leiter der kaiserlichen Politik, Kardinal Khlesl, die Wahlfrage mit vorhergehenden Ausgleichs- oder Kompositionsverhandlungen zwischen den Konfessionsparteien zu verknüpfen suchte“[112]. Abgesehen von den innerhabsburgischen Schwierigkeiten, sich auf einen Kandidaten zu einigen, die den um Ausgleich bemühten Matthias zögern ließen, sich entscheidend für seinen streng katholisch erzogenen, „gegenreformatorisch“ geprägten Grazer Vetter Ferdinand von Innerösterreich (1578 - 1637) stark zu machen, waren die Gegensätze unter den Kurfürsten so groß, daß noch nicht einmal die Einberufung eines Kurfürstentages zwecks Erörterung der Wahlfrage gelang[113]. So kam es, daß Kaiser Matthias am 20. März 1619 starb und der Steiermärker nach fünfmonatigem Interregnum am 28. August zum Römischen König und Kaiser Ferdinand II. gewählt wurde, nachdem er bereits seit 6. Juni 1617 als König von Böhmen angenommen und am 16. Mai 1618 in Preßburg zum König von Ungarn gewählt worden war[114].

War es unmittelbar vor dem Dreißigjährigen Krieg vor allem die Konfessionsproblematik, die die Kurfürsten uneinig sein ließ – womit die Grundvoraussetzung für eine Römische Königswahl vivente imperatore fehlte –, so trat diese mitten im Krieg in den Hintergrund. In den Vordergrund schob sich dagegen – wie im 16. Jahrhundert – erneut die grundlegende verfassungspolitische Frage nach dem Charakter des Heiligen Römischen Reiches, als sich die Kurfürsten mehr und mehr dem Drängen Kaiser Ferdinands II. zur Regelung der Nachfolgefrage ausgesetzt sahen. 1619 als Einundvierzigjähriger gewählt, suchte er seit der zweiten Hälfte der 1620er Jahre die Wahl seines noch nicht zwanzig Jahre alten Sohnes

---

110 Zur kursächsischen Haltung vgl. *Axel Gotthard*, „Politice seint wir bäpstisch“. Kursachsen und der deutsche Protestantismus im frühen 17. Jahrhundert, in: ZHF 20 (1993), 275 - 319, hier 294ff.

111 Hinzuweisen ist hier u. a. auf die Korrespondenzen in: HHStA Wien: MEA, Wahl- und Krönungsakten 15 (1612 - 1616), 17 (1616/17); HStA Dresden: Loc. 10676: 1 Bd. „Erste Buch Succession am Römischen Reich und der Crohn Behmen Anno 1613 - 17“; Loc. 10677: 1 Bd. „Ander Buch Succession am Romischen Reich [...] Anno 1615 - 18“, 1 Bd. „Dritte Buch Succession am Römischen Reich [...] Anno 1618“; GStA Berlin: Rep. 10, Nr. Aaaa, Fasz 1: Korrespondenz und Verhandlungen in Reichssachen 1615/1616, Nr. Bbbb, Fasz. 1: Korrespondenz über die Sukzessionsfrage 1616/17; Rep. 12, Nr. B 2, Fasz. 1 und 2.

112 *Dieter Albrecht*, Ferdinand II. 1619 - 1637, in: Die Kaiser der Neuzeit (Anm. 33), 125 - 141, hier 130. Vgl. dazu auch ausführlich *Heinz Angermeier*, Politik, Religion und Reich bei Kardinal Melchior Khlesl, in: ZRG GA 110 (1993), 249 - 330, hier vor allem 306 - 313.

113 *Press*, Matthias (Anm. 96), 122.

114 Zu Ferdinand II. zusammenfassend *Albrecht*, Ferdinand II. (Anm. 112), 125 - 141, 478f.

Ferdinand (1608 - 1657) zu erreichen und ging dabei mit Versprechungen und Drohungen sowie unter Winken mit sehr viel Geld ähnlich massiv vor wie ein Jahrhundert zuvor Karl V., als er die Vivente-imperatore-Wahl Ferdinands I. betrieb. Aber im Gegensatz zu ihm blieb Ferdinand II. 1630 auf dem berühmten Regensburger Kurfürstentag erfolglos[115]. Abgesehen von den seit dem Restitutionsedikt des Jahres 1629 besonders antikaiserlich eingestellten protestantischen Kurfürsten, fühlten sich auch die katholischen Reichsstände durch Kaiser Ferdinand II. herausgefordert. Von allen wurde Herzog Maximilian I. (1573 - 1651), der – seit 1623 – neue Kurfürst von Bayern, sein entschiedenster Gegner, unbeirrbar bei der Verteidigung reichsständischer Positionen im allgemeinen und kurfürstlicher im besonderen gegenüber einem ausgreifenden kaiserlichen Machtanspruch, zumal wenn es um die Behauptung des freien Wahlrechts der Kurfürsten ging, wie sie es seit der Mitte des 16. Jahrhunderts verstanden. Trotz der – von den Kurfürsten geforderten – Entlassung des kaiserlichen Generalissimus Albrecht von Wallenstein (1583 - 1634) im August 1630[116] und trotz des Zugeständnisses Ferdinands II., in Zukunft Kriegführung und Außenpolitik des Heiligen Römischen Reiches Deutscher Nation wieder mehr der reichsständischen Kontrolle zu unterwerfen, hatte das seit langem nicht mehr so mächtige Reichsoberhaupt während des Regensburger Kurfürstentages des Jahres 1630 nie eine Chance, seinen Sohn zum Römischen König vivente imperatore wählen zu lassen. Zu deutlich stand den Kurfürsten insgesamt die Gefahr vor Augen, gegen einen so gestärkten Kaiser die Umwandlung des Reiches in eine Erbmonarchie nicht mehr verhindern zu können, sollten sie seinem Wunsch nachgeben.

Die gleichen Kurfürsten[117] aber waren es, die sechs Jahre später, knapp zwei Monate vor dem Tod Kaiser Ferdinands II., doch noch seinen gleichnamigen Sohn einstimmig zu seinem Nachfolger wählten und

---

115 Zum Regensburger Kurfürstentag des Jahres 1630 vgl. vor allem *Dieter Albrecht,* Die auswärtige Politik Maximilians von Bayern 1618 - 1635 (Schriftenreihe der Historischen Kommission bei der Bayerischen Akademie der Wissenschaften, 6), Göttingen 1962, 263 - 302, insbes. 274ff.; die Akten in: Briefe und Akten zur Geschichte des Dreißigjährigen Krieges. Neue Folge. Die Politik Maximilians I. von Bayern und seiner Verbündeten 1618 - 1651, 2. Teil, Bd. 5: Juli 1629 - Dezember 1630, bearb. von *Dieter Albrecht,* München/Wien 1964, 414 - 731 (Nr. 170).

116 *Dieter Albrecht,* Der Regensburger Kurfürstentag 1630 und die Entlassung Wallensteins, in: Regensburg – Stadt der Reichstage. Vom Mittelalter zur Neuzeit, hrsg. von Dieter Albrecht (Schriftenreihe der Universität Regensburg, 21), Regensburg 1994, 88 - 108.

117 Kurfürsten in den Jahren 1630 und 1636 waren: Mainz: Anselm Casimir Wambolt von Umstadt (1630 - 1647), Köln: Ferdinand von Bayern (1612 - 1650), Trier: Philipp Christoph von Sötern (1624 - 1652), Sachsen: Johann Georg I. (1611 - 1656), Brandenburg: Georg Wilhelm (1619 - 1640), Bayern: Maximilian I. (1623 - 1651).

damit die erste Römische Königswahl vivente imperatore im 17. Jahrhundert vollzogen. Nach dem Kriegseintritt der Schweden im Sommer 1630 hatte sich mit der offenen Kriegsbeteiligung Frankreichs seit der Mitte des Jahres 1635 die politische Situation des Heiligen Römischen Reiches erneut entscheidend verschlechtert. Sie war durch „allerhandt unrath und höchstgefehrliche zerrüttung" so sehr gekennzeichnet, daß eine Verzögerung der Nachfolgeregelung im höchsten Reichsamt oder gar ein Interregnum „woll gar newe zerstörung des allgemeinen friedens" zur Folge gehabt hätte; ja es bestand die Gefahr, daß die fremden Herrscher „das herliche gebew deß Römischen Reichs gentzlich niederreißen oder doch frembden Nationen Dominat underwürfig machen könten"[118]. Bei allen Gegensätzen zu Kaiser Ferdinand II., die nach dem Regensburger Kurfürstentag von 1630 bestehen blieben, sahen sich die Kurfürsten um des Reiches willen in die Pflicht genommen und zu einer beweglicheren, nicht vom Beharren auf Prinzipien geprägten Politik veranlaßt, auch wenn diese zu einer Stärkung des Hauses Habsburg beitrug. Um die gemeinsamen Ziele der Beruhigung („tranquillirung") des Heiligen Römischen Reiches, die Schaffung allgemeiner Wohlfahrt, die Stabilisierung des Friedens und die Herstellung von Einigkeit zu erreichen, war es notwendig, das „Reich noch bey [...] lebzeiten [des Kaisers] mit einem ansehentlichen und der sachen allenthalben tauglichen successore [zu] versehen"[119]. Und so wurde am 22. Dezember 1636 zu Regensburg Ferdinand III. (1637 - 1657) zum Römischen König vivente imperatore gewählt[120]. Mit den Zielsetzungen dieser Wahl knüpften die Kurfürsten an die mit dem Prager Frieden vom 30. Mai 1635 zwischen Kaiser Ferdinand II. und Kurfürst Johann Georg I. von Sachsen eingeleitete reichspolitische Wende an. Als Zweck dieses Friedens, den die wichtigsten Reichsstände ratifiziert hatten, war an zentraler Stelle die Wiederherstellung von „Integritet, Tranquillitet, Libertet und Sicherung" des Reiches formuliert worden[121].

Die in ein solches reichspolitisches Programm eingebettete Vivente-imperatore-Wahl Ferdinands III. markierte zugleich eine schwere Nieder-

118 So der Kurfürst von Mainz im „Decretum Electionis" an Kaiser Ferdinand II.: HHStA Wien: MEA, Wahl- und Krönungsakten 25, ungebundene Akten, fol. 12^{r}ff., hier fol. 14^{v}.

119 Ebd., fol. 15^{v}.

120 Siehe dazu auch *Heiner Haan,* Der Regensburger Kurfürstentag von 1636/1637 (Schriftenreihe der Vereinigung zur Erforschung der Neueren Geschichte e.V., 3), Münster 1967, 209 - 223. Zu Ferdinand III. zusammenfassend: *Konrad Repgen,* Ferdinand III. 1637 - 1657, in: Die Kaiser der Neuzeit (Anm. 33), 142 - 167, 480 - 482.

121 Der Prager Friede vom 30. Mai 1635 ist abgedruckt in: Neue und vollständigere Sammlung der Reichsabschiede [...], hrsg. von Heinrich Christian Senckenberg und Johann Jakob Schmauss, Frankfurt/M. 1747, Teil III, 534 - 548, hier 544 (§ 65).

lage der französischen Politik im Heiligen Römischen Reich Deutscher Nation. Kardinal Richelieu (1585 - 1642) als ihr verantwortlicher Leiter hatte in seinem seit der Mitte der 1620er Jahre verfolgten Bestreben, die Habsburger in der europäischen Politik zu schwächen, nicht erkannt, daß Römische Königswahlen vivente imperatore – wie gleichfalls ihre Verweigerung im Jahre 1630 – auch im Interesse der Kurfürsten liegen konnten[122]. Sein Ziel, über die Bindung einzelner Kurfürsten an Frankreich eine Mehrheit für solche Wahlentscheidungen zu vereiteln und dadurch das Eintreten von Interregna im Reich zu befördern, hatte er 1636 ebenso verfehlt, wie 1653 sein Nachfolger Mazarin (1602 - 1661) damit erfolglos bleiben sollte. Die Kurfürsten insgesamt waren nicht bereit, in kritischen politischen Situationen des Heiligen Römischen Reiches Deutscher Nation ausländischen Einflußversuchen im allgemeinen und französischem Druck im besonderen nachzugeben und ein ihnen allein zustehendes Recht durchlöchern zu lassen.

So fanden sie sich – bei allen sonstigen Meinungsunterschieden über die Reichsverfassung – in der Frage der Römischen Königswahl auch während der Verhandlungen zum Westfälischen Frieden auf der Seite Kaiser Ferdinands III.[123]. Das Ziel der Franzosen und Schweden, zu einer reichsrechtlich verbindlichen Regelung der Römischen Königswahl in dem Sinne zu kommen, daß sie zu Lebzeiten eines regierenden Kaisers verboten und nach einem Interregnum in der Weise eingeschränkt sein sollte, daß keine zwei Römischen Könige und Kaiser nacheinander aus gleichem Hause gewählt werden durften, lehnten Kaiser und Kurfürsten übereinstimmend ab. Die Kurfürsten sahen darin generell einen Widerspruch zur Goldenen Bulle von 1356 und im besonderen zu ihrem freien Wahlrecht, als dessen Bestandteil sie seit langem auch die Möglichkeit der Römischen Königswahl vivente imperatore betrachteten. Von dem Verzicht der französischen und schwedischen Verhandlungspartner in Münster und Osnabrück auf ein Verbot der Vivente-imperatore-Wahlen ab 1646 profitierten gleichermaßen die Kurfürsten und das Haus Habsburg[124]. Im Westfälischen Frieden selbst zählte die Königswahlfrage dann – neben anderen offenen Reichsverfassungsproblemen – zu den

---

122 Siehe dazu auch *Dickmann,* Der Westfälische Frieden (Anm. 23), 154f. Frankreich hat die Wahl Ferdinands III. vom 22. Dezember 1636 als nichtig angesehen, da die Kurfürsten von Trier und der Pfalz – seit 1623 durch Bayern ersetzt – an der Ausübung ihres Wahlrechts gehindert waren.

123 Hier kann nur allgemein auf die Edition der „Acta Pacis Westphalicae", hrsg. von Max Braubach und Konrad Repgen, verwiesen werden: bisher 19 Bde. in drei Serien und 10 Abteilungen, Münster 1962 - 1994. Noch immer von Bedeutung: *Johann Gottfried von Meiern,* Acta pacis Westphalicae publica oder Westphälische Friedens-Handlungen und Geschichte, 6 Bde., Hannover 1734 - 1736 (ND Osnabrück 1969).

124 Vgl. dazu *Dickmann,* Der Westfälische Frieden (Anm. 23), 325 - 329, 331f. u. ö.

zurückgestellten Materien („negotia remissa"), die auf dem nächsten Reichstag behandelt und entschieden werden sollten[125].

Da die Frage der Abfassung einer beständigen Wahlkapitulation für die Römischen Könige und Kaiser, an der die nicht zur Wahl berechtigten Reichsfürsten beteiligt werden sollten, ebenso zu den in Münster und Osnabrück 1648 nicht erledigten Verhandlungsgegenständen gehörte und auf dem nächsten Reichstag entschieden werden sollte[126], waren die Kurfürsten noch in einem weiteren Punkt zentral in ihrer Präeminenz bedroht, was sie und den im Westfälischen Frieden weiter geschwächten Kaiser in ihrer gegenseitigen Abhängigkeit nur noch enger aneinander band. Für die Kurfürsten war es wichtig, ihre in der Goldenen Bulle von 1356 grundgelegte und danach oftmals bestätigte und besonders seit der zweiten Hälfte des 16. Jahrhunderts – nicht zuletzt während des Dreißigjährigen Krieges – ausgebaute Vorrangstellung unter den Reichsständen gegenüber den im Westfälischen Frieden allgemein gestärkten übrigen Reichsfürsten zu behaupten und keine Ausdehnung reichsständischer Partizipationsmöglichkeiten an den Reichsangelegenheiten zu ihren Lasten zuzulassen.

Vor diesem Hintergrund waren Kaiser Ferdinand III. und die mehrheitlich erst in dem Jahrfünft zwischen 1647 und 1652 ins Amt gekommenen Kurfürsten entschlossen, noch vor dem im Westfälischen Frieden festgesetzten Reichstag Fakten zu schaffen, zumal sich der Beginn dieses Reichstages immer wieder verzögerte[127]. Vorbereitet durch ein kurmainzisches Gutachten über die Notwendigkeit der Nachfolgeregelung noch zu Lebzeiten Ferdinands III.[128] sowie in Beratungen mit dem Kaiser im

---

125 Vgl. Instrumentum Pacis Caesareo-Suecicum Osnabrugense VIII, [§ 3], in: Instrumenta Pacis Westphalicae. Die Westfälischen Friedensverträge 1648. Vollständiger lateinischer Text mit Übersetzung der wichtigeren Teile und Regesten, bearb. von *Konrad Müller* (Quellen zur Neueren Geschichte, 12/13), 2. Aufl., Bern 1966, 48; Instrumentum Pacis Caesareo-Gallicum Monasteriense § 64, jetzt in: Der Westfälische Frieden. Das Münstersche Exemplar des Vertrags zwischen Kaiser/ Reich und Frankreich vom 24. Oktober 1648, hrsg. von *Heinz Duchhardt* und *Franz-Josef Jakobi,* Teil I: Faksimile, Teil II: Einführung – Transkription – Übersetzung, Wiesbaden 1996, 68.

126 Ebd.; siehe auch *Dickmann,* Der Westfälische Frieden (Anm. 23), 327 - 332 u. ö.; *Günter Scheel,* Die Stellung der Reichsstände zur Römischen Königswahl seit den Westfälischen Friedensverhandlungen, in: Forschungen zu Staat und Verfassung. Festgabe für Fritz Hartung, hrsg. von Richard Dietrich und Gerhard Oestreich, Berlin 1958, 113 - 132.

127 Vgl. dazu *Helmut Neuhaus,* Das Heilige Römische Reich Deutscher Nation am Ende des Dreißigjährigen Krieges (1648 - 1654), in: Nachkriegszeiten – Die Stunde Null als Realität und Mythos in der deutschen Geschichte, hrsg. von Stefan Krimm und Wieland Zirbs (Acta Hohenschwangau 1995), München 1996, 10 - 33, hier vor allem 21 f.

128 HHStA Wien: MEA, Wahl- und Krönungsakten 27, 1 Bd. „Ferdinandi IV^{ti} Elections-, Capitulations- undt Coronations-Acta de Annis 1652 undt 1653 vivente Imperatore Ferdinand Tertio", fol. 58^{r} - 63^{v}.

November 1652, als sich die übrigen Reichsstände zum inzwischen nach Regensburg ausgeschriebenen Reichstag zu versammeln begannen[129], kam es am 31. Mai 1653 in Augsburg zur Wahl des Kaisersohnes Ferdinand IV. (1633 - 1654)[130], der zweiten Römischen Königswahl vivente imperatore im 17. Jahrhundert, die in erster Linie der verfassungskonservativen Systemerhaltung im Heiligen Römischen Reich Deutscher Nation dienen sollte.

In den vorbereitenden Korrespondenzen der Kurfürsten untereinander und mit Kaiser Ferdinand III., der natürlich auch dynastische Interessen verfolgte, um dem Haus Habsburg in der nächsten Generation die Kaiserwürde zu erhalten, herrschte nicht nur angesichts der Erfahrungen des Dreißigjährigen Krieges und der Notwendigkeit, den erzielten Frieden zu wahren[131], eine seltene Einmütigkeit. Eine „Reichsvacatur" - so Kaiser Ferdinand III. am 17. Dezember 1652 an den Kölner Kurfürsten Maximilian Heinrich von Bayern (1650 - 1688) - war zu vermeiden, ein Wahltag „ie eher ie lieber" anzusetzen[132]; die „motive" dafür waren für den neuen Kurfürsten Karl I. Ludwig von der Pfalz (1648 - 1680) „praegnant undt erheblich"[133]. Lediglich der evangelische Kurfürst Johann Georg I. von Sachsen (1611 - 1656) gab in einem Schreiben an seinen Mainzer Kollegen Johann Philipp von Schönborn (1647/49 - 1673) vom 29. Dezember 1652 (st. v.) aus Dresden zu bedenken, „daß im Friedenschluß [von 1648] enthalten, es solte auf yetzigem Reichstag under anderm von Wahl der Römischen Könige vermöge der Stendt gemeinen bewilligung gehandtlet undt geschlossen werden", überließ es aber dem Reichserzkanzler zu entscheiden, „ob sicherer undt rathsamer, vorhero zu vernehmen, was die Fürsten undt Stende bey solcher [Wahl] etwa zu

129 Zu diesem Reichstag jetzt *Andreas Müller,* Der Regensburger Reichstag von 1653/54. Eine Studie zur Entwicklung des Alten Reiches nach dem Westfälischen Frieden (Europäische Hochschulschriften, Rh. III: Geschichte und ihre Hilfswissenschaften, 511), Frankfurt/M. [u. a.] 1992.

130 *Albert Germershausen,* Die Wahl Ferdinands [IV.] nebst einer Übersicht über die Geschichte der römischen Königswahlen seit Einsetzung der Goldenen Bulle, Diss. phil. Leipzig, Celle 1901; siehe auch *Müller,* Der Regensburger Reichstag von 1653/54 (Anm. 129), 48 ff.

131 Vgl. die zahlreichen Briefe in: HStA Düsseldorf: Kurköln V, Kaiserwahlakten 1519 - 1792, Nr. 26, 1 Bd. „Electio Regis Rom. Ferdinandi IV. und insbesondere Correspondenz von Kurmainz mit den andern Kurfürsten 1652 - 1653".

132 Original des Briefes aus Regensburg in: HStA Düsseldorf: Kurköln V (Anm. 131), fol. $1^{r,v}$; siehe auch den am 3. Dezember 1652 an den Kurfürsten von Mainz geschickten Entwurf Kaiser Ferdinands III. für eine Proposition zum Wahltag: HHStA Wien: MEA, Wahl- und Krönungsakten 27 (Anm. 128), fol. $68^{r,v}$, 70^{r} - 81^{r}; ebd., fol. 76^{r} ff., auch eine Empfehlung für Ferdinand IV. In einem kurmainzischen Memoriale zu diesem Entwurf wird vor allem die außenpolitische Situation als Grund für eine Vivente-imperatore-Wahl herausgestellt (ebd., fol. 92^{r} - 97^{r}).

133 Abschrift eines Briefes des Kurpfälzers vom 17. Januar 1653 aus Regensburg an den Kurfürsten von Mainz, in: HStA Düsseldorf: Kurköln V (Anm. 131), fol. 25^{r} - 26^{v}, hier fol. 25^{v}.

errinnern" hätten, da man nicht wüßte, inwieweit sie von dem Vorhaben Kenntnis hätten[134]. Im übrigen riet aber auch Johann Georg I. zur Eile und sah – wie die übrigen Kurfürsten auch – in „Unruhen undt empöрungen under denen umbliegenden Europaeischen Konigreichen und Landen" sowie in den gewaltigen „Kriegsverfaßungen zu Wasser und Landt" Ursache genug, kein Interregnum eintreten zu lassen[135].

Johann Philipp von Schönborn ging darauf unter Hinweisen auf die reichsgrundgesetzliche Situation seit der Goldenen Bulle von 1356 und die Geschichte der Vivente-imperatore-Wahlen bis 1636 ausführlich in seinem Antwortschreiben vom 22. Januar 1653 aus Regensburg ein und bekräftigte darin noch einmal seine grundsätzliche, den status quo behauptende Position: „Solten nun aber die sambtliche Herren Churfürsten in diesem Ihnen allein zustehenden iure electionis undt dessen freyen Exercitio, so offt undt dick sie es vor nötig befinden, in so weit einen abtritt nehmen, daß Sie auch andere des Heyl[igen] Reichs Fürsten undt Stende in ein theil undt comparticipation [...] mit Einnehmen wollen, So müsten wir in höchsten Sorgen undt der ergsten Gefahr stehen, auch in schwerer Verantwortung außfallen, daß nit hierdurch die fundamental Hauptgesetze deß Heyl[igen] Reichs mercklich verletzt undt zerlöchert, eine newe forma inducirt, der Churfürsten autorität undt hochheit geschwächet undt zunichten gemacht, auch entlich alles wiederumb in ein vermengtes Chaos ac prima retustarum multiplicibatum et confusionum principia zurück gewaltzet, daß Reich in newe Unruhe gesetzt werden, undt die conservation des Friedens nit geringen ahnstoß zeitlich undt fast bey allen fällen leiden müße."[136] Ebenso deutlich nahm Kurfürst Maximilian Heinrich von Köln am 28. Januar 1653 gegenüber dem Reichserzkanzler zu den kursächsischen Einlassungen Stellung. Er war nicht der Meinung, daß „dise nothwendige waalsach an die ubrige Reichs consultationes [Reichstag] gebunden oder biß zu deren erledigung hinauß verschoben, weniger anderer Stendt decision und entscheid underworfen werden soll"[137]. Wohl unter Vermittlung des brandenburgischen Kurfürsten Friedrich Wilhelm (1640 - 1688) hat Johann Georg I. dann ebenfalls dem für den am 24. Mai 1653 in Augsburg, nicht in Regensburg beginnenden Wahltag zugestimmt[138]. Gekrönt wurde der

---

134 HHStA Wien: MEA, Wahl- und Krönungsakten 27 (Anm. 128), fol. 123^{r} - 125^{r}; Abschrift dieses Briefes in: HStA Düsseldorf: Kurköln V (Anm. 131), fol. 15^{r} - 17^{r}, hier fol. 16^{r}.

135 Ebd., fol. 15^{v}, 17^{r}.

136 Abschrift des Briefes in: HStA Düsseldorf: Kurköln V (Anm. 131), fol. 40^{r} - 50^{r}, hier fol. 43^{v}, 44^{r}.

137 HHStA Wien: MEA, Wahl- und Krönungsakten 27 (Anm. 128), fol. 190^{r} - 192^{v}, hier fol. 191^{r}.

138 Vgl. Brief des sächsischen Kurfürsten an Kurmainz vom 14. Februar 1653 aus Dresden: HHStA Wien: MEA, Wahl- und Krönungsakten 27 (Anm. 128),

vivente imperatore gewählte Römische König Ferdinand IV. am 18. Juni 1653 in Regensburg, zwölf Tage vor der Eröffnung des im Westfälischen Frieden verbindlich vorgesehenen Reichstages.

Der Abschied dieses Reichstages, der Jüngste Reichsabschied vom 17. Mai 1654, brachte freilich nicht die 1648 angestrebte Erledigung der zurückgestellten Materien und damit keine Erfüllung der Verfassungsaufträge u.a. die Königswahlfrage und das Problem einer beständigen Wahlkapitulation betreffend[139], weshalb Gerhard Oestreich zur Einschätzung dieses Reichsabschieds in moderner Diktion von einer „abgebrochene[n] Verfassungsreform" gesprochen hat[140]. Aber auch in der Folgezeit kam es zu keinen Neuerungen in reichsrechtlich verbindlicher Form. Zwar war die Ausarbeitung einer „Capitulatio Perpetua" über ein halbes Jahrhundert hinweg immer wieder Gegenstand des immerwährend werdenden Regensburger Reichstages, zwar führten die intensiven Beratungen auch - wie 1671 - zu wichtigen Zwischenergebnissen[141], aber am Ende stand dann doch nur ein „Project der gewissen und beständigen Kays[erlichen] Wahl-Capitulation cum Appendice" vom 8. Juli 1711, ein Entwurf[142].

Hinsichtlich der Römischen Königswahl vivente imperatore wurde dort in einem „Appendix" zu Artikel III festgehalten, „daß die Churfürsten nicht leichtlich zur Wahl eines Römischen Königs vivente Imperatore [...] schreiten"; sie wäre allerdings in drei Situationen geboten, wenn „entweder der erwehlte und regierende Römische Kayser sich aus dem Reich begeben und beständig oder allzulang aufhalten wolte", wenn „derselbe wegen seines hohen Alters oder beharrlicher Unpäßlichkeit der Regie-

---

fol. 216^r - 217^v; ebenso ein Schreiben Johann Georgs I. an Kaiser Ferdinand III. (ebd., fol. 219^r - 220^v). Auf Ersuchen des Kaisers vom 17. Dezember 1652 (ebd., fol. 104^r - 106^v) hat der Mainzer Kurfürst Johann Philipp von Schönborn am 22. Januar 1653 seine sechs Mitkurfürsten zum Wahltag eingeladen, nachdem vorher noch die Entscheidung zwischen Regensburg und Augsburg als Wahlort zu fällen gewesen war (ebd., fol. 109^r - 111^v).

139 Der jüngste Reichsabschied von 1654. Abschied der Römisch Kaiserlichen Majestät und gemeiner Stände, welcher auf dem Reichstag zu Regensburg im Jahr Christi 1654 aufgerichtet ist, bearb. von *Adolf Laufs* (Quellen zur Neueren Geschichte, 32), Bern/Frankfurt/M. 1975, 94 (§ 192).

140 *Gerhard Oestreich,* Vom Herrschaftsvertrag zur Verfassungsurkunde. Die „Regierungsformen" des 17. Jahrhunderts als konstitutionelle Instrumente, jetzt in: *ders.,* Strukturprobleme der frühen Neuzeit. Ausgewählte Aufsätze, hrsg. von Brigitta Oestreich, Berlin 1980, 229 - 252, hier 244.

141 Vgl. *Anton Schindling,* Die Anfänge des Immerwährenden Reichstags zu Regensburg. Ständevertretung und Staatskunst nach dem Westfälischen Frieden (Veröffentlichungen des Instituts für Europäische Geschichte Mainz, Abteilung Universalgeschichte, 143; = Beiträge zur Sozial- und Verfassungsgeschichte des Alten Reiches, 11), Mainz 1991, 134 - 156, hier insbes. 151f.

142 Der Text des Entwurfes einer beständigen Wahlkapitulation in: Quellensammlung zur Geschichte der Deutschen Reichsverfassung, bearb. von Karl Zeumer (Anm. 7), Nr. 205, 474 - 497.

rung nicht mehr vorstehen könte, oder [wenn] sonsten eine anderwärtige hohe Nothdurfft, daran des Heil. Röm. Reichs Conservation und Wohlfahrt gelegen, [sie] erforderte". In solchen Notfällen sollte „die Wahl eines Römischen Königs durch die Churfürsten, mit oder ohne des regierenden Römischen Kaysers Consens, wann derselbe auf angelegte Bitte ohne erhebliche Ursache verweigert werden solle, vorgenommen, und damit der Güldenen Bull, auch ihrem dem Heil. Röm. Reich tragenden Amt und Pflichten nach von ihnen allerdings frey und ungehindert verfahren werden."[143] Damit hatten die Kurfürsten ihre Position insgesamt im Sinne ihres Selbstverständnisses als „Säulen des Reiches" gefestigt[144], die Partizipationsansprüche der übrigen Reichsfürsten bei Römischen Königswahlen erfolgreich zurückgewiesen und ihre Stellung gegenüber dem Kaiser im Sinne der Wahlkapitulationen des Matthias von 1612 und seiner Nachfolger behauptet[145]. Daß die Kurfürsten „nicht leichtlich" eine Vivente-imperatore-Wahl vornehmen sollten, war nichts prinzipiell Neues, aber es war verbindlicher formuliert als in den Wahlkapitulationen Leopolds I. vom 18. Juli 1658 und Josephs I. vom 24. Januar 1690, wo es hieß, daß die Kurfürsten nicht nur „zu jeglicher Zeit bey ihrer freyen Wahl eines Römischen Königs nach Inhalt der Gulden Bull" gelassen würden, sondern auch berechtigt seien, „jedesmal und auff alle Fäll, wann Sie es vor nöthig und zu Erhaltung der Grund-Gesetz und dieser Capitulation, oder sonsten dem Heiligen Reich nothwendig und nutzlich befinden, auch bey Lebzeiten eines Römischen Kaysers, mit oder ohne desselben Consens vorzunehmen"[146].

Allerdings hatten die Kurfürsten schon früher die Erfahrung machen müssen, daß auch eine Vivente-imperatore-Wahl keine Garantie für die Vermeidung eines Interregnums und damit für Kontinuität im höchsten Reichsamt war, denn der am 31. Mai 1653 gewählte Römische König Ferdinand IV. starb ein gutes Jahr später, am 9. Juli 1654 – noch nicht 21 Jahre alt – ganz plötzlich an den Blattern. Damit erwiesen sich alle unter dem Eindruck des Dreißigjährigen Krieges und des Westfälischen Friedens gemachten Bemühungen als vergeblich, auch wenn nicht zu unterschätzen ist, daß sich die Habsburger einmal mehr durchgesetzt und die

---

143 Ebd., 495 (Appendix, „Constitutio I"). Siehe auch *Eckart Pick,* Die Bemühungen der Stände um eine Beständige Wahlkapitulation und ihr Ergebnis 1711, Diss. jur. Mainz 1969.

144 Siehe dazu auch *Hans-Michael Empell,* De eligendo regis vivente imperatore. Die Regelung in der Beständigen Wahlkapitulation und ihre Interpretation in der Staatsrechtsliteratur des 18. Jahrhunderts, in: ZNR 16 (1994), 11 - 24.

145 Vgl. die Wahlkapitulationen des Matthias vom 18. Juni 1612, Ferdinands II. vom 28. August 1619, Ferdinands III. vom 24. Dezember 1636, Ferdinands IV. vom 2. Juni 1653: Wahl-Capitulationes, Welche [...], hrsg. von Christoph Ziegler (Anm. 7), 90 (Artikel 34), 114 (Artikel 34), 145 (Artikel 38), 184 (Artikel 36).

146 Wahl-Capitulationes, Welche [...], hrsg. von Christoph Ziegler (Anm. 7), 254 (Artikel 36), 347 (Artikel 35).

Kurfürsten den Angriff der übrigen Reichsfürsten auf ihre Präeminenz erst einmal abgewehrt hatten, der status quo also bestätigt war. Ein Interregnum nach dem Ableben Kaiser Ferdinands III. aber war unvermeidlich geworden, denn sein zweitältester Sohn Leopold (1640 - 1705), der 1658 nach langen Verhandlungen als König und Kaiser Leopold I. sein Nachfolger werden sollte[147], war beim Tode seines älteren Bruders erst 14 Jahre alt und damit noch längst nicht wahlfähig. Außerdem war aufgrund unterschiedlicher reichspolitischer Vorstellungen zwischen den Habsburgern und einzelnen Kurfürsten wie etwa dem Mainzer Johann Philipp von Schönborn als Reichserzkanzler oder dem brandenburgischen Großen Kurfürsten das für die Jahreswende 1652/53 so kennzeichnende Einvernehmen zwischen Kaiser und Kurfürsten in einer Zeit verloren gegangen, in der auch die außenpolitische Situation und inbesondere der französische Einfluß aufs Reich stärker polarisierte. In Wien war man nach dem Tod Ferdinands IV. nicht bereit, die Initiative für eine erneute Römische Königswahl vivente imperatore zu ergreifen – wohl auch nicht, um nicht mit dem Problem einer beständigen Wahlkapitulation konfrontiert zu werden –, und auch die Kurfürsten ließen es bei einzelnen Anfragen hinsichtlich einer solchen Wahl bewenden[148]. Am Ende hatte Leopold I. in seiner nach eineinvierteljährigem Interregnum am 18. Juli 1658 vereinbarten Wahlkapitulation den Kurfürsten Zugeständnisse in einem Ausmaß zu machen wie keiner seiner Vorgänger[149].

Zu einer dritten Römischen Königswahl vivente imperatore im 17. Jahrhundert aber kam es dann am 24. Januar 1690 mit der Erhebung Josephs I. (1678 - 1711)[150]. Sie ist zum einen erneut ein Beispiel dafür, daß die Kurfürsten bereit waren, in äußeren Krisensituationen des Heiligen Römischen Reiches wie zu Beginn des als Reichskrieg gegen Frankreich geführten Pfälzischen Erbfolgekrieges (1689 - 1697) Vorkehrungen zur Vermeidung eines Interregnums zu treffen, auch dann – und das war neu –, wenn der Wahlkandidat noch minderjährig war, denn Kaiser Leopolds I. ältester Sohn war erst zwölf Jahre alt. War diese Bereitschaft der Kurfürsten zugleich Ausdruck der seit der Jahrhundertmitte allmählich

---

147 Zu ihm *Anton Schindling,* Leopold I. 1658 - 1705, in: Die Kaiser der Neuzeit (Anm. 33), 169 - 185, 482f.

148 Vgl. *Karl Otmar v. Aretin,* Das Alte Reich 1648 - 1806, Bd. 1: Föderalistische oder hierarchische Ordnung (1648 - 1684), Stuttgart 1993, 184 - 187; ferner *Repgen,* Ferdinand III. (Anm. 120), 164f. Siehe insgesamt auch *Volker Press,* Die kaiserliche Stellung im Reich zwischen 1648 und 1740 – Versuch einer Neubewertung, in: Stände und Gesellschaft im Alten Reich, hrsg. von Georg Schmidt (Veröffentlichungen des Instituts für Europäische Geschichte Mainz, Abteilung Universalgeschichte, Beiheft 29), Stuttgart 1989, 51 - 80.

149 Wahl-Capitulationes, Welche [...], hrsg. von Christoph Ziegler (Anm. 7), 200 - 277.

150 Zu ihm zuletzt zusammenfassend *Hans Schmidt,* Joseph I. 1705 - 1711, in: Die Kaiser der Neuzeit (Anm. 33), 186 - 199, 484f.

wieder stärker gewordenen Stellung des Kaisers im Reich, so machte sie zudem deutlich, daß die über zwei Jahrhunderte währende Verbindung des Hauses Habsburg mit dem Römischen König- und Kaisertum inzwischen eine eigene Qualität erlangt hatte, die die Wahlfreiheit der Kurfürsten nicht gänzlich unberührt lassen konnte, ohne freilich ihr freies Wahlrecht prinzipiell in Frage zu stellen. Die wiederholte Entscheidung für Abkömmlinge eines Hauses kann – so hieß es schon in der Spätzeit Kaiser Rudolfs II. in einem König Matthias begünstigenden Dokument – „der freyen Wahl nichts benemen, weil die Intention der Wahl allein an der qualitet und tauglìgkheit, gar aber nit an der Succession gelegen, wie dan auch ratsamber, wo in ainer succession die qualitates und conditiones eines Röm[ischen] Khunigs vorhanden, dz man vil lieber bei demselben verbleiben alß andere neue Heuser erst probiern soll". Als Gründe wurden u.a. angeführt, daß „in dergleichen Heusern der Vater die Söhne, der Bruder seine Brüder und seine Befreindte in die räth ziehet, in Reichssachen gebrauchet, die Reichstäg verrichten läßet, sie mit dem Chur[fürstlichen] und f[ürstlichen] rath bekhant macht"[151].

Zum anderen ist die Vivente-imperatore-Wahl Josephs I. ein Beispiel dafür, wie sehr solche Königserhebungen Bestandteil der internationalen Politik geworden waren, mit denen im Europa der dynastischen Fürstenstaaten Fakten geschaffen wurden. Beispielhaft sei erwähnt, daß Kurfürst Friedrich Wilhelm von Brandenburg nach dem für ihn enttäuschenden, zum Friedenswerk von Nimwegen (1678/79) gehörenden Vertrag von St. Germain en Laye (29. Juni 1679) mit den Königen Frankreichs und Schwedens, mit dem er alle nach seinem Sieg bei Fehrbellin (1675) gemachten Eroberungen an Schweden zurückgeben mußte, am gleichen Ort eine „Engere Allianz" mit König Ludwig XIV. von Frankreich schloß (25. Oktober 1679), in der er sich verpflichtete, sich bei der nächsten Römischen Königswahl für den französischen König oder den Dauphin einzusetzen. Er sagte zu, „falls der Kaiser die Wahl seines Sohns zum römischen König wollte", seine Zustimmung zum erforderlichen Zusammentritt des Kurkollegs zu verweigern und „die Deliberation über die Wahl eines Kindes" – Joseph I. war gerade etwas mehr als ein Jahr alt – abzulehnen; gelänge dies nicht, so verpflichtete sich der Große Kurfürst, „sein Votum doch nur in Uebereinstimmung mit dem Könige [von Frankreich] und Einem diesem genehmen Fürsten zu geben. Stürbe der Kaiser vor erfolgter Wahl eines römischen Königs" – hieß es weiter –, „dann verpflichtet sich der Kurfürst seinerseits und durch sein äusserstes Bemühen bei den übrigen Kurfürsten, die Wahl lediglich auf den König von

151 Vgl. die „Motiva und rationes, warumben das Hauß Österreich mit einhelligem voto die jetzige zu Hungarn und Behaimb regierende Khön[igliche] M[ajestä]t zuer Römischen Cron gern befürdert sähe", in: HHStA Wien: MEA, Wahl- und Krönungsakten 8, 1 Mappe „1606 - 1612", fol. 252^{r} - 255^{v}, hier fol. 254^{v}.

Frankreich fallen zu machen, als den durch seine persönlichen Eigenschaften und seine Macht geeignetsten."[152]

Unter dem Eindruck der außenpolitischen Wandlungen der nächsten Jahre änderte der brandenburgische Kurfürst seine Haltung in der Königswahlfrage allerdings grundlegend in einem geheimen, insbesondere gegen Frankreich gerichteten und vom Kurprinzen Friedrich (1657 - 1713), dem späteren ersten König in Preußen, vorbereiteten Defensiv-Bündnis, das er am 22. März 1686 auf zwanzig Jahre mit Kaiser Leopold I. abschloß. Mit diesem Vertrag näherte er sich den Habsburgern nicht zuletzt dadurch wieder an, daß er für sich und seine Nachfolger versprach, „des Ertzhertzogen Hochfürstl[iche] Durchl[aucht]" – also den am 26. Juli 1678 geborenen Joseph –, „existente casu, welchen der högste lange jahre verhüten wolle, mit Ihrem suffragio und assistentz zur Kayserlichen, oder auch, vivente augustissimo imperatore, zur Römischen Königlichen crohne, wan es verlanget wird, zu verhelfen"[153].

Unmittelbar vor Josephs I. Römischer Königswahl vivente imperatore am 24. Januar 1690 in Augsburg waren dann die außenpolitische Situation des Heiligen Römischen Reiches Deutscher Nation und insbesondere die von Frankreich ausgehende Gefahr die Hauptgründe, die die Notwendigkeit einer solchen Wahl – dazu eines minderjährigen Erzherzogs – unterstrichen. Dies geschah angesichts der an Rhein und Mosel erfolgten Zerstörungen durch die Franzosen nicht nur in der Proposition Kaiser Leopolds I. am 12. Dezember 1689 mit beredten Worten („gefahr, schaden, elend und ruin [...] durch den von der Crohn Frankreich so unverhofft geschehenen überfall"), sondern auch in den Stellungnahmen der Kurfürsten, von denen Sachsen an die Lage im Jahr 1636 erinnerte, als man Ferdinand III. vivente imperatore gewählt hatte. Die größte Sorge der Kurfürsten galt dem Ziel Frankreichs, „das Römische Reich under sich zu bringen [...] und zuforderisten die Hoffnung zur Römischen Crohn zu erlangen", so Kurmainz am 15. Dezember 1689[154]. Angesichts

---

[152] Siehe dazu: Kurbrandenburgs Staatsverträge von 1601 bis 1700, bearb. von *Theodor von Moerner*, Berlin 1867, Nr. 240, 413 - 415, hier 414, Artikel 10ff., Zitate: Artikel 11 und 13. – Zum Gesamtzusammenhang sei hier lediglich verwiesen auf: *Anton Schindling*, Kurbrandenburg im System des Reiches während der zweiten Hälfte des 17. Jahrhunderts. Eine Problemskizze, in: Preußen, Europa und das Reich, hrsg. von Oswald Hauser (Neue Forschungen zur brandenburg-preußischen Geschichte, 7), Köln/Wien 1987, 33 - 46; *Ernst Opgenoorth*, Der Große Kurfürst, das Reich und die europäischen Mächte, in: ebd., 19 - 31; *Axel Gotthard*, Der „Große Kurfürst" und das Kurkolleg, in: Forschungen zur Brandenburgischen und Preußischen Geschichte, NF 6 (1996), 1 - 54.

[153] Kurbrandenburgs Staatsverträge (Anm. 152), Anhang, Nr. XV, 750 - 758, hier 757, Artikel 17.

[154] Vgl. HHStA Wien: MEA, Wahl- und Krönungsakten 33, 1 Bd. „Protocollum Electionis Romanorum Regis Josephi de Anno 1690", unfol. Die kaiserliche Proposition in: HHStA Wien: MEA, Wahl- und Krönungsakten 34, fol. 183^r - 192^r.

der französischen Expansions- und Hegemonialpolitik seit Ende der 1660er Jahre waren bereits 1670 „Motiven, Warumb noch im Leben eines regierenden Kaysers von denen Herren Churfursten des Reichs ein Römischer König zu erwehlen seye", formuliert worden, die ihre allgemeine Gültigkeit bis zur Wahl Josephs I. und darüber hinaus behielten. Außer den bekannten und anerkannten Gesichtspunkten, die für eine Vivente-imperatore-Wahl sprachen, wurde hier – lange vor der Torso gebliebenen sog. „Reichskriegsverfassung" von 1681/82 – erstmals insbesondere auch das grundlegende Defizit des Reiches angesprochen, daß „daßelbe [Teutschland] so gar in keiner Verfaßung stehet, noch auf itzigem Reichstag zu einer Ersten defensions-formidabilität zu bringen" sei[155].

VI.

Ebenso wie die Wahl Josephs I. war die seines Großneffen Joseph II. (1741 - 1790)[156] zum Römischen König vivente imperatore im Jahre 1764 Bestandteil der internationalen Politik, im übrigen die letzte Wahl dieser Art im Heiligen Römischen Reich Deutscher Nation und die einzige im 18. Jahrhundert. Ein Versuch König Karls III. von Spanien (1685 - 1740), sich im Spanischen Erbfolgekrieg noch während des Kaisertums seines Bruders Joseph I. zum Römischen König wählen zu lassen, war nicht zuletzt an den höchst unterschiedlichen Interessen der Kurfürsten innerhalb und außerhalb des Reiches gescheitert[157]. So folgte er Joseph I. erst nach dessen plötzlichem Tod im Alter von 33 Jahren und nach einem fast halbjährigen Interregnum als Kaiser Karl VI. (1711 - 1740)[158] am 12. Oktober 1711. Seinerseits hat er dann aber nicht die Initiative zu einer Nachfolgeregelung im reichsoberhauptlichen Amt ergriffen, etwa zu Gunsten einer Vivente-imperatore-Wahl seines Schwiegersohnes Franz Stephan von Lothringen (1708 - 1765), des Großherzogs der Toskana, auch wenn er mehr als nur daran gedacht hat[159]. Schon am 12. August 1732 hatte Karl VI. mit dem wichtigsten Kurfürsten, dem gerade ins Amt gekommenen Mainzer Philipp Karl von Eltz (1665 - 1743) einen Vertrag geschlossen, in dem sich dieser in einem Geheimartikel verpflichtete, den zukünftigen Gemahl seiner ältesten Tochter zum Römi-

---

155 GStA Berlin: Rep. 10, Nr. 24a, nr. 1, fol. 1^r - 2^v, hier fol. 1^v.

156 Zu ihm zusammenfassend: *Peter Baumgart*, Joseph II. und Maria Theresia. 1765 - 1790, in: Die Kaiser der Neuzeit (Anm. 33), 249 - 276, 490f.

157 Vgl. dazu *Anna Hedwig Benna*, Ein römischer Königswahlplan Karls III. von Spanien (1708 - 10), in: MÖStA 14 (1961), 1 - 17.

158 Zu ihm zusammenfassend: *Hans Schmidt*, Karl VI. 1711 - 1740, in: Die Kaiser der Neuzeit (Anm. 33), 200 - 214, 485 - 487.

159 Siehe einen Hinweis bei Peter *Claus Hartmann*, Karl Albrecht – Karl VII. Glücklicher Kurfürst. Unglücklicher Kaiser, Regensburg 1985, 132.

schen König zu wählen[160]. Aber der internationalen Anerkennung der „Pragmatischen Sanktion“ von 1713 und damit der Absicherung des Erbes seiner Tochter Maria Theresia (1717 - 1780) in den habsburgischen Ländern[161] galt des Kaisers Aufmerksamkeit bis in die 1730er Jahre in erster Linie und unvergleichlich intensiver als der Lösung der unübersichtlichen Frage, wie er als letzter männlicher Habsburger seiner Familie die Nachfolge im wahlmonarchischen Heiligen Römischen Reich Deutscher Nation sichern konnte.

Mit dem Aussterben der Habsburger im Mannesstamm war im Jahre 1740 die Situation eingetreten, die der Reichsverfassung die Gelegenheit gab, geradezu idealtypisch zu funktionieren, weshalb Johann Jacob Moser (1701 - 1785) als Augenzeuge der Wahl des Wittelsbachers Karl VII. (1697 - 1745) an der Jahreswende 1741/42 grundsätzlich die fortwirkende Wahlfreiheit der Kurfürsten und damit die Lebendigkeit der alten Reichsgrundgesetze dokumentiert sah[162]. Gleiches galt für die Wahl des Lothringers Franz Stephan zum Römischen König und Kaiser Franz I. (1745 - 1765) am 13. September 1745[163], denn Karl VII. hatte in seiner nur dreijährigen Regierungszeit, überwiegend in Frankfurter Gefangenschaft, andere Probleme zu lösen, als sich um eine Nachfolgeregelung noch zu seinen Lebzeiten kümmern zu können.

Die Tatsache, daß nach 1740 zum ersten Mal seit 300 Jahren kein Habsburger mehr Römischer König und Kaiser werden konnte, hat die Wiener Hofburg tief getroffen und Kaiser Franz I. gleich nach dem Ende des Österreichischen Erbfolgekrieges (1740 - 1748) und aufgrund der gemachten Erfahrungen erstmals die Frage nach dem Wert und politischen Nutzen der Kaiserwürde aufwerfen lassen[164]. Zu den Konsequenzen aus den im Ergebnis insgesamt positiven Antworten gehörte ab 1749 das Plädoyer für eine Römische Königswahl vivente imperatore, wobei freilich weniger – wie es bis 1690 auch seitens der Kaiser üblich war – im Sinne des Heiligen Römischen Reiches und der Vermeidung eines unkalkulierbaren Interregnums argumentiert wurde, als vielmehr im Interesse Öster-

160 *Ludwig Bittner*, Chronologisches Verzeichnis der Österreichischen Staatsverträge, Bd. 1: Die Österreichischen Staatsverträge von 1526 bis 1763 (Veröffentlichungen der Kommission für Neuere Geschichte Österreichs), Wien 1903, Nr. 798, 151f.

161 Vgl. dazu vor allem *Kunisch*, Staatsverfassung und Mächtepolitik (Anm. 4), insbes. 41ff.; *ders.*, Hausgesetzgebung und Mächtesystem (Anm. 4), 49 - 80.

162 Siehe u.a. *Moser*, Ihro Römisch-Kayserlichen Majestät Carls des Siebenden Wahl-Capitulation (Anm. 7). – Zu Karl VII. jetzt zusammenfassend: *Alois Schmid*, Karl VII. 1742 - 1745, in: Die Kaiser der Neuzeit (Anm. 33), 215 - 231, 487f.

163 Zu ihm zusammenfassend: *Alois Schmid*, Franz I. und Maria Theresia. 1745 - 1765, in: Die Kaiser der Neuzeit (Anm. 33), 232 - 248, 488 - 490.

164 Ebd., 239ff., und *Alois Schmid*, Max III. Joseph und die europäischen Mächte. Die Außenpolitik des Kurfürstentums Bayern von 1745 - 1765, München 1987, 276 - 285.

reichs und der Stabilisierung der lothringisch-habsburgischen Dynastie. Da der für eine solche Wahl zu präsentierende Erzherzog Joseph aber erst acht Jahre alt war und insgesamt die politische Entwicklung in Europa nach dem Aachener Frieden von 1748 abgewartet werden sollte, zögerte man in Wien zunächst mit einer konkreten Initiative[165].

Wenn die Frage einer Vivente-imperatore-Wahl des minderjährigen Joseph gleichwohl aktuell blieb, so war das vor allem auf die Interessen König Georgs II. von Großbritannien (1727 - 1760) zurückzuführen, der zugleich Kurfürst von Hannover war. Sein Ziel war es, so rasch als möglich über eine Stabilisierung der Verhältnisse in Mitteleuropa zu einer Sicherung des Gleichgewichts auf dem Kontinent zu kommen; und dafür war ihm die Regelung der Nachfolgefrage im Heiligen Römischen Reich Deutscher Nation eine wichtige Voraussetzung[166]. Sie schien in London wie Hannover das beste Mittel zu sein, Frankreichs Absichten zu unterlaufen, bei einem Interregnum nach dem Tod Kaiser Franz' I. Unruhe im Reich zu stiften.

Trotz aller Aktivitäten scheiterte das erste Königswahlprojekt dieser Zeit im Grunde bereits bis Ende 1750, auch wenn es noch bis zum Vorabend des Siebenjährigen Krieges mit schwindender Intensität verfolgt wurde. Verantwortlich dafür war – neben britischen Ungeschicklichkeiten – fraglos die Mehrheit der Kurfürsten, die wegen ihrer unterschiedlichen Interessenlagen nicht bereit waren, sich so frühzeitig ihrer wirkungsvollsten Möglichkeit zu begeben, mittels ihrer Wahlstimme Reichspolitik zu machen, und eine Wien und das Haus Lothringen-Habsburg begünstigende Entscheidung zu treffen[167]. Auch hier wirkte sich die tiefe Zäsur des Jahres 1740 aus, zeigte sich, wie sehr sich das Reich im Verlaufe des Österreichischen Erbfolgekrieges bei gleichbleibenden Formen verändert hatte[168]. Vor allem der Kurfürst von Bran-

---

165 Vgl. dazu auch immer noch *Hermann Gehlsdorf,* Die Frage der Wahl Erzherzog Josephs zum römischen König, hauptsächlich von 1750 bis 1752, Diss. phil. Bonn 1887.

166 Vgl. dazu *David Baynes Horn,* The Origins of the Proposed Election of a King of the Romans, 1748 - 50, in: EHR 42 (1927), 361 - 370; *Reed Browning,* The Duke of Newcastle and the Imperial Election Plan, 1749 - 1754, in: The Journal of British Studies 7 (1967), 28 - 47; *Volker Press,* Kurhannover im System des alten Reiches 1692 - 1803, in: England und Hannover, hrsg. von Adolf M. Birke und Kurt Kluxen (Prinz Albert Studien, 4), München [u. a.] 1986, 53 - 79, hier 66.

167 Vgl. hierzu die ausführlichen Darlegungen bei *Schmid,* Max III. Joseph und die europäischen Mächte (Anm. 164), 279 - 284; ferner *Walter G. Rödel,* Frankreich, Kurpfalz, Kurmainz und die Frage der Römischen Königswahl 1753 - 1755, in: Deutschland und Frankreich in der frühen Neuzeit. Festschrift für Hermann Weber zum 65. Geburtstag, hrsg. von Heinz Duchhardt und Eberhard Schmitt (Ancien Régime, Aufklärung und Revolution, 12), München 1987, 509 - 548.

168 Vgl. dazu insgesamt zuletzt *Helmut Neuhaus,* Hie Österreichisch – Hier Fritzisch. Die Wende der 1740er Jahre in der Geschichte des Alten Reiches, in: Aufbruch aus dem Ancien régime. Beiträge zur Geschichte des 18. Jahrhunderts, hrsg. von Helmut Neuhaus, Köln/Weimar/Wien 1993, 57 - 77.

denburg, König Friedrich II., der Große, in Preußen (1740 - 1786)[169], widersetzte sich – ohne eigene Ambitionen zu haben – einer Römischen Königswahl vivente imperatore des jungen Erzherzogs Joseph mit allen Mitteln und höchst aktiv[170], nicht zuletzt in einem Zirkularschreiben vom 30. Oktober 1750 an alle Kurfürsten, mit dem er allen klar machen wollte, daß es sich um eine ureigenste Angelegenheit ihrer allein zuständigen reichsständischen Gruppe handelte[171]. Seine Gründe sind besonders deutlich in einem Schreiben seiner beiden Geheimen Kabinettsminister Heinrich Graf von Podewils (1695 - 1760) und Karl Wilhelm Graf Finck von Finckenstein (1714 - 1800) vom 7. November 1750 aus Berlin an den kurkölnischen Oberstkämmerer August Wilhelm Freiherr Wolff Metternich zu Werden festgehalten, dessen Herr, Kurfürst Clemens August von Wittelsbach (1723 - 1761), zu den großen Zögerern hinsichtlich einer Vivente-imperatore-Wahl gehörte[172]. Zwar sahen die Absender dieses Schreibens in Erzherzog Joseph einen Kandidaten für eine Römische Königswahl, aber sie meinten doch, daß „man sich mit dergleichen Wahl nicht alzusehr übereilen dürffte, wann man selbige zu einer Zeit vornehmen wolte, da des Kaysers Mai[estät] annoch in der Blüte Ihrer Jahre sind und sich einer vollkommenen Gesundheit zu erfreuen haben, da ganz Europa überhaubt und das Reich insbesondere sich in dem tiefsten Ruhestand befinden und überall nichts abzusehen ist, so die Nothwendigkeit einer solchen Wahl anzeigete“[173]. Abgesehen davon, daß sie in den Reichsgrundgesetzen bis hin zur Wahlkapitulation Franz' I. vom 13. September 1745 keinen Punkt sahen, der eine Römische Königswahl vivente imperatore zu Beginn der 1750er Jahre nahelegte oder gar rechtfertigte, gaben die beiden Minister zu bedenken, was denn geschehen solle, wenn der Kaiser noch während der Minderjährigkeit eines Römischen Königs Joseph stürbe, und fragten, „in was vor eine betrübte Situation das teutsche Reich unter der Regierung

169 Zu Friedrichs des Großen Verhältnis zum Heiligen Römischen Reich siehe u.a. *Theodor Schieder*, Friedrich der Große. Ein Königtum der Widersprüche, Frankfurt a.M./Berlin/Wien 1983, insbes. 260 - 283 u.ö. *Volker Press*, Friedrich der Große als Reichspolitiker, in: Friedrich der Große, Franken und das Reich, hrsg. von Heinz Duchhardt (Bayreuther Historische Kolloquien, 1), Köln/Wien 1986, 25 - 56.

170 Vgl. z.B.: Politische Correspondenz Friedrich's des Großen, Bd. 8, bearb. von *Reinhold Koser*, Berlin 1882.

171 Abgedruckt in: Preußische Staatsschriften aus der Regierungszeit König Friedrichs II. (1740 - 1755), Bd. 2, bearb. von *Reinhold Koser*, Berlin 1885, 337 - 340; siehe auch *Johann Gustav Droysen*, Geschichte der Preußischen Politik, Teil V, Bd. 4, Leipzig 1886, 173ff., 210f.

172 *Anton Schindling*, Kurfürst Clemens August, der „Herr Fünfkirchen“. Rokokoprälat und Reichspolitiker 1700 - 1761, in: Clemens August, Fürstbischof, Jagdherr, Mäzen [Ausstellungskatalog], Bramsche 1987, 15 - 28, hier 25.

173 Das Original-Schreiben befindet sich in: HStA Düsseldorf: Kurköln V, Nr. 144, fol. 5^r - 6^r, hier $5^{r,v}$.

eines minderjährigen und selbst unter Vormundschaft stehenden Kaysers gerathen müste?"[174]

Nun, dazu kam es nicht, nicht nur wegen der Haltung Friedrichs des Großen und der mangelnden Bereitschaft der Mehrzahl der Kurfürsten, ohne Not und reichsgrundgesetzlich nicht geboten zu einer Römischen Königswahl vivente imperatore zu schreiten, sondern auch nicht, weil die Internationalisierung dieser wichtigen Reichsangelegenheit die Entscheidung immer weiter verzögerte und schließlich nach dem „Renversement des alliances" von 1756 ganz in den Hintergrund drängte. Allerdings wurde das Problem auf österreichische Initiative hin ab 1760 und dann intensiviert gleich nach dem Ende des Siebenjährigen Krieges wieder aktuell, diesmal begünstigt durch die Tatsachen, daß Erzherzog Joseph nicht mehr minderjährig war und Kaiser Franz I. kränkelte. Vor allem aber setzte Frankreich als traditioneller Gegner solcher Wahlen seit dem Versailler Bündnisvertrag mit Österreich vom 1. Mai 1756 einem solchen Vorhaben keinen Widerstand mehr entgegen. Und Friedrich der Große hatte im ersten Geheimartikel des Friedens von Hubertusburg mit Maria Theresia von Österreich vom 15. Februar 1763 zugesagt, daß Erzherzog Joseph die kurbrandenburgische Stimme bei zukünftiger „Election d'un Roi des Romains ou d'un Empereur" erhalten sollte[175]. Schon bald nach dem Abschluß der Westminster-Konvention vom 16. Januar 1756 hatte sich der Preußenkönig gegenüber dem britischen Gesandten Andrew Mitchell dahingehend geäußert, daß eine solche Wahl letztlich nicht zu vermeiden sei: „The King of Prussia" – berichtete Mitchell am 24. Juni 1756 aus Berlin von einer Audienz bei Friedrich dem Großen in Potsdam am Vortag an Staatssekretär Robert d'Arcy Holdernesse – „considers that dignity not as of the greatest importance, and that it must sooner or later fall to the Archduke". Wichtig war ihm aber – und hier strebte er an, „to concert with the King" als Kurfürst von Hannover – die Wahlkapitulation: „this he thinks of real importance, as the power of every elector, prince and member of the Empire may be affected by it."[176]

Solchermaßen vom Kurfürsten von Brandenburg unterstützt[177], aber nicht von allen Seiten problemlos herbeigeführt[178], wurde Erzherzog Joseph 23jährig am 27. März 1764 in Frankfurt am Main zum letzten

---

174 Ebd., fol. 5v.

175 *Friedrich August Wilhelm Wenck,* Codex Iuris Gentium Recentissimi, Bd. 3, Leipzig 1795, Nr. CI, 368 - 379, hier 376.

176 Politische Correspondenz Friedrich's des Großen, Bd. 12, bearb. von *Albert Naudé,* Berlin 1884, Nr. 7600, 446 - 448, hier 447.

177 Vgl. Politische Correspondenz Friedrich's des Großen, Bd. 23, bearb. von *Kurt Treusch von Buttlar* und *Gustav Berthold Volz,* Berlin 1896.

178 *Schmid,* Max III. Joseph und die europäischen Mächte (Anm. 164), 488 - 493.

Römischen König vivente imperatore gewählt, obwohl es dafür schon zwingendere Situationen in der frühneuzeitlichen Reichsgeschichte gegeben hatte, aber gerade rechtzeitig für die, die der Herstellung von Kontinuität auch in einer Wahlmonarchie hohe Bedeutung beimaßen, denn ein gutes Jahr später, am 18. August 1765, starb überraschend sein Vater, Kaiser Franz I., im Alter von fast 57 Jahren. Wie sein Vater stellte der nunmehrige Kaiser Joseph II. bereits ein Jahr nach seinem Herrschaftsantritt im Reich ebenfalls die Frage nach Wert und Nutzen der Kaiserkrone und erhielt differenzierende, aber im Ergebnis positive Antworten, u.a. vom österreichischen Staatskanzler Wenzel Anton Fürst von Kaunitz-Rietberg (1711 - 1794), der der Meinung war, daß Österreich nicht so weit aufgestiegen wäre, „wenn das Erzhaus nicht seit Jahrhunderten in beständigen [sic!] Besitze der Kaiser-Krone geblieben wäre."[179]

Diesen „Besitz" nach der Zäsur von 1740 auch für das Haus Lothringen-Habsburg in der Zukunft abzusichern, gelang aber nur noch für vier Jahrzehnte, denn bereits Kaiser Josephs II. übernächster Nachfolger – Kaiser Franz II. (1792 - 1806)[180] – dankte ab und legte die Kaiserkrone am 6. August 1806 nieder[181]. Zu Römischen Königswahlen vivente imperatore kam es nicht mehr. Des kinderlosen Josephs II. „Versuche, seinen Neffen Franz zum römischen König wählen zu lassen, [stießen] auf den zähen Widerstand der Stände"[182] und blieben erfolglos. Auch wenn z.B. Egidius Freiherr von Borié, österreichischer Direktorialgesandter beim Regensburger Reichstag, am 16. Oktober 1783 seine Antwort auf die Frage „Ob die Angehung einer römischen Königswahl jetzt wohl rätlich?" dahingehend zusammenfaßte, daß „mehrere Betrachtungen [dazu raten], daß die Wahl eines römischen Königs in Bälde angegangen werden möge, bei der Schwäche Ihrer Kaiserlichen Majestät, ihren Leibs- und Gemütskräften, durch deren immerwährende übergroße Angreifung"[183], in den Jahren des

179 Vgl. dazu: Aus der Zeit Maria Theresias. Tagebuch des Fürsten Johann Josef Khevenhüller-Metsch, Kaiserlichen Obersthofmeisters 1742 - 1776, hrsg. von *Rudolf Graf Khevenhüller-Metsch* und *Hanns Schlitter*, [Bd.:] 1764 - 1767, Wien 1917, 479 - 518, hier 502; siehe auch *Hans Voltelini*, Eine Denkschrift des Grafen Johann Anton Pergen über die Bedeutung der römischen Kaiserkrone für das Haus Österreich, in: Gesamtdeutsche Vergangenheit. Festgabe für Heinrich Ritter von Srbik zum 60. Geburtstag am 10. November 1938, München 1938, 152 - 168.

180 Zu ihm jetzt zusammenfassend: *Walter Ziegler*, Franz II. 1792 - 1806, in: Die Kaiser der Neuzeit (Anm. 33), 289 - 306, 492 - 495.

181 Vgl. dazu zuletzt: *Helmut Neuhaus*, Das Ende des Alten Reiches, in: Das Ende von Großreichen, hrsg. von Helmut Altrichter und Helmut Neuhaus (Erlanger Studien zur Geschichte, 1), Erlangen/Jena 1996, 185 - 209.

182 *Karl Otmar Freiherr von Aretin*, Heiliges Römisches Reich 1776 - 1806. Reichsverfassung und Staatssouveränität, Teil I: Darstellung (Veröffentlichungen des Instituts für Europäische Geschichte Mainz, Abteilung Universalgeschichte, 38), Wiesbaden 1967, 170.

183 Vgl. Schreiben Boriés an Ferdinand Graf Trauttmansdorff bei *Aretin*, Heiliges Römisches Reich 1776 - 1806 (Anm. 182), Teil II: Ausgewählte Aktenstücke, Bibliographie, Register, Wiesbaden 1967, Nr. 17, 92 - 101, hier 93, 97.

maßgeblich von Friedrich dem Großen betriebenen Fürstenbundes hatte eine solche Vivente-imperatore-Wahl aber keine Realisierungschance[184], obwohl gerade der Preußenkönig die Nachteile einer Wahlmonarchie klar gesehen hatte[185]. In Berlin war man dezidiert der Meinung – so in einem Schreiben vom 24. November 1788 –, „daß keine Gründe vorhanden sind, welche in dem gegenwärtigen Zeitpunct eine bey Lebzeiten des regierenden Kaysers Majestaet vorzunehmende Römische Königswahl von Seiten des Churfürstlichen Collegii überhaupt [...] als nothwendig, nützlich oder rathsam ansehen laßen könnten“[186].

VII.

Gleichsam wie in einem Brennglas erscheinen die Probleme der Römischen Königswahl vivente imperatore dann noch einmal im Vorfeld und Umkreis der Wahl Leopolds II. (1747 - 1792) zum Römischen König und Kaiser[187], die am 30. September 1790 nach siebenmonatigem Interregnum in Frankfurt am Main erfolgte. Ganz unter dem Eindruck der Französischen Revolution stehend, schlug der Mainzer Kurfürst Friedrich Karl Joseph von Erthal (1775 - 1802) in einem undatierten „Pro Memoria“[188] vor, „daß mit der bevorstehenden Kaiserwahl zugleich die weitere Wahl eines Römischen Königs verbunden werde“, und machte dafür „viele wichtige Gründe“ geltend. „Bey dem gegenwärtigen so sehr epidemischen Geiste des Aufruhrs ist es“ – so führte er aus – „doch wohl mehr als jemahls nothwendig, das System unserer Deutschen an sich schon wandelnden Constitution zu befestigen und den Völckern zu zeigen, daß man hierauf ernstlich bedacht sey.“ Der Reichserzkanzler erblickte – wie viele seiner Vorgänger in anderer Krisenzeiten – in der Herstellung von Herrschaftskontinuität im Amt des Reichsoberhauptes ein wesentliches Mittel zur Stabilisierung der Reichsverfassung und verwies darauf, daß Leopold schon „immer ein schwächlicher Herr“ gewesen, der „kein hohes Alter“ verspreche und „jetzt schon zwischen 40 und 50“ sei. „Solte er wirklich frühzeitig von der Welt weggeschaft werden“ – so des Mainzer Kurfürsten weitere Sorgen –, „so wären Millionen Kosten verlohren und

184 Zum Fürstenbund zuletzt: *Dieter Stievermann,* Der Fürstenbund von 1785 und das Reich, in: Alternativen zur Reichsverfassung in der Frühen Neuzeit?, hrsg. von Volker Press. Nach dem Tod des Herausgebers bearb. von Dieter Stievermann (Schriften des Historischen Kollegs, Kolloquien, 23), München 1995, 209 - 226.

185 Siehe oben die Ausführungen zu Anm. 16.

186 GStA Berlin: Rep. 10, Nr. 87a, 1a, fol. 14^r - 16^v, hier fol. 14^v.

187 Zu ihm zusammenfassend: *Lorenz Mikoletzky,* Leopold II. 1790 - 1792, in: Die Kaiser der Neuzeit (Anm. 33), 277 - 287, 491f.

188 GStA Berlin: Rep. 10, Nr. 87a, 1b [3. Stück], unfol.

wir hätten wieder ein leidiges interregnum mit allen seinen Unannehmlichkeiten und Nachtheilen"; ja er befürchtete sogar: „bekommen wir nicht sogleich jezt einen Römischen König, so wird sich sobald nicht wieder eine schickliche Gelegenheit dazu finden".

Neu an diesem Vorschlag war – sieht man einmal von den auf die Gesundheit bezogenen Bedenken gegen den Kandidaten ab –, daß die Kostenfrage aufgeworfen wurde und daß ihn ein Kurfürst machte, nicht – wie vor der Wahl des Matthias[189] – die Herrscherfamilie oder – in abgewandelter Form – der Kaiser selber wie im Falle Karls V., der seinen Sohn Philipp zu einem zweiten Römischen König vivente imperatore neben seinem Bruder Ferdinand I. wählen lassen wollte[190]. Richtig hat Erthal gesehen, daß „wir [...] in der Geschichte noch keinen fall [haben], daß ein Römischer Kaiser und König zu gleicher Zeit erwählet worden wäre", aber er erinnerte an „Fälle, wo bey Kaisern in den besten Jahren Römische Könige noch als Kinder erwählt worden sind"[191], womit er nur die Wahl Josephs I. 1690 gemeint haben kann.

Wie im Falle des Fürstenbundes von 1785 reagierte man in Berlin empört als Wahrer der Reichsgrundgesetze im verfassungskonservativen Sinn. „Einen Römischen Kaiser und einen Römischen König zugleich gleichsam auf eben demselben Wahltage in der Person des Vaters und Sohnes zu wählen" – schrieb Minister Ewald Friedrich Graf von Hertzberg (1725 - 1795) am 1. Oktober 1790, am Tag nach der Wahl Leopolds II., nach Dresden –, „ist ein eben so unerhörter als auffallender Antrag"[192], dem eine starke Tendenz der Wandlung des Heiligen Römischen Reiches Deutscher Nation von einer Wahl- in eine Erbmonarchie innewohnte. „Schon an sich" – führte Hertzberg grundsätzlich aus – „ist die Wahl eines kaiserlichen Thronfolgers für die Verfassung des Reichs, die Wahlfreyheit, das Ansehen der Churfürsten, die Gerechtsame der Reichsverweser äusserst bedenklich, nachtheilig, abbrüchig. Das Ansehen, der Einfluß, die Verbindungen des Kaisers" – warnte er – „lenken die Wahl auf Prinzen seines Hauses, führen allmählich eine Erbfolge ein, verwandeln die Wahl in eine leere Förmlichkeit, verhindern alle heilsame Verbesserungen der Capitulation." Darin, daß der zu wählende Römische König an die Wahlkapitulation des kurz zuvor ins Amt gekommenen Kaisers gebunden werden sollte, sah Hertzberg eine hauptsächliche Einschränkung der kurfürstlichen Rechte, denn „es können hernach vierzig Jahre hingehen, ehe die Churfürsten wieder eine Gelegenheit bekommen,

189 Siehe oben zu Anm. 106.

190 Siehe oben die Ausführungen zu Anm. 32.

191 Wie Anm. 188.

192 GStA Berlin: Rep. 10, Nr. 87a, 1b (Brief Hertzbergs vom 1. Oktober 1790), unfol.

eine Capitulation zu machen", argumentierte er und stellte dann kategorisch fest: „Das Deutsche Wahlgesez, die goldene Bulle, weiß von der Wahl eines solchen kaiserlichen Thronfolgers nichts."

Im weiteren Verlauf seiner langen Stellungnahme gab Hertzberg dann einen detailreichen und sehr präzisen Überblick über die Geschichte der frühneuzeitlichen Römischen Königswahlen vivente imperatore, beginnend bei Maximilian I. und Ferdinand I., die nach seinem Verständnis die „erste[n] eigentliche[n] Römische[n] Könige [waren], die bey Lebzeiten des Kaisers zu seinen Nachfolgern gewählet wurden". Als wichtige Stationen hob er die Wahlkapitulation des Matthias, den Erfolg der Verhandlungen zum Westfälischen Frieden mit der Verhinderung eines Verbotes der Vivente-imperatore-Wahlen, die Wahl Josephs I. 1690 und die Festlegungen im Entwurf einer Beständigen Wahlkapitulation hervor, die in den Wahlkapitulationen Karls VI. und seiner Nachfolger reichsrechtliche Qualität erlangten. Bedeutsam war ihm vor allem die Tatsache, daß es gelungen war, die Reichsfürsten von der Beteiligung an den Römischen Königswahlen auszuschließen, weshalb er folgende Grundsätze formulierte:

„I. Die Wahl eines Römischen Königs ist den Churfürsten gänzlich überlassen. II. Es ist ihnen vorgeschrieben, nicht leicht, nicht ohne wichtige Bewegursachen dazu zu schreiten. III. Hohes Alter, Leibes- und Gemüths-Unvermögenheit, lange Abwesenheit des Kaisers sind die bestimmten Ursachen, welche keiner Berathschlagung bedürfen. IV. Wichtige Umstände, wovon des Reichs Wohlfahrt und Erhaltung abhängen, sind die unbestimmten Veranlassungen. V. Diese erfordern Erwägung, Beurtheilung, Berathschlagung. Sie ist aber den Churfürsten allein überlassen. Sie sollen frey und ungehindert nach ihrem Ermessen dazu schreiten. VI. Die Fürsten haben sich nicht vorbehalten, an der Vorberathschlagung Theil zu nehmen."

Hertzbergs Verständnis vom Römischen König vivente imperatore fand sich im übrigen bei den Reichsstaatsrechtslehrern seiner Zeit niedergelegt. Auf die Frage „Was ein römischer König sei?" hatte Christian August Beck (1720 - 1794) zu Beginn der 1750er Jahre in seinen Vorträgen zum Unterricht des späteren Kaisers Joseph II. zusammenfassend geantwortet: „Ein römischer König ist im eigentlichen Verstande diejenige hohe Person, welche von den Kurfürsten noch bei Lebzeiten des Kaisers zu dessen Nachfolger in der Regierung erwählt wird."[193] Zwar

---

193 Recht und Verfassung des Reiches in der Zeit Maria Theresias. Die Vorträge zum Unterricht des Erzherzogs Joseph im Natur- und Völkerrecht sowie im Deutschen Staats- und Lehnrecht, unter Mitarbeit von *Gerd Kleinheyer, Thea Buyken* und *Martin Herold* hrsg. von *Hermann Conrad* (Wissenschaftliche Abhandlungen der Arbeitsgemeinschaft für Forschung des Landes Nordrhein-Westfalen, 28), Köln/Opladen 1964, 455.

war Römischer König auch der zur Beendigung eines Interregnums gewählte, aber noch nicht gekrönte Kaiser, aber in erster Linie verstanden Reichsstaatsrechtslehrer wie z. B. auch Johann Jacob Moser darunter den „dem noch lebend- und regierenden Römischen Kayser zum Regierungs-Nachfolger bestimmten Prinz“[194].

Diese Entwicklung ist zurückzuführen auf den der Abdankung Kaiser Karls V. 1556 folgenden Herrschaftsübergang auf seinen im Jahre 1531 vivente imperatore gewählten Bruder König Ferdinand I. am 14. März 1558. Mit ihm wurde die noch von Maximilian I. und Karl V. beachtete scharfe Unterscheidung zwischen Römischem König und Kaiser aufgegeben, die von der Wahl Maximilians II. zum Römischen König vivente imperatore im Jahre 1562 an weiter verblaßte, denn sie fand erstmals statt, obwohl sein Vater Ferdinand I. nicht zum Kaiser gekrönt war, aber den Titel seit der Abdankung seines Bruders führte. Von da an setzte sich über zwei Jahrhunderte hinweg in der Reichsstaatsrechtslehre die Bezeichnung „Kaiser“ für den amtierenden Römischen König durch, der – wenn er vivente imperatore gewählt worden war – bis zu seinem Herrschaftsanstritt den Titel „König“ trug[195]. Dieser neuen Unterscheidung entspricht vielleicht – ohne daß hier näher darauf eingegangen werden kann –, daß von den sechs Römischen Königswahlen vivente imperatore zwischen 1562 und 1764 nur zwei in Frankfurt am Main stattfanden, die Maximilians II. und Josephs II., während Rudolf II. und Ferdinand III. (1575, 1636) in Regensburg sowie Ferdinand IV. und Joseph I. (1653, 1690) in Augsburg gewählt wurden. Alle Römischen Königswahlen zur Beendigung eines Interregnums fanden dagegen an dem in der Goldenen Bulle von 1356 vorgesehenen Wahlort statt, in Frankfurt am Main. Wie sehr sich im übrigen das Instrument der Römischen Königswahl vivente imperatore zu einem reichsgrundgesetzlich gefestigten und politisch wirksamen Instrument zur Wahrung der Funktions- und Handlungsfähigkeit, der Stabilität und Integrität des Heiligen Römischen Reiches Deutscher Nation entwickelt hatte, verdeutlicht nichts mehr als das keineswegs zufällig gerade im 17. Jahrhundert entstandene Rechtssprichwort: „Wenn der Kaiser stirbt, setzt sich der König in den Sattel“[196], die auf das Alte

---

194 *Johann Jacob Moser,* Von dem Römischen Kayser, Römischen König und denen Reichs-Vicarien (Neues teutsches Staatsrecht, 2), Frankfurt/M. 1767, 678 (Kapitel 12). – Siehe generell auch den Artikel „König (Römischer)“ in: *Johann Heinrich Zedler,* Großes vollständiges Universal-Lexicon Aller Wissenschaften und Künste [...], Bd. 15, Leipzig/Halle 1737, Sp. 1240 - 1283, hier vor allem Sp. 1240.

195 Siehe auch *Neuhaus,* Von Karl V. zu Ferdinand I. (Anm. 42), insbes. 436 ff.

196 Deutsche Rechtssprichwörter, unter Mitwirkung der Professoren *J. C. Bluntschli* und *K. Maurer* gesammelt und erklärt von *Eduard Graf* und *Matthias Dietherr,* Nördlingen 1869, 486 (Nr. 8); siehe auch: *Johann Friedrich Eisenhart,* Grundsätze der deutschen Rechte in Sprüchwörtern durch Anmerkungen erläutert, Leip-

Reich gemünzte wahlmonarchische Variante zu dem die Erbmonarchie charakterisierenden „Der König ist tot, es lebe der König!"

zig [3]1823, 624; ferner: Die Sprichwörter und Sinnreden des deutschen Volkes in alter und neuer Zeit. Zum erstenmal aus den Quellen geschöpft, erläutert und mit Einleitung versehen von *J. Eiselein*, Freiburg 1840, 353: „Wann der Kaiser stirbt, so hebt sich der König in den Sattel".

Zur Bedeutung der Reichsacht in der Frühen Neuzeit

Von Matthias Weber, Oldenburg

Die Beschäftigung mit der frühneuzeitlichen Rechts- und Verfassungsgeschichte des Heiligen Römischen Reichs erlebt seit einiger Zeit eine Renaissance. Parallel zu der gewachsenen Bedeutung sozialhistorischer Forschungsansätze wie etwa des auf Gerhard Oestreich zurückgehenden Paradigmas der Sozialdisziplinierung[1] oder zu der vorangeschrittenen Erforschung der Frauen- und Geschlechtergeschichte[2] und der Geschichte einzelner sozialer Gruppen[3], der sozialanthropologischen Analyse der städtischen[4] und ländlichen Gesellschaft[5] und der Alltagsgeschichte[6] ist in neuerer Zeit eine Vielzahl von Arbeiten über die Verfassung und den Organismus des Alten Reichs[7] erschienen, die deutlich gemacht hat, daß die lange vorwaltende Unterschätzung der alten Reichsordnung nicht gerechtfertigt war[8]. Vielleicht bildet die Erfahrung, daß der gegenwärtige Staat immer weniger den an ihn gestellten verwaltungsmäßigen, legislativen und sozialen Herausforderungen gerecht werden kann, auch den Hintergrund dafür, daß Universitätsseminare über Themen aus der Reichsrechts- und Reichsverfassungsgeschichte auf

---

1 *Winfried Schulze*, Gerhard Oestreichs Begriff „Sozialdisziplinierung in der frühen Neuzeit", in: ZHF 14 (1987), 265 - 302; *Heinz Schilling* (Hrsg.), Kirchenzucht und Sozialdisziplinierung im frühneuzeitlichen Europa (ZHF, Beiheft, 16), Berlin 1994, hier 219 - 232 Auswahlbibliographie.

2 Vgl. *Claudia Ulbrich*, Literaturbericht Frauen- und Geschlechtergeschichte, in: GWU 45 (1994), 108 - 120.

3 Vgl. *Winfried Schulze* (Hrsg.), Ständische Gesellschaft und soziale Mobilität (Schriften des Historischen Kollegs, Kolloquien, 12), München 1988; *Gerhard Frühsorge* u. a. (Hrsg.), Gesinde im 18. Jahrhundert (Studien zum 18. Jahrhundert, 12), Hamburg 1995.

4 Vgl. die Literaturangaben in: *Heinz Schilling*, Die Stadt in der Frühen Neuzeit (Enzyklopädie Deutscher Geschichte, 24), München 1993, 135 - 137; *Helga Schultz*, Berlin 1650 - 1800. Sozialgeschichte einer Residenz, Berlin 1992.

5 *Jan Peters* (Hrsg.), Gutsherrschaft als soziales Modell (HZ, Beihefte NF, 18), München 1995.

6 *Richard v. Dülmen*, Kultur und Alltag in der Frühen Neuzeit, Bde. 1 - 3, München 1990 - 1994.

7 *Heinz Angermeier*, Die Reichsreform 1410 - 1555. Die Staatsproblematik zwischen Mittelalter und Gegenwart, München 1984; *Karl Otmar Frhr. v. Aretin*, Das Alte Reich 1648 - 1806, Bd. 1, Stuttgart 1993.

8 Vgl. besonders die Einleitung bei *K. O. Frhr. v. Aretin*, Das Alte Reich (Anm. 7), 9 - 16.

großes studentisches Interesse stoßen: Ein Anzeichen für das beginnende Ende von Epochen ist das Interesse an ihren Anfängen.

Es gibt nicht mehr sehr viele große Themen der Rechts- und Verfassungsgeschichte des frühneuzeitlichen Heiligen Römischen Reichs Deutscher Nation, die noch völlig unbearbeitet sind. Die Literatur über das Verhältnis von Kaiser und Reichsständen und über das dualistische Verfassungssystem des Alten Reichs besitzt die älteste bis in die Frühe Neuzeit reichende Tradition. Auf diese bauen die neuen Arbeiten über das Innenleben des Reichs auf, über den Reichstag[9], die Reichskreise[10] und über die höchste Gerichtsbarkeit[11]. Die aus der borussisch geprägten Historiographie überkommene kritische Beurteilung auch der Tätigkeit von Reichskammergericht (RKG) und Reichshofrat (RHR) ist dabei einer positiven, mitunter begeisterten Würdigung gewichen[12]. Zu dem Komplex der höchsten Gerichtsbarkeit im Reich gehört auch die Reichsacht.

Ausgangspunkt für jede Beschäftigung mit der Reichsacht in der Frühen Neuzeit bildet noch immer die 1911 erschienene und bislang einzige umfangreichere Schrift zu diesem Thema von Joseph Poetsch über „Die Reichsacht im Mittelalter und besonders in der neueren Zeit“[13]. Poetschs Arbeit ist – ähnlich wie alle anderen im folgenden erwähnten Abhandlungen – hauptsächlich an den verfassungsmäßigen und gesetzlichen Grundlagen der Acht interessiert, so daß sich aus der Fülle der verarbeiteten Beispiele und Informationen nur bedingt Aussagen über den von der Ächtung betroffenen Personenkreis sowie über die Durchsetzung und Wirkung der frühneuzeitlichen Acht gewinnen lassen.

---

9 *Erich Meuthen* (Hrsg.), Reichstage und Kirche (Schriftenreihe der Hist. Komm. bei der Bayer. Akad. d. Wissenschaften, 42), Göttingen 1991; *Anton Schindling,* Die Anfänge des Immerwährenden Reichstags zu Regensburg. Ständeversammlung und Staatskunst nach dem Westfälischen Frieden (Veröff. d. Inst. f. Europ. Gesch. Mainz, Abt. Universalgesch., 143 – Beitr. zur Sozial- u. Verfassungsgesch. d. Alten Reiches, 11), Mainz 1991; *Karl Härter,* Reichstag und Revolution 1789 - 1806. Die Auseinandersetzung des Immerwährenden Reichstags zu Regensburg mit den Auswirkungen der Französischen Revolution auf das Alte Reich (Schriftenreihe der Hist. Komm. bei der Bayer. Akad. d. Wissenschaften, 46), Göttingen 1992.

10 *Winfried Dotzauer,* Die deutschen Reichskreise in der Verfassung des Alten Reiches und ihr Eigenleben 1500 - 1806, Darmstadt 1989.

11 „Quellen und Forschungen zu Höchsten Gerichtsbarkeit im Alten Reich“ (künftig: QFHGAR), Bd. 1, 1973 - Bd. 29, 1996); Frieden durch Recht. Das Reichskammergericht von 1495 bis 1806, hrsg. v. *Ingrid Scheurmann,* Mainz 1994.

12 Vgl. *Friedrich Hertz,* Die Rechtsprechung der höchsten Reichsgerichte im römisch-deutschen Reich und ihre politische Bedeutung, in: MIÖG 69 (1961), 331 - 358; zuletzt das positive Urteil über das RKG von *Bernhard Diestelkamp,* Rechtsfälle aus dem Alten Reich. Denkwürdige Prozesse vor dem Reichskammergericht, München 1995, 38.

13 *Josef Poetsch,* Die Reichsacht im Mittelalter und besonders in der neueren Zeit (Untersuchungen zur Deutschen Staats- und Rechtsgeschichte, 105), Breslau 1911.

Das Hauptwerk über die Acht aus neuerer Zeit mit dem Titel „Reichsacht und Anleite im Spätmittelalter“ von Friedrich Battenberg präsentiert für den Zeitraum zwischen 1274 und 1451 insgesamt 1585 Acht- bzw. Anleiteprozesse, die am königlichen Hofgericht anhängig waren. In Anbetracht der Folgen der Achtverhängungen beurteilte Battenberg die Reichsacht im Untersuchungszeitraum seines Buches als „Zustand abgeschwächter, aber nicht totaler Friedlosigkeit“. Die Stellung des Geächteten sei im spätmittelalterlichen Rechts- und Wirtschaftsleben in zahlreichen Einzelaspekten vielfältig beschnitten gewesen[14]. Außerhalb der Thematik dieses Buches liegt die Geschichte der Acht in der Frühen Neuzeit, so daß Poetschs Bemerkung noch heute gilt, daß die mittelalterliche Reichsacht relativ gut erforscht ist, daß aber „in der neueren rechtsgeschichtlichen Wissenschaft eine Darstellung der Reichsacht für die Zeit nach Errichtung des Reichskammergerichts im Jahre 1495“[15] fehlt.

Die schmale juristische Dissertation von Dietrich Landes von 1964 behandelt das Achtverfahren vor dem 1559 eingerichteten kaiserlichen Reichshofrat. Landes bemüht sich außer um formalrechtliche Fragen auch um einen Überblick über die Achtverfahren vor dem RHR und die dort ausgeprochenen Ächtungen, übergeht jedoch die zentralen, von Johann Christian Lünig im Teutschen Reichs-Archiv abgedruckten Quellen[16], so daß seine Ergebnisse nur eingeschränkt gültig sind: Landes kann immerhin 161 Klagen beim RHR in Angelegenheiten, die nach Reichsrecht eindeutig mit Reichsacht bedroht waren, feststellen, aber nur neun Achtverhängungen durch dieses Gericht.

Die 1992 erschienene Arbeit von Christoph Kampmann über „Reichsrebellion und kaiserliche Acht“ befaßt sich überwiegend mit formaljuristischen Fragen am Beispiel der Ächtungen Friedrichs V. von der Pfalz und Wallensteins[17]. Mit den Handbuchartikeln von Battenberg und Landes im Handwörterbuch der Deutschen Rechtsgeschichte und dem kleinen Beitrag über die Reichsacht von Johann Lechner von 1912[18] ist

14 *Friedrich Battenberg,* Reichsacht und Anleite im Spätmittelalter. Ein Beitrag zur Geschichte der höchsten Gerichtsbarkeit im Alten Reich, besonders im 14. und 15. Jahrhundert (QFHGAR, 18), Köln/Wien 1986, 413 - 415.

15 *J. Poetsch,* Die Reichsacht (Anm. 13), 2.

16 *Dietrich Landes,* Achtverfahren vor dem Reichshofrat, Diss. jur., Frankfurt a.M. 1964. Landes übersieht die spektakuläre Ächtung Bremens 1652 und bemerkt, daß über die Ächtung des Herzogs Karl Ferdinand von Mantua 1708 nur zwei RHR-Protokolleintragungen vorhanden seien, obwohl Quellen gedruckt vorliegen in: *Johann Christian Lünig,* Codex Italiae Diplomaticus, Bd. 1, Leipzig 1725, 1511 - 1515, und in: *ders.,* Teutsches Reichs Archiv, Pars specialis continuatio II dritte Fortsetzung, Leipzig 1712, 700 - 703.

17 *Christoph Kampmann,* Reichsrebellion und kaiserliche Acht. Politische Strafjustiz im Dreißigjährigen Krieg und das Verfahren gegen Wallenstein 1634 (Schriftenreihe zur Erforschung der Neueren Geschichte, 21), Münster 1992.

18 *Dietrich Landes,* Artikel „Acht IV: Neuzeit“ und *Friedrich Battenberg,* Artikel „Reichsacht“, beide Artikel in: *Adalbert Erler/Ekkehard Kaufmann* (Hrsg.),

damit die spezielle Forschungsliteratur zum Themenbereich der frühneuzeitlichen Acht vollständig zitiert.

Die Editionen der RKG- und RHR-Ordnungen sowie die Analysen der gesetzlichen Grundlagen, der Rechtsprechungspraxis und des prozessualen Verfahrens dieser Gerichte von Jürgen Weitzel, Bettina Dick und Wolfgang Sellert[19], welche die Entwicklung der Rechtsgrundlagen des Achtverfahrens in den Reichsabschieden, den kaiserlichen Wahlkapitulationen, in den Ordnungen des RKG und RHR sowie in den Landfriedensordnungen erläutern, erweitern fast nur den normativen Aspekt der Kenntnisse über die Reichsacht. Die normative Genese, die seit der Frühen Neuzeit Gegenstand von rechtswissenschaftlichen Untersuchungen[20] gewesen ist, kann als erforscht gelten. Eine Regelung durch Gesetz besagt allerdings noch wenig über die Rechtswirklichkeit, über erfolgte Ächtungen oder über die Wirkung der Acht, so daß die Untersuchung dieser Fragen noch aussteht.

Dementsprechend divergieren die Einschätzungen der Bedeutung der frühneuzeitlichen Reichsacht: In seiner Unbestimmtheit durchaus zutreffend ist Johannes Lechners (1912) Urteil, daß die „Wirkungskraft der Reichsacht [...] nicht zu allen Zeiten und nicht gegen jeden Ächter gleichmäßig, je nach der größeren oder geringeren Macht des Kaisers und Reiches und des Betroffenen [...] bald furchtbar, bald kaum fühlbar“[21] gewesen sei. Insgesamt werden in der Sekundärliteratur weitreichende Wirkungen von Achtverhängungen meist verneint, weil das „Ansehen des Reichsoberhaupts“ schon im 15. Jahrhundert derart gesunken sei, daß die kaiserliche „Achterklärung bereits zu einer leeren Formel herabgekommen war“[22], so daß eine Achtverkündung absolut „wert-

---

Handwörterbuch der Deutschen Rechtsgeschichte, Bd. 1, Berlin 1971, Sp. 32 - 36 und Bd. 4, Berlin 1986, Sp. 523 - 529; *Johann Lechner,* Die Reichsacht, in: Historische Vierteljahresschrift 17 (1912), 512 - 517.

19 *Jürgen Weitzel,* Der Kampf um die Appellation ans Reichskammergericht. Zur politischen Geschichte der Rechtsmittel in Deutschland (QFHGAR, 4), Köln/Wien 1976; *Bettina Dick,* Die Entwicklung des Kameralprozesses nach den Ordnungen von 1495 bis 1555 (QFHGAR, 10), Köln/Wien 1981; *Wolfgang Sellert,* Die Ordnungen des Reichshofrates 1550 - 1766 (QFHGAR, 8/1 und 8/2), Köln/Wien 1980 - 1990; *Adolf Laufs,* Die Reichskammergerichtsordnung von 1555 (QFHGAR, 3), Köln/Wien 1976.

20 *Johannes Goeddaeus* (Praes.), *Lucas Cuprarius* (Resp.), Disputatio politico iuridica de Imperiali Banno et Proscriptis, Marburg 1619; *Henning Rennemann* (Praes.), Johannes Hallenhorst (Resp.), De Banno potissimum autem Imperiali, Von deß Heiligen Römischen Reichs Acht und Ober Acht, Erfurt 1628; *Johann Friedrich Böckelmann,* Disputatio inauguralis de banno seu proscriptione Imperii [...], Heidelberg 1663; *Jacob Blum,* Processus Cameralis [...], Köln 1718, 165 - 212 und 502 - 516; *Johann Jacob Moser,* Von denen Teutschen Reichs-Tags-Geschäfften [...] (Neues Teutsches Staatsrecht, 4,2), Frankfurt a.M. 1768, 181 - 228: „Von Privations- und Acht-Sachen“.

21 *J. Lechner,* Die Reichsacht (Anm. 18), 515.

22 *Johann Georg Lehmann,* Urkundliche Geschichte der Grafschaft Hanau-Lichtenberg im untern Elsaß, Bd. 1, Mannheim 1862, 205.

los"[23] gewesen sei. Als Beleg wird etwa die gescheiterte Achtexekution gegen Franz von Sickingen von 1515 angeführt[24], bei der die Aktivierung der kurz zuvor eingerichteten Reichskreise nicht gelungen ist, oder werden die abschätzigen Bemerkungen von Zeitzeugen und sogar des Kaisers selbst über die Kraftlosigkeit der Achturteile[25] zitiert. Friedrich Battenberg stellt dagegen auch für die erste Hälfte des 15. Jahrhunderts noch eine weitgehende Anerkennung der Reichsacht fest und bietet eine Reihe von Beispielen, in welchen bedeutende Städte nach Verhängung der Reichsacht Gehorsam leisteten und sich der kaiserlichen Autorität unterwarfen, um weiteren Schaden abzuwehren[26]. Auch Jürgen Weitzel berichtet davon, daß der Ächtungsspruch des RKG von 1497 gegen die Stadt Danzig den Handel im Reich lahmzulegen drohte[27], also weitreichende Folgen hatte.

Das Interesse des vorliegenden Aufsatzes gilt den bisher im Zusammenhang mit der Acht noch unbehandelten Fragen: Welcher Personenkreis und wieviele Personen wurden geächtet, welche Tatbestände und Zusammenhänge führten tatsächlich zu Achturteilen, wie entwickelt sich die Ächtungsfrequenz im Verlauf der Frühen Neuzeit, welche Wirkung und welche Folgen traten ein? Es handelt sich dabei um einen ersten Versuch, die Bedeutung dieses Zwangs- beziehungsweise Strafinstruments während der Frühen Neuzeit darzustellen. Die Ursache dafür, daß die erwähnten Aspekte bislang weitgehend ausgeklammert geblieben sind, liegt in der Unübersichtlichkeit der Quellen- und Literaturlage. Während die formale Genese der Reichsacht aus den – meist gedruckten – normativen Quellen vergleichsweise leicht herausgearbeitet werden kann, ist ihre Bedeutung nur auf der Grundlage einer Gesamterfassung aller Ächtungen, die es bislang nicht gibt, zu erschließen.

In die folgende Zusammenfassung werden nur diejenigen Achtverfahren einbezogen, in deren Verlauf es zu einem Achturteil gekommen ist, so daß die präventive Wirkung nur am Rande berücksichtigt wird. Auch die Masse der Gerichtsverfahren, in welchen die Acht nur beantragt, aber nicht verhängt wurde, muß ausgeklammert bleiben, zumal diese kaum annähernd vollständig zu erfassen wären. Im folgenden wird auch nur

---

23 *Friedrich Bernward Fahlbusch,* Städte und Königtum im frühen 15. Jahrhundert. Ein Beitrag zur Geschichte Sigmunds von Luxemburg (Städteforschung. Veröffentl. d. Instituts für vergleichende Städtegeschichte in Münster, Reihe A: Darstellungen, 17), Köln/Wien 1983, 124f., 138, 183f.

24 Vgl. *Wolfgang Sellert,* Die Bedeutung der Reichskreise für die höchste Gerichtsbarkeit im Alten Reich, in: Regionen in der Frühen Neuzeit, hrsg. v. Peter Claus Hartmann (ZHF, Beiheft, 17), Berlin 1994, 154.

25 Vgl. *W. Sellert,* Reichskreise (Anm. 24), 146f., 156; *F. Battenberg* (Anm. 14), 115.

26 *F. Battenberg* (Anm. 14), 111f.

27 *J. Weitzel,* Der Kampf um die Appellation (Anm. 19), 213.

die Reichsacht, also die reichsweit geltende Acht behandelt, Formen lokaler Ächtungen durch Untergerichte sind nicht berücksichtigt.

Allgemein läßt sich die Acht als Ungehorsamsfolge bezeichnen, durch die der Geächtete außerhalb der Rechtsfriedensordnung gestellt wurde, so daß jedes gewaltsame Vorgehen gegen ihn als rechtmäßig galt. Die Erklärung in die Rechts- und Friedlosigkeit enthielt nicht nur das Verbot an die Allgemeinheit, mit dem Geächteten Gemeinschaft zu pflegen, sondern auch den Auftrag, ihn auf Leib und Gut anzugreifen. Im Ergebnis sollte eine rechtliche und soziale Isolierung des Geächteten erreicht werden, die als Konsequenz die physische Vernichtung der Person nach sich ziehen konnte. Die Ächtung war zum einen Zwangsmittel im gerichtlichen Vollstreckungsverfahren – angesichts einer anderweitig fehlenden Exekutive sollten Gerichtsurteile mit Hilfe des in der Ächtung enthaltenen allgemeinen Exekutionsauftrags durchgesetzt werden[28] –, zum anderen bildete sie eine Strafe für eine Reihe von in den Reichsabschieden näher spezifizierten Vergehen. Acht ist, „wann einer aller seiner Freyheiten, Landes und Güter beraubet wird, die Unterthanen von dessen Pflichten loßgezählet werden und des Geächteten Person vogelfrey auch ehr- und rechtlos erkannt wird, also daß an ihme oder den Seinigen niemand frevlen kan“[29]. Damit umreißt Johann Jacob Moser die wichtigsten Folgen der Acht für den Betroffenen.

Im Mittelalter durfte allein der König und das königliche Hofgericht die reichsweit geltende Acht aussprechen, denn ihre herausgehobene Bedeutung war im personenbezogenen Denken dieser Zeit eng mit der Person des Königs verbunden. Seit 1495 erhielt das RKG, seit 1559 der ebenfalls für das gesamte Reichsgebiet zuständige RHR diese Vollmacht. Kaiser, RKG und RHR waren somit die einzigen Instanzen, welche die Reichsacht in der Frühen Neuzeit verhängen konnten. Kraft Reichsrechts[30] mußte der Achtverhängung in der Frühen Neuzeit ein Prozeß bei einem der beiden Höchstgerichte vorausgehen, wobei allerdings umstritten blieb, ob bei schwerem Landfriedensbruch die Ächtung „ipso facto“[31] eintrat und ob der Kaiser in schweren Fällen von „notorischer

---

28 *J. Weitzel,* Der Kampf um die Appellation (Anm. 19), 54.

29 *Johann Jacob Moser,* Grund-Riß der heutigen Staats-Verfassung des Teutschen Reichs, Tübingen 1754, 374; vgl. *D. Landes,* Achtverfahren (Anm. 16), 19; *Hermann Conrad,* Deutsche Rechtsgeschichte II, Karlsruhe 1966, 424.

30 Die Einrichtung des RKG 1495 hatte den Zweck, Fehden auf den Gerichtsweg zu überführen. In den Wahlkapitulationen seit Kaiser Karl V. heißt es, daß niemand „unverhört in die Acht und Oberacht gethan [...] werden, sondern on solchen ordentlichen Proceß und des heiligen römischen Reichs satzung in dem gehalten und vollzogen werden“; zit. nach *Christoph Ziegler,* Wahlcapitulationes welche mit den römischen Kaysern und Königen [...] auffgerichtet, Frankfurt a.M. 1711, 16; vgl. *D. Landes,* Achtverfahren (Anm. 16), 27 - 29.

31 Reichsabschied Augsburg 1559, § 38, in: Neue und vollständigere Sammlung der Reichs-Abschiede [...], Bd. 2, Frankfurt a.M. 1747, 169.

Reichsrebellion"[32] die Acht auch ohne Beteiligung von Gerichten aussprechen konnte.

Der Ewige Reichslandfriede von 1495, der das RKG als dauernd tagendes Gericht einsetzte, spezifizierte und differenzierte die Achtverhängung bei Landfriedensbruch. Danach wurden nicht nur der Friedensbruch selbst, sondern auch die Unterstützung von Friedensbrechern (Hausungsverbot) und die Verweigerung des Purgationseids zur Beseitigung des Verdachts des Landfriedensbruchs[33] mit der Ächtung bedroht. Die Reichsabschiede von 1495 bis 1654 haben den Ewigen Landfrieden in diesen Punkten bestätigt und erweitert[34].

Neben dieser Acht „in Criminalibus" wurde bald die Acht wegen Gerichtsungehorsams, „in Contumaciis", gesetzlich geregelt: Die Reichsexekutionsordnung von 1522 schloß ausdrücklich die Möglichkeit zur Achtverhängung bei prozessualem Ungehorsam[35], also bei Mißachtung von Gerichtsterminen, Vorladungen oder Urteilen ein[36]. Die RKG-Ordnung von 1555[37] bestimmte, daß der Kläger bei Nichterscheinen des Beklagten auf Reichsacht prozedieren könne. 1529 wurde die Acht auf Beherbergung von Täufern[38], 1542 und 1544 auf Nichtzahlung der Türkenhilfe[39] und auf Unterstützung von Feinden des Kaisers angedroht, 1566 kam die Achtandrohung bei Münzvergehen[40] hinzu. Der Jüngste Reichsabschied von 1654 bestimmte allgemein, daß derjenige Reichsstand zu ächten sei, der die Reichssteuern nicht bezahlte.

Die genannten Tatbestände weisen keine systematische Zusammengehörigkeit auf. Bedeutsam ist dabei die Generalklausel des Reichsabschieds von Freiburg von 1498 (bestätigt 1522)[41], daß die Acht verhängt werden könne, „Schuld, Ungehorsam oder ander Sachen wegen, den Frydbruch nit betreffend"[42]. Es gab also keine exakt definierte gesetz-

---

32 *C. Kampmann*, Reichsrebellion (Anm. 17), 10 - 16, über die publizistische Kontroverse darüber anläßlich der Ächtung Friedrichs V. von der Pfalz.

33 Neue Sammlung, Bd. 2 (Anm. 31), 42; vgl. Urteil von 1531 in: *C. Barth*, Urtheil, Bd. 2 (Anm. 43), 54f.

34 Der Reichsabschied von 1521 droht die Acht bei Ablehnung der Verfolgung eines Friedensbrechers an; vgl. Neue Sammlung, Bd. 2 (Anm. 31) 196f.

35 Neue Sammlung, Bd. 2 (Anm. 31), 237.

36 Der Reichsabschied von 1529 unterschied zwar zwischen Acht „in criminalibis et contumaciis", dennoch waren die Folgen in beiden Fällen identisch; vgl. Neue Sammlung, Bd. 2 (Anm. 31), 358f. Die Achtandrohung wegen Gerichtsungehorsams (Contumacialacht) wurde 1654 aufgehoben; vgl. *D. Landes*, Achtverfahren (Anm. 16), 25.

37 Neue Sammlung, Bd. 2 (Anm. 31), 127.

38 Neue Sammlung, Bd. 2 (Anm. 31), 303.

39 Neue Sammlung, Bd. 2 (Anm. 31), 461 und 507.

40 Neue Sammlung, Bd. 3 (Anm. 31), 216.

41 Neue Sammlung, Bd. 2 (Anm. 31), 235.

42 Neue Sammlung, Bd. 2 (Anm. 31), 41.

liche Ermächtigung, die Acht konnte vielmehr dann verhängt werden, wenn das Gericht dies aufgrund seines Rechtsempfindens oder der Opportunität für angezeigt hielt. Die gesetzlichen Schwerpunkte liegen auf den Bereichen Sicherung des Landfriedens, Gehorsam gegenüber gerichtlichen Anordnungen und Urteilen sowie Zahlung der bewilligten Reichsanschläge. Diese drei Bereiche können als die mit der Ächtung bedrohten Kerntatbestände charakterisiert werden.

Die Ächtungen

Die vorliegende Studie beruht zum einen auf insgesamt 60 von RKG, RHR und Kaiser zwischen 1495 und 1709 gefällten Achturteilen über eine oder mehrere Personen, die aus der zeitgenössischen und der neueren Sekundärliteratur beziehungsweise aus Gerichtsakten ermittelt werden konnten. In diesen Fällen sind die Tatbestände bekannt und die Geächteten namentlich verifiziert – nach 1709 war kein Fall von Verhängung der Reichsacht mehr nachzuweisen. Sie beruht zum andern auf dem fünfbändigen, zwischen 1604 und 1606 erschienenen Urteilsregister des RKG-Assessors Christian Barth[43], welches unter den rund 35000 RKG-Urteilen und -bescheiden 201 in gekürztem Wortlaut abgedruckte Achturteile enthält, sowie auf den in den Reichstagsakten vermerkten Achturteilen insbesondere wegen Nichtzahlung der Reichsabgaben.

Aus eigener Vollmacht und ohne weiteren Prozeß hat der König beziehungsweise der Kaiser in 20 Fällen die Reichsacht ausgesprochen. Der RHR hat nach entsprechenden Gerichtsverfahren in zwölf weiteren Fällen auf Ächtung erkannt, alle übrigen Ächtungen wurden im Verlauf eines Prozesses beim RKG verhängt.

Die bei Barth abgedruckten Urteilsbegründungen des RKG beinhalten zwar ebenfalls die Tatbestände, jedoch sind die Prozeßparteien durch Buchstabensiglen, die keineswegs den Namensanfängen der am Prozeß beteiligten Parteien entsprechen, verschlüsselt. Bei den eingesetzten Siglen konnte zwar eine gewisse Vorliebe für den im Alphabet auf den Namensanfangsbuchstaben *folgenden* Buchstaben festgestellt werden, so daß beispielsweise die Stadt **G**oslar als „Stadt H." bezeichnet wird oder der Markgraf **A**lbrecht von **B**randenburg, Deutschordenshochmeister in **P**reußen, als „Markgraff B. zu C., Regent des Landes Q." verschlüsselt ist. Die überproportional häufige Verwendung der Sigle „X." und „Y." scheint aber darauf hinzudeuten, daß ansonsten kein weiteres System eingehalten wird, so daß die Verifikation der Prozeßparteien oft nicht gelingt[44]. Außer über nichtseßhafte Personen – Vaganten, Gesinde, Bett-

43 *Christian Barth,* Urtheil und Beschaydt am Hochlöblichen Kayserlichen Cammergericht vom Jahr 1495 [...], Bde. 1 - 5, Speyer 1604 - 1606.

ler – wurde die Acht über Angehörige sämtlicher gesellschaftlicher Schichten verhängt: über Reichsstände (Kurfürsten, Reichsfürsten), Adlige (reichsunmittelbare und -mittelbare), Bürger und Bauern. Die Ächtung konnte sich auch auf Städte oder Gemeinden, also auf Korporationen, erstrecken.

Reichsacht und große Politik – Ächtung als politisches Instrument

Dem Kaiser stand die Reichsacht de facto als Waffe in politischen und militärischen Konflikten zur Verfügung, und die Ächtung Martin Luthers durch das Wormser Edikt von 1521 zeigte, daß Karl V. gewillt war, dieses Instrument in der konfessionellen Auseinandersetzung zu gebrauchen. In der Luthersache beschritt Kaiser Karl V. den Weg eines aus eigener Machtvollkommenheit erlassenen Achtmandats, das er vom Reichsvizekanzler Niklas Ziegler gegenzeichnen ließ. Um die umstrittene Ächtung mit möglichst großer Legitimität und damit Wirkungskraft auszustatten, wurden die Vorwürfe gegen Luther nicht nur mit dessen Verstößen gegen die Glaubenslehre, sondern auch mit dessen Bruch des Reichsrechts eingehend begründet. In Wormser Edikt heißt es, Luthers Handeln sei landfriedensbrecherisch, weil es in der gesamten „durchleuchtigen Deutschen Nation" „zu aufrur, zertrennung, krieg, totsleg, rauberei, prand und zu ganzem abfall christenlichen glaubens"[45] führe – auf Landfriedensbruch folgte laut Reichsrecht automatisch die Reichsacht. Die offensichtlich unrichtige Behauptung im Wormser Edikt, die Ächtung Luthers erfolge „mit einhelligem rat und willen unser und des heiligen reichs churfürsten, fürsten und stende" sollte zusätzlich der Autoritäts- und Wirkungssteigerung der Ächtung dienen.

---

44 Vgl. Ächtung Goslars, 1540, in: *C. Barth,* Urtheil, Bd. 2 (Anm. 43), 862f.; Ächtung Albrechts von Preußen und der preußischen Stände 1532 und 1536, in: *C. Barth,* Urtheil, Bd. 2 (Anm. 43), 95f. und 394f. Anhand einer Reihe von Beispielen war festzustellen, daß die Namenssiglen bei Barth zwar den Namen der Prozeßparteien nicht entsprechen, daß aber Sachverhalte und Tatbestände korrekt wiedergegeben sind: Z.B. handelt es sich bei der Klägerin „O. Gräffin zu N" und den auf ihre Klage hin geächteten Brüdern „Herrn K. und Herrn Y. Gebrüdern, Graffen zu N. und T." (*C. Barth,* Urtheil, Bd. 1 [Anm. 43], 134) um die Klägerin Margarethe von Leiningen und deren Brüder, die Grafen Hamann und Wecker von Leiningen-Rixingen, wie aus dem Achturteil bei Harpprecht (*Johann Heinrich v. Harpprecht,* Staats-Archiv Des Kayserl. und des H. Röm. Reichs Cammer-Gerichts Oder Sammlung Von gedruckten und mehrentheils ungedruckten Actis Publicis [...], Bd. 2, Ulm 1758, 403 - 416) zweifelsfrei hervorgeht. Entsprechendes läßt sich anhand der bei Barth (*C. Barth,* Urtheil, Bd. 1 [Anm. 43], 252) für die Ächtung des Dogen von Venedig und für die Kläger verwendeten Buchstabensiglen zeigen.

45 Das Wormser Edikt, 1521 Mai 8, ist abgedruckt in: *Adolf Wrede* (Bearb.), Deutsche Reichstagsakten unter Kaiser Karl V. (Deutsche Reichstagsakten, Jüngere Reihe, 2), Gotha 1896, 640 - 659, hier zahlreiche Hinweise auf Einzeldrucke des Edikts; vgl. *Johannes Kühn,* Zur Entstehung des Wormser Edikts, in: Zeitschrift für Kirchengeschichte 24 (1904), 372 - 392.

Im folgenden politisch-konfessionellen Konflikt setzte der Kaiser die Reichsacht wiederholt gegen unbotmäßige Reichsstände ein, wenn sie eine antihabsburgische Politik betrieben. Um die Gewaltanwendung gegen einen Widersacher zu legitimieren, wurde dessen Gegnerschaft als Landfriedensbruch deklariert, dessen Folge nur das Achturteil sein konnte.

Ein Beispiel hierfür sind die Ächtungen des Herzogs Ulrich von Württemberg, der im Lauf seines unsteten Lebens gleich dreimal wegen Landfriedensbruchs der kaiserlichen Acht verfiel und dem das Kunststück gelang, sich jedesmal wieder zu absolvieren[46]: Die Tatsache, daß die Acht in allen drei Fällen ohne Prozeß durch den Kaiser beziehungsweise dessen Stellvertreter König Ferdinand I. ausgesprochen und auch wieder gelöst wurde, deutet darauf hin, daß hier die Acht als taktisches Mittel der Politik eingesetzt wurde[47].

Die letzte Ächtung Ulrichs von Württemberg 1546 fiel bereits in den großen Religionskrieg im Heiligen Römischen Reich. Karl V. erklärte 1546 außer dem Württemberger die Anführer des Schmalkaldischen Bundes, Kurfürst Johann Friedrich I. von Sachsen und Landgraf Philipp von Hessen, wegen „Rebellion/Betrübung und Zerrüttung/Friedens und Rechtens" in die Reichsacht[48], um so den Glaubenskrieg formaljuristisch abgestützt führen zu können[49]. 1547 folgte die kaiserliche Ächtung der Stadt Magdeburg, weil sie nicht nur selbst dem Schmalkaldischen Bund angehört, sondern auch den Geächteten „Hülff/Förderung und Fürschub" geleistet und somit „Crimen laesae Majestatis"[50] begangen habe.

Ebenfalls in eigener, habsburgischer Sache ergingen 1619 bis 1622 die Achturteile gegen die Anführer der böhmischen Rebellion: Der doppelten

---

46 Erste Ächtung 1511 Okt. 1, Absolution 1516 Okt. 21; zweite Ächtung 1521 Juni 5, Absolution 1535 Aug. 20; dritte Ächtung 1546, Absolution 1547 (Stadt- und Universitätsbibliothek Frankfurt: Flugschriftensammlung Gustav Freytag Nr. 2054); vgl. *J. Poetsch,* Die Reichsacht (Anm. 13), 92, 211, 238, 239; *J. J. Moser,* Reichs-Tags-Geschäffte (Anm. 20), 186f.

47 Auch im Landshuter Erbfolgekrieg 1504 - 1505, in dessen Verlauf Pfalzgraf Ruprecht und dessen Vater Kurfürst Philipp von Hessen von Kaiser Maximilian I. geächtet wurden, waren kaiserliche Interessen betrofffen; vgl. *J. Poetsch,* Die Reichsacht (Anm. 13). 92, 146, 196f.; Achturteil, 1504 April 3, in: Bayerische Landtagshandlungen, Bd. 14, München 1805, 674.

48 *Johann Christian Lünig,* Teutsches Reichs Archiv, Pars specialis continuatio I, Leipzig 1711, 253 - 259: „Kaysers Caroli V. Acht-Erklährung wieder Churfürst Johann Friedrich zu Sachsen/und Landgraff Philipps zu Hessen", Regensburg, 1546 Juli 20; hier 263f.: Absolution Philipps von Hessen.

49 *Dietrich Kratsch,* Justiz-Religion-Politik. Das Reichskammergericht und die Klosterprozesse im ausgehenden sechzehnten Jahrhundert (Jus Ecclesiasticum, 39), Tübingen 1990, 28.

50 *J. Chr. Lünig,* Teutsches Reichs Archiv (Anm. 48), 264 - 266: „Kaysers Caroli V. Acht-Erklährung wieder die Stadt Magdeburg", Augsburg, 1547 Juli 27; hier 290 - 291: „Kaysers Ferdinandi I. Absolution von der Acht [...]", Prag, 1562 Juli 12.

Ächtung des Grafen Ernst II. von Mansfeld, des Befehlshabers der protestantischen Unionstruppen[51], ging immerhin noch ein Verfahren beim Wiener RHR voraus. Die politischen Anführer des Aufstandes, Friedrich V. von der Pfalz, Johann Georg von Brandenburg, Christian von Anhalt, Georg Friedrich von Hohenlohe und Georg Friedrich von Baden-Durlach, wurden wiederum von Kaiser Ferdinand II. ohne Gerichtsprozeß geächtet, mit der Begründung, daß die Offensichtlichkeit und die Schwere der Verbrechen einen Prozeß erübrigen würden: Die Friedensbrüche seien „Reichs und Landkundig“ und „notorisch“ und deshalb sei die Acht „ipso facto“ und „ohne fernere Erklärung“[52] zu verhängen. Auch hier wurde die politische Feindschaft als Landfriedensbruch kriminalisiert, um den Gegner vor aller Welt ins Unrecht zu setzen, um durch das Urteil die eigenen Kriegshandlungen zu legitimieren und um den Sieg der eigenen Waffen, der 1620 am Weißen Berg erfolgt war, auch reichsrechtlich abzusichern.

Die genannten Fälle, bei welchen Ächtungen „im Zwielicht zwischen Recht und Macht“[53] stehen, bildeten den Hintergrund für die lauter werdenden Forderungen der Reichsstände, daß der Kaiser selbständig die Acht nicht aussprechen dürfe. Zu einer letzten spektakulären Doppelächtung kam es 1706, als Kaiser Josef I. die Kurfürsten Maximilian Emanuel von Bayern und Josef Clemens von Köln ächtete, die im Spanischen Erbfolgekrieg auf die Seite Frankreichs übergetreten waren und nun im Krieg gegen das Reich standen[54]. Die unter Einwilligung eines Teiles des Kurfürstenkollegs ausgesprochene Acht wurde mit dem Bruch der „Reichs-Constitutionen“ begründet, die Geächteten seien „Verächter der Teutschen Freyheit und Gesetze“[55]. 1707 bewilligte das Kurfürstenkolleg

---

51 *J. Chr. Lünig,* Teutsches Reichs Archiv (Anm. 50), 315 - 316: „Kaysers Matthiae Acht-Erklährung wieder Graff Ernsten von Mannsfeld/wegen unterschiedener im Königreich Böhmen verübter Thätlichkeiten“, Wien, 1619 Feb. 19; ebenda 343 - 345: „Kaysers Ferdinandi II. zweyte Acht-Erklährung wieder Graff Ernsten von Mannßfeld“, Wien, 1622 Jan. 4; vgl. *C. Kampmann,* Reichsrebellion (Anm. 17), 30f., 45.

52 *J. Chr. Lünig,* Teutsches Reichs Archiv (Anm. 50), 88 - 94: „Kaysers Ferdinandi II. Acht-Erklärung wieder Churfürst Friedrichen zu Pfaltz/de Anno 1621“, Wien, 1621 Jan. 22; ebenda 336 - 339: „Kaysers Ferdinandi II. Acht-Erklärung wieder Marggraff Hannß Georgen den Aelteren zu Brandenburg/Fürst Christian von Anhalt/und Graff Georg Friedrich von Hohenlohe“, Wien, 1621 Jan. 22; weitere Textabdrucke der Ächtungen nachgewiesen bei *Christine van Eickels,* Schlesien im böhmischen Ständestaat (Neue Forschungen zur Schlesischen Geschichte, 2), Köln/Weimar/Wien 1994, 437.

53 Vgl. *Hans Sturmberger,* Kaiser Ferdinand II. und das Problem des Absolutismus (Schriftenreihe des Arbeitskreises für österreichische Geschichte), Wien 1957, 37.

54 *Julius Froboese,* Die Achterklärung der Kurfürsten von Baiern und Köln 1706 und ihre reichsrechtliche Bedeutung, Diss. Göttingen 1874.

55 *Johann Christian Lünig,* Teutsches Reichs Archiv, Pars generalis continuatio II, Leipzig 1720, 668 - 669: „Kayserliches Commissions-Decret, worinnen der Reichs-Versammlung zu Regenspurg die Acht-Erklährung derer beyden Churfür-

die Ächtung des ebenfalls zu Frankreich übergetretenen Herzogs Karl Ferdinand von Mantua[56], unter der Bedingung, daß dessen Lande nun zum Reich geschlagen werden sollten; 1709 wurde, wiederum nach Konsultation der Kurfürsten, auch der Herzog Franz Maria Picus von Mirandula wegen Felonie geächtet[57].

Die Reichsstände drängten zunehmend darauf, daß der Ausspruch der Acht an ihre Zustimmung geknüpft werde, was sie schließlich in der Wahlkapitulation Kaiser Karls VI. von 1711 vollständig durchsetzen konnten[58]. Die Achtverhängung war seither definitiv an die Entscheidung des Reichstags gebunden, mit der Folge, daß die erwähnte Ächtung Kurbayerns und Kurkölns die letzte ihrer Art blieb.

Auch das RKG konnte sich nicht von den politischen Verwicklungen des Reichs und von konfessioneller Einflußnahme freihalten. In Zusammenhang mit dem Schwabenkrieg am Ende des 15. Jahrhunderts steht etwa die Ächtung St. Gallens von 1496[59], welche die Ansprüche des Reichs auf die eidgenössischen Gebiete unterstrich und die Position des Schwäbischen Bundes stärken sollte. Auf ähnliche Weise gehört der Achtprozeß gegen den Dogen Leonardus Lauredanus von Venedig, den die Brüder Johannes der Ältere und der Jüngere von der Leiter (de la Scala) führten, zu dem Ringen um die Vorherrschaft in Oberitalien. Die Kläger wollten zunächst den Dogen durch das RKG vorladen lassen, um ihre Wiedereinsetzung in das von ihrer Familie seit dem Mittelalter ausgeübte Reichsvikariat für Verona und Vicenza zu erreichen, das infolge der venezianischen Eroberungen von 1505 verlorengegangen war. 1508 erfolgte die Achtandrohung, 1509 die Ächtung des Dogen durch das RKG, kurz nachdem Kaiser Maximilian I. sich in der Liga von Cambrai (10.12.1508) mit König Ludwig XII. von Frankreich, König Ferdinand von Aragon und dem Papst gegen Venedig zusammengeschlossen hatte. Die Ächtung des Dogen[60], welche die Liga stärken sollte, war nur des-

sten zu Mayntz und Cölln notificiret wird", 1706 Mai 10; *Johann Christian Lünig,* Teutsches Reichs Archiv, Pars generalis Anderer Theil, Leipzig 1713, 128 - 130: „Beschreibung mit was vor Solennitäten die Acht-Erklährung derer Chur-Fürsten zu Cölln und Bayern am Kayserl. Hofe Anno 1706 geschehen".

56 *J. Chr. Lünig,* Teutsches Reichs Archiv (Anm. 16), 700 - 703: „Kaysers Josephi Acht-Erklärung wider Hertzog Ferdinand Carl von Mantua", Wien, 1708 Juni 30; ebenfalls in: *J. Chr. Lünig,* Codex, Bd. 1 (Anm. 16), 1511 - 1515.

57 *J. Chr. Lünig,* Codex, Bd. 2 (Anm. 16), 2351: „Decretum Consilii Imperialis Aulici in quo Franciscus Maria Picus Mirandulae Dux laesae Majestatis ac feloniae res declarandus esse pronunciatur", 1709 Dez. 4; weitere Quellen in: *ders.,* Codex (Anm. 16), 1792 - 1804.

58 Vgl. *Oswald von Gschließer,* Der Reichshofrat. Bedeutung und Verfassung, Schicksal und Besetzung einer obersten Reichsbehörde von 1559 bis 1806 (Veröff. d. Kommission f. Neuere Geschichte des ehemaligen Österreich, 33), Wien 1942, 26; *D. Landes,* Achtverfahren (Anm. 16), 121f.; *J. J. Moser,* Reichs-Tags-Geschäffte (Anm. 20), 205f.

59 Vgl. unten S. 85 mit Anm. 165.

halb möglich, weil die strittigen Gebiete in einer rechtlichen Verbindung zum Reich standen – hierauf wies das RKG-Urteil ausdrücklich hin. Ein Einzelfall scheint dagegen die 1505 auf Bitten König Johanns von Dänemark, Schweden und Norwegen durch das RKG ausgesprochene Ächtung des vom König abgefallenen schwedischen Adels, der in keiner staatsrechtlichen Beziehung zum Reich stand, geblieben zu sein[61].

1529/30 hatte die katholische Reichstagsmehrheit Rechtsgrundlagen geschaffen, nach denen Religionssachen dem Landfrieden zugeordnet werden mußten und Reformationshandlungen als Landfriedensbruch zu behandeln waren. Zudem konnte um 1530 die Säuberung des RKG von Protestanten als abgeschlossen gelten[62] mit der Folge, daß die Evangelischen dieses Gericht wegen Parteilichkeit und Befangenheit für geistliche Belange rekursierten[63]. Um die Reformationsfrage, aber auch um die Wahrung des politischen Einflusses des Reichs im Nordosten ging es bei der Ächtung des Markgrafen Albrecht von Brandenburg im Jahr 1533, des ehemaligen Hochmeisters des Deutschen Ordens und nunmehrigen Herzogs von Preußen wegen Säkularisation des Ordenslandes, das formal nicht zum Alten Reich gehörte. Nach einem RKG-Prozeß wurde der Markgraf, weil er „sich beweibt/das Landt Preussen in die weltlicheit gezogen und das uns und dem heyligen Römischen Reich/und auch dem Teutschen Orden zuentziehen understanden“[64], in die Acht erklärt. 1536

60 *J. Chr. Lünig,* Teutsches Reichs Archiv (Anm. 48), 134 - 136: „Kaysers Maximiliani I. Acht-Erklährung wieder Herrn Leonardum Lauredanum, Hertzogen zu Venedig/promulgirt auf dem Reichstage zu Worms/1509“, Worms, 1509 Juni 13; ebenso in: *J. Chr. Lünig,* Codex, Bd. 1 (Anm. 16), 1996 - 1999; Vgl. *C. Barth,* Urtheil, Bd. 1 (Anm. 43), 252, mit vertauschten Namenssiglen; vgl. *Rosemarie Aulinger* (Bearb.), Deutsche Reichstagsakten unter Kaiser Karl V. (Deutsche Reichstagsakten, Jüngere Reihe, 10). Der Reichstag in Regensburg und die Verhandlungen über einen Friedstand mit den Protestanten in Schweinfurt und Nürnberg 1532, Göttingen 1992, 180 und 353.

61 Über diesen Einzelfall *Bernhard Baro de Zech,* De proscriptione statuum Imp[erii]. R[omano]. G[ermanici]. [...], Leipzig 1735, 26 - 28: Die „Proceres Sueci“ seien vom RKG mit sechsmonatiger Frist vorgeladen und nach ihrem Ausbleiben vom „Procurator fisci“ wegen Landfriedensbruchs und Gerichtsungehorsams angeklagt worden. 1505 erfolgte die feierliche Ächtung durch das RKG mit den Worten: „So denunciren wir Sie in unser und des Heil. Reichs Acht und Aberacht und andere Poene in den Landfrieden begriffen, setzen sie aus unser und des Heil. Reichs Frieden in den Unfrieden [...]“.

62 *Rudolf Smend,* Das Reichskammergericht, 1. Teil: Geschichte und Verfassung (Quellen und Studien zur Verfassungsgeschichte des Deutschen Reiches in Mittelalter und Neuzeit, 4,3), Weimar 1911, 128f., 131, 140.

63 Vgl. *Bernhard Ruthmann,* Die Religionsprozesse als Folge der Glaubensspaltung, in: Frieden durch Recht (Anm. 11), 233; *Martin Heckel,* Die Reformationsprozesse im Spannungsfeld des Reichskirchensystems, in: Die politische Funktion des Reichskammergerichts, hrsg. v. Bernhard Diestelkamp (QFHGAR, 24), Köln/Weimar/Wien 1993, 11 - 14.

64 Achterklärung und Exekutionsmandat des RKG, Speyer, 1533 Aug. 27 (Einblattdruck) in Geheimes Staatsarch. Preuß. Kulturbesitz, Berlin: XX. HA StA Königsberg, HBA A1 Nr. 56; *C. Barth,* Urtheil, Bd. 2 (Anm. 43), 95f. und 394f.; vgl. *R. Aulinger,* Reichstagsakten (Anm. 60), 730 - 736, 774 - 777.

wurden auch die Landstände des Herzogtums Preußen geächtet, nachdem sie sich von Albrecht nicht distanziert hatten[65].

Eine eigene Gruppe von Ächtungen wegen Landfriedensbruchs bilden die großen Fehden des 16. Jahrhunderts, die Hildesheimer Stiftsfehde 1519 bis 1523 und die mit den Namen Götz von Berlichingen, Franz von Sickingen, Albrecht Alkibiades von Brandenburg-Kulmbach und Wilhelm von Grumbach verbundenen Unruhen. Bei diesen Ächtungen von prominenten Personen beanspruchten Kaiser und RKG das Recht auf Verhängung der Reichsacht wechselseitig, ohne sich dieses Recht gegenseitig streitig zu machen: Götz von Berlichingen wurde 1512 zuerst von Kaiser Maximilian I., dann vom RKG[66] und 1515 und 1531 erneut vom RKG geächtet. Franz von Sickingen wurde 1515[67] vom RKG, Bischof Johann IV. von Hildesheim und seine Anhänger 1521 von Kaiser Karl V.[68], Albrecht Alkibiades[69] 1553 vom RKG, Wilhelm von Grumbach[70] und dessen Helfer Herzog Johann Friedrich II. von Sachsen 1563 und 1566[71] wiederum vom Kaiser geächtet. Zu einer geregelten Zustän-

65 Achterklärung, 1536 März 6, in: Geheimes Staatsarch. Preuß. Kulturbesitz, Berlin: XX. HA StA Königsberg, HBA H. 1536 März 3 (K. 765).

66 Erste Ächtung durch Urteil Maximilians I., Tournai, 1512 Juli 15, Einblattdruck in: Bayerisches Hauptstaatsarchiv, München: Pfalz-Neuburg, Urkunden, Varia Bavarica Nr. 376; zweite Ächtung durch RKG, Worms, 1512 Dez. 18, Text in: *K. Siegl,* Eine kaiserliche Achterklärung gegen Götz von Berlichingen im Egerer Stadtarchiv, in: Mitteilungen des Vereins für Geschichte der Deutschen in Böhmen 45 (1907), 134 - 150; dritte Ächtung durch RKG 1515; vierte Ächtung durch RKG 1531, vgl. *W. Sellert,* Reichskreise (Anm. 24), 155.

67 Geächtet durch das RKG 1515 Mai 4, Urteil in: *C. Barth,* Urtheil, Bd. 2 (Anm. 43), 413.

68 Geächtet wurden Bischof Johann IV. von Hildesheim und seine Anhänger Herzog Heinrich der Mittlere von Lüneburg, Stadt Lüneburg und dortige Landschaft, Graf Anton von Schaumburg und Friedrich von Diepholz; vgl. *Johann Christian Lünig,* Teutsches Reichs Archiv, Pars specialis Teil IV, Leipzig 1713, 46 - 48: „Kaysers Caroli V. Acht-Erklärung wider Bischoff Johann zu Hildesheim und Herrn Heinrich, Hertzogen zu Braunschweig und Lüneburg und Cons.“, Gent, 1521 Juli 24; vgl. *J. Gebauer,* Geschichte der Stadt Hildesheim, Bd. 1, Hildesheim/ Leipzig 1922, 144 - 158; *Wilhelm Havemann,* Geschichte der Lande Braunschweig und Lüneburg, Bd. 2, Göttingen 1855, 1 - 64.

69 *Johann Christian Lünig,* Teutsches Reichs Archiv, Pars specialis continuatio II erste Fortsetzung, Leipzig 1711, 21 - 22: „Kaysers Caroli V. Acht-Erklährung wieder Marggraff Albrechten dem Jüngern zu Brandenburg/so auf Anruffen Herrn Weigands/Bischoffs zu Bamberg/am Kayserl. und des Heil. Reichs Cammergericht zu Speyer Anno 1553 geschehen“, Speyer, 1553 Dez. 1; ebenda 22 - 24 und 24 - 26 die auf Antrag von Bischof Melchior von Würzburg und des Magistrats von Nürnberg unter demselben Datum ergangenen Ächtungen gegen Albrecht.

70 Ächtung durch Kaiser Ferdinand I., 1563 Okt. 13; Erneuerung der Ächtung durch § 9 des Reichsabschieds von 1566, in: Neue Sammlung, Bd. 2 (Anm. 31), 214; vgl. Historische beschreibung der ergangenen execution wider des Heil. Röm. Reichs auffrhrürische Echter [...] im Jahr nach Christi geburt 1567, in: Stadt- und Universitätsbibliothek Frankfurt a. M.: Flugschriftensammlung Gustav Freytag Nr. 2595.

71 *J. Chr. Lünig,* Teutsches Reichs Archiv (Anm. 48), 618 - 619: „Kaysers Maximiliani II. Ankündigung der Acht-Execution wider Hertzog Johann Friedrich/ Hertzogen zu Sachsen“, Wien, 1566 Dez. 12.

digkeitstrennung ist es nicht gekommen, zumal der Kaiser die Acht als Regalrecht betrachten konnte.

Folgendes Fazit ist zu ziehen: Der Kaiser verhängte die Acht überhaupt nur bei Kriegshandlungen mit Bedeutung für das Haus Habsburg oder für das Reich sowie anläßlich großer Fehden mit politischem Gewicht. Der RHR wurde in diesen Fällen nicht tätig und nur ausnahmsweise konsultiert. Die wenigen Achturteile, durch welche das RKG in politische Händel eingriff, stellen Ausnahmen dar. Die anderweitigen Achtprozesse, von denen im folgenden die Rede ist, wurden ebenfalls beim RKG abgewickelt. Insgesamt gesehen sind die Achturteile des RKG nicht in gleicher Weise durch einseitige Politik und Konfession geprägt wie die von Kaiser und RHR ausgesprochenen Ächtungen.

Reichsacht als Mittel zur Wahrung von Rechtssicherheit und Friede – Gerichtsungehorsam und Landfriedensbruch

Je kleiner und unspektakulärer Achtfälle sind, desto seltener werden sie in älteren juristischen Arbeiten oder gar von der neueren Sekundärliteratur behandelt. Die Befassung mit außerhalb des politischen Machtzirkels stehenden Geächteten ist deshalb weitgehend wissenschaftliches Neuland. Die von Landes durchgeführte Überprüfung der RHR-Akten sowie die Hinweise in der älteren juristischen Literatur deuten darauf hin, daß der RHR tatsächlich insgesamt nur ein dutzendmal die Reichsacht verhängt hat.

Die Inventare der RKG-Akten sind noch unvollständig[72], und zudem gehen aus den Eintragungen Einzelheiten der Verfahren nur selten hervor, so daß Achturteile nicht immer ausgewiesen werden. Die Erfassung kleinerer Achtprozesse ist auch vom Zufall abhängig, soweit sie nicht in den älteren von Raphael Sailer[73], Christian Barth[74] und Jakob Blum[75] herausgegebenen Sammlungen dokumentiert sind.

---

72 Die Bände des Inventars der Akten des RKG sind verzeichnet bei *Walter Deeters* (Bearb.), Findbuch zum Bestand Reichskammergericht und Reichshofrat, Rep. 101 (Veröffentlichungen der Niedersächsischen Archivverwaltung: Inventare und kleinere Schriften des Staatsarchivs in Aurich, 15), Leer 1993, 115; zuletzt erschienen: *Angelika Bischoff/Andreas Roepcke* (Bearb.), Inventar der Bremer Reichskammergerichtsakten (Kleine Schriften des Staatsarchivs Bremen, 22; Inventar der Akten des Reichskammergerichts, 22), Bremen 1995.

73 *Raphael Sailer,* Cammergerichts Bey- und End-Urtheile sive selectissimarum sententiarum in summo sacrae imperialis camerae iudicio ab anno 1495 ad anno 1572, 3 Teile, Frankfurt a.M. 1572 - 1573.

74 *C. Barth,* Urtheil (Anm. 43).

75 *[Jacob Blum,]* Jacobi Blumen Chilias Sententiarum Cameralium. Das ist: Tausend der fürnemsten und merckwürdigsten [...] Urtheiln, Wetzlar 1720.

Das RKG hat die Reichsacht am häufigsten wegen Gerichtsungehorsams, „Bannum in Contumaciam“, und wegen Landfriedensbruchs, „Bannum Fractae Pacis“, verhängt. Als Kläger und als Beklagte bzw. Geächtete treten einzelne Personen (Bürger, Adlige, Herzöge, Kurfürsten), Personengruppen (mehrere Kläger, Familienverbände) und Körperschaften (Städte, Domkapitel, Handwerkerzünfte) und sogar ländliche Gemeinden auf.

Unabhängig vom eigentlichen Streitgegenstand erfolgten die meisten Ächtungen wegen Ungehorsams einer Prozeßpartei gegenüber dem RKG. Dabei lassen sich zwei Arten von Gerichtsungehorsam unterscheiden[76]: Zum einen konnte die a priori Verweigerung der gerichtlichen Rechtfertigung, das wiederholte Nichterscheinen des Beklagten zu den angesetzten Verhandlungsterminen und das Ignorieren von Vorladungen mit der „Declaratio banni [...] in contumaciam“, mit der Ächtung wegen „ungehorsam außbleiben“[77], geahndet werden. Auch wenn der Angeklagte sich weigerte, eine gegen ihn erhobene Beschuldigung durch Reinigungseid öffentlich vor Gericht zurückzuweisen und sich von dem Vorwurf „zu purgiren“[78], drohte ein Achturteil des RKG.

Neben dieser Ächtung wegen grundsätzlicher Verweigerungshaltung tritt die Contumacialacht wegen Mißachtung von bereits erlassenen gerichtlichen Mandaten und getroffenen Urteilen: Das heißt, die Acht wurde verhängt, sofern „außgangenen [...] Executorialn und Gebottsbrieffen kein Folge gethan“[79] wurde, sofern gerichtliche Mahnungen und Ausführungsbefehle, Executoriales mißachtet wurden und sogar „arctiores Executoriales“[80] unbeachtet blieben. In den meisten Fällen führte eine Addition solcher Tatbestände zur schließlichen Ächtung: Zum Ungehorsam gegenüber dem in der Streitsache gefällten Urteil kam die Weigerung des Verurteilten, die „auffgelauffenen Gerichtskosten“[81] zu tragen sowie die durch den Ungehorsam gegen frühere Gerichtsanordnungen angefallenen Buß- und Strafgelder, die in Abhängigkeit vom Streitwert meist zwischen zwei und zehn, in Ausnahmefällen bis zu 50 „Marck löttigs Golds“[82] betrugen, zu begleichen[83]. Häufig beteiligte sich der

[76] *J. Blum,* Processus Cameralis (Anm. 20), 502 - 516: „De contumacia“.

[77] Urteil von 1496 in: *C. Barth,* Urtheil, Bd. 1 (Anm. 43), 29.

[78] Urteil von 1514 in: *C. Barth,* Urtheil, Bd. 1 (Anm. 43), 397.

[79] Achtverfahren von 1496, vgl. *C. Barth,* Urtheil, Bd. 1 (Anm. 43), 24.

[80] „Banni declaratorio ob non paritionem arct(iorum). executorialium etc. cum processibus“, 1566 Okt. 30, in: *C. Barth,* Urtheil, Bd. 4 (Anm. 43), 427; vgl. Urteil von 1553, in: *C. Barth,* Urtheil, Bd. 3 (Anm. 43), 414.

[81] Urteil von 1586, in: *C. Barth,* Urtheil, Bd. 4 (Anm. 43), 1133.

[82] Urteil von 1583, in: *C. Barth,* Urtheil, Bd. 4 (Anm. 43), 892; Urteil von 1561 in: *C. Barth,* Urtheil, Bd. 3 (Anm. 43), 1215f.

[83] Urteil von 1561 in: *C. Barth,* Urtheil, Bd. 3 (Anm. 43), 1215f.

Reichsfiskal „für sein Interesse“[84] als Mitankläger, um eventuelle Ansprüche des Reichs auf die Gerichtskosten oder Geldstrafen zu unterstreichen. Als alleiniger Kläger im Prozeß auf die Acht trat der Fiskal dann auf, wenn beim RKG Kosten aufgelaufen waren wegen der „freventlichen und mutwilligen Appellation“[85] eines bereits Verurteilten, der sich weigerte, die von ihm verursachten Prozeßgebühren zu übernehmen.

Beim Prozeß auf die Acht ging es an erster Stelle um die Ahndung des Gerichtsungehorsams, der ursprüngliche Streitgegenstand trat dabei in den Hintergrund: Die Acht konnte sowohl gegen eine Prozeßpartei ausgesprochen werden, die ein Urteil in einem Familienerbschaftsstreit nicht anerkannte, als auch in Angelegenheiten des Handels und des Warenverkehrs: Beispielsweise wurden die Grafen Hamann und Wecker von Leiningen-Rixingen auf Klage ihrer Schwester, der Gräfin Margarethe von Leiningen, 1499 vom RKG geächtet, weil sie sich weigerten, ihrer Schwester den „fünfften Theil ihres Vätterlichen und Mütterlichen angefallenen Erbs“[86] herauszugeben. 1524 wurde ein Kaufmann geächtet, der ein gerichtlich festgestelltes „außstehend kauffgelt“[87] nicht entrichtete. Bald ging es um Herausgabe von Handelswaren, bald um Aufteilung von Landbesitz, um Erstattung von gerichtlich „zuerkannten sechtzig Thaler[n]“[88] oder um „erlegung und erstattung zwantzig tausend gulden/zu abtrag gebürlicher straffbussen/und zugefügter schäden und iniurien“[89]. Voraussetzung für ein Achturteil in Contumaciam war, daß der Kläger oder der Fiskal den Prozeß nach dem Urteil über den eigentlichen Streitgegenstand beim RKG weiterführte und den Gerichtsungehorsam seines Gegners mit dem Ziel der Ächtung erneut anklagte: Die Contumacialacht wurde ausschließlich nach „ferner Rechtlichem begern“[90], „auff anklag solcher seiner ungehorsamb“[91] gegen die ergangenen Urteile und „nach förmblich auf die Acht anruffen und bitten“[92] durch die in der Streitsache erfolgreiche Partei ausgesprochen. Dabei wurde der Beklagte nochmals „bey Vermeidung der Röm. Key. Mayest.

84 Urteil von 1575, in: *C. Barth,* Urtheil, Bd. 4 (Anm. 43), 91.

85 Urteil von 1560, in: *C. Barth,* Urtheil, Bd. 3 (Anm. 43), 1069.

86 „Cammergerichts Urthel in S(achen). Leiningen Rixingen wider Leiningen Rixingen: pcto. Haereditat. petit. et divis. Comitatus“, 1499 Feb. 25, in: *J. H. v. Harpprecht,* Staats-Archiv, Bd. 2 (Anm. 44), 403 - 416, Zitat 404; Inhaltsangabe bei *C. Barth,* Urtheil, Bd. 1 (Anm. 43), 134f.; weiteres Urteil im Erbstreit von 1529, in: *C. Barth,* Urtheil, Bd. 1 (Anm. 43), 1020.

87 Urteil von 1524, in: *C. Barth,* Urtheil, Bd. 1 (Anm. 43), 711.

88 Urteil von 1565, in: *C. Barth,* Urtheil, Bd. 4 (Anm. 43), 338f.

89 Urteil von 1561, in: *C. Barth,* Urtheil, Bd. 3 (Anm. 43), 1216.

90 Urteil von 1529, in: *C. Barth,* Urtheil, Bd. 1 (Anm. 43), 1020.

91 Urteil von 1530, in: *C. Barth,* Urtheil, Bd. 1 (Anm. 43), 1106; ebenso Urteil von 1524, in: *C. Barth,* Urtheil, Bd. 1 (Anm. 43), 711.

92 Petition von 1576, in: *C. Barth,* Urtheil, Bd. 4 (Anm. 43), 163.

und H. Reichs Acht"[93] vorgeladen und erst bei erneutem Ungehorsam die „Denunciatio Banni" vollzogen.

Christian Barth hat die Zeremonie anläßlich der ersten 1496 vom RKG durchgeführten Ächtung beschrieben: Der Kammerrichter Graf Eitel Friedrich II. von Zollern und die Beisitzer haben das Gerichtsgebäude verlassen, sind „herab an die Gassen für das Haus [getreten]/und hat der Richter in der Mitte under inen gestanden/unter dem Himmel/und selbst mit offener lauter Stimme einen Zettel/den er in seiner hand gehabt/verlesen [...]/den öffentlich zerrissen/und ist er und die genannten Beysitzer wider hinauff ganghen/und haben das Gericht besessen"[94]. Obwohl die Erlangung einer Ächtung in Contumaciam recht aufwendig war und einen mehrere Instanzen und Stationen einschließenden Prozeß erforderte, wurde die Contumacialacht am häufigsten verhängt.

Nach der Achtverkündungsformel wurde der Betroffene nicht nur „auß dem Frieden in den Unfrieden" gesetzt, sondern dessen „leib/haab und und gut" nicht nur allgemein „allermänniglichen"[95], sondern ausdrücklich dem Kläger preisgegeben. Die Contumacialacht erlaubte damit dem Kläger, das von ihm bereits erlangte Urteil zur Streitsache selbständig durchzusetzen und legitimierte gegebenenfalls auch einseitige Pfändungen und Konfiskationen, indem derjenige, der im Besitz eines Achtbriefes war, sich des königlichen Schutzes bedienen konnte. Legitimierung von Gewaltanwendung und damit Legalisierung einer einseitigen Fehde zur Durchsetzung eines Urteils war demnach eine Funktion der Contumacialacht, die freilich keinerlei Garantie für den Erfolg der in eigener Verantwortung und auf eigene Gefahr durchgeführten Vollstreckungsmaßnahmen enthielt.

Mehrfach wurde die Acht in Contumaciam auch gegen Territorialgerichte ausgesprochen, die Urteilssprüche oder Anordnungen des RKG nicht respektierten: 1499 kamen die Schöffen des Gerichts zu T. wegen Mißachtung etlicher „Kön. Compulsorialn und Gebottsbrieffen"[96] in die Acht. 1510 wurden „Stuhl-Herrn" und Freigrafen in Westfalen, durch die „mancher Bidermann um seine Ehre, Leib, Leben und Gut gebracht worden", geächtet, nachdem sie sich geweigert hatten, auf Geheiß des RKG gewisse „Process abzuthun"[97]. 1526 wurden die Ritterrichter und die „edlen Beysitzer des Rittergerichts zu M. [...] umb ihr Ungehorsam"[98]

---

93 Urteil von 1582, in: *C. Barth,* Urtheil, Bd. 4 (Anm. 43), 812.

94 Ächtung, 1496 Feb. 24, in: *C. Barth,* Urtheil, Bd. 1 (Anm. 43), 14.

95 So die stets gleichlautende Formulierung, hier Urteil von 1526, in: *C. Barth,* Urtheil, Bd. 1 (Anm. 43), 837.

96 Urteil von 1499, in: *C. Barth,* Urtheil, Bd. 1 (Anm. 43), 160.

97 Vgl. *J. H. v. Harpprecht,* Staats-Archiv, Bd. 3 (Anm. 44), 113f.; Urteil von 1510, in: *C. Barth,* Urtheil, Bd. 1 (Anm. 43), 337.

98 Urteil von 1526, in: *C. Barth,* Urtheil, Bd. 1 (Anm. 43), 857f.

in die Reichsacht erklärt, weil sie ein RKG-Urteil nicht befolgt hatten und deshalb von dem Kläger ein Prozeß auf die Acht gegen das Gericht geführt worden war, 1531 „Schultheiß und Schöffen zu O."[99], weil diese dem RKG hartnäckig die Einsichtnahme in Prozeßakten verwehrten. Durch diese Ächtungen anderer Gerichte wahrte das RKG nicht nur die Rechtsposition des ungerecht Verurteilten, sondern unterstrich vor allem auch seine eigene Stellung als höchstes Reichsgericht. Nicht zuletzt beanspruchte das RKG auch das Recht, die vom Rottweiler Hofgericht ausgesprochenen Ächtungen „zuvernichtigen und zu cassirn", wenn diese Instanz nach Einschätzung der Kammerrichter „ubel geurtheilt"[100] hatte.

Die quantitativen Untersuchungen von Filippo Ranieri haben den Einblick auch in die friedenssichernde Tätigkeit des RKG verbessert. Danach läßt sich sagen, daß auf Landfriedenssachen, also den potentiell mit der Acht bedrohten Tatbestand, beispielsweise in den Jahren 1527 bis 1529 über 20 Prozent der anhängigen Prozesse entfielen[101]. Im Verhältnis dazu ist es tatsächlich nur selten zur Ächtung wegen dieses Tatbestands gekommen.

Während die Contumacialacht im Rahmen des in höherer Instanz beim RKG geführten Appellationsprozesses verhängt wurde, konnte die Acht wegen Landfriedensbruchs aufgrund der reichsgesetzlichen Bestimmungen beim RKG prinzipiell gegen jedermann bereits in erster Instanz ausgesprochen werden[102], zumal das RKG die Rechtsansicht vertrat, daß der Täter bereits „mit der Tat in die [...] Keyserlich und deß heiligen Reichs Acht gefallen" sei[103] und der Gerichtsprozeß nur noch feststellenden Charakter habe. Nach der Contumacialacht ist die erstinstanzlich ausgesprochene Acht „in Sachen des Landtfriedbruchs", wegen „muthwillig" und „offen Vehdt", am häufigsten[104]. In den Urteilsbegründungen bei Barth bis zum Ende des ersten Drittels des 16. Jahrhunderts, in welchem Ächtungen wegen Landfriedensbruchs besonders häufig sind, wird nur pauschal auf den Friedensbruch verwiesen, welcher nach den Reichs-

---

99 Urteil von 1531, in: *C. Barth,* Urtheil, Bd. 2 (Anm. 43), 8.

100 Vgl. Bescheid von 1527, in: *C. Barth,* Urtheil, Bd. 1 (Anm. 43), 868, und von 1537 in: *C. Barth,* Urtheil, Bd. 2 (Anm. 43), 548.

101 Vgl. *Filippo Ranieri,* Recht und Gesellschaft im Zeitalter der Rezeption. Eine rechts- und sozialgeschichtliche Analyse der Tätigkeit des Reichskammergerichts im 16. Jahrhundert (QFHGAR, 17/1 und 17/2), 2 Bde., Köln/Wien 1985, 241; *Jürgen Weitzel,* Die Rolle des Reichskammergerichts bei der Ausformung der Rechtsordnung zur allgemeinen Friedensordnung, in: Frieden durch Recht (Anm. 11), 48.

102 *F. Ranieri,* Recht und Gesellschaft, Bd. 1 (Anm. 101), 200; betr. Achtprozeß bei Landfriedensbruch *J. Blum,* Processus Cameralis (Anm. 20), 165 - 212: „De pace publica".

103 Urteil von 1510, in: *C. Barth,* Urtheil, Bd. 1 (Anm. 43), 284.

104 „Declaratio poenarum fractae pacis praesertim banni [...]", 1549, in: *C. Barth,* Urtheil, Bd. 3 (Anm. 43), 54.

gesetzen, besonders der „guldenen Bull/Keyserl. Reformation und deß Reichs gemeinen Landfrieden“[105] mit der Reichsacht zu ahnden sei.

Gelegentlich enthält das Achturteil genauere Angaben über den Tathergang: Der Geächtete habe beispielsweise „ein Müle/etliche Weyer und anders/eigen gewaltiglich abgebrochen und verwüst“[106], seinem Widersacher einen „offenen Vehd/Feind und Enthaltbrieff zugeschrieben“[107] oder ihn „auff deß Heiligen Reichs Straß gewaltiglich gefangen und hingeführt“[108]. Zugleich mit dem Rückgang der Anzahl der Ächtungen wegen Friedensbruchs seit Mitte des 16. Jahrhunderts werden die Urteilsbegründungen ausführlicher und damit auch die Informationen über die dem Urteil zugrundeliegenden Details: In einem Fall von 1558 hatte der Geächtete beispielsweise die Schwester des Klägers „Unverwarnter sachen [...] zu tod geschossen/[...] etliche Khue/Seu/Stutpferd/Füllen/auch weitter auß bemelts Clägers umbliegenden Dörffern/Flecken und Höffen/seinen hindersessen Bawren und armen Leutten/ir Vieh/Khue/Pferd/Schaaff/Ziegen unnd Schwein/[...] abgeraubet“[109]. 1562 wurde die Acht ausgesprochen, weil der Beklagte „mit Mordten/Rauben/Brennen/Händt und Füß abhawen [...] die Armen Leuth“[110] in den Dörfern überfallen und ausgeplündert habe.

Öfters wurden auch mehrere Personen zugleich wegen gemeinschaftlichen Friedensbruchs geächtet wie etwa 1497, als Maximilian I. die Acht über den Freiherrn Veit Werner von Zimmern sowie über Hans Speth, Diepold von Habsberg, die Brüder Jörg der Jüngere und Wolf von Rosenfeld sowie über die Stadt Rottweil wegen gewalttätiger Einnahme von Schloß und Stadt Oberndorf[111], das zu Österreich gehörte, verhängte.

Den Reichsgesetzen entsprechend wurde die Acht auch wegen Unterstützung von bereits Geächteten ausgesprochen, also gegen diejenigen, die „Landfridbrüchige Thäter gehauset/geherbergt/dieselben nach beschehner ersuchung/nit/wie sich geburt/in hafft und und verwarung eingezogen“[112], sondern ihnen „hülff/fürschub unnd beystand“[113] geleistet hätten. 1512 wurde Bernhart von Thungen mit 18 in der gedruckten

105 Urteil von 1511, in: *C. Barth,* Urtheil, Bd. 1 (Anm. 43), 323; vgl. Urteil von 1524, in: *C. Barth,* Urtheil, Bd. 1, 695.

106 Urteil von 1510, in: *C. Barth,* Urtheil, Bd. 1 (Anm. 43), 284.

107 Urteil von 1511, in: *C. Barth,* Urtheil, Bd. 1 (Anm. 43), 314.

108 Urteil von 1515, in: *C. Barth,* Urtheil, Bd. 1 (Anm. 43), 427.

109 Urteil von 1558, in: *C. Barth,* Urtheil, Bd. 3 (Anm. 43), 899f.

110 Urteil von 1562, in: *C. Barth,* Urtheil, Bd. 4 (Anm. 43), 12.

111 Achterklärung, Lindau, 1497 Feb. 7, in: *Heinz Gollwitzer* (Bearb.), Deutsche Reichstagsakten unter Maximilian I. Reichstage von Lindau, Worms und Freiburg 1496 - 1498 (Deutsche Reichstagsakten, Mittlere Reihe, 6), Göttingen 1979, 331.

112 Urteil von 1551, in: *C. Barth,* Urtheil, Bd. 3 (Anm. 43), 317f.

113 Urteil von 1574, in: *C. Barth,* Urtheil, Bd. 4 (Anm. 43), 8.

Ächtungsurkunde[114] namentlich aufgezählten Anhängern wegen Unterstützung Götz von Berlichingens geächtet, öfters wurde aber nur der Haupttäter genannt, während dessen „Consorten" summarisch ohne Aufzählung und Namensnennung mitgeächtet wurden. Insgesamt konnten zwischen 1495 und 1709 64 Achturteile wegen Landfriedensbruchs festgestellt werden, in welchen, bei Vernachlässigung der geächteten Städte, rund 190 Personen in die Acht erklärt wurden.

Ächtung von Städten und Gemeinden

Das RKG charakterisiert sich zur Zeit seiner Errichtung auch als Gerichtsinstanz für die sich formierende bürgerliche Oberschicht vor allem der west- und oberdeutschen Städte, so daß neben der Landfriedensproblematik privatrechtliche Streitgegenstände städtischer Provenienz einen Großteil seiner Aufgabenlast gebildet haben[115].

Nach 1495 konnten insgesamt 29 Ächtungen von Städten ermittelt werden, fünf wurden vom König beziehungsweise vom Kaiser ausgesprochen (Rottweil 1497, Göttingen 1504, Groningen 1505[116], Magdeburg 1547, Konstanz 1548), fünf weitere vom RHR (Aachen 1598, Donauwörth 1607, Braunschweig 1610, Bremen 1652, Erfurt 1663). Bei den RKG-Ächtungen sind in sechs Fällen die geächteten Städte bekannt (St. Gallen 1496, Danzig und Elbing 1497, Worms 1504, Emden 1539, Goslar und Minden 1540, Emden 1602), 13 Achturteile wurden mit Hilfe des Urteilsregisters von Christian Barth ermittelt; zuletzt verfiel Erfurt 1663 einem Achturteil des RHR.

Im Gerichtsverfahren selbst wurden Städte – als Kläger wie als Beklagte – behandelt wie Einzelpersonen. Das bedeutete auch, daß die Achterklärungen des Kaisers und der Reichsgerichte nicht an die Städte als Körperschaften oder als juristische Personen im modernen Sinn ergingen, sondern an die Bürgergemeinschaft als Gesamtheit von Einzelpersonen. Ausdrücklich wurde die Acht über „Bürgermeister/Rath/und gantze Gemeinde"[117] oder noch detaillierter über „Bürgermeister/Rath/Rathsgeschwornen/Zehenmannen/Geschickten/Gildemeistern/Hauptleuten und gantzer gemeinde der Stadt"[118] verhängt. Nach der mittelal-

---

114 Einblattdruck des Achturteils, 1512 Dez. 18, in: Staatsarchiv Nürnberg: Rst. Nbg., A-Laden, Akten S.I.L. 14, Nr. 10.

115 *F. Ranieri,* Recht und Gesellschaft, Bd. 1 (Anm. 101), 247.

116 Zu Groningen ausführlich *Johann Joachim Müller,* Des Heiligen Römischen Reichs Teutscher Nation Reichs-Tags-Staat [...], Jena o.J., 490 - 507.

117 *J. Chr. Lünig,* Teutsches Reichs Archiv (Anm. 48), 220f.: „Kaysers Caroli V. Acht Erklährung/wieder die Stadt Goßlar", Speyer, 1540 Okt. 25; *C. Barth,* Urtheil, Bd. 2 (Anm. 43), 862f.

118 *J. Chr. Lünig,* Teutsches Reichs Archiv (Anm. 48), 300 - 304: „Kaysers Rudolphi II. Acht-Erklährung wieder die Stadt Braunschweig", Prag, 1606 Mai 22.

terlichen Rechtstheorie geriet durch ein solches Urteil jeder einzelne Bürger über 14 Jahre in die Reichsacht, auch wenn er selbst mit der Achtangelegenheit, in die vielleicht nur der Magistrat verwickelt war, nichts zu tun hatte, da er kraft Bürgereids nicht nur den Schutz der Stadt beanspruchen durfte, sondern zugleich für den gesamten Bürgerverband einstehen mußte[119]. 1499 hat das RKG anläßlich der Ächtung einer Stadt ausdrücklich alle „Mannspersonen/so uber vierzehn Jahr alt seyn“[120], in die Acht erklärt, und meist weisen die Urteile ausdrücklich darauf hin, daß die gesamte Gemeinde „auß dem Frieden in den Unfrieden“ gesetzt, „Leib/Hab und Gut“ aller Bürger dem Kläger „und aller männiglich“ preisgegeben werden[121].

Es lassen sich typische Konfliktlagen ermitteln, in deren Kontext es zur Ächtung von Städten gekommen ist: Unter den zehn vom Kaiser und RHR ausgesprochenen Ächtungen stehen fünf im Zusammenhang mit konfessionellen Auseinandersetzungen: Die Ächtungen des protestantischen Widerstandszentrums Magdeburg 1547 und der Reichsstadt Konstanz 1548[122] wegen Nichtbeachtung des Augsburger Interims gehören noch zum großen Reichsreligionskrieg, beide Male ist der Kaiser von sich aus aktiv geworden, um durch das Achturteil die Feindschaft im Konfessionenkonflikt zu bestrafen. Weitere Ächtungen erfolgten aufgrund von Religionsfriedensbrüchen *innerhalb* der Städte: Aachen[123] wurde 1598 vom RHR auf Klage der katholischen Bürgerschaft gegen die Protestanten geächtet, ebenso Donauwörth 1607[124] aufgrund der Klage des Augsburger Bischofs nach Ausschreitungen der Protestanten gegen die Katholiken. Äußerer Anlaß auch der Ächtung Erfurts 1663 waren „gewisse mit dem Chur-Fürsten zu Maynz gehabte Streitigkeiten über dem Kirchen-Gebet und der Raths-Wahl“[125]. Die Tatsache, daß die katholischen Kläger in den genannten Fällen stets bei Kaiser und RHR vorstellig wurden, läßt vermuten, daß man sich hier katholischerseits ein günstigeres Urteil erhoffte als beim RKG. Jedenfalls wurde die Acht von Kaiser und RHR tatsächlich in allen Fällen gegen die protestantische Seite ausgesprochen.

---

119 Vgl. *F. Battenberg,* Reichsacht (Anm. 14), 375.

120 Urteil von 1499, in: *C. Barth,* Urtheil, Bd. 1 (Anm. 43), 150.

121 Urteil von 1496, in: *C. Barth,* Urtheil, Bd. 1 (Anm. 43), 38.

122 *J. J. Moser,* Reichs-Tags-Geschäffte (Anm. 20), 187.

123 Achterklärung gegen Aachen, 1598 Juni 15, in: Österreichisches Staatsarchiv Wien, Abt. I: Haus-, Hof- und Staatsarchiv: Bestand Reichshofrat – Decisa – Karton 6; zur Ächtung vgl. *D. Landes,* Achtverfahren (Anm. 16), 65 ff., 80, 89, 102.

124 *J. Chr. Lünig,* Teutsches Reichs Archiv, Pars specialis IV. und letzte Continuation, Leipzig 1714, 438 - 439: „Kaysers Rudolphi II. Acht-Erklärung wider die Stadt Donauwerth“, 1607 Aug. 3.

125 *J. J. Moser,* Reichs-Tags-Geschäffte (Anm. 20), 199; zu Erfurt unten S. 87 mit Anm. 175.

Eine weitere vom Konfessionenstreit unabhängige Konfliktlage, die bei Territorialstädten zur Ächtung führen konnte, waren Differenzen zwischen der Stadt und dem Landesfürsten, zu dessen Gebiet die Stadt gehörte. Bei der Ächtung Göttingens 1504[126] durch das RKG ging es um die Einrichtung eines neuen Zolles durch Herzog Erich I. von Braunschweig-Wolfenbüttel, der den städtischen Handel beeinträchtigte und deshalb von den Bürgern abgelehnt wurde, im Falle des 1602 ebenfalls durch das RKG geächteten Emden bestand ein Streit der Stadt mit dem Grafen von Ostfriesland[127]. Die Stadt Braunschweig wurde 1610 vom RKG auf Antrag des Herzogs Heinrich Julius von Braunschweig geächtet, nachdem die Differenzen zwischen Stadt und Herzog über die Entrichtung von Türkensteuern eskaliert waren und zu Gewalttaten geführt hatten[128]. Die Reichsstadt Worms[129] wurde in ihrem alten Konflikt mit dem Wormser Bischof schließlich 1504 geächtet, weil die Besetzung des neuen Magistrats den bischöflichen Privilegien widersprochen habe und der Bischof sich deshalb an das RKG gewandt hatte. Hintergrund dieser Ächtungen ist also das aus städtischem Autonomiestreben und landesfürstlichem Herrschaftsanspruch resultierende Spannungsfeld.

Die meisten anderweitigen vom RKG vorgenommen Ächtungen stehen im Zusammenhang mit dem überregionalen Güteraustausch und dem Handel, in den die Städte verwoben waren. Gerichtliche Auseinandersetzungen über die Begleichung von Rechnungen über gelieferte Waren oder über die Herausgabe von zurückbehaltenen Rohstoffen und Gütern führten unter anderen zu den vom RKG ausgesprochenen Ächtungen der Reichsstadt St. Gallen von 1496[130], zu den Ächtungen der Hansestädte Danzig und Elbing[131] und der Stadt Emden[132], die 1539 wegen Kaperung und Beschlagnahme eines Schiffes in die Acht kam.

Auch über Städte wurde die Acht wegen Verweigerung der gerichtlichen Rechtfertigung, Ignorierung von Vorladungen oder Ungehorsams

---

126 *W. Havemann,* Geschichte, Bd. 1 (Anm. 68), 757f.; *J. Poetsch,* Reichsacht (Anm. 13), 85f., 211.

127 *J. J. Moser,* Reichs-Tags-Geschäffte (Anm. 20), 189; *J. Poetsch,* Reichsacht (Anm. 13), 86.

128 Vgl. *D. Landes,* Achtverfahren (Anm. 16), 81 - 83, 143.

129 Achterklärung 1504 Sep. 7, vgl. *J. H. v. Harpprecht,* Staats-Archiv, Bd. 2 (Anm. 44), 179 und Bd. 3, 375; zur Vorgeschichte vgl. *H. Gollwitzer,* Reichstagsakten (Anm. 111), 182f.

130 Achterklärung, Frankfurt, 1496 Okt. 15, nach Klage der Brüder Varnbüler, in: *H. Gollwitzer,* Reichstagsakten (Anm. 111), 193 dazu 121, 238, 434ff., 391, 404, 412f., 426f., 439, 498, 538, 653, 655, 672f.

131 Achterklärung, 1497 Juni 5, in: *H. Gollwitzer,* Reichstagsakten (Anm. 111), 425, dazu 157; vgl. *Ernst Hoffmann,* Danzigs Verhältnis zum Deutschen Reich in den Jahren 1466 - 1526, Halle 1910, 12 - 28.

132 Einblattdruck der Ächtungsurkunde von 1539 in: Niedersächsisches Staatsarchiv Aurich: RKG 605 (r)/StA I, 180, Quadr. 31.

gegenüber gesprochenen Urteilen am häufigsten verhängt: 1496 wurde beispielsweise eine Stadt geächtet, die sich weigerte, den Besitz „etlichs weins“[133], eine weitere, die sich weigerte, die Bezahlung einer Schuld von 200 Gulden[134] gerichtlich klären zu lassen. 1496, 1499 und 1516 erließ das RKG Achturteile zur „vollnstreckung etlicher behabter und erlangter Urtheil“[135], also zur Durchsetzung bereits ergangener Urteile, nachdem Bürgermeister und Rat mehrere Vorladungen unter Androhung von 30 bis 50 „Marck Lötigs Golds“[136] mißachtet hatten. Die Ächtung Danzigs und Elbings von 1497, die die Getreideschiffe des Frauburger Kaufmanns Thomas Jodeck als Ausgleich für ihre offenstehenden Forderungen beschlagnahmt hatten[137], geschah auf die Klage des Kaufmanns beim RKG. Die Angelegenheit führte zu internationalen politischen Verwicklungen und zu einer massiven Störung des Handels. Im Jahr 1652 wurde Bremen[138] vom RHR in die Acht erklärt wegen eines anhaltenden Streites über die Berechtigung des Weserzolls, der vom Grafen Anton Günther von Oldenburg eingezogen wurde.

Nur zwei Fälle ließen sich feststellen, bei welchen Städte wegen Landfriedensbruchs geächtet wurden: Rottweil 1497 und erneut 1498 durch Maximilian I., weil die Stadt versuchte, ihre Gebietsansprüche gegenüber der Reichsabtei Rottenmünster mit Gewalt durchzusetzen[139], Goslar und Minden 1540 durch das RKG wegen Überfalls auf das Kloster Georgenberg. In beiden Fällen führten die gewaltsamen Vereinnahmungsversuche, mit welchen sich die Städte die jeweils von der städtischen Jurisdiktion unabhängigen Klöster einverleiben wollten, zu Klagen der Klöster beim König beziehungsweise beim RKG und zu entsprechenden Achturteilen.

Ländliche Gemeinden wurden nur ausnahmsweise von der Reichsacht betroffen. Die *Anrufung* des RKG durch Bauern, die sich von ihren Grundherrn ungerecht behandelt fühlten, ist in letzter Zeit verschiedent-

---

133 Urteil von 1496, in: *C. Barth,* Urtheil, Bd. 1 (Anm. 43), 25.

134 Urteil von 1496, in: *C. Barth,* Urtheil, Bd. 1 (Anm. 43), 29f.

135 Urteil von 1499, in: *C. Barth,* Urtheil, Bd. 1 (Anm. 43), 150.

136 Urteil von 1499, in: *C. Barth,* Urtheil, Bd. 1 (Anm. 43), 150; vgl. Urteil von 1496, in: *C. Barth,* Urtheil, Bd. 1 (Anm. 43), 38; Urteil von 1516, in: *C. Barth,* Urtheil, Bd. 1 (Anm. 43), 443.

137 *E. Hoffmann,* Danzig (Anm. 131).

138 Akten im Staatsarchiv Bremen: Bestand RHR, Faszikel 65; *J. Chr. Lünig,* Teutsches Reichs Archiv (Anm. 55), 130: „Beschreibung/was bey der Stadt Bremen Anno 1652 erfolgten Acht-Erklährung vorgegangen“, hier Achterklärung, Prag 1652 Okt. 22; ausführlich behandelt bei *Karl Düßmann,* Graf Anton Günther von Oldenburg und der Westfälische Friede 1643 - 1653 (Oldenburger Forschungen, 1), Oldenburg 1935.

139 Achterklärung, Lindau, 1497 Feb. 7, in: *H. Gollwitzer,* Reichstagsakten (Anm. 111), 331, vgl. 653 - 655; wiederholt auf dem Reichstag von 1498, vgl. Neue Sammlung, Bd. 2 (Anm. 31), 50; vgl. *J. H. v. Harpprecht,* Staats-Archiv, Bd. 2 (Anm. 44), 138f.

lich dargestellt worden[140]. Bei den vorliegenden Achtfällen liegt das gerichtliche Verfahren aber umgekehrt, weil ländliche Untertanen bei den Reichsgerichten *angeklagt* wurden: Gleich 1496 verhängte das RKG auf die Klage eines Grafen einmal die Acht „in contumaciam" über die „Ingesessen und Undersassen" einer Vogtei und ein weiteres Mal über „Richter/Schöpffen/und gantz Gemeind" eines Kirchspiels[141], die sich weigerten, eine erhebliche Geldschuld zu begleichen, und auf entsprechende gerichtliche Anordnungen nicht reagiert hatten. Als Ausnahmen müssen auch die drei vom RHR vorgenommenen Bauernächtungen gewertet werden: 1576 hatte der Grundherr Philipp von Bicken seine Untertanen beim Kaiser verklagt, ebenso 1603 das Kapitel des Stifts Bruchsal die Stiftsuntertanen zu Odenheim und Rohrbach und schließlich 1605 der Bischof von Augsburg seine Untertanen auf den drei Herrschaften Röttenberg, Burgberg, Fluchenstein. Obwohl die Anklagen auf Landfriedensbruch lauteten, bildeten in Wirklichkeit in allen Fällen Steuer- und Abgabenverweigerungen der Bauern die Hintergründe. Der Kaiser leitete die Verfahren zum RHR weiter, 1585, 1607 und 1610 ergingen von dort die Achturteile[142]. Der Gang der Prozesse und der Wortlaut der Achturteile unterscheiden die Verfahren gegen die mediaten Bauern nicht grundsätzlich von anderen Verfahren gegen mächtige Städte oder Reichsstände. Die Bauern wurden vom Kaiser „sambtlich undt einen jeden insonderheit" wegen Bruches der Reichsgesetze, Verstöße gegen den Reichslandfrieden, „wegen Euerer vorsetzlichen Rebellion" „in unser und deß Reich Acht [...] erkhlert"[143], wodurch die jeweiligen Grundherren freie Hand zur gewaltsamen Durchsetzung ihrer Forderungen erhielten.

Allem Anschein nach hat es weitere Ächtungen ländlicher Gemeinden weder beim RKG noch beim RHR gegeben, vermutlich deshalb, weil die höchsten Reichsgerichte an sich für Klagen gegen Bauern unter der Jurisdiktion eines Grundherrn formalrechtlich nicht zuständig waren. Zum andern mag es die Erkenntnis gewesen sein, daß die erstinstanzlichen Verfahren wegen Landfriedensbruchs, die formalrechtlich auch

140 Vgl. Die Literaturangaben bei *Helmut Gabel,* „Daß ihr künftig von aller Aufruhr und Zusammenrottierung gäntzlich abstehet". Deutsche Untertanen und das Reichskammergericht, in: Frieden durch Recht (Anm. 11), 273 - 280; vgl. *B. Diestelkamp,* Rechtsfälle (Anm. 12), 126 - 143.

141 Urteile von 1496, in: *C. Barth,* Urtheil, Bd. 1 (Anm. 43), 29f.

142 Achturteile des RHR gegen die Bauern zu Thainhausen, 1610 Jan. 11, zu Röttenberg, Burgberg und Fluchenstein, 1607 Okt. 31, zu Odenheim und Rohrbach, 1610 Juni 11, in: *D. Landes,* Achtverfahren (Anm. 16), Anhang IIIf., vgl. hier 67.

143 Zitate aus „Declaratio banni pura et simplex", Prag, 1610 Juni 11, gegen Odenheim und Rohrbach, in: *D. Landes,* Achtverfahren (Anm. 16), Anhang IIIf.; Quellen in: *Winfried Schulze,* Bäuerlicher Widerstand und feudale Herrschaft in der frühen Neuzeit (Neuzeit im Aufbau, 6), Stuttgart 1980, 211 - 214: Bericht der Beauftragten des Augsburger Bischofs über ihre Verhandlungen, Mai 1605.

gegen Bauern zulässig waren, lediglich der Durchsetzung grundherrlicher Abgabenforderungen dienten und damit eine Instrumentalisierung des Gerichts und der Rechtsprechung drohte.

Ächtungsfrequenz[144]

Eine quantitative Darstellung der Ächtungsfrequenz in der Frühen Neuzeit mit absoluten Zahlenwerten ist aufgrund der Verschlüsselung der Personennamen im Urteilsregister von Barth bei dem gegenwärtigen Forschungsstand nur eingeschränkt möglich: Stets besteht die Gefahr, daß Achtfälle doppelt registriert werden. Zur Darstellung der zeitlichen Verteilung der Achturteile wurden deshalb getrennte Statistiken geführt und kompiliert. Folgende Aussagen stehen danach auf sicherer Grundlage:

Bei den ermittelten Zahlen von insgesamt 229 ergangenen RKG-Achturteilen bis zum Jahr 1698 und den 32 zusätzlich festgestellten Achturteilen des Kaisers und des RHR bis zum Jahr 1709 handelt es sich um Größenordnungen, von denen sich auch bei weiteren Forschungen keine wesentlichen Abweichungen ergeben dürften. In rund drei Vierteln aller Fälle wurden die Achturteile wegen Gerichtsungehorsams verhängt, in einem Viertel wegen Landfriedensbruchs.

Die zeitliche Verteilung der Achturteile zeigt, daß die Acht als Strafe und Zwangsmittel ihre Bedeutung während der Frühen Neuzeit allmählich verliert. Obwohl der Geschäftsanfall am RKG im 16. Jahrhundert zunahm und in den neunziger Jahren dieses Jahrhunderts auf eine vorher und hinterher nie erreichte Höhe anstieg[145], nahm die Anzahl der Ächtungen seit der zweiten Hälfte des 16. Jahrhunderts stetig ab: Die meisten vom RKG vorgenommenen Ächtungen finden bis zur Mitte des 16. Jahrhunderts statt: Von den insgesamt 229 ermittelten RKG-Ächtungen entfallen 170 auf den Zeitraum zwischen 1495 und 1550, der Rest auf den Zeitraum zwischen 1551 und 1698, dem Jahr, in dem das RKG sein letztes Achturteil ausfertigte. Dieses betraf eine Privatperson, den Lütticher Buchhalter Walther Counotte, der in einem Erbschaftsstreit wegen Gerichtsungehorsams geächtet wurde[146]. Insgesamt gesehen war die Ächtung also – wiederum im Vergleich zum Geschäftsanfall bei den höchsten Reichsgerichten – ein seltener Vorgang und gehörte nicht zu den Routineangelegenheiten der Rechtsprechung.

---

144 Die im fiskalischen Prozeß ergangenen Sammelachturteile bleiben bei den folgenden Zahlenangaben unberücksichtigt.

145 *B. Diestelkamp*, Rechtsfälle (Anm. 12), 31.

146 *Anton Faber* (Hrsg.), Europäischer Staats-Cantzley Vierter Theil/[...], Nürnberg 1700, 656 - 696, mit eingehender Darstellung des Falles, hier 694 das Achturteil: „Sententia Banni Declaratoria Wetzlaria Publicata", 1698 Jan. 17.

Während die Ächtungen des RKG ausnahmslos aus nach festen Verfahrensregeln durchgeführten Gerichtsprozessen hervorgegangen sind, hat sich der Achtprozeß beim RHR institutionell nicht verfestigt, sondern wurde von Fall zu Fall durchgeführt, soweit es sich nicht von vornherein um politische Ächtungen im habsburgischen Hausinteresse, die ohne Prozeß erfolgten, gehandelt hat. Kaiser und RHR hielten an der Acht auch dann noch fest, als das RKG auf dieses Rechtsmittel verzichtete. Die Acht war nicht zuletzt ein sichtbares Zeichen, durch das die Vertreter des Kaiserhauses gegenüber den Ständen und den Reichsuntertanen ihre herrscherliche Gewalt zum Ausdruck bringen wollten. Zuletzt versuchte Maria Theresia im Siebenjährigen Krieg vergeblich, die Reichsacht als politische Waffe gegen Friedrich II. von Preußen einzusetzen[147], was von dem Juraprofessor Johann Philipp Carrach in Halle durch einen umfassenden, gegen die Politik des Wiener Hofes und gegen den RHR gerichteten „Bericht von der Reichs-Acht" (1758)[148] angeprangert wurde. Tatsächlich war der RHR-Achtprozeß gegen Friedrich den Großen eine reine Propagandaangelegenheit; er ist nicht mehr zum Abschluß gekommen.

Reichsacht im fiskalischen Prozeß

Die Nichtbezahlung der Beiträge zum Unterhalt des RKG und anderweitiger Reichssteuern und -anlagen bildet einen speziellen mit der Ächtung bedrohten Tatbestand, der die Arbeitsfähigkeit des RKG selbst betraf. Nach Maßgabe des Reichsabschiedes von 1507 sollte der Reichsfiskal befugt sein, gegen säumige Reichsstände rechtlich zu prozedieren. Angesichts der schlechten Steuermoral vieler Reichsstände erwirkte der Fiskal nach Verstreichung eines ersten Steuertermins 1508 beim RKG zunächst ein „poenal Monitorium", in einem weiteren gerichtlichen Schritt „arctiora Monitoria unter erhöhter Geld-Poen" und verklagte die Säumigen schließlich „auf die Acht und Aberacht, auch Privirung aller Regalien"[149] beim RKG. Das RKG hat daraufhin noch 1508 gegen 14 Reichsstädte, 28 Grafen und 28 Fürsten und Prälaten Gehorsamsbefehle mit Androhung der Reichsacht ausgefertigt.

Die mangelnde Zahlungsmoral der Reichsstände war auch künftig Gegenstand zahlreicher Verfahren, die der Fiskal beim RKG anhängig machte. 1528 berichtete der Fiskal über den Stand der Prozesse wegen

147 *Friedrich Thudichum,* Der Achtprozeß gegen Friedrich den Großen und seine Verbündeten 1757 und 1758, in: Festgabe für Rudolf von Ihering, Tübingen 1898, 157 - 185.

148 *Johann Philipp Carrach,* Reichs-Grund-Gesetz und Observanz-mäßiger Bericht von der Reichs-Acht, Halle 1758, 124 S.

149 *J. H. v. Harpprecht,* Staats-Archiv, Bd. 3 (Anm. 44), 42f.

der Steuereintreibung: Danach gab es vor allem deshalb Probleme, weil eine Reihe von Steuerpflichtigen ihre Zahlungspflicht mit den Argumenten verneinte, daß sie nicht in unmittelbarem, sondern nur in mittelbarem Verhältnis zu Kaiser und Reich stünden oder daß ihre rechtlichen Exemtionsprivilegien auch eine Befreiung von den Reichssteuern beinhalteten. Die Herzöge von Lothringen und Savoyen verweigerten die Zahlungen mit dem Argument, sie seien überhaupt keine Glieder des Reichs und deshalb auch nicht steuerpflichtig. Nach Bericht des Fiskals ist in diesem Zusammenhang gegen eine Reihe von Ständen, dabei die Herzöge von Lothringen und Savoyen[150], „uf die acht am Kammergericht beslossen“ worden. Auch die Bürger von Verdun verfielen der Acht, denn auch diese „achten des r[ömischen] reichs nit mer“. Die Stadt St. Gallen wurde hingegen zunächst von der Ächtung verschont, um sie nicht endgültig dem Reich zu entfremden, denn durch einen Ächtungsantrag „verjag ich sie gar“[151], bemerkte der Fiskal.

1531 ächtete das RKG wiederum auf Antrag des Reichsfiskals vier Herzöge, fünf Grafen, eine Stadt, eine Reihe von Reichsständen und erklärte mehrere geistliche Würdenträger in die Privation wegen Nichtzahlung der 1529 bewilligten Türkensteuern und des Kammerzielers. Die Wirkung der Reichsacht sollte „aus miltem Richterlichem Ampt“ erst nach Verstreichen einer letzten Zahlungsfrist von sechs Wochen einsetzen[152].

In zwei 1570 präsentierten Verzeichnissen über den Stand der Prozesse gegen diejenigen Reichsglieder, die ihre Beiträge zum „Reichsvorrat“, der wiederum gegen Reichsfeinde verwendet werden sollte, von 1548 und 1551 nicht entrichtet hatten, berichtet der Reichsfiskal Michael Volland, daß der Bischof von Hildesheim, der Markgraf Georg Friedrich von Brandenburg, Herzog Erich von Braunschweig, Herzog Franz von Sachsen-Lauenburg, die Stadt Goslar und vier Grafen im Verlauf von „arctiores processus uff die acht erkendt worden“[153] seien und gegen andere der fiskalische Prozeß auf Ächtung noch in Gang sei.

---

150 Die Ächtung Herzog Antons von Lothringen erfolgte 1524, vgl. *R. Aulinger*, Reichstagsakten (Anm. 60), 715 - 723.

151 *Johannes Kühn* (Bearb.), Deutsche Reichstagsakten unter Karl V. (Deutsche Reichstagsakten, Jüngere Reihe, 7,1 und 7,2), Stuttgart 1935, 1363f.; vgl. *R. Aulinger*, Reichstagsakten (Anm. 60), 723 - 728.

152 Urteil von 1531, in: *C. Barth*, Urtheil, Bd. 2 (Anm. 43), 12: „In causa contributionis pro bello Turcico et sustent. Regiments et Camerae, plures Status, Principes 4, Comites 5 et civitas una declaratur in bannum cum termino suspensivo 6. sept.“.

153 Verzeichnis des Reichsfiskals über den Stand der Prozesse gegen säumige Stände (Reichsvorrat 1551), 1570 Nov. 11, in: *Maximilian Lanzinner* (Bearb.), Deutsche Reichstagsakten. Reichsversammlungen 1556 - 1662. Der Reichstag zu Speyer 1570 (Deutsche Reichstagsakten, Reichsversammlungen 1556 - 1662), Göttingen 1988, 875 - 880.

Nicht in allen Fällen konnte geprüft werden, ob die Ächtung zur Zahlungsbereitschaft führte. Anhand von Einzelfällen ist Gehorsam namentlich bei Klöstern, Reichsrittern und Grafen, also weniger mächtigen Schuldnern festzustellen, die entweder bereits nach der RKG-Androhung der Acht ihre Steuern beglichen[154] oder, wie der Graf Johann von Oldenburg 1525, darum bemüht waren, sich rasch durch Zahlung wieder aus der Acht zu befreien[155].

Aus einer eingehenden Stellungnahme des Fiskals[156] geht hervor, daß dieser die Ächtung prinzipiell für ein hochwirksames Mittel der Steuereintreibung hielt: Das eigentliche Problem sei nicht etwa, daß die Ächtung keine Wirkung zeige, sondern die lange Dauer des RKG-Prozesses bis zur endlichen Achtverkündung. Die Säumigen verhielten sich, „als wan sie vor der declaration banny [...] versichert weren [...] unnd ye lennger ye weniger" lieferten sie ihre Steuern ab, in der Hoffnung, daß „solliche declaration nimer mer ergen und publicirt werden solle". Der Fiskal gab sogar zu Bedenken, ob nicht die einfache Privation, „welliche straff nit also scharpff [...] als die acht ist", ausreiche, damit der „fiscalisch proceß zu schleinigen furgang gebracht" werde, und ob man die „gefarliche acht erclerung" nur ausnahmsweise als allerletztes Mittel anstreben solle.

Aspekte von Wirkung, Folgen und Durchsetzung der Reichsacht

Die Verbesserung des Reichsexekutionswesens allgemein[157], die Steigerung der Autorität des RKG und speziell die Durchsetzung ergangener Achturteile bildete eines der auf den Reichstagen nach 1495 vieldiskutierten Themen[158]. Auch später wurde die Sorge geäußert, nicht Bestim-

154 Vgl. *J. H. v. Harpprecht,* Staats-Archiv, Bd. 3 (Anm. 44), 223f.: „Monitorium poenale arctius bey Straff der Acht [...] in S[achen]. Fiscalis contra Herrn Valentin Schenck zu Erbach wegen nicht bezahlten Anschlags zu deß k[aiserlichen]. Cammergherichts Unterhalt", 1509 Jan. 18.

155 *Heinrich Schmidt,* Grafschaft Oldenburg und oldenburgisches Friesland in Mittelalter und Reformationszeit (bis 1573), in: Geschichte des Landes Oldenburg, hrsg. v. Albrecht Eckhard, Oldenburg 1987, 161.

156 Bericht des Reichsfiskals über den fiskalischen Prozeß, 1570 Okt. 26, in: *M. Lanzinner,* Reichstagsakten (Anm. 153), 880 - 886, hier die folgenden Zitate.

157 Vgl. *Alfred Kohler,* Die Sicherung des Landfriedens im Reich. Das Ringen um eine Exekutionsordnung des Landfriedens 1554/55, in: Mitteilungen des österreichischen Staatsarchivs 24 (1971), 140 - 168.

158 Der Brandenburger Amtmann und RKG-Beisitzer Veit von Walderode hatte gegen seinen Widersacher Philipp von Guttenberg 1496 die Acht erwirkt. Walderode klagt nun darüber, daß die aufgeforderten Stände sich weigerten, die Exekution der Acht zu vollziehen. Die Ächtung „müsse on recht bleiben zu smahe der kgl. mt., dem Reich und deutscher nacion". 1496 wird auf dem Reichstag in Lindau darüber diskutiert, daß man in dieser Sache, solange der Gemeine Pfennig nicht eingetrieben sei, „fruchtparlichs nichts tun kan, dann allein verachtung und spott kome, wo die versamlung schrib und fürder kain volg gescheech"; vgl.

mungen und Gesetze zu erlassen, von denen man von vornherein wisse, daß „etlige viell 1000 dawider thetten, [welche dann] zugleich in die acht kommen“, damit „der ächter nit zu viell wurdten, ne contemptus banni sequatur“[159]. Der „allerschwerste Punkt in der gesamten Reichs-Justiz-Pflege“ lag, wie Friedrich Karl von Moser 1767 bemerkte, „in der würcklichen Vollziehung der reichsgesetzlichen Urteile“[160].

Die in der Ächtungsformel genannten Folgen eines Achturteils waren erheblich und schlossen auch die physische Vernichtung des Geächteten ein. Bernhard Diestelkamp hat kürzlich zu Recht darauf hingewiesen, daß die Acht vor allem von kleineren, weniger mächtigen Reichsständen als Bedrohung empfunden wurde, da die Exekution einem großen Nachbarn anvertraut werden konnte, der eventuell schon auf eine solche Gelegenheit wartete, um – vom Reichsrecht gedeckt – sich den kleinen Nachbarn zu unterwerfen. So war schließlich selbst ein so hartnäckiger Fehderitter wie Götz von Berlichingen durch das Achturteil des RKG von 1531 gezwungen, sich durch Gehorsam und Bezahlung der 410 Gulden Schadenersatz in aller Form wieder aus der Acht zu lösen[161].

Durch Kriegshandlungen wurden auch die Ächtungen gegen die Städte Magdeburg, Konstanz, Aachen, Donauwörth und Erfurt, gegen Markgraf Albrecht Alkibiades von Brandenburg-Kulmbach, gegen Wilhelm von Grumbach und dessen Beschützer Johann Friedrich II. von Sachsen exekutiert, das heißt, der Widerstand der Geächteten militärisch gebrochen. Sicherlich hatte sich bei diesen Achtfällen niemand der Illusion hingegeben, daß die Betroffenen allein durch das Achturteil ihre Position aufgeben und sich umgehend unterwerfen würden. Die Ächtung war vielmehr eine ergänzende Maßnahme, die weiteren Zulauf von Anhängern auf die Seite des Gegners unterbinden und einen eventuellen militärischen Erfolg rechtlich absichern sollte: Das vorliegendes Achturteil hatte die Einverleibung der Reichsstädte Konstanz 1547 in das österreichische und Donauwörth 1610 in das bayerische Territorium oder die „Reduktion“ Erfurts durch Kurmainz formalrechtlich legitimiert, und der Sieg der kaiserlichen Waffen in der Schlacht bei Mühlberg 1547 oder in der Schlacht am Weißen Berg 1620 konnte ebenfalls als Triumph des Rechts dargestellt werden. Die Ächtung des „Winterkönigs“, die nicht zuletzt auf Betreiben Maximilians von Bayern erfolgte, der auf die Erstattung

---

H. Gollwitzer, Reichstagsakten (Anm. 111), 256 und 263.; betr. „Execution“ der Acht in: Neue Sammlung, Bd. 2 (Anm. 31), 49f.; zu den Vorgängen *Friedrich Stein,* Geschichte der Reichsstadt Schweinfurt. Erste Abtheilung: Die Schlußzeit des Mittelalters 1437 - 1517, Schweinfurt 1900, 70 - 71.

159 Kursachsen im Kurfürstenrat, 1570 Sept. 5, in: *M. Lanzinner,* Reichstagsakten (Anm. 153), 261f.

160 *Friedrich Karl von Moser,* Patriotische Briefe, o.O. 1767, 276.

161 *B. Diestelkamp,* Rechtsfälle (Anm. 12), 27 und 37f.

der Kriegskosten aus war, begünstigte somit die Fortsetzung des Krieges[162]. In diesem Zusammenhang läßt sich zunächst die Bedeutung der Ächtung als propagandistisches Mittel im machtpolitischen Kampf konstatieren. Auch in der Frühen Neuzeit wurde die Reichsacht hier von den Zeitgenossen als ein in der Realität wirksamer ideologischer Aspekt eingesetzt und verstanden[163].

Die Untersuchung der außerhalb solcher politischen Händel ergangenen Achturteile zeigt weitere Dimensionen des frühneuzeitlichen Realitätscharakters der Acht: Generell hatten Ächtungen für Städte, deren Handelsverbindungen gestört beziehungsweise unterbunden werden konnten, erhebliche wirtschaftliche Konsequenzen: 1528 bemerkte etwa ein habsburgischer Vertreter im Reichsregiment, daß Konstanz, Zürich und Bern alles tun würden, um eine Ächtung zu vermeiden, „dan si mugen ye der reichsstraßen, auch wein, korn und salz aus dem reich nit embern". Im Fall der Acht würden „wol leut aufersteen, die derselben stett verwonnten [= verwandten] in ferren landn angreifn un ächten wurden, das denselben stettn swer sein"[164].

Die Ächtung St. Gallens von 1496 führte zu einer derartigen Zunahme der Spannungen mit der Eidgenossenschaft, daß der Schwäbische Bund 1497, nachdem Kaufleute aus St. Gallen „gepfennt und angegriffen"[165] worden waren, eine Kriegsordnung verabschiedete und schließlich Maximilian I. intervenieren mußte, um die „Execution und volstreckung der acht"[166] auszusetzen und die Kriegsgefahr zu verringern. Auch auf dem Reichstag befürchtete man, wenn die vom RKG verhängte Acht vollstreckt werde und man denen von St. Gallen vielleicht einen Wagen Leinwand um 200 oder 300 Gulden konfisziere, „das die Sweytzer widerumb den kaufleuten von Nörmberg, Augspurg etc., so gen Sweytz und Frankreich handeln, zehen oder fünfzehntausent gulden wert nehmen würden". Dennoch kam es 1497 auf der Frankfurter Messe zu Maßnahmen gegen St. Galler Kaufleute, was bei den Schweizern „aufruer" auslöste, der „in langen Jarn so stark nit [...] gewest sein", wie die Reichstagsakten berichten[167]. Wiederum mußte Maximilian eine außergerichtliche Einigung herbeiführen und die Aufhebung der Acht in Aussicht stellen[168].

---

162 Vgl. *Chr. van Eickels,* Schlesien (Anm. 52), 436 - 438.

163 Vgl. *F. Battenberg,* Reichsacht (Anm. 14), 110.

164 *J. Kühn,* Reichstagsakten (Anm. 151), 179f.

165 „Verabredete Vertheidigung des Schwäbischen Bundes gegen die Eidgenossen", 1497 Apr. 8, in: *[Johann Caspar Zellweger,]* Urkunden zu Joh. Caspar Zellwegers Geschichte des Appenzellischen Volkes, Bd. 2, Abt. 2, Trogen 1834, 276.

166 Maximilian I. gebietet, die „Proceduren" gegen St. Gallen einzustellen, 1497 Juli 11, in: *J. C. Zellweger,* Urkunden (Anm. 165), 283 - 285.

167 *H. Gollwitzer,* Reichstagsakten (Anm. 111), 204 und 387f.

168 „Verkommniß König Maximilians mit den Eidgenossen wegen Varnbühler", 1497 Sep. 9, in: *J. C. Zellweger,* Urkunden (Anm. 165), 289f.

Die Ächtung des Dogen von Venedig von 1509 hat vor allem für die süddeutschen Reichsstädte einen massiven Rückgang des Handels hervorgerufen, so daß Maximilian 1511 erneut ein Gebot erlassen mußte, wonach die „Acht allein den Herzogen von Venedig und die seinige angehe“[169] und insbesondere der Handel unberührt bleiben solle. Ein Vollstreckungsbefehl des RKG gegen die geächteten Städte Danzig und Elbing brachte in den Jahren nach 1497 zusätzlich die unwilligen Exekutoren Leipzig, Augsburg, Nürnberg, Frankfurt/Main und Lübeck in die Reichsacht. Auf dem Reichstag von 1498 gab Lübeck zu bedenken, daß sich die Betroffenen gegen die angeordneten Güterkonfiskationen ihrerseits mit Beschlagnahmung von Waren rächen könnten. Dennoch wurde infolge des Achturteils der Handel im Heiligen Römischen Reich durch Pfändungshandlungen und durch die gesamte Unsicherheit im Warenverkehr „nicht wenig gehemmet und beunruhiget“[170]; auch diese Angelegenheit mußte schließlich 1518 durch eine Intervention von Kaiser und Reichstag beigelegt werden.

Zwei Beispiele sollen zeigen, daß Achturteile über Städte auch nach der Mitte des 17. Jahrhunderts gefürchtet wurden: Graf Anton Günther von Oldenburg hatte die Stadt Bremen beim RHR verklagt, weil sie sich zusammen mit vielen Weserschiffern gegen den vom ihm erhobenen Weserzoll, der den Bremischen Handel belastete, zur Wehr setzte. 1652 wurde Bremen vom RHR geächtet. Der Reichsherold Johann Carl Oelmann bekam, als er das Achturteil zustellen und am Bremer Rathaus publizieren wollte, am eigenen Leib die Erregung der Bürger zu spüren. Bereits am Schlagbaum des Stadttores wurde er aufgehalten und nicht nur von den Wachen, sondern auch von der Menge „vieler zugelauffener Bürger und Pövel-Volks“ bedroht. Als der Herold das Achturteil wenigstens an den Schlagbaum anheften wollte, hatten die Wachen „die Lunten aufgepasset/und die Musqueten [...] auf ihn angelegt, mit der Bedrohung/er sollte zurück bleiben/oder sie wollten Feuer geben“[171]. Nach feierlichem Protest blieb dem Herold nichts anderes übrig, als die Acht außerhalb der Stadt zu publizieren, indem er die Ausfertigungen „an Bäumen und Brucken affigieret/auch unter das zulauffende Volck einige vidimirte Exemplare geworffen“[172]. Dennoch leistete Bremen umgehend Gehorsam, bezahlte eine erhebliche Geldstrafe und erkannte

---

169 Gebot Maximilians I., 1511 Feb. 21, vgl. *J. H. v. Harpprecht,* Staats-Archiv, Bd. 3 (Anm. 44), 89.

170 *J. H. v. Harpprecht,* Staats-Archiv, Bd. 3 (Anm. 44), 141 - 145, Zitat 142; hier 325f.: „Kayserl. Schreiben an das Cammergericht in Acht und Aberacht wegen der Stadt Danzig und Elwingen nicht weiter zu procediren“, Wien, 1518 Aug. 4, sowie weitere Korrespondenz in dieser Sache.

171 Die Relation des Reichsherolds mit anderen Quellen zur Ächtung Bremens, in: *Johann Justus Winkelmann,* Oldenburgische Friedens und [...] Kriegs-Handlungen, Oldenburg 1671, 448 - 463, das Zitat 456.

das Recht des Grafen von Oldenburg auf den Zoll an, so daß der Kaiser bereits 1653 für Bremen einen formellen Absolutionsbrief ausstellte[173]. Eine Kommune konnte durch die Ächtung also einem derartigen ökonomischen Druck ausgesetzt werden, daß sie die Achtlösung auch unter größten finanziellen Opfern herbeiführte[174]. Angesichts der Erregung der bremischen Bürgerschaft und der umgehenden Parition der mächtigen und zugleich kaiserfernen Stadt können die Beobachtungen als Indiz dafür gewertet werden, daß die Acht auch im 17. Jahrhundert noch ein Phänomen der sozialen Wirklichkeit war, die einerseits auf der kaiserlichen Autorität, andererseits auf der Anerkennung und dem Konsens von seiten der betroffenen Untertanen beruhte. Entsprechende Begleiterscheinungen fallen auch bei der Ächtung Erfurts auf, die in dem alten Unabhängigkeitskampf gegen den Kurfürsten von Mainz 1663 ebenfalls vom RHR geächtet wurde. Als der Reichsherold Jacob Lidel von Schwanau am 8. Oktober 1663 in altfeierlichem Aufzug mit 40 gedruckten Ausfertigungen des Achtmandats von einem Hartschier, einem Notar und fünf Trompetern begleitet in der Stadt zur Urteilsverkündung erschien, wurde er von zornentbrannten Bürgern vom Pferd gerissen und „von dem gemeinen Pöbel übel tractiret“, wie es in seiner Relation heißt, so daß er nur knapp mit dem Leben davonkam[175]. Die Furcht der Bürger war durchaus berechtigt, denn mit der Exekution wurde der Mainzer Kurfürst Johann Philipp von Schönborn beauftragt, dem die „Reduktion“ Erfurts nach mehrwöchiger Belagerung gelang.

Auf den Reichstagen wurde nur über die Exekution der wenigen infolge schwerwiegenderer Landfriedensbrüche und Handelsstreitigkeiten ergangenen Achturteile verhandelt. Die Fülle der kleinen Achtfälle blieb in der alleinigen Zuständigkeit des RKG ohne weitere Einmischung von außen. Auch hier ist eine erhebliche Wirkung der Acht festzustellen:

172 „Kurtzer warhaffter Bericht/wie es nach beschehener Stadt Bremischen Parition [...] unnd der darauff am 20. Dezembris Anno 1652 erfolgten Acht-Erklärung ergangen. 1652“, in: Landesbibliothek Oldenburg Ge. IX B 99, 16.

173 „Sententia Absolutoria a Banno“, Regensburg, 18.09.1653 in: Landesbibliothek Oldenburg, Ge. IX B 99 mit weiteren Druckschriften; Text ebenso in: *J. Chr. Lünig,* Teutsches Reichs Archiv (Anm. 55), 130; vgl. ferner *Johann Gottfried von Meiern,* Acta Comitialia Ratisbonensia, Bd. 1, Leipzig 1738, 53 - 56; *Friedrich Karl von Moser,* Sammlung von Reichs-Hof-Raths-Gutachten, Teil 1, Frankfurt a.M. 1752, 82 - 97.

174 Vgl. *F. Battenberg,* Reichsacht (Anm. 14), 416.

175 *Eberhard Christian Wilhelm von Schauroth,* Vollständige Sammlung aller Conclusorum [...] des Corporis Evangelicorum, Bd. 1, Regensburg 1751, 518 - 522; *J. Chr. Lünig,* Teutsches Reichs Archiv (Anm. 55), 130; über die Achtverkündung in Erfurt, 1663 Okt. 10, ausführlich: Theatrum Europaeum, Teil IX, Frankfurt a.M. 1700, 881 - 914; Vorgeschichte bei: *Bernhard Erdmannsdörffer,* Deutsche Geschichte vom Westfälischen Frieden bis zum Regierungsantritt Friedrichs des Großen 1648 - 1740, Bd. 1, Meersburg/Leipzig 1932, 367 - 372.

Zunächst ist wiederum zu beobachten, daß Betroffene alles daran setzten, die Achtverhängung in letzter Minute abzuwehren, und in zahlreichen Fällen erfolgte der Gerichtsgehorsam des Beschuldigten in dem Moment, in dem beim RKG der Prozeß auf die Acht beantragt wurde, was viel häufiger als die letztliche Achtverhängungen vorkam. Geächtete Personen unternahmen vielgestaltige Anstrengungen, um das RKG zur Lösung der Acht zu veranlassen: Beinahe ein Kuriosum ist die „Bittschrifft" wegen Achtlösung des Kammergerichtsprokurators Dr. Ludwig Sachs, der als Anwalt der Stadt Worms zusammen mit der Stadt in die Acht geraten war[176].

Geächtete Adlige begründeten durch eingehende Erklärungen, daß sie schuldlos in fremde Fehden verwickelt und geächtet worden seien. Ernst von Mandesloe beteuerte etwa 1570, er sei ohne eigenes Zutun in die Händel Herzog Johann Friedrichs von Sachsen verstrickt worden und bat eine Reihe von Fürsprechern, sie sollten sich für seine Absolution[177] einsetzen. Achturteile des RKG wurden also als Gebote aufgefaßt, die man aus vielfältigen Gründen nicht ignorieren konnte.

Als sicheres Zeichen für die Wirkung kann der auf die Ächtung folgende Gehorsam des Geächteten gegenüber den gerichtlichen Erkenntnissen beziehungsweise die Beendigung des Landfriedensbruchs im Sinne der Anklage sowie die Entrichtung der Straf- und Gerichtsgebühren gewertet werden. Von einer erfolgreichen Durchsetzung der Acht kann dann gesprochen werden, wenn der Geächtete sich mit dem Kläger einigte und deshalb von Kaiser oder RKG aus der Acht gelöst wurde. Auch für diese – erwünschte – Folge des Achturteils, bei welcher sich der Geächtete mit „seiner Widerparthey [...] gäntzlich vertragen [...] sich auch fürohin zu Keyserlicher May. unnd deß Reichs Gehorsam erbotten"[178] und demütig um Absolution gebeten hatte, gibt es zahlreiche Beispiele: Der 1609 durch den RHR wegen Landfriedensbruchs geächtete Reinhard von Mauxler war schließlich zum Gerichtsgehorsam, zum Kostenvergleich und zur Entrichtung der Gerichtsgebühren bereit, so daß der RHR die Absolution von der Acht vornahm[179].

---

176 „Bittschriftt an die zu Maynz versammelte Stände", in: *J. H. v. Harpprecht,* Staats-Archiv, Bd. 3 (Anm. 44), 375 f.

177 *M. Lanzinner,* Reichstagsakten (Anm. 153), 475 f.; zur Absolution grundsätzlich *Peter Schulz,* Die politische Einflußnahme auf die Entstehung der Reichskammergerichtsordnung 1548 (QFHGAR, 9), Köln/Wien 1980, 180 - 187.

178 Absolution von 1513, in: *C. Barth,* Urtheil, Bd. 1 (Anm. 43), 367; weitere Absolutionen nach Gehorsam zwischen 1501 und 1576, in: *C. Barth,* Urtheil, Bd. 1 (Anm. 43), 190, 367, 426, 579, und *C. Barth,* Urtheil, Bd. 3 (Anm. 43), 1083, 1214, und *C. Barth,* Urtheil, Bd. 4 (Anm. 43), 578; Absolution von 1658, in: *J. Blum,* Chilias Sententiarum (Anm. 75), 167 f.

179 *D. Landes,* Achtverfahren (Anm. 16), 67 f., 73, 104.

Zahlreiche Indizien belegen somit eine präventive wie eine exekutive Wirkung der Reichsacht. Dabei ist keineswegs zu konstatieren, daß im Verlauf der Frühen Neuzeit zusammen mit der Anzahl der Ächtungen auch deren Wirkung zurückgegangen sei. Die Geschichte der frühneuzeitlichen Ächtungen zeigt, daß die Bedeutung der Acht nicht allein von ihrer verfahrensmäßigen Effektivität und ihrem Vollstreckungserfolg im Rahmen eines ausgefeilten prozessualen Systems, das erst im 19. Jahrhundert entstand, zu beurteilen ist. Obwohl durch ein Achturteil ausdrücklich ganze Stadtbevölkerungen mit „Leib/Haab und Güter“[180] preisgegeben wurden, waren keineswegs die physische Vernichtung aller Bürger, sondern in erster Linie wirtschaftliche und politische Sanktionen gemeint, die zum Gehorsam führen sollten. Tatsächlich ist kein einziger Fall bekannt, in welchem die Allgemeinheit, also am Streit völlig unbeteiligte Personen, ein Achturteil exekutiert, das heißt, den Geächteten physisch isoliert oder getötet hätten.

Dies deutet weniger auf ein Durchsetzungsdefizit hin als darauf, daß die in der Ächtungsformel enthaltene Preisgabe nicht wörtlich zu interpretieren ist. Die Achtformel muß auch als Symbol gesehen werden, das die Schwere eines Vergehens feststellen und veranschaulichen sowie der Allgemeinheit durch die feierliche Denunciatio Banni verkünden sollte. Der hierdurch aufgerichtete moralische Druck sollte den Geächteten zum Gehorsam veranlassen. Anders wäre nicht nur die unveränderte Beibehaltung der Ächtungsformel mit ihrem Tötungsauftrag, sondern auch zahlreiche Achturteile nicht zu erklären: Wie sollte sich etwa eine um das Erbe geprellte Witwe oder ein Domkapitel „Leib, Haab und Gut“ ihres Widersachers aneignen und das Achturteil durchsetzen[181]? Hier geht es nicht um die wörtliche Vollziehung des Urteils, sondern um die öffentliche Feststellung, daß sich der Geächtete durch sein Verhalten aus der Gemeinschaft ausgeschlossen hatte. Das RKG-Urteil war in diesem Sinn eine offizielle, von Reichsständen und Kaiser gemeinsam getragene Feststellung, welche die Exekution keineswegs ausschloß, aber auch ohne weitere Maßnahmen eine eigene Wirkungsdynamik entwickelte. Sicher entfaltete die Feststellung des Ausgestoßenseins im personenbezogenen Denken des Mittelalters größere Konsequenzen als in der Frühen Neuzeit, dennoch wurde auch in der Frühen Neuzeit durch die Ächtung ein Zustand der Friedlosigkeit mit kaum kalkulierbaren Folgen für den Betroffenen erzeugt.

Ursache für die allmähliche Aufgabe dieses Rechtsinstituts war aber nicht der Verfall seiner Wirkung, sondern die Ausbildung differenzierte-

---

180 *J. Chr. Lünig,* Teutsches Reichs Archiv (Anm. 48), 220: „Kaysers Caroli V. Acht Erklährung/wieder die Stadt Goßlar“, Speyer, 1540 Okt. 25.

181 Urteil von 1522, in: *C. Barth,* Urtheil, Bd. 1 (Anm. 43), 593f.

rer Rechtsgrundlagen und Verfolgungsmethoden in den Territorien des Alten Reichs. Das RKG verzichtete mit der zunehmenden Ausgestaltung der Reichsexekutionsordnung und der Gesetzgebung auf Ächtungen und ersetzte diese durch andere Strafen, vor allem Geldbußen. Im selben Maß, in dem sich während der Frühen Neuzeit territoriale Gerichtsorganisationen und Verwaltungen ausbilden, verliert die pauschale und undifferenzierte Reichsacht ihre Bedeutung.

Zeremoniell als politisches Verfahren

Rangordnung und Rangstreit als Strukturmerkmale des frühneuzeitlichen Reichstags

Von Barbara Stollberg-Rilinger, Köln

Zeremonielle Formen des sozialen Handelns unterliegen seit der Aufklärung dem Verdacht, entweder die – eigentlich wünschenswerten – spontanen, authentischen Äußerungen individueller Innerlichkeit zu verhindern oder der technischen Erledigung einer Sache im Weg zu stehen. Die Historiker haben daher über das Phänomen der Sessionskonflikte auf den Reichstagen der frühen Neuzeit stets verständnislos den Kopf geschüttelt. Daß sich die Reichsstände regelmäßig mit ungeheurem Aufwand an Energie und Gelehrsamkeit um Fragen des zeremoniellen Vorrangs stritten, erschien politisch irrational: Warum verschwendete man „eine Unsumme von Zeit und Mühe" auf „nichtige Dinge", statt sich den „unvergleichlich wichtigeren Aufgaben eines Reichstags" zuzuwenden[1]?

Dieser Sicht verleiht eine Anekdote Ausdruck, die im 17. und 18. Jh. im Zusammenhang mit Rang- und Sessionsfragen immer wieder kolportiert wurde. Danach soll Herzog Ulrich von Württemberg auf dem Augsburger Reichstag 1530 gesagt haben: „Für meine person möget ihr zusammen mich im Reichs-convente wohl gar hinter den Kachel-ofen setzen/ und bin ich dessen wohl zu frieden/ wann wir nur allhier sonst in der Reichs-versammlunge was nutzbares schließen und ausrichten"[2].

---

1 So *Walter Friedensburg,* Der Reichstag zu Speier 1526, Berlin 1887, ND 1970, 260. – Die Beispiele lassen sich beliebig vermehren. Vgl. etwa *Friedrich Hermann Schubert,* Die Reichstage in der Staatslehre der frühen Neuzeit, Göttingen 1966, 113f., 125f., 165f., 172, 234f. u.ö., der irritiert feststellt, daß die Zeitgenossen, „naiv" und „in Äußerlichkeiten befangen", sich weit mehr für das „zeremonielle Beiwerk" als für die Sache selbst interessiert hätten.

2 Die Anekdote ist als Motto vorangestellt bei *Zacharias Zwantzig,* Theatrum praecedentiae, Berlin 1706, 2. Aufl. Frankfurt a.M. 1709, „An den Leser": „Als Herzog Ulrich der hertzhaffte von Würtenberg sahe/ daß viele Fürsten des Reichs/ geist- und weltliche/ auf öffentlichem reichs-tage anno 1530 zu Augspurg um den vorgang und oberhand stritten/ sagte er..." – Diese Anekdote findet sich noch bei Walter Fürnrohr, Der Immerwährende Reichstag zu Regensburg. Das Parlament des Alten Reiches, Regensburg 1963, 67 Anm. 55. – Zur Rekonstruktion der Legendenbildung: *Heinrich von Cocceji,* Disputatio de praecedentia, Heidelberg 1681, 16, zitiert das Dictum Ulrichs noch ohne Angabe von Zeit und Ort; ebenso *Johannes Limnaeus,* Ius publicum Imperii Romani-Germanici, vol. I-V, Straßburg

Die Anekdote war zwar ganz nach dem Geschmack vieler Gelehrter, die schon zu ihrer Zeit nicht immer Verständnis für die Rangprobleme der großen Herren aufbrachten. Sie ist aber eine Legende: Erstens war der Herzog Ulrich von Württemberg 1530 nicht auf dem Reichstag. Zweitens war er zu diesem Zeitpunkt bekanntlich überhaupt nicht Herzog von Württemberg. Und drittens – und das ist die eigentliche Pointe –, führte Ulrich tatsächlich, als er Herzog war, einen langwierigen und aufwendigen Sitzstreit mit dem Herzog von Pommern. Als sein Sohn und Nachfolger Herzog Christoph von Württemberg 1555 zum Reichstag nach Augsburg reiste, gaben ihm seine Räte einen Merkzettel mit auf den Weg, damit er wußte, wie er sich dort zu verhalten hatte. Unter anderem wurde ihm eingeschärft, wann und wohin er sich zu setzen hatte. „Unser gnediger herr", so heißt es darin, „hat ... mit Pommern controversiam der session ... welcher streit noch unentschieden steet". Unter der Regierung seines Vaters seien dem Kaiser die entsprechenden „jura et allegationes ubergeben" worden; unterdessen halte man es vorläufig so, daß man mit dem Herzog von Pommern täglich die Plätze tausche[3].

Niemand wollte und konnte sich also ernstlich auf dem Reichstag hinter den Ofen setzen lassen. Das bedarf der Erklärung. Die Historiker haben sich indessen bisher kaum um eine solche Erklärung bemüht; die Sessionsproblematik ist ihnen immer nur als Störfaktor in den Blick geraten. Der traditionellen politischen Geschichtsschreibung liegt dieses Phänomen fern, weil sie von einem Modell autonomen individuellen Handelns ausgeht. Sie erklärt Rangkonflikte allenfalls individualpsychologisch als „Eitelkeit" oder schiebt sie beiseite, um sich der „eigentlichen" Politik der Reichstage zuzuwenden[4]. Der Verfassungsgeschichte liegt das Phänomen noch ferner, weil sie sich am Modell eines sachlich neutralen, rationalen Institutionengefüges orientiert und zeremonielle

---

1629 - 1666, vol. IV, 651 (*conventu quodam*); *Christoph Besold,* De praecedentia et sessionis praerogativa, in: ders., Spicilegia politica-juridica de legatis, de sessionis praecedentia..., 2. Aufl., Straßburg 1641, 95 - 135, hier 123, spricht nur davon, daß Ulrich dies auf einem *conventus Principum* gesagt habe, und beruft sich auf *Thomas Birck,* RegentenSpiegel, Frankfurt a.M. 1607, 109, der wiederum die Anekdote auf dem Schmalkaldener Bundestag 1537 lokalisiert und als (von mir nicht verifizierte) Quelle Melanchthon, Loci communes angibt.

3 Vgl. Briefwechsel des Herzogs Christoph von Wirtemberg, hrsg. von *Victor Ernst,* Bd. 3, Stuttgart 1902, Nr. 1, 5. Zu den Württembergischen Sessionsproblemen vgl. ausführlich *Jacob Andreas Crusius,* Tractatus politico-juridico-historicus de praeeminentia, sessione, praecedentia et universo jure proedrias, Bremen 1666, l. IV, c. 13, S. 679ff.; *Zwantzig,* Theatrum (Anm. 2), II, 152ff. – 1576 einigte man sich auf beständige Alternation mit Pommern, in die auch Baden und Hessen einbezogen wurden, die ihrerseits mit Pommern gestritten hatten.

4 Vgl. *Friedensburg,* Reichstag (Anm. 1), 260ff.; etwa zuletzt *Karl Härter,* Reichstag und Revolution 1789 - 1806, Göttingen 1992, 45ff., bei dem die Sessionsfrage unter den „wichtigen Beratungsgegenständen" nicht vorkommt.

Elemente als bloßes Dekor ignoriert[5]. Vor allem die Historiker, denen es um eine Aufwertung des Reichstags nach den Maßstäben des modernen Parlamentarismus geht, müssen die Sessionskonflikte als Marginalien verschweigen oder entschuldigen, um kein Wasser auf die Mühlen der klassischen Machtstaats-Historie zu leiten, die in der Sessionsproblematik nur ein Indiz unter vielen für die Ohnmacht der ganzen Veranstaltung sah[6].

Heute liegt es aus verschiedenen Gründen nahe, das Phänomen ernst zu nehmen. Kulturanthropologie, Ethnologie und Soziologie haben den Blick auch der Historiker für die Zeichenhaftigkeit des sozialen und politischen Handelns geschärft. Kaum jemand bestreitet mehr, daß zeremonielle Formen durchaus etwas anderes sind als bloßes Dekor der „eigentlichen" Politik und daß alles politische Handeln stets auch eine symbolische Dimension besitzt. Symbole und Rituale sind zu einem prominenten Gegenstand historischer Untersuchungen geworden[7]. Allerdings unterliegt die Wahrnehmung der Historiker in dieser Hinsicht immer noch charakteristischen Beschränkungen. Symbolische Formen des Handelns wie Herrschafts- und Hofzeremoniell, sakrale und politische Festliturgie – ganz zu schweigen von symbolischen Formen der „popular culture" – sind in der deutschen Forschung nach wie vor auf separate disziplinäre Nischen verwiesen[8].

---

[5] In der neuesten Deutschen Verfassungsgeschichte von *Dietmar Willoweit*, 2. Aufl., München 1992, kommt das Thema z.B. nicht vor.

[6] Vgl. z.B. *Fürnrohr*, Immerwährender Reichstag (Anm. 2), 26.

[7] Für die Frühneuzeithistoriker hat bekanntlich Norbert Elias jenen Bann gebrochen, der bis dahin die „zeremoniellen Äußerlichkeiten" des Politischen von ernsthafter Behandlung ausschloß, indem er das Zeremoniell des absolutistischen Königshofes als „Instrument zur Verteilung von Prestigechancen" erklärte, s. *Norbert Elias*, Die höfische Gesellschaft, 6. Aufl., Frankfurt a.M. 1992. *Hubert Christian Ehalt*, Die Funktion des Zeremoniells im Absolutismus, in: A. Buck (Hrsg.), Europäische Hofkultur im 16. und 17. Jahrhundert, Bd. 2, Hamburg 1981, 411 - 420; *ders.*, Ausdrucksformen absolutistischer Herrschaft. Der Wiener Hof im 17. und 18. Jh., München 1980; *Eberhard Straub*, Repraesentatio maiestatis oder Churbayerische Freudenfeste, München 1969; *ders.*, Repraesentatio maiestatis, in: J.-D. Gauger/J. Stagl (Hrsg.), Staatsrepräsentation, Berlin 1992, 75 - 87; *Karl Möseneder*, Zeremoniell und monumentale Poesie. Die „Entrée solenelle" Ludwigs XIV. 1660 in Paris, Berlin 1983; *Günter Christ*, Praesentia Regis. Kaiserliche Diplomatie und Reichskirchenpolitik vornehmlich am Beispiel der Entwicklung des Zeremoniells für die kaiserlichen Wahlgesandten in Würzburg und Bamberg, Wiesbaden 1975; *André Holenstein*, Die Huldigung der Untertanen. Rechtskultur und Herrschaftsordnung (800 - 1800), Stuttgart 1991; *Klaus Gerteis* (Hrsg.), Zum Wandel von Zeremoniell und Gesellschaftsritualen in der Zeit der Aufklärung (Aufklärung 6/2), Hamburg 1991, 21 - 46; zuletzt *Jörg Jochen Berns / Thomas Rahn* (Hrsg.), Zeremoniell als höfische Ästhetik in Spätmittelalter und Früher Neuzeit, Tübingen 1995.

[8] Vorbildlich für die Verbindung von Politik- und Strukturgeschichte mit der Analyse symbolischen Handelns sind vor allem angelsächsische Studien. Vgl. z.B. *Ralph E. Giesey*, Cérémonial et puissance souveraine, France, XVe - XVIIe siècles, Paris 1987; *Sarah Hanley*, The Lit de justice of the Kings of France, Princeton 1983; *Sean Wilentz* (Hrsg.), Rites of Power. Symbolism, Ritual, and Politics since

Für die Reichstagsforschung indessen müssen die Fragestellungen der historischen Anthropologie erst noch fruchtbar gemacht werden[9]. Dies liegt umso näher, als vor allem Historiker des späten Mittelalters seit längerem davor warnen, die frühen Reichstage am Maßstab des Parlamentarismusmodells mißzuverstehen, und die Wahrnehmung dafür schärfen, daß sie „vielfach gleichsam quer zu modernen Vorstellungen liegen“[10]. Das bedeutet auch, die Reichstage nicht nur als Verfassungsinstitutionen, sondern auch als soziale Phänomene zu betrachten. Führt man diese beiden Forschungstendenzen zusammen, so eröffnet sich ein neuer Zugang zum Reichstag als dem „theatrum praecedentiae“, dem zentralen Forum symbolisch-zeremoniellen Handelns im Reich.

An dieser Stelle sei eine definitorische Klärung vorausgeschickt. Unter „zeremoniellem Handeln“ sind im folgenden soziale Handlungen zu verstehen, die erstens formalisiert, d. h. in ihrer äußeren Form genau normiert sind – im Gegensatz zu spontanem, individuellem Handeln. Zweitens haben diese Handlungen sozialen Zeichencharakter, d. h. sie bilden eine soziale Ordnung ab – im Gegensatz zu sachneutral-technischen Verfahrensformen. Drittens sind sie daher stets auf Beteiligte und/oder Zuschauer bezogen, die diese Zeichen wahrnehmen und verstehen. (Auf die Frage nach dem ursprünglich sakralen Charakter solcher Handlungen ist hier nicht einzugehen. Gewiß haben vormoderne zeremonielle Akte stets auch eine sakrale Komponente insofern, als sie immer in einem Bezug zur metaphysischen Ordnung stehen und auf diese verweisen[11].)

---

the Middle Ages, Philadelphia 1985; *David Cannadine / Simon Price* (Hrsg.), Rituals of Royalty. Power and Ceremonial in Traditional Societies, Cambridge 1987; *Lynn Hunt,* Symbole der Macht – Macht der Symbole. Die Französische Revolution und der Entwurf einer politischen Kultur, Frankfurt a. M. 1989, u. v. a.

9 Eine Ausnahme ist die materialreiche und scharfsinnige Studie von *Albrecht P. Luttenberger,* Pracht und Ehre. Gesellschaftliche Repräsentation und Zeremoniell auf dem Reichstag, in: A. Kohler / H. Lutz (Hrsg.), Alltag im 16. Jh., München 1987, 290 - 326; vgl. auch *dens.*, Reichspolitik und Reichstag unter Karl V. Formen zentralen politischen Handelns, in: H. Lutz / A. Kohler (Hrsg.), Aus der Arbeit an den Reichstagen Karls V., Göttingen 1986, 18 - 68, hier 19 ff., 23 ff.

10 So vor allem der Impuls von *Peter Moraw,* Versuch über die Entstehung des Reichstags, in: H. Weber (Hrsg.), Politische Ordnungen und soziale Kräfte im alten Reich, Wiesbaden 1980, 1 - 36; *ders.*, Fürstentum, Königtum und „Reichsreform“ im deutschen Spätmittelalter, in: BlldLG 122 (1986), 117 - 136, dort das Zitat 135; *ders. / Volker Press,* Probleme der Sozial- und Verfassungsgeschichte des Heiligen Römischen Reiches im späten Mittelalter und in der frühen Neuzeit, in: ZHF 2 (1975), 95 - 108. – Dem kommt auch das Bemühen der Verfassungshistoriker um einen erweiterten Gegenstandsbereich entgegen; vgl. Gegenstand und Begriffe der Verfassungsgeschichtsschreibung. Tagung der Vereinigung für Verfassungsgeschichte in Hofgeismar März 1981 (Der Staat, Beih. 6), Berlin 1983.

11 Vgl. *Edmund R. Leach,* Ritual, in: International Encyclopedia of the Social Sciences 13 (1968), 520 - 526. – Gelegentlich wird das Zeremoniell als profane, konventionelle, veränderbare (neuzeitliche) Form dem Ritual als sakraler, nicht disponibler und immergleicher (mittelalterlicher) Form gegenübergestellt; diese Unterscheidung gilt für das Reichstagszeremoniell wie für viele andere Formen des Herrschaftszeremoniells nicht.

Betrachtet man die frühneuzeitlichen Reichstage in diesem Sinne als zeremonielle Handlungen, d.h. verzichtet man einmal konsequent auf die übliche Unterscheidung zwischen vermeintlich „äußerlichem“, bloß dekorativem Zeremoniell einerseits und „eigentlichem“ rechtlich-politischem Kern andererseits, dann verlieren die Konflikte um die Sitzordnung ihre Lächerlichkeit. Sessionsordnung und Sessionsstreit erscheinen vielmehr als Strukturmerkmale von besonderer Signifikanz. Im folgenden soll in Grundzügen eine strukturelle Erklärung dieser Phänomene versucht werden[12].

I.

Bei politisch-sozialen Rangordnungen handelt es sich um einen Gegenstand, der überhaupt nur durch Zeichen wahrnehmbar ist, der der inszenierten Augenfälligkeit grundsätzlich bedarf: Es geht im wörtlichen Sinne um „Ansehen“, um „Respekt“. Bezeichnenderweise bedeutet *honor* nicht nur den sozialen Rang selbst, sondern zugleich die Zeichen, durch die er zum Ausdruck kommt: *honor consistit in signis exterioribus*[13].

Ähnliches gilt für Herrschaft: Sie beruht durchaus nicht nur oder in erster Linie auf materiellen Ressourcen und physischem Zwang, sondern zu einem nicht geringen Teil auf ihrer bloßen Sichtbarkeit. Zeremonielles Handeln macht eine Herrschafts- bzw. Rangordnung durch Gegenstände, Gebärden, Redeformen, Anordnung der Personen in Raum und Zeit sinnfällig, „vergegenwärtigt“ sie im eigentlichen Sinne des Wortes und ermöglicht so, daß sich Beteiligte wie Zuschauer ihrer immer wieder vergewissern können. Es dient dazu, diese Ordnung aufrecht zu erhalten, und verhindert, daß sie jedesmal aufs Neue hergestellt, ausgehandelt oder ausgefochten werden müßte[14]. Daneben hat zeremonielles Handeln aber auch innovatorische Funktion: In der Regel läßt es Spielräume, innerhalb derer Veränderungen möglich sind und die es zu einem Instrument der Umordnung von Rangpositionen und der Neuformulierung von

---

12 Eine empirische Einlösung der hier vorgelegten Überlegungen anhand einzelner exemplarischer Fälle ist geplant.

13 So *Bartholomaeus Cassanaeus,* Catalogus gloriae mundi, Lyon 1546, 2. Aufl. Frankfurt 1579, I, 1. Das Kompendium, ein Katalog aller Ränge in der himmlischen, der menschlichen und der physischen Welt und zugleich aller Formen der Ehrerbietung, erlebte zahlreiche weitere Auflagen bis weit ins 17. Jh. hinein. – Vgl. *J. H. Pignot,* Un jurisconsulte au XVIe siècle: Barthélmy de Chasseneux, premier commentateur de la coutume de Bourgogne et président de parlement de Provence. Sa vie et ses œuvres, Paris 1880.

14 Vgl. etwa *Leach,* Ritual (Anm. 11), 525: „Power of ritual is just as actual as power of command.“ – Grundlegend *Murray Edelman,* Politik als Ritual. Die symbolische Funktion staatlicher Institutionen und politischen Handelns, Frankfurt a.M. 1990; ferner *Hans Georg Soeffner,* Die Ordnung der Rituale, Frankfurt a.M. 1992; *Herfried Münkler,* Die Visibilität der Macht und die Strategien der Machtvisualisierung, in: G. Göhler (Hrsg.), Macht der Öffentlichkeit – Öffentlichkeit der Macht, Baden-Baden 1995, 213 - 230.

Herrschaftsansprüchen machen können. Kurz: Das Zeremoniell – wie das Ritual, wenn auch nicht in einem magischen Sinne – bewirkt, was es abbildet[15].

Die frühneuzeitlichen Reichstage waren für die Zeitgenossen das „theatrum maiestatis", der „Schauplatz" von Rang und Herrschaft schlechthin. Vom feierlichen Einzug in die Stadt über die Eröffnungsmesse bis zu den Beratungen selbst ließen sie die imperiale Herrschaft und das Reich als hierarchisch gegliedertes, handelndes Ganzes in Erscheinung treten[16].

Eine Keimzelle der Reichstage waren die feierlichen Hoftage des Königs. Von diesen Ereignissen erbten die Reichstage den Charakter höfischer Solennitäten, zu denen die Reichsstände nicht selten in Person und mit erheblichem materiellem Aufwand erschienen[17]. So heißt es in dem ersten Traktat, der überhaupt so etwas wie eine Verfassungstheorie des Reiches darstellt, in Peter von Andlaus Schrift über die kaiserliche Monarchie, noch 1460: „Der Kaiser pflegt zuweilen mit den Fürsten und Großen des Reiches einen feierlichen Hof zu halten, um seine hohe Würde öffentlich zu bekunden" (*in ostensionem alte sue magnificencie*)[18]. Dem

---

15 Den Mediävisten ist dieses Symbolverständnis vertrauter als den Frühneuzeithistorikern. Vgl. etwa *Albert Zimmermann* (Hrsg.), Der Begriff der Repraesentatio im Mittelalter, Stellvertretung, Symbol, Zeichen, Bild, Berlin – New York 1971; *Gerhart B. Ladner,* Medieval and Modern Understanding of Symbolism: A Comparison, in: Speculum 54 (1979), 223 - 256; *Hedda Ragotzky/Horst Wenzel* (Hrsg.), Höfische Repräsentation. Das Zeremoniell und die Zeichen, Tübingen 1990 (dort insbes. die Beiträge von *H. Wenzel* und *B. Thum*); *Hans-Werner Goetz,* Der ‚rechte' Sitz. Die Symbolik von Rang und Herrschaft im Hohen Mittelalter im Spiegel der Sitzordnung, in: G. Blaschitz u. a. (Hrsg.), Symbole des Alltags – Alltag der Symbole, Festschrift für Harry Kühnel zum 65. Geburtstag, Graz 1992, 11 - 35; zuletzt *Gerd Althoff,* Spielregeln der Politik im Mittelalter. Kommunikation in Friede und Fehde, Darmstadt 1997. – Vgl. auch die rechtshistorische Forschung zu Rechtssymbol und -ritual: *Wilhelm Ebel,* Recht und Form. Vom Stilwandel im deutschen Recht, Tübingen 1975 („Solennitäten begleiten nicht die Rechtshandlungen, sondern verkörpern sie"; alle Rechtshandlungen müssen sich ursprünglich „in gemessener und feierlicher, formelhaft genormter und fixierter Gestalt bewegen..., um Rechtswirkungen zu erzeugen", 12ff.); *Adalbert Erler,* Rechtssymbolik, Rechtssymbole, in: HRG 4 (1990), 381 - 384; *Hans-Jürgen Becker,* Rechtsritual, in: HRG 4 (1990), 337 - 339.

16 Vgl. *Luttenberger,* Pracht und Ehre (Anm. 9); *ders.,* Reichspolitik (Anm. 9), 23ff.; anschaulich und mit zahlreichen Illustrationen *Rosemarie Aulinger,* Das Bild des Reichstags im 16. Jahrhundert, Göttingen 1980.

17 Die Mediävisten betonen den Festcharakter der Hoftage seit langem; vgl. *Ernst Schubert,* König und Reich. Studien zur spätmittelalterlichen Verfassungsgeschichte, Göttingen 1979, 323ff.; *Hartmut Boockmann,* Geschäfte und Geschäftigkeit auf dem Reichstag im späten Mittelalter, in: HZ 246 (1988), 297 - 325; zuletzt *Thomas Michael Martin,* Auf dem Weg zum Reichstag. Studien zum Wandel der deutschen Zentralgewalt 1314 - 1410, Göttingen 1993, 41: „Auf keinen Fall darf der Festcharakter des mittelalterlichen Tages wegrationalisiert werden."

18 *Peter von Andlau,* Libellus de caesarea monarchia, in: ZRG GA 12 (1891), 34 - 103; 13 (1892), 163 - 219; hier II,15, 205. Zum Verf., 1471 Rektor, 1461 - 1481 Vizekanzler der Basler Universität, vgl. *Thomas Hürbin,* ebd. 34ff.

Verfasser, immerhin Lehrer des kanonischen Rechts an der Universität Basel, hat das aus moderner verfassungsgeschichtlicher Sicht den bezeichnenden Vorwurf eingetragen, er sei „der Institution [des Reichstags] noch nicht gerecht“ geworden, weil er ihn „in erster Linie als glanzvolles Fest“ beschrieben habe[19].

Indessen: die zeitgenössischen Beobachter der Reichstage des 16. Jhs. schilderten nicht eine Institution, sondern eine Abfolge feierlicher zeremonieller Ereignisse und trafen zwischen Einzug, Eröffnungsmesse, Festbankett einerseits und dem Reichstag im engeren Sinne, dem *consilium,* andererseits keine grundsätzliche Unterscheidung. Um die Reichstage entfaltete sich ebenso wie um die großen Staatszeremonien der Renaissance in anderen Ländern eine umfangreiche gedruckte Literatur, die die Vergänglichkeit dieser Inszenierungen bannte: Über den Augsburger Reichstag Karls V. von 1530 z.B. erschienen allein mehr als dreißig solcher Diarien. Es handelt sich im Kern um umfangreiche, hierarchisch geordnete Teilnehmerverzeichnisse, zum Teil von Reichsherolden mit derartiger Genauigkeit verfaßt, daß man sich darauf berufen konnte, um zeremonielle Präzedenzfälle zu dokumentieren[20]. Am Verständnis der Sache führt es vorbei, den Verfassern dieser Schriften Naivität und mangelndes politisches Abstraktionsvermögen vorzuwerfen. Es wirft vielmehr ein bezeichnendes Licht auf die Funktion dieser Darstellungen ebenso wie des Dargestellten selbst, daß sie gerade von den Reichsherolden verfaßt wurden, deren Aufgabe es war, für die geordnete Inszenierung der Adelsgesellschaft ganz allgemein zu sorgen[21].

Die Reichstagsberatungen selbst, die *consilia,* aus moderner Sicht der eigentliche politische „Kern“, waren nur *ein* Bestandteil einer solchen

19 *Schubert,* Reichstage (Anm. 1), 124. – Dagegen betonen den Festcharakter auch der frühneuzeitlichen Reichstage *Luttenberger,* Pracht und Ehre (Anm. 9); *Aulinger,* Bild des Reichstags (Anm. 16); ferner *Winfried Schulze,* Augsburg und die Reichstage im späten 16. Jahrhundert, in: Welt im Umbruch. Augsburg zwischen Renaissance und Barock, Bd. 1, Augsburg 1980, 43 - 49.

20 Vgl. z.B. *Nikolaus Mameranus,* Verzeichnis der Römischen Kaiserlichen Majestät und ihrer Majestät Gemahls Hofstaat und allen anwesenden Churfürsten, Fürsten, geistlichen und weltlichen, so auf dem Reichstag zu Augsburg im Jahr 1566 daselbst erschienen sind, Augsburg 1566; *Peter Fleischmann zu Franckendorff,* Description des Allerdurchlauchtigsten Fürsten, Herrn Rudolf des Andern, erwählten Römischen Kaysers, erstgehaltenen Reichstag zu Augsburg, der den 3. Juli anno 1582 angefangen, Augsburg 1582. – Zu dieser Quellengattung ausführlich *Schubert,* Reichstage (Anm. 1), 99ff., 165ff., 188ff., 229ff.

21 Vgl. *Karl Schottenloher,* Kaiserliche Herolde des 16. Jhs. als öffentliche Berichterstatter, in: HJb 49 (1929), 460 - 471; *Gerd Melville,* Hérauts et héros, in: H. Duchhardt u.a. (Hrsg.), European Monarchy. Its Evolution and Practice from Roman Antiquity to Modern Times, Stuttgart 1992, 81 - 97; *Schubert,* Reichstage (Anm. 1), 188f., 236f.; *Aulinger,* Bild des Reichstags (Anm. 16), 61ff. – Auch im 17. und selbst noch im 18. Jh. blieben die Reichstage ein prominenter Gegenstand der Zeremonialliteratur.

Solennität[22] – allerdings derjenige Bestandteil, der sich im späten 15. Jh. korporativ verfestigte und die Reichsstände zu einer Leistungs- und Rechtsgemeinschaft integrierte, d.h. zu einer zumindest dem Anspruch nach handlungsfähigen Einheit zusammenschloß[23]. Die korporative Verdichtung bestand vor allem darin, daß eine Teilnahmepflicht aller unmittelbaren Reichsglieder festgeschrieben wurde, daß sich neben dem Kurfürstenkolleg auch die Fürsten- und Städtekurie als geschlossene Beratungs- und Beschlußgremien formierten, daß man zu formellen, von allen unterzeichneten schriftlichen Abschlüssen kam und daß diese auch den abwesenden Ständen zugerechnet wurden. All dies verlieh dem Reichstag Züge eines Repräsentationsorgans des Reichsganzen im Sinne der zeitgenössischen Korporationstheorie[24], ohne daß er indessen etwas von dem Charakter einer hierarchischen, persönlichen Versammlung eigenverantwortlicher und eigenberechtigter Herrschaftsträger eingebüßt hätte.

Wesentlich ist nun, daß diese Verfestigung sich in zeremoniellen Formen organisierte. Nicht nur der feierliche Eröffnungs- und Schlußgottesdienst, nicht nur die Einritte, Belehnungen und Turniere im Umkreis eines Reichstags, sondern – und darauf kommt es hier an – auch die Beratungen selbst folgten einer zeremoniellen Ordnung im eingangs genannten Sinne: Sie waren formalisierte Verfahren, die Zeichencharakter hatten, indem sie die Rangordnung der Teilnehmer abbildeten.

Der alte Reichstag, so haben die Verfassungshistoriker lange Zeit beklagt, hatte im Laufe seiner jahrhundertelangen Geschichte nie eine schriftlich fixierte „Geschäftsordnung"[25]. Das stimmt selbstverständlich,

---

22 Vgl. *Eberhard Isenmann,* Kaiser, Reich und deutsche Nation am Ausgang des 15. Jahrhunderts, in: J. Ehlers (Hrsg.), Ansätze und Diskontinuität deutscher Nationsbildung im Mittelalter, Sigmaringen 1989, 145 - 246, hier 187ff. zur Begriffsentwicklung: Im späten 15. Jh. begann man begrifflich zu differenzieren zwischen „Versammlung der Stände" oder „Versammlung des Reichs" für das consilium im engeren Sinne und dem allgemeineren „Tag", der jetzt aber nicht mehr „königlicher", sondern „Reichstag" hieß.

23 Zur Entstehung: *Moraw,* Versuch, und *ders.,* Fürstentum, Königtum und ‚Reichsreform' (beide Anm. 10); *Schubert,* König und Reich (Anm. 17), 325ff.; *Isenmann,* Kaiser, Reich und deutsche Nation (Anm. 22); *ders.,* Integrations- und Konsolidierungsprobleme der Reichsordnung in der zweiten Hälfte des 15. Jhs., in: F. Seibt/W. Eberhard (Hrsg.), Europa 1500, Stuttgart 1986, 115 - 149; zuletzt *Paul-Joachim Heinig,* Die Vollendung der mittelalterlichen Reichsverfassung, in: Wendemarken der deutschen Verfassungsgeschichte (Der Staat, Beih. 10), Berlin 1993, 7 - 43.

24 Um moderne Mißverständnisse auszuschließen: Unter Repräsentation verstanden die zeitgenössischen Korporationstheoretiker eine Rechtsfiktion, die es ermöglichte, das Handeln einer herausgehobenen Korporation der Gesamtheit (also vor allem den Abwesenden und Dissentierenden) rechtlich zuzurechnen. Vgl. *Hasso Hofmann,* Repräsentation. Studien zur Wort- und Begriffsgeschichte von der Antike bis ins 19. Jahrhundert, Berlin 1974, 191ff.

25 Vgl. zuletzt *Martin,* Auf dem Weg zum Reichstag (Anm. 17), 41f., 151ff.: „Die Suche nach einer gültigen Geschäftsordnung und Kompetenz des Reichstages im

wenn man das Wort im modernen parlamentarischen Sinne versteht. Es trifft aber nicht zu, wenn man das Zeremoniell als funktionales Äquivalent in Betracht zieht. Denn der Reichstag bzw. sein Vorläufer, der feierliche königliche Hoftag, hatte in der Goldenen Bulle bereits 1356 eine sehr genaue schriftliche Formalisierung erfahren.

Die Goldene Bulle fixierte bekanntlich die Privilegien der Kurfürsten als herausgehobene Korporation der Königswähler, und sie schrieb dabei sehr genaue zeremonielle Verfahrensnormen fest – das Wahlverfahren von der Anreise über die feierliche Messe und den Wahleid bis hin zur Abstimmung einschließlich der genauen Reihenfolge der Stimmabgabe. Sie regelte darüber hinaus das Verfahren bei feierlichen Hoftagen, um alle Konflikte *de prioritate seu dignitate* zu verhindern: die genaue Ordnung der Kurfürsten untereinander im Sitzen, Stehen und Gehen und ihren Vorrang vor allen anderen Reichsfürsten, und zwar bei allen Gelegenheiten, zu denen der Kaiser mit den Kurfürsten öffentlich zusammentraf[26]. Die zeremoniellen Bestimmungen beanspruchen nahezu ein Drittel aller Kapitel der Goldenen Bulle und können kaum als bloß zeremonielle „Umkleidung" des „rationalen Kerns" der Königswahl abgetan werden[27]. In der Goldenen Bulle realisierte sich vielmehr der Vorrang der Kurfürsten nicht zuletzt als zeremonieller Verfahrensvorrang.

Während der Krise der Zentralgewalt und des Bedeutungsverlusts des königlichen Hofs im 15. Jh. bildete die Kurfürstenkurie als einziges bereits korporativ verfestigtes Gremium den Kristallisationskern, an den

---

14. Jh. hat sich als anachronistisch erwiesen und darf als gescheitert gelten." Martin weist zwar ebd. auf die Goldene Bulle als Wurzel der späteren Sessionskonflikte hin. Die zeremoniellen Regeln werden aber nicht als Frühform eines politischen Verfahrensmodus, sondern immer nur als dysfunktional und konfliktträchtig wahrgenommen: „Die Vitalität des Familiären und Privaten sollte noch sehr lange und zäh einer Formalisierung des Geschäftsganges widerstreben" (ebd. 153).

26 Zu feierlichen Hoftagen (*in celebratione imperialis curie, solempnis curie* u. ä.): die genaue Sitzordnung der geistlichen und weltlichen Kurfürsten zur Rechten und Linken des Königs bzw. Kaisers im Rat (*consilio*), an der Tafel (*mensa*) und an allen anderen Orten, an denen der Kaiser mit ihnen zusammentrifft (*locis aliis quibuscumque*) (c. III und IV,1); ihren Vorrang im Gehen, Sitzen oder Stehen vor allen anderen Fürsten des Reiches (c. VI); ihre Reihenfolge bei Prozessionen (c. XXI und XXII) und die reihum alternierende Rolle der geistlichen Kurfürsten bei liturgischen Handlungen im Beisein des Königs (c. XXIII); schließlich das Verfahren bei der Eröffnung eines feierlichen Reichstags: der Einzug in den Sitzungssaal (c. XXVI), die feierliche Ausübung der kurfürstlichen Erzämter (c. XXVII) und die Ordnung an der Tafel (c. XXVIII). So auch schon im Sachsenspiegel Tit. III, Art. 57, der auch sonst zum Rechtsformalismus neigt. (*Karl Zeumer* [Hrsg.], Die Goldene Bulle Kaiser Karls IV., Weimar 1908, ND Hildesheim 1972.) – Vgl. *Ulrich Stutz,* Die Abstimmungsordnung der Goldenen Bulle, in: ZRG GA 43 (1922), 217 - 266.

27 So noch *Willoweit,* Deutsche Verfassungsgeschichte (Anm. 5), 70. – Dagegen werden die Zeremonialregeln der Goldenen Bulle als rechtsrituelles Handeln aufgefaßt bei *Karl von Amira/Claudius von Schwerin,* Rechtsarchäologie, Berlin 1943, 70f. mit Anm. S. 176f.

sich die anderen Reichsstände anlagerten[28]. Dem entspricht, daß die zeremoniellen Vorschriften der Goldenen Bulle als Grundlage für die Verfahrensordnung des Reichstags als Ganzem dienten[29]. Eine vergleichbare schriftliche Fixierung wie die Kurfürstenkurie in der Goldenen Bulle haben Fürsten- und Städtekurie zwar nie erfahren; dennoch treten sie aus den Quellen seit spätestens 1495 bereits in einer pragmatisch verfestigten Form entgegen[30], die der der Kurfürstenkurie weitgehend analog ist.

Diese Form, in der sowohl die drei Kurien gemeinsam als auch jede für sich zusammentraten, war die schon mehrfach erwähnte Sitzordnung, die *sessio*[31]. Diese Anordnung der Personen im Raum hatte hohen sozialen Zeichenwert: Zum einen war das Sitzen selbst seit jeher Signum von Herrschaft bzw. Herrschaftsteilhabe[32], zum anderen folgte jeder einzelne Platz einer sozialen Logik des Raums, die auf den Mittelpunkt (den Kaiser bzw. das Direktorium der jeweiligen Kurie) hin orientiert war: Der Grad der räumlichen Nähe zu diesem Mittelpunkt war exakter Maßstab des sozialen Vorrangs[33]. Im Plenum, also bei der Eröffnung und am Schluß eines Reichstags, sah diese Raumordnung so aus: Die Kurfürsten

---

28 *Moraw,* Versuch (Anm. 10); *Martin,* Auf dem Weg zum Reichstag (Anm. 17), 172 ff.; *Schubert,* König und Reich (Anm. 17), 323 ff.; *ders.*, Die Stellung der Kurfürsten in der mittelalterlichen Reichsverfassung, in: JbWestdtLG 1 (1975), 97 - 128; *Winfried Becker,* Der Kurfürstenrat. Grundzüge seiner Entwicklung in der Reichsverfassung und seine Stellung auf dem Westfälischen Friedenskongreß, Münster 1973, 91 ff. – Daß die Kurfürsten die korporative Keimzelle des Reichstags waren, wirkte sich noch bis ins späte 16. Jh. auf die bildlichen Darstellungen aus, die stets nur den Kaiser im Kreis der Kurfürsten zeigen. Vgl. dazu *Aulinger,* Bild des Reichstags (Anm. 16), 21, 232.

29 *Peter von Andlau,* De Caesarea Monarchia (Anm. 18) beschränkte sich bei der Beschreibung eines Reichstags noch ganz auf die Goldene Bulle. Doch auch in den Zeremonialsammlungen des 17. und 18. Jhs. wurde sie stets im Wortlaut abgedruckt, wo es um das Verfahren auf deutschen Reichstagen ging. – Daß auch der zeremonielle Vorrang der Kurfürsten bis zum Ende des Reiches nicht seine Bedeutung verlor, zeigt sich noch im Entwurf einer beständigen Wahlkapitulation von 1711; dort heißt es, die Erbämter der Kurfürsten seien gemäß der Goldenen Bulle in Respekt zu halten, so oft der Kaiser „auf Reichs- Wahl- und andern dergleichen Tägen, seinen Kayserlichen Hoff begehet" (Neue und vollständigere sammlung der reichs-abschiede, 4 Thle. in 2 Bdn., Frankfurt a.M. 1747, ND Osnabrück 1967, IV, 235).

30 Zur Unklarheit der Entstehung des Verfahrens vgl. *Aulinger,* Bild des Reichstags (Anm. 16), 229; *Moraw,* Versuch (Anm. 10), 29 f.; *Isenmann,* Kaiser, Reich und deutsche Nation (Anm. 22), 195 ff.

31 Vgl. „Ausführlicher Bericht, wie es uff Reichstägen pflegt gehalten zu werden". Traktat über den Reichstag im 16. Jh. Eine offiziöse Darstellung aus der Kurmainzischen Kanzlei, hrsg. und erl. von *Karl Rauch,* Weimar 1905, zur Session c. VI, 64 ff.; *Dominicus Arumaeus,* Commentarius juridico-historico-politicus de Comitiis Romano-Germanici Imperii, Jena 1630, c. VII, 428 - 587: De propositione, sessione, votatione, deliberatione et relatione. – Das Verfahren auf Reichstagen braucht hier nicht noch einmal beschrieben zu werden; es findet sich ausführlich und detailliert bei *Aulinger,* Bild des Reichstags (Anm. 16), zur Sessio 227 ff. mit zahlreichen Abb. im Anhang.

32 Vgl. *Goetz,* Der ‚rechte' Sitz (Anm. 15).

saßen an der Stirnwand in fester Reihenfolge rechts und links vom Kaiser, der Trierer vor ihm; die Fürsten saßen einander gegenüber an den Wänden des Saales, rechts vom Kaiser die geistlichen, links die weltlichen, wodurch sich zwei exakte lineare Rangfolgen ergaben. Die Prälaten und die Grafen, die nur über korporativ vermittelte Stimmen verfügten, saßen auf getrennten Bänken im rückwärtigen Teil des Saales[34]. Auch die Städte, deren Vertreter im Plenum stehen mußten, befolgten untereinander spätestens seit 1474 eine lineare, zwischen zwei Bänken alternierende Ordnung[35].

Woher diese feste Sitzordnung stammte und wie sie sich formiert hatte, darüber läßt sich nur spekulieren. Zwar verstand man sie als Abbild einer objektiven ständischen Rangfolge, eines *ordo immutabilis*[36], der schon vor, außerhalb und unabhängig von der Versammlung Geltung habe: Erzbischöfe saßen vor Bischöfen oder Äbten, Fürsten vor Grafen usw. Außerdem gab es jahrhundertealte tradierte Rangkonstellationen zwischen einzelnen Reichsständen, deren Ursprung schon 1495 nicht mehr rekonstruierbar war, und es gab Verfahrensvorbilder von früheren Anlässen, bei denen zahlreiche Herrschaftsträger zusammengetreten waren, so vor allem die großen Reformkonzilien[37]. Daß bei der Formie-

---

33 Vgl. *Cassanaeus,* Catalogus gloriae mundi (Anm. 13), nennt als wichtigste Zeichen des Ehrenvorrangs p. I, n. 12: *Dicitur magis honorari, qui sedet in prope dominum,* n. 14: *qui sedet in principio sive in capite,* n. 16: *qui subscribit primo loco,* n. 17: *qui prius nominatur,* n. 19: *maximum signum honoris est in eo, qui primum vocem habet.*

34 Vgl. *Ernst Böhme,* Das fränkische Reichsgrafenkollegium im 16. und 17. Jahrhundert. Untersuchungen zu den Möglichkeiten und Grenzen der korporativen Politik mindermächtiger Reichsstände, Wiesbaden 1989, 90ff.; *Johannes Arndt,* Das Niederrheinisch-westfälische Reichsgrafenkollegium und seine Mitglieder (1653 - 1806), Mainz 1991, 14ff.; *Georg Schmidt,* Der Wetterauer Grafenverein. Organisation und Politik einer Reichskorporation zwischen Reformation und Westfälischem Frieden, Marburg 1989, 166ff. – Zu Rangkonflikten unter Grafen und Prälaten vgl. unten Anm. 101.

35 Eine erste schriftliche Fixierung des Umfrageverfahrens, das eine feste Sitzordnung voraussetzte, erfolgte im Städterat in Augsburg 1474, wo erstmals die Verteilung auf zwei Bänke und deren alternierender Aufruf festgelegt wurde, allerdings vorbehaltlich der Rechte und Freiheiten einer jeden Stadt. Diese Salvationsklausel wurde geschäftsmäßig dann stets den Beratungen der Städtetage vorangestellt. – Vgl. *Eberhard Isenmann,* Reichsstadt und Reich an der Wende vom späten Mittelalter zur frühen Neuzeit, in: J. Engel (Hrsg.), Mittel und Wege früher Verfassungspolitik, Stuttgart 1979, 9 - 223, hier 105; *Günter Buchstab,* Reichsstädte, Städtekurie und Westfälischer Friedenskongreß, Münster 1976, 48; *Georg Schmidt,* Der Städtetag in der Reichsverfassung. Eine Untersuchung zur korporativen Politik der Freien und Reichsstädte in der ersten Hälfte des 16. Jhs., Stuttgart 1984, 76ff.; ferner *Aulinger,* Bild des Reichstags (Anm. 16), 244ff., die allerdings die Bedeutung der Rangordnung unter den Städten unterschätzt. – Zu den Sessionskonflikten unter den Städten s.u. Anm. 102.

36 So z.B. *Arumaeus,* De comitiis (Anm. 31), c. VII, n. 93.

37 Vgl. die Beispiele bei *Goetz,* Der ‚rechte' Sitz (Anm. 15); zum Basler Konzil *Hermann Heimpel,* Sitzordnung und Rangstreit auf dem Basler Konzil. Skizze eines Themas, aus dem Nachlaß hrsg. von J. Helmrath, in: J. Helmrath u.a.

rung solcher Rangkonstellationen ursprünglich auch materielle Kriterien wie Macht und Größe eine Rolle spielten, ist zwar anzunehmen. Solche Kriterien waren und blieben aber immer höchst vage und schwankend, konkurrierten untereinander und begründeten gegensätzliche Ansprüche[38].

Eine exakte lineare Reihenfolge, die jeden Reichsstand im Verhältnis zu allen anderen zu verorten erlaubt hätte, ergab sich aus alldem tatsächlich durchaus nicht. Angesichts der geringen überregionalen Verflechtung und der Kleinräumigkeit der persönlichen Interaktion war ein geschlossenes Selbstbild der gesamten Adelsgesellschaft des Reiches vor 1495 kaum möglich gewesen. Vielmehr war es die institutionelle Verfestigung der Reichstage, die eine lückenlose Rangordnung allererst herstellte, weil erst jetzt tendenziell alle Reichsglieder in einem einzigen Raum zusammentraten und so genötigt waren, sich sämtlich zueinander rangmäßig in Relation zu setzen[39]. Eine feste Folge aller Reichsglieder wurde erst durch die Sitzordnung selbst (bzw. durch die ihr entsprechende Reihenfolge bei der Unterzeichnung der Reichsabschiede) erzwungen[40]. Die Sitzordnung auf Reichstagen wurde also – obwohl man gerade das zu verhindern suchte – zum eigentlichen Konstituens der Rangfolge, weil sie allen anderen Rangkriterien den Vorzug der unzweideutigen Sichtbarkeit, der Positivität (im wörtlichen Sinne) voraus hatte.

(Hrsg.), Studien zum 15. Jahrhundert. Festschrift für Erich Meuthen, Bd. 1, München 1994, 1 - 9; *Johannes Helmrath,* Das Basler Konzil, 1431 - 1449. Forschungsstand und Probleme, Köln 1987, 322ff.

38 Es verwundert daher nicht, daß – wie immer wieder bemerkt worden ist – derartige Reihenfolgen schon zum Zeitpunkt ihrer ersten schriftlichen Fixierung weit davon entfernt waren, tatsächliche Machtverhältnisse abzubilden. Vgl. z.B. *Isenmann,* Reichsstadt und Reich (Anm. 35), 107; *Aulinger,* Bild des Reichstags (Anm. 16), 227. Das bedeutet aber nicht, daß die einzelnen Stände nicht immer wieder versucht hätten, die Sitzordnung veränderten Machtkonstellationen zu ihren jeweiligen Gunsten anzupassen. Vgl. dazu unten Teil IV.

39 Vgl. etwa *Peter Moraw,* Von offener Verfassung zu gestalteter Verdichtung. Das Reich im späten Mittelalter 1250 - 1490, Frankfurt a.M./Berlin 1989, 419, der darauf hinweist, daß der Wormser Reichstag 1495 überhaupt erstmals „die gegenseitige Kenntnisnahme aller Beteiligten" herbeiführte und „das Einüben einer Art Rangliste der Machtträger" bedeutete. Ebenso *Heinig,* Vollendung (Anm. 23), 30.

40 Die Anschlagslisten seit dem frühen 15. Jh. verzeichneten die Reichsstände zwar auch in linearer Reihenfolge, schwankten aber vielfach und enthielten grobe Fehler; so wurden z.B. Grafen unter Fürsten aufgeführt und umgekehrt. Zwischen der Nürnberger Matrikel von 1422 und der Wormser Matrikel von 1521 läßt sich allerdings eine zunehmende Verfestigung der Reihenfolge feststellen. (Reichsabschiede [Anm. 29], I, 117ff., 137ff., 219ff., 241ff., 247ff., 265ff., 268ff., 271ff., 278ff., 284ff., 290ff.; II, 104ff., 216ff.). Vgl. *Johannes Sieber,* Zur Geschichte des Reichsmatrikelwesens im ausgehenden Mittelalter 1422 - 1521, Leipzig 1910, 59f.; für die Unzuverlässigkeit hinsichtlich der Städte *Schmidt,* Städtetag (Anm. 35), 36ff. – Zum ursprünglichen Zusammenhang von korporativer Verfestigung des Reichstags und Matrikelwesen vgl. *Isenmann,* Kaiser, Reich und deutsche Nation (Anm. 22), 190 mit Anm. 151, 211; *Schubert,* König und Reich (Anm. 17), 323ff.

II.

Die Rangordnung im Reich, die sich ursprünglich durch die persönliche Präsenz der beteiligten Herrschaftsträger formiert hatte, unterlag seit dem 16. Jh. der allgemeinen Tendenz zur Verschriftlichung und gelehrten „Verrechtlichung". Sie gewann dadurch eine neue Dimension von Öffentlichkeit[41] und erfuhr eine nachhaltige Konservierung.

Als die Jurisprudenz sich anschickte, die überaus heterogene und komplexe Normenmasse der Reichsverfassung zu sichten, zu dokumentieren und zu systematisieren, und damit eine Wissenschaft vom öffentlichen Recht als spezifisch deutsche Disziplin etablierte[42], bezog sie das Recht des Vortritts, das *ius praecedentiae,* als festen Bestandteil mit ein. Die renommiertesten Juristen des Reichsrechts – von Dominikus Arumaeus[43] über Johannes Limnaeus[44] und Christoph Besold[45] bis zu Heinrich Cocceji[46] und Johann Jakob Moser[47] – würdigten es eingehender Behandlung. Eine bibliographische Bestandsaufnahme der bisher von den Rechtshistorikern vollständig ignorierten[48] Materie ergab mehr als 40 einschlägige Monographien[49], nicht gerechnet die Behandlung des

---

41 Zum Wandel von der unmittelbaren Öffentlichkeit der persönlich Beteiligten zur schriftlich vermittelten Öffentlichkeit des gelehrten Publikums vgl. jetzt *Andreas Gestrich,* Absolutismus und Öffentlichkeit. Politische Kommunikation in Deutschland zu Beginn des 18. Jahrhunderts, Göttingen 1994.

42 Allgemein dazu *Michael Stolleis,* Geschichte des Öffentlichen Rechts in Deutschland, Bd. 1, München 1988; ferner *ders.*, Reformation und Öffentliches Recht in Deutschland, in: ders., Staat und Staatsräson in der frühen Neuzeit, Frankfurt a.M. 1990, 268 - 297; ferner *Dieter Wyduckel,* Ius publicum. Grundlagen und Entwicklung des Öffentlichen Rechts und der deutschen Staatsrechtswissenschaft, Berlin 1984; *Rudolf Hoke,* Die Reichsstaatsrechtslehre des Johannes Limnaeus. Ein Beitrag zur Geschichte der deutschen Staatsrechtswissenschaft im 17. Jahrhundert, Aalen 1968; *Notker Hammerstein,* Jus und Historie. Ein Beitrag zur Geschichte des historischen Denkens an den deutschen Universitäten im späten 17. und 18. Jahrhundert, Göttingen 1972; *Schubert,* Reichstage (Anm. 1), 467ff.

43 *Dominicus Arumaeus,* De sessionis praerogativa oratio, Gießen 1621; *ders.*, De comitiis (Anm. 31), c. VII, n. 18 - 20, 24, 54, 57 - 60, 91 - 112.

44 *Limnaeus,* Ius publicum (Anm. 2), vol. I, l. IV, c. 9, 295ff. (De iure proedriae); Additiones vol. IV, 647 - 667.

45 *Besold,* De praecedentia (Anm. 2).

46 *Cocceji,* De praecedentia (Anm. 2).

47 *Johann Jakob Moser,* Teutsches Staatsrecht, Nürnberg – Leipzig 1737 - 1754, Bd. 4, 345 - 367 (Recht des Kaisers zur Entscheidung in Rangstreitigkeiten); Bd. 33, 262 - 295 (Rangordnung und Session der Kurfürsten); Bd. 35, 485 - 552, Bd. 36, 1 - 137 (Rangordnung der Reichsfürsten); Bd. 38, 251 - 291 (Rangordnung der Grafen und Herren); Bd. 40, 427 - 436 (Rangordnung der Reichsstädte).

48 Vgl. aber demnächst die Frankfurter rechtswissenschaftliche Dissertation von *Miloš Vec,* Präzedenzrecht und Staatshöflichkeit. Zeremonialwissenschaft im 18. Jh. – Eine Ausnahme macht bisher die Arbeit von *Jürgen Hartmann,* Staatszeremoniell, Köln 1988, der allerdings das Präzedenzrecht aus der Sicht des diplomatischen Praktikers, nicht des Historikers behandelt.

49 Die umfassendste Bibliographie findet sich bei *Johann Theodor Hellbach,* Handbuch des Rangrechts, in welchem die Litteratur und Theorie ... desselben,

Gegenstandes in den allgemeinen Handbüchern des Ius Publicum. Diese Kompendien und Dissertationen sammelten zum einen alles verfügbare Material darüber, wer in der Vergangenheit vor wem aufgrund welchen Rechtsgrunds den höheren Rang beansprucht hatte, und suchten zum anderen alle diese Fälle zu systematisieren und auf gewisse Grundsätze zu reduzieren. Dabei bildete die Rangfolge der Könige und Fürsten nur die äußerste Spitze der Hierarchie; die Praezedenzproblematik reichte bis hinunter zum geringsten Gemeindeamt und zum niedrigsten Gewerbe[50]. Allerdings stieß die juristische Systematisierung des *Ius praecedentiae* wie des Reichsverfassungsrechts ganz allgemein auf grundsätzliche Schwierigkeiten: Die Verallgemeinerung der einzelnen Rechtsfälle zu beliebig anwendbaren Regeln stand in unversöhnlichem

---

ingleichen die neuesten vorzüglichen Rangordnungen im Anhange enthalten sind, Ansbach 1804, 3 - 36; vgl. ferner *Johann Stephan Pütter,* Litteratur des Teutschen Staatsrechts, Göttingen 1776 - 83, Bd. III, 328f. – Daß es sich bei Ius praecedentiae und Zeremonialwissenschaft um spezifisch deutsche Disziplinen handelte, bezeugt z.B. *Jean Rousset de Missy,* Mémoires sur le rang et la préséance entre les souverains de l'Europe, Amsterdam 1746, Aux Lecteurs: Er wolle mit seinem Werk diese Wissenschaft über die Grenzen des Reichs hinaus vermitteln. – Außer den oben genannten wurde davon hier eine kleine Auswahl herangezogen: *Crusius,* De praeeminentia (Anm. 3, das zu seiner Zeit vollständigste und zuverlässigste Standardwerk des Praezedenzrechts); *Zwantzig,* Theatrum (Anm. 2); *Thomas Balthasar Jessen,* De jure praecedentiae in genere, Argentorati 1671; *Friedrich Gerdes,* Dissertatio de jure praecedentiae, Greifswald 1674; *Balthasar von Stosch,* Von dem Praecedenz- oder Vorder-recht aller Potentaten und Republiquen in Europa, Jena 1677; *Johann Friedrich Rhetius,* Dissertatio de praerogativa inter familias illustres, Frankfurt 1686; *Johannes Klein,* De praerogativis principum Sacri Romani Imperii, Rostock 1698; *Caspar Heinrich Horn,* De jure proedriae seu praecedentiae variarum quaestionum decades duae, 2. Aufl., Wittenberg 1705; *Christian Gottfried Hofmann,* Dissertatio de fundamento decidendi controversias de praecedentia inter liberas gentes, Leipzig 1721; *Ludwig Martin Kahle,* De praecedentia gentium, Göttingen 1738; ferner die Klassiker der Zeremonialwissenschaft: *Abraham de Wicquefort,* L'Ambassadeur oder Staats-Botschafter und dessen hohe fonctions und Staatsverrichtungen, Frankfurt 1682; *Friedrich Wilhelm von Winterfeld,* Teutsche und Ceremonial-Politica, 3 Thle., Frankfurt/Leipzig 1700 - 1702; *Johann Christian Lünig,* Theatrum Ceremoniale Historico-politicum Oder Historisch- und Politischer Schau-Platz Aller Ceremonien, 3 Bde., Leipzig 1719/20; *Gottfried Stieve,* Europäisches Hof-Ceremoniel, 2. Aufl., Leipzig 1723 (zuerst 1715); *Jean Rousset,* Le Cérémonial diplomatique des Cours de l'Europe, 2 Bde., Amsterdam 1739; *Julius Bernhard von Rohr,* Einleitung zur Ceremoniel-Wissenschafft der großen Herren, 2. Aufl., Berlin 1733, ND hrsg. und komm. von Monika Schlechte, Weinheim 1990.

50 Vgl. z.B. *Horn,* De jure proedriae (Anm. 49), der einzelne Rechtsfälle erörtert wie z.B., ob die unverheiratete Tochter eines Doktors vor der Frau eines Kaufmanns den Vortritt habe u.ä. Er stützt sich dabei vor allem auf Rechtsgutachten der Wittenberger Juristenfakultät und sucht von den einzelnen Urteilen allgemeine Regeln zu abstrahieren. Ferner *Gerdes,* De jure praecedentiae (Anm. 49), zum Rang unter Klerikern, Juristen, Medizinern, *milites,* Kaufleuten, Studenten etc. – Beispiele für Praezedenzstreitigkeiten auf Stadt- und Gemeindeebene z.B. bei *Wolfgang Wüst,* Von Rang und Gang. Titulatur- und Zeremonienstreit im reichsstädtisch-fürstenstaatlichen Umfeld Augsburgs, in: Berns/Rahn (Hrsg.), Zeremoniell als höfische Ästhetik (Anm. 7), 484 - 510; *Jan Peters,* Der Platz in der Kirche. Über soziales Rangdenken im Spätfeudalismus, in: Jahrbuch für Volkskunde und Kulturgeschichte 28 (1985), 77 - 106.

Gegensatz zur traditionalen und personalen Struktur des ständischen Rechts[51]. Resignierend stellten die Gelehrten immer wieder fest, daß in dieser *materia difficilis et intricata* kaum allgemeine Axiome aufgestellt werden könnten und letztlich die Dokumentation der Einzelfälle juristisch maßgeblich bleibe[52].

Das Praezedenzrecht gehorchte den gleichen gewohnheitsrechtlichen Mechanismen wie das traditionale ständische Recht im allgemeinen. Angesichts der Vielzahl unterschiedlicher Rechtsquellen und der vielfältigen Überschneidungen verschiedener Rechtsansprüche setzte sich der nachweisbare gewohnheitsrechtliche Usus als juristisches Kriterium in der Regel durch, wobei die zunehmende Schriftlichkeit aller Rechtsvorgänge die Nachweisbarkeit eines Rechts erheblich erleichterte[53]. Wo sich nun ein Recht nicht als ausdrücklich verbrieft nachweisen ließ, da kam alles auf dessen gewohnheitsrechtliche „Ersitzung", d.h. den nachweislichen und „ungekränkten", von niemandem bestrittenen Gebrauch an. Dies wiederum machte die aufmerksamste Beobachtung aller Rechtsansprüche erforderlich, denn: Tolerierte der *possessor* einen Verstoß gegen ein von ihm geübtes Recht, so konnte dies im Handumdrehen zur Begründung eines konkurrierenden Herkommens verwendet werden und ihn dieses Recht schließlich kosten.

Die Grundsätze der Reichspublizistik *ex facto oritur ius* und *in dubio pro possessore* galten in besonderem Maße für die Praezedenz zwischen den Reichsständen[54]. Zwar suchten die Juristen umfangreiche materielle Kriterienkataloge zur Bemessung ständischen Rangs aufzustellen: Alter des Geschlechts, historische Abstammung, Vielzahl der Herrschaftstitel, Macht, Reichtum, Größe und so fort[55]. Angesichts der mangelnden Ein-

---

51 Vgl. dazu in anderem Zusammenhang die Überlegungen von *Gerd Roellecke*, Das Ende des römisch-deutschen Kaisertums und der Wandel der europäischen Gesellschaft, in: W. Brauneder (Hrsg.), Heiliges Römisches Reich und moderne Staatlichkeit, Frankfurt a.M. 1993, 93 - 110.

52 So von *Limnaeus*, Ius publicum (Anm. 2), t. I, l. IV, c. 9, n. 38; bis hin zu *Lünig*, Theatrum (Anm. 49), I, An den Leser. – Unter dem Einfluß von Vernunftrecht und geometrischer Methode suchte man im 18. Jh. dennoch, das Praezedenzrecht auf allgemeine „Lehrsätze" zu bringen und „philosophisch" abzuhandeln, so etwa *Stieve*, Europäisches Hof-Ceremoniel (Anm. 49), Vorbericht; vor allem *Rohr*, Ceremoniel-Wissenschafft der großen Herren (Anm. 49), Vorrede.

53 Vgl. *Bernd Roeck*, Reichssystem und Reichsherkommen. Die Diskussion über die Staatlichkeit des Reiches in der politischen Publizistik des 17. und 18. Jahrhunderts, Wiesbaden 1984, 82ff., 130ff., 144ff.

54 So z.B. *Besold*, De praecedentia (Anm. 2), 117f.: Materielle Kriterien seien stets schwankend, daher müsse man auf das formale Kriterium *in dubio pro possessore* zurückgreifen. Ebd. 102: *ex facto sumitur ius*. – Ebenso schon *Limnaeus*, Ius publicum (Anm. 2), t. I, l. IV, c. 9, n. 87. – Vgl. auch *Crusius*, De praeeminentia (Anm. 3), l. I, c. 12, der auch die Grenzen der gewohnheitsrechtlichen Argumentation diskutiert.

55 Ausführliche Diskussion der verschiedenen Kriterien mit zahlreichen gelehrten Allegationen bei *Limnaeus*, Ius publicum (Anm. 2), t. I, l. IV, c. 9, n. 41 - 87;

deutigkeit und der wechselseitigen Konkurrenz dieser Maßstäbe mußte aber die nachweisbare Possession, also der einmal eingenommene Sitz und Vortritt selbst, aus juristischer Sicht letztlich den Ausschlag geben, die formal-positivistische also über die materielle Argumentation den Sieg davontragen. Als wichtigstes Forum des nachweislichen Herkommens galt der Reichstag, der – zumindest im Reich – zunehmend die päpstliche Kurie als letzte Instanz in Rangfragen ablöste[56]. Um 1700 stand fest, daß „man generaliter den rang und praecedentz ... nicht sowohl nach ... dignität, praerogative, illustren geblüte oder nahmen ... als fürnemlich nach denen auf solennen Reichs- und crays-conventen ... recipirten und von unvordencklicher zeit her gebräuchlichen ceremonieln, und an gewisenen reichs-sessionen reguliret"[57].

Als Indizien dafür zogen die Juristen vor allem die Unterzeichnerlisten der Reichsabschiede seit 1500 heran, obwohl diese als schriftliche Objektivierungen der Session in vieler Hinsicht problematisch waren[58]. Erstens unterzeichneten die persönlich anwesenden Fürsten vor den Gesandten, zweitens waren die Listen meist nicht vollständig, und drittens stellte man in den Abschieden stets fest, daß die Reihenfolge der Unterschriften keinem Stand an seinen Rechten Abbruch tun solle[59]. Doch all dies hinderte nicht, daß sich die Juristen auf diese schriftlichen Handhaben beriefen und schlicht behaupteten: „Ita in Germania, ordo dignitatum desumitur ex subscriptionibus Recessuum."[60]

Crusius, De praeeminentia (Anm. 3), l. I, c. V und VI; *Besold,* De praecedentia (Anm. 2), c. III. – Die verschiedenen Kriterienkataloge von Crusius, Stosch, Zwantzig und Stieve finden sich nebeneinandergestellt bei *Lünig,* Theatrum (Anm. 49), I, 9f. – Als schönes Beispiel für die vielfältige Argumentation vgl. den Einzelfall der Stadt Köln im Rangstreit mit Aachen bei *Johannes Helmrath,* Sitz und Geschichte. Köln im Rangstreit mit Aachen auf den Reichstagen des 15. Jahrhunderts, in: H. Vollrath/S. Weinfurter (Hrsg.), Köln. Stadt und Bistum in Kirche und Reich des Mittelalters. Festschrift für Odilo Engels zum 65. Geburtstag, Köln/Weimar 1993, 719 - 760, hier 726ff.; ferner *Luttenberger,* Pracht und Ehre (Anm. 9), 311f.

56 Vgl. die Zeremonialsammlung des päpstlichen Zeremonienmeisters *Paris de Crassis,* Ceremoniale Romanum, 1504, das in Rangfragen unter souveränen Monarchen aber lange von Bedeutung blieb, so etwa *Gerdes,* De jure praecedentiae (Anm. 49), n. 4; *Zwantzig,* Theatrum (Anm. 2), I, c. 3. Zurückgewiesen wird die Autorität des Ceremoniale Romanum etwa von *Lünig,* Theatrum ceremoniale (Anm. 50), I, 8; II, 199f. und ausführlich von *Hofmann,* De fundamento decidendi (Anm. 49), c. 2, §§ 5 - 17.

57 So *Zwantzig,* Theatrum (Anm. 2), II, 2, vgl. ebd. II, 115, 125: Man könne den Rang der Reichsstände untereinander „nur schlechterdings nach denen sessionen und dem ordine votandi ... iudiciren oder determiniren".

58 Vgl. *Schubert,* König und Reich (Anm. 17), 326; *Aulinger,* Bild des Reichstags (Anm. 16), 234.

59 Vgl. zu dieser Salvationsklausel unten Anm. 106.

60 So *Besold,* De praecedentia (Anm. 2), 119; ablehnend *Limnaeus,* Ius publicum t. I, l. I, c. 9, n. 99; abwägend *Crusius,* De praeeminentia (Anm. 3), l. I, c. 5, n. 49ff.; c. 6, n. 80ff.; *Cocceji,* De praecedentia (Anm. 2), n. 14. – Für die Reichsstädte hatte eine ähnliche Funktion als Dokumentation von Praezedenzfällen auch

Geht man nun im Sinne des eingangs skizzierten Ansatzes davon aus, daß politisch-soziale Identität sich nicht in der Verfügung über materielle Ressourcen erschöpft, sondern zu einem wesentlichen Teil in der Verfügung über „symbolisches Kapital" besteht[61], und bedenkt man, daß soziale und politische Existenz sich in der frühneuzeitlichen Gesellschaft nicht voneinander trennen ließen, so wird deutlich, warum die Behauptung des angemessenen Ortes auf dem Reichstag für jeden einzelnen Reichsstand soziale Verpflichtung und rechtliches Erfordernis war. Der jeweilige Sitz auf dem Reichstag war nicht nur sichtbarer Ausweis der unmittelbaren Teilhabe am Reich, sondern auch der rechtlich allein relevante Maßstab des jeweiligen Ranges, nach dem man sich an deutschen und europäischen Höfen, in fürstlichen und städtischen Kanzleien zu richten pflegte.

Daß die Behauptung dieses Ranges, des „symbolischen Kapitals", ein politisches Motiv sui generis und nicht nur Mittel zum Zweck war, sahen auch die zeitgenössischen Juristen. So erklärte beispielsweise Dominikus Arumaeus, ein Ahnherr der Reichspublizistik, es sei den hohen Herren gewissermaßen angeboren, Rang und Würde ihrer Familie in den Vordergrund ihres Handelns zu stellen. Nähmen sie darauf nicht empfindlichste Rücksicht, so täten sie Unrecht gegenüber sich selbst und ihren Nachkommen[62].

Die Haltung der meisten Juristen dazu war allerdings ambivalent: Man kritisierte durchaus den Umstand, daß der Rangstreit der großen Herren sie von der Erledigung anderer, vordringlicher Sachen ablenke, und zitierte in diesem Sinne beispielsweise gern das eingangs erwähnte legendäre Dictum Ulrichs von Württemberg[63]. Andererseits waren die Juristen aber genötigt, die Rangproblematik als Rechtsmaterie ernstzu-

---

die sogenannte Reichsstädte-Registratur, die 1557 von den Speyerer Stadtschreibern Melchior Scherer und Joseph Feuchter zusammengestellt worden war; vgl. *Helmrath,* Sitz und Geschichte (Anm. 55), 759.

61 Im Sinne von *Pierre Bourdieu,* Ökonomisches Kapital, kulturelles Kapital, soziales Kapital, in: R. Kreckel (Hrsg.), Soziale Ungleichheiten (Soziale Welt, Sonderband, 2), Göttingen 1983, 183 - 198. Vgl. auch *Luttenberger,* Pracht und Ehre (Anm. 9), 300 ff.

62 *Arumaeus,* De sessionis praerogativa (Anm. 43), 2 f.; *ders.,* De comitiis (Anm. 31), c. 7, n. 91, 516: *magnatibus innatum scimus, circa honoris sui praerogativas scrupulose versari.* Vgl. den Klassiker des Gesandtschaftswesens, *Abraham de Wicquefort,* L'Ambassadeur (Anm. 49), 506: Es gebe „nichts auf der Welt, worüber ein Ambassadeur eifriger zu halten Ursache hat, als das hohe Ansehen und die daran hangenden Berechtigungen seines Fürsten".

63 Vgl. außer den in Anm. 2 genannten Quellen: *Arumaeus,* De sessionis praerogativa (Anm. 43), 3; *ders.,* De comitiis (Anm. 31), c. 7, n. 101, 522 ff. – *Limnaeus,* Ius publicum (Anm. 2), t. I, l. IV, c. 9, n. 33 - 34, n. 102. – *Rhetius,* De praerogativa (Anm. 49), n. 1, zitiert eine Anekdote, wonach Karl V. einen Rangstreit zwischen zwei adligen Damen beendet habe, indem er der Dümmeren den Vortritt zugesprochen habe.

nehmen. Es galt also zu unterscheiden, ob jemand sich aus unchristlicher Leidenschaft einen unangemessenen Rang anmaßte und damit Zwietracht säte, oder ob jemand vielmehr über den ihm rechtmäßig zustehenden Rang sorgfältig wachte. Letzteres wurde nicht nur als Verpflichtung gegenüber der Würde der eigenen Person und der Dynastie legitimiert, sondern auch als Erfordernis gegenüber der Ordnung des Ganzen begründet. Zwar versündige sich, wer aus *ambitus* und *superbia* um einen Rang streite, so hieß es, doch andererseits: wer für die Erhaltung des ihm zustehenden Ranges sorge, der sichere damit schließlich die Fundamente von Frieden und Eintracht in jeder menschlichen Gesellschaft. Die Ordnung der Ränge erschien als unvordenkliche Rechtsordnung, *ordinis observatio* war *justitiae conservatio*. Es war nicht ins Belieben des einzelnen gestellt, etwa aus Höflichkeit (*urbanitas*) oder persönlicher Bescheidenheit (*modestia*) auf den ihm zustehenden Rang zu verzichten, denn es handelte sich eben um eine Frage nicht der persönlichen Moral, sondern des Rechts. Freiwilliger Verzicht, so argumentierten die Juristen, verstoße ebensosehr gegen öffentliches und natürliches Recht wie unberechtigte Anmaßung. Kurz: Die Rangordnung des Reiches hing nicht von der freien Willkür der Beteiligten ab und war nicht deren „Privatsache“[64].

III.

Die zeremonielle Ordnung des Reichstags war nun zugleich seine Verfahrensordnung und hatte als solche eine wichtige Funktion für seine technische Handlungsfähigkeit[65]. Man kann dies nur ermessen, wenn man sich die Abwesenheit parlamentarischer Verfahrensvorbilder vor Augen führt und solche nicht als überzeitlich existenten Maßstab voraussetzt. Jenseits abstrakter Verfahrensnormen war es allein die zeremo-

---

64 *Limnaeus,* Ius publicum (Anm. 2), l. IV, c. 9, n. 35 - 37. – *Arumaeus,* De sessionis praerogativa (Anm. 43), 3; *ders.,* De comitiis (Anm. 31), c. 7, n. 93 - 100, 517 ff.: *Ordo praesessionis est immutabilis; qui vero ordinem suum tuetur, Rempublicam quantum in se est, defendit.* – Ausführlich *Besold,* De praecedentia (Anm. 2), c. 2, n. 3, 119: *Sunt enim Ordines & dignitatum gradus, favore publico introducti: ut, dum minor majori praeferri non teneat, sed quilibet suum servat gradum, societas humana, in pace et concordia conservetur;* n. 8, 123 ff., 126: *neutiquam peccant [principes], sed rectè faciunt, qui ordinem dignitatum, jure sancitum, moderatè tuentur.* – Ebenso *Crusius,* De praeeminentia (Anm. 3), l. I, c. 12, n. 12, 129. – Im Sinne eines älteren Naturrechtsverständnisses auch *Gerdes,* De jure praecedentiae (Anm. 49), n. 3: *Jus Praecedentiae in Jure Divino ac Naturali non minus, quam humano fundatum esse, extra omne dubium est.* – In dieser Tradition noch *Lünig,* Theatrum (Anm. 49), I, 2.

65 Zum Verfahren vgl. Ausführlicher Bericht (Anm. 31); *Arumaeus,* De comitiis (Anm. 31), c. VII. Zu diesen beiden Quellen *Schubert,* Reichstage (Anm. 1), 243 ff., 457 ff. – *Gerhard Oestreich,* Zur parlamentarischen Arbeitsweise der deutschen Reichstage unter Karl V. (1519 - 1556), in: MÖStA 25 (1972), 217 - 243; ferner *Aulinger,* Bild des Reichstags (Anm. 16), 167 ff.

nielle Form der Session, die für einen berechenbaren, wiederholbaren Ablauf sorgte[66].

Die Sessionsordnung bestimmte das politische Verfahren, denn sie gab zugleich die Reihenfolge der Stimmabgabe in den einzelnen Kurien vor. *Maximum signum honoris est in eo, qui primam vocem habent,* hieß es: Die Abgabe der Voten folgte dem Rang und war ein Zeichen dafür[67]. Beratung und Abstimmung waren nicht zu trennen, sondern erfolgten bekanntlich in der Form der „Umfrage". Der jeweilige Versammlungsleiter[68] forderte die einzelnen Stände in der Reihenfolge ihrer Sitze – von den jeweiligen Bänken abwechselnd – zur Abgabe ihres Votums, d.h. ihrer Stellungnahme auf[69]. Wenn, wie meist, ein Reichsstand mehrere Stimmen auf sich vereinigte, so wurde sein Gesandter auch mehrmals zur Stimmabgabe aufgerufen. Analoge Sessions- und Umfrageregeln wie auf dem Reichstag galten in fast allen anderen ständischen Versammlungen im Reich, so auf Grafen-[70], Städte-[71] und Kreistagen[72].

66 Vgl. *Soeffner,* Ordnung der Rituale (Anm. 14), 108: „rituelles Verhalten ... ist ein Vorläufer, eine Art älterer Verwandter des rationalen Kalküls". Ähnlich *Ebel,* Recht und Form (Anm. 15), 13f.: „Die Form ist die älteste Norm." – Vgl. auch *Schubert,* Reichstage (Anm. 1), 125f., 165f., 172f. zur Identität von Zeremoniell und Verfahren.

67 *Cassanaeus,* Catalogus gloriae mundi (Anm. 13), I, 19.

68 Im Plenum war dies ursprünglich Mainz, nach dem Umfragestreit zwischen Kurmainz und Kursachsen seit 1529 Sachsen, im Kurfürstenrat aber Mainz. Im Fürstenrat war der Erbmarschall von Pappenheim (als Vasall des Reichserbmarschalls, des Kurfürsten von Sachsen, der zeremonielle Leiter des Reichstags insgesamt) der Umfrageleiter, während das Direktorium zwischen Österreich und Salzburg als den beiden ersten Fürsten auf der geistlichen Bank alternierte. Im Städterat führte der jeweilige Gastgeber die Versammlung. Vgl. *Aulinger,* Bild des Reichstags (Anm. 16), 230, 239.

69 Allerdings war die Umfrageordnung in den Kurien nicht ganz identisch mit der Sessionsordnung des Plenums. Es gab einen bemerkenswerten Unterschied: Im Plenum saßen Gesandte nicht an der Stelle, die ihrem Prinzipal zukam, sondern es saßen stets Kurfürsten in Person vor den Gesandten der anderen Kurfürsten, Fürsten und Herren in Person vor den Gesandten der anderen Fürsten und Herren; das gleiche galt für die Unterzeichnerlisten. Es kennzeichnete dabei die herausgehobene Position der Kurfürsten, daß ihre Gesandten vor den Fürsten in Person rangierten. – Bei der Umfrage in den einzelnen Kurien war es hingegen anders. Zur Beratung in die Kurien kamen die Fürsten selten persönlich, wenn aber, dann meist in Begleitung zahlreicher Räte, die hinter ihren Herren standen. Hier durften die Gesandten ihr Votum stets an der Stelle abgeben, die ihrem jeweiligen Herrn zustand. Vgl. Ausführlicher Bericht (Anm. 31), 61; *Christoph von Württemberg,* Briefwechsel (Anm. 3), 6f.; *Aulinger,* Bild des Reichstags (Anm. 16), 213.

70 Vgl. *Arndt,* Niederrheinisch-westfälisches Reichsgrafenkollegium 30f.; *Schmidt,* Wetterauer Grafenverein, 87ff. (beide Anm. 34).

71 *Schmidt,* Städtetag (Anm. 35), 75ff.

72 Zum Verfahren auf den einzelnen Kreistagen, wo es zwar keine Kurien, aber Sitzordnung und Umfrage nach Analogie des Reichstags gab, vgl. knapp *Winfried Dotzauer,* Die deutschen Reichskreise in der Verfassung des Alten Reiches und ihr Eigenleben (1500 - 1806), Darmstadt 1989, 5f.; *Peter Claus Hartmann,* Die Kreistage des Heiligen Römischen Reiches – Eine Vorform des Parlamentarismus? Das Beispiel des bayerischen Reichskreises (1521 - 1793), in: ZHF 19 (1992), 29 - 47, hier 35ff., der aber gerade nicht die grundsätzlichen Unterschiede zum Parlamentarismusmodell sieht.

Bei dieser Umfrage an eine moderne parlamentarische Abstimmung zu denken ist vollkommen abwegig. Zum einen: Der Rang des einzelnen, sein Platz in der Reihe beeinflußte das Gewicht seines Votums. Eine unzulässige Rationalisierung wäre es allerdings anzunehmen, daß sich hinter Sessionskonflikten stets Konflikte um handfeste politische Verfahrensvorteile verborgen hätten[73]. Im Gegenteil: Es konnte durchaus taktisch von Vorteil sein, sein Votum erst preiszugeben, wenn man die Stellungnahmen der anderen kannte[74]. Bezeichnend ist gerade, daß dem Sessionsvorrang auch dort größte Sorgfalt geschenkt wurde, wo dies politisch-taktisch nicht ins Gewicht fiel oder sich sogar nachteilig auswirken konnte.

Zum anderen: Das Ziel einer Umfrage war prinzipiell Einhelligkeit. Zwischen den drei Kurien galt (bis zur Durchsetzung des städtischen *votum decisivum* im Westfälischen Frieden) ohnehin kein Mehrheitsprinzip, sondern die Notwendigkeit zur *amicabilis compositio*. Innerhalb der einzelnen Kurien behalf man sich zwar schon früh mit der Mehrheitsregel, aber: Man unterwarf sich diesem Prinzip nie vollständig und rückhaltlos. Konsens blieb stets das Ziel; die Durchsetzbarkeit des Mehrheitswillens war großen Schwankungen unterworfen[75]. So heißt es in dem praktischen Leitfaden aus der Kanzlei des Mainzer Kurfürsten von 1569: „Wo einem Punct durch die Umbfrag nicht mag abgeholffen werden und die Vota also mißhellig, das kein Mehrers oder Gewissers darauß zu haben, so wird zum andern, zum dritten und so vielmaln umbgefragt, biß mann der sachen einig, oder doch ein Mehrers haben mag". Wer mit seiner Meinung durch die ersten Voten überstimmt zu werden drohe, so rät der Verfasser, der solle zunächst abwarten und die zweite und dritte Umfrage dazu nutzen, andere zu überzeugen, andernfalls aber „eine Separation in votis zu machen"[76]. Mehrheitsentscheidungen hatten im äußersten Konfliktfall nicht die Kraft, die Dissentierenden

73 So nimmt etwa *Winfried Schulze,* Reich und Türkengefahr im späten 16. Jahrhundert, München 1978, 126f., die Sessionskonflikte als „Indiz dafür..., daß über diese Rangfolge auch ein bestimmter politischer Einfluß geltend gemacht werden konnte", und nennt sie „an sich unbedeutende formale Querelen".

74 Dies gibt auch der Verfasser des „ausführlichen Berichts" (Anm. 31, 63) zu bedenken: „und ist deßwegen uff solch Votiren wol achtzugeben ... damit derjenig, so sich des Uberstimmens befaret, nit bald in principio sich seiner Meynung bloßgebe, sondern zuvor die andern explorire und etwa zu der ersten und andern Umbfrag auff diß oder ein anders dem Nachfolgenden zu fallen Ursach gebe, oder wohin er sieht, das Merer incliniren, durch etwa eine Qualitet eine Separation in votis zu machen." Vgl. auch *Luttenberger,* Reichspolitik (Anm. 9), 42.

75 Daß 1512 das Majoritätsprinzip zur verbindlichen Norm erklärt worden sei, wie bei den Verfassungshistorikern oft zu lesen ist, kennzeichnet deren Bemühen darum, mit dem Reichstag als einem festen institutionellen Faktor zu rechnen, geht aber an den tatsächlichen Verhältnissen vorbei. Vgl. dagegen die präzisen Studien von *Klaus Schlaich,* Majoritas, protestatio, itio in partes, corpus Evangelicorum, in: ZRG KA 63 (1977), 264 - 299; ebd. 64 (1978), 139 - 179; und *ders.*, Die Mehrheitsabstimmung im Reichstag zwischen 1495 und 1613, in: ZHF 10 (1983), 299 - 340.

zu verpflichten. Die Möglichkeiten, sich zu entziehen, waren vielfältig und reichten bis zur förmlichen Protestation.

Daß die Mehrheitsregel auf dem Reichstag immer prekär blieb und nicht den Status jenes fraglos gültigen, neutralen Verfahrensprinzips erlangte, ohne das man sich heute die Entscheidungsbildung einer politischen Einheit kaum noch vorstellen kann – dieser Umstand ist ein Indiz für die mangelnde korporative Geschlossenheit des Reichstags und den personalen, hierarchischen Charakter der reichsständischen Partizipation[77]. Unter politisch und sozial derart ungleichen Teilnehmern konnten die Voten eben nicht ohne weiteres „numeriert", gezählt, sondern mußten stets „ponderiert", gewogen werden.

Was hätte dem Beratungsverfahren die Last der Zeichenhaftigkeit nehmen und das Gewicht der Rangfragen zurückdrängen können? Und warum ist das nicht geschehen?

Da ist zunächst an den Umstand zu denken, daß die Reichsstände sich immer seltener in Person an den Verhandlungen beteiligten, sondern durch Gesandte vertreten ließen. Die öffentliche, zeremonielle Solennität war ja zunächst der Handlungsmodus der Herrschaftsträger selbst, während ihren Räten das sachliche Verhandeln abseits der öffentlichen Sichtbarkeit überlassen werden konnte[78]. Allerdings: das Aufeinandertreffen von Ständen in Person und Gesandten produzierte zunächst einmal Rangfragen eigener Art. Die Frage war, ob und wann den Gesandten höherrangiger Stände vor persönlich anwesenden Reichsständen niedrigeren Ranges der Vortritt zustehe. Daß einem Repräsentanten exakt der gleiche zeremonielle Rang zugekommen wäre wie seinem Herrn, war durchaus nicht die Regel, sondern ein Zeichen für den besonders klaren Vorrang des Prinzipals: So saß ein kurfürstlicher Gesandter zwar vor den Fürsten in Person[79], ein fürstlicher Gesandter zwar vor den

---

76 Ausführlicher Bericht (Anm. 31), 63. – Das politische Gewicht des jeweiligen Sitzes klingt auch in dem Memorialzettel für den Herzog von Württemberg an, wenn ihm klargemacht wird, er habe sich mit seinem Votum wohl vorzusehen, da er „den merer teil fürsten ... vor-, und gar wenig nachsitzen hat" (Briefwechsel [Anm. 3], 7).

77 Vgl. in diesem Sinne jetzt das Resümee von *Maximilian Lanzinner,* Friedenssicherung und politische Einheit des Reiches unter Kaiser Maximilian II. (1564-1576), Göttingen 1993, 511ff.: Kennzeichen des „libertären Prinzips" der Reichsverfassung war „die Freiheit, nicht zu kooperieren, sich nicht zu fügen, geradezu ein Vollzugsvorbehalt gegenüber den Forderungen bzw. Beschlüssen von Kaiser und Reich". Die „gering ausgeprägten Erzwingungschancen" verhinderten ständische und konfessionelle Egalisierung im Reich. Ähnlich *Luttenberger,* Reichspolitik (Anm. 9), 62ff.

78 *Moraw,* Versuch (Anm. 10), 22, bemerkt, daß abstrakt formalisierte Verfahrensregeln sich zuerst auf der Ebene der untergeordneten Funktionsträger etablierten.

79 Dieses Privileg ließen sich die Kurfürsten in den Wahlkapitulationen immer wieder bestätigen; vgl. *Johann Anton von Riegger* (Hrsg.), Kaiser Joseph des II.

Grafen in Person, auf ein und derselben Bank aber immer die Stände in Person vor den Gesandten. Es zeugt von der mangelnden Differenzierung zwischen Amt und Person und vom geringen technischen Rationalisierungsgrad der Versammlungen, daß die Gesandten eben in der Regel nicht an der Stelle ihrer Prinzipalen sitzen, daß sie sie also nicht im strengen Sinne des Wortes repräsentieren durften[80].

Doch selbst als die Gesandten auf dem Immerwährenden Reichstag schließlich ganz unter sich waren, blieb die Rangfrage für sie relevant. Zu den Materien, die im „Jüngsten" Reichsabschied von 1654 vertagt worden waren und die der Regensburger Reichstag 1663 erbte und bis zum Ende des Reiches konservierte, gehörten nicht zuletzt auch die Sessionsfragen[81]. Zwar votierten die Gesandten in den einzelnen Kurien tatsächlich oft *in circulo* und stehend, d.h. ausdrücklich ohne feste Ordnung, um sich vorübergehend zu entlasten[82]. Das heißt aber nicht, daß die Sessionsordnung gleichgültig geworden wäre. Vielmehr dokumentiert die Reichspublizistik bis zuletzt die nachhaltige, ja womöglich noch zunehmende Relevanz der Rangfragen[83], deren letzter Maßstab die Ses-

---

harmonische Wahlkapitulation mit allen den vorhergehenden Wahlkapitulationen..., Prag 1781 - 82, I, 146ff.

80 Die völlige Durchsetzung dieses Prinzips setzte vielmehr die prinzipielle Gleichheit der Beteiligten, ihre Eigenschaft als Souveräne voraus. Im 17. Jh., als sich feste Rangklassen von Gesandten etabliert hatten, galt das Recht, Gesandte höchsten Ranges – Repräsentanten im strengen Sinne – zu entsenden, als Zeichen der Souveränität. Es war daher gerade hinsichtlich der Reichsstände umstritten. Vgl. *Hofmann,* Repräsentation (Anm. 24), 180ff.; *Erich H. Markel,* Die Entwicklung der diplomatischen Rangstufen, jur. Diss. Erlangen 1951; ferner *Klaus Müller,* Das kaiserliche Gesandtschaftswesen im Jahrhundert nach dem Westfälischen Frieden (1648 - 1740), Bonn 1976, 116ff.; vgl. ferner auch die Überlegungen von *Luttenberger,* Pracht und Ehre (Anm. 9), 323f.

81 Vgl. Jüngster Reichsabschied Regensburg 1654, § 196 (Reichsabschiede [Anm. 29], III, 677f.). *Moser,* Teutsches Staatsrecht (Anm. 47), IV, 367 bemerkt dazu: „Auf dem An. 1653 und 1654 gehaltenen Reichs-Tag sind so viele Rang-Streitigkeiten fürgefallen ... als kaum zuvor und hernach auf einem Reichs-Tag geschehen ist." – Vgl. *Anton Schindling,* Die Anfänge des Immerwährenden Reichstags zu Regensburg. Ständevertretung und Staatskunst nach dem Westfälischen Frieden, Mainz 1991, 230f., 235f.; *ders.,* Der Westfälische Frieden und der Reichstag, in: H. Weber (Hrsg.), Politische Ordnungen und soziale Kräfte im alten Reich, Wiesbaden 1980, 113 - 153, bes. 148f.

82 Zum prinzipiell unveränderten Verfahren auf dem zum „immerwährenden" gewordenen Reichstag in Regensburg seit 1663 vgl. *Johann Carl König,* Gründliche Abhandlung von denen Teutschen Reichs-Tägen überhaupt und dem noch fürwährenden zu Regensburg ..., Nürnberg 1738. – Dazu *Aulinger,* Bild des Reichstags (Anm. 16), 38. – Knapp und allzu schematisch *Peter Corterier,* Der Reichstag. Seine Kompetenzen und sein Verfahren in der zweiten Hälfte des 18. Jahrhunderts, Diss. jur. Bonn 1972, 48ff. – Jetzt detailliert *Härter,* Reichstag und Revolution (Anm. 4), 32ff.

83 Z.B. *Moser,* Teutsches Staatsrecht (Anm. 47); vgl. auch das Kaiserliche Kommissionsdekret vom 14./24. April 1685 (Reichsabschiede [Anm. 29], IV, 154ff.), das die Reichsstände und ihre Gesandten ermahnt, von ihren „Ceremonial-Concertationibus" abzustehen.

sions- und Umfrageordnung des Reichstags war und blieb: Man konnte den Rang der Reichsstände untereinander „nur schlechterdings nach denen sessionen und dem ordine votandi ... iudiciren oder determiniren“[84]. Auch wenn die *sessio* nicht mehr die unmittelbare Öffentlichkeit besaß, die das gemeinsame Agieren der persönlichen Herrschaftsträger ausgezeichnet hatte, so unterlag sie doch der langfristig viel wirksameren schriftlich vermittelten Öffentlichkeit[85] und der positivierenden und konservierenden Wirkung des Reichsrechts.

Ein zweites Moment, das die Beratungen von den Rangfragen grundsätzlich hätte lösen können, war das Ausschußwesen[86]. Gemeinsame Ausschüsse von Vertretern aus allen drei Kurien bzw. Vertretern von Kurfürsten, Fürsten, Grafen, Rittern und Städten tendierten nicht nur dazu, die Kurientrennung selbst aufzulösen, sondern mußten auch die enge Bindung der Bevollmächtigten an einzelne Reichsstände als ihre primären Auftraggeber lockern und sie damit zu überständischen Repräsentanten werden lassen[87]. In diesem Sinne versuchte vor allem Karl V., kurienübergreifende oder gar tendenziell ständeparitätische Ausschüsse zu handhabbaren Instrumenten seiner Politik zu machen.

Wenn es sich hätte realisieren lassen, daß die jeweiligen Vertreter der Kurfürsten, Fürsten und Städte „nit als Diener, sonder als für sich selbs“ im Ausschuß hätten sitzen können, wie es ein Plan Karls V. vorsah[88], so wären die Ausschußmitglieder weisungsunabhängig und

---

84 *Zwantzig,* Theatrum (Anm. 2), II, 115.

85 Zur Veröffentlichung der Reichstagsprotokolle, insbesondere des Fürstenrats, vgl. *Gestrich,* Absolutismus und Öffentlichkeit (Anm. 41), 96ff.

86 Vgl. *Oestreich,* Parlamentarische Arbeitsweise (Anm. 65), 230ff.; ausführlich *Helmut Neuhaus,* Reichstag und Supplikationsausschuß. Ein Beitrag zur Reichsverfassungsgeschichte der ersten Hälfte des 16. Jahrhunderts, Berlin 1977, 29ff.; *ders.,* Reichsständische Repräsentationsformen im 16. Jahrhundert. Reichstag – Reichskreistag – Reichsdeputationstag, Berlin 1982, bes. 237ff. und 389ff.; *ders.,* Zwänge und Entwicklungsmöglichkeiten reichsständischer Beratungsformen in der zweiten Hälfte des 16. Jahrhunderts, in: ZHF 10 (1983), 279 - 298; vor allem *ders.,* Wandlungen der Reichstagsorganisation in der ersten Hälfte des 16. Jahrhunderts, in: J. Kunisch (Hrsg.), Neue Studien zur frühneuzeitlichen Reichsgeschichte (ZHF, Beih. 3), Berlin 1987, 113 - 140. Ferner *Schlaich,* Mehrheitsabstimmung (Anm. 75), 307ff.; *Aulinger,* Bild des Reichstags (Anm. 16), 220ff.; *Schulze,* Reich und Türkengefahr (Anm. 73), 130ff.

87 So sollte der Eid der Kreisgesandten auf Deputationstagen diese von ihrem Eid gegenüber dem jeweiligen Herrn lösen und sie so zu überständischen Repräsentanten machen.

88 So der Plan Karls V. vom 1. Sept. 1547 für die Zusammensetzung des Ausschusses, der den Bundesplan des Kaisers am Reichstag vorbei durchsetzen sollte; zitiert bei *Neuhaus,* Wandlungen (Anm. 86), 126. Vgl. zum politischen Kontext *Volker Press,* Die Bundespläne Kaiser Karls V. und die Reichsverfassung, in: H. Lutz (Hrsg.), Das römisch-deutsche Reich im politischen System Karls V., München/Wien 1982, 55 - 106; *Horst Rabe,* Reichsbund und Interim. Die Verfassungs- und Religionspolitik Karls V. und der Reichstag von Augsburg 1547/48, Köln/Wien 1971, 134ff.

gleichberechtigt geworden. Unter diesen Umständen hätte ihre Sitzordnung nicht mehr die Ränge der jeweiligen Auftraggeber abgebildet und daher keine Rolle mehr gespielt. Allerdings hätten derartige Ausschüsse auch das politische Gewicht der einzelnen Reichsstände nivelliert und wären zu einer Institution von unkontrollierbarem Eigengewicht geworden.

Ein Vergleich mit dem Verfahren im englischen Unterhaus macht den Bedingungszusammenhang zwischen der Weisungsfreiheit der Abgeordneten, dem politischem Gewicht der Versammlung und ihrem Verfahrensmodus deutlich: Im House of Commons hatte außer den Abgeordneten Londons und Yorks niemand einen festen Platz; auch den Grafschaftsvertretern kam kein Vorrang vor den Vertretern der Städte zu. Die Debattenbeiträge erfolgten nicht nach Rang, sondern nach der Reihenfolge der Wortmeldungen, und die eigentliche Abstimmung nach Mehrheitsprinzip war von der Debatte getrennt. Die Fiktion, daß „jeder Engländer im Parlament vertreten sei“, hatte nicht nur die Weisungsfreiheit, sondern auch die verfahrensmäßige Gleichberechtigung der Unterhausmitglieder zur unabdingbaren Voraussetzung[89].

Im Reich rüttelten solche stände- und kurienübergreifenden Repräsentationstendenzen an der Praeeminenz der Kurfürsten, die nur als Kurie ihre klare politische Dominanz behaupten konnten. Es ist daher vor allem deren Widerstand zuzuschreiben, daß solche „transpersonalen“ Repräsentationstendenzen insgesamt scheiterten und sich statt dessen die Kurientrennung in fast allen Reichsinstitutionen nachhaltig etablierte[90] – so daß ein französischer Beobachter im 18. Jh. schreiben konnte: „[les

89 Im Oberhaus und bei den gemeinsamen Eröffnungs- und Schlußsitzungen saßen die Lords hingegen – wie die Fürsten im Reichstag – in fester Ordnung nach ihrem Rang rechts und links vom König, während die Unterhausmitglieder jenseits der Barre stehen mußten. Vgl. die ersten ausführlichen Beschreibungen des herkömmlichen Verfahrens: *Thomas Smith,* De Republica Anglorum, 1576, und *John Hooker,* The Order and Usage of Keeping of a Parlement in England, 1572; vgl. *Josef Redlich,* Recht und Technik des Englischen Parlamentarismus. Die Geschäftsordnung des House of Commons in ihrer geschichtlichen Entwicklung und gegenwärtigen Gestalt, Leipzig 1905, 43 ff., 279 f.

Das englische Parlament wird als Vorbild schon von *Arumaeus,* De sessionis praerogativa (Anm. 43), 1, angeführt, weil es dort keine Sessionsprobleme gebe. Vgl. auch *Lünig,* Theatrum (Anm. 49), I, 1124 ff., der sich darüber wundert, daß man sich im Haus der Gemeinen „ohne Unterscheid niedersetzt“ und sich überdies jeder nach seinem Gefallen kleiden dürfe, was sich „zu der Gravität und dem Ansehen einer so herrlichen Versammlung gar übel“ reime.

90 Zur Durchsetzung der Kurialisierung durch die Kurfürsten nach 1550 neben *Oestreich,* Parlamentarische Arbeitsweise (Anm. 65), 237, und den in Anm. 86 genannten Arbeiten von *Neuhaus* jetzt zusammenfassend *Lanzinner,* Friedenssicherung und politische Einheit (Anm. 77), 337 ff.; zuletzt Albrecht P. Luttenberger, Kurfürsten, Kaiser und Reich. Politische Führung und Friedenssicherung unter Ferdinand I. und Maximilian II., Mainz 1994, 449 f. – Vgl. auch *Arumaeus,* De comitiis (Anm. 31), c. 7, n. 119 ff., 537 ff.

électeurs] forment et établissent ... toujours et partout, un corps et collège total, formel, solennel, indivisible, inséparable, légal, perpétuel, subsistant de lui-meme, uni étroitement, propre et singulier“[91]. Weil sich damit zugleich die persönliche Vertretung der einzelnen Stände gegenüber der Vertretung überständischer Gremien durchsetzte, behauptete sich auch die Bedeutung der Sessionsordnung auf der ganzen Linie. Drei Beispiele vom 16. bis zum 18. Jh. mögen das veranschaulichen.

1. Das Reichsregiment von 1521 war seiner Zusammensetzung nach ein stände- und kurienübergreifender Ausschuß, der – je nach Blickwinkel – als Repräsentationsorgan des Reichsganzen oder nur der kaiserlichen Majestät angesehen werden konnte[92]. Als das Reichsregiment in Vertretung des Kaisers 1522 einen Reichstag nach Nürnberg einberief, ergaben sich daraus neuartige, signifikante Präzedenzprobleme: Kurfürstliche Reichtagsgesandte und Fürsten weigerten sich bei verschiedenen Gelegenheiten, wie angeordnet hinter den Regimentsmitgliedern zu rangieren. Das Argument der Kurfürsten lautete, „daß die Reichs-Versammlung etwas mehr und größer wäre, denn das Regiment“, weshalb die übliche Reichstags-Rangfolge gelten müsse. Die Regimentsräte replizierten, daß das Regiment „ein Corpus wäre, und den Kayser repräsentire, weshalber sie auch nicht unbillig den Vorzug haben solten“[93]. Es ist nun höchst bezeichnend, daß die Regimentsräte sich mit diesem Standpunkt nicht durchsetzen konnten, zumal sich selbst einzelne Regimentsgesandte – wie Hans von der Planitz für Kursachsen – entgegen ihrem Eid in erster Linie als Gesandte ihrer Prinzipalen und nicht als überständische Regimentspersonen verstanden. Das heißt: Das Prinzip überständischer Repräsentation durch eine herausgehobene, in sich geschlossenene und im Innern ständisch nivellierte Korporation scheiterte gegenüber dem Prinzip personaler, hierarchisch gestufter Teilhabe.

2. Das gleiche strukturelle Problem offenbarte sich im Laufe des 16. Jhs. auch bei anderen Versuchen, neue, effizientere Formen des überständischen politischen Handelns zu finden. So konkurrierte etwa die Rangfolge der stände- und kurienübergreifenden Reichskreise immer latent oder offen mit der Rangfolge einzelner in den Kreisen angesessener Fürsten, was die Reichskreistage ebenso zum Schauplatz unausgetragener Sessionskonflikte machte wie den Reichstag selbst.

Am Beispiel der Reichskreistage Frankfurt 1554 und Erfurt 1567 ist das im einzelnen nachgewiesen worden: Dorthin sollte jeder der zehn Kreise vier Vertreter,

---

91 So *Rousset,* Mémoires sur le rang (Anm. 49), 193.

92 Daher der Streit um den Titel: „Kaiserlicher Majestät *und* des heiligen Reichs Rat und Regiment“ oder „Kaiserlicher Majestät Regiment *im* Reich“. – Allgemein zum 2. Reichsregiment vgl. Reichsabschiede (Anm. 29), II, 172 - 179; Deutsche Reichstagsakten unter Kaiser Karl V. (= RTA JR), Bd. III, bearb. von Adolf Wrede, 2. Aufl., Göttingen 1963, 4ff.; vgl. *Heinz Angermeier,* Die Reichsregimenter und ihre Staatsidee, in: HZ 211 (1970), 265 - 315. – Zu den Praezedenzproblemen ausführlich *Johann Joachim Müller,* Entdecktes Staats-Cabinet, 2 Bde., Jena 1714, I, 172ff.

93 Zitiert nach *Müller,* Staats-Cabinet (Anm. 92), I, 181; *Hans von der Planitz,* Berichte aus dem Reichsregiment in Nürnberg 1521 - 1523, ND der Ausg. Leipzig 1899, Hildesheim 1979, 121f.; RTA JR 3, Nr. 3, 42f.; vgl. *Angermeier,* Staatsidee (Anm. 92), 305f.; *Neuhaus,* Wandlungen (Anm. 86), 121ff.

je einen für geistliche und weltliche Fürsten, Grafen, Ritter und Städte, entsenden. Nun stellte sich nicht nur das Problem, welche Rangordnung die Reichskreise untereinander zu befolgen hatten, sondern grundsätzlicher: daß eine Sessionsordnung nach Reichskreisen zu der Sessionsordnung des Reichstags in vielerlei Punkten in Gegensatz treten mußte. Es führte auf einen Bruch des ständischen, personalen Prinzips hinaus, daß die dortigen Gesandten keine Deputierten eines einzelnen Reichsfürsten mehr waren, sondern einer überständischen, nach vorwiegend geographischen Kriterien gebildeten Einheit – was natürlich das herkömmliche Sessionsprinzip grundsätzlich durcheinanderbrachte. Vor allem die Kurfürsten, aber auch einzelne Reichsfürsten wie der Landgraf von Hessen oder der Herzog von Jülich fanden sich damit nicht ab, so daß der Verfahrensstreit auf Reichskreistagen notorisch blieb[94].

3. Schließlich blockierte dieses Problem noch im späten 17. Jh. die Ansätze zu einer eigenen auswärtigen Politik des Reichstags, nämlich gegenüber den Reunionen Ludwigs XIV. auf dem Frankfurter Deputationstag 1681 - 82[95]. Dort ergab sich eine zeremoniell neuartige Situation, denn es stellte sich die Frage, ob nach reichsrechtlichen oder völkerrechtlichen Prinzipien, ob nach den Regeln eines Reichsdeputationstages oder eines Kongresses zwischen Frankreich und dem Reich zu verfahren sei. Die Kurfürsten verlangten ersteres, um sich nach reichsrechtlichem Herkommen den geschlossenen Vorrang als Kurie zu sichern. Die fürstlichen Gesandten hingegen beanspruchten „einerley qualität" wie die kurfürstlichen mit dem Argument, daß sie hier alle gleichermaßen als „Reichs-Deputati", d.h. als Repräsentanten des Reichs als Ganzem den französischen Gesandten gegenüberträten[96]. Daß sie sich damit nicht durchsetzen konnten, sondern die ganze Versammlung vielmehr nicht zuletzt an dem ungelösten Präzedenzproblem scheiterte, ist wiederum kennzeichnend dafür, daß korporative Repräsentation gegenüber personaler Teilhabe im Reich wenig Chancen hatte.

Das Eigengewicht einzelner Reichsglieder, insbesondere der Kurfürsten, ihre „ständische Libertät", verhinderte, daß der Reichstag sich über die Kurien hinweg zu einer korporativen Einheit verfestigte und damit technisch für übergeordnete Zwecke instrumentalisiert werden konnte. Solange aber die linear-hierarchische Rangordnung der einzelnen Stände sich gegen die verschiedenen Ansätze zu stände- und kurienübergreifender Repräsentation durchsetzte, mußte die Sessionsordnung auf dem Reichstag eine Sache von großem Eigengewicht bleiben.

---

94 Dazu ausführlich *Neuhaus,* Repräsentationsformen (Anm. 86), 204, 219, 237 - 245, 260 - 264, 389 - 416.

95 Vgl. *Johann Joseph Pachner von Eggenstorff* (Hrsg.), Vollständige Sammlung Aller von Anfang des noch fürwährenden Teutschen Reichs Tags Anno 1663 biß dahero abgefaßten Reichs-Schlüsse, Regensburg 1777, II, Nr. 268, 347ff. – Dazu *Schindling,* Anfänge (Anm. 81), 205ff.; *Müller,* Gesandtschaftswesen (Anm. 80), 15.

96 Vgl. *Zwantzig,* Theatrum (Anm. 2), II, 89ff.; *Rousset,* Cérémonial diplomatique (Anm. 49), III, 742, bemerkt dazu: „Jamais on a vu tant d'animosité, ni de contestations, et de differents si pernicieux pour le bien public."

IV.

Die Sessionsordnung, die eine zeremonielle, sichtbare, zeichenhafte Verfahrensordnung war, kann also als funktionales Äquivalent einer abstrakten technischen Verfahrensordnung angesehen werden, nämlich als eine Verfahrensordnung, die den Bedingungen traditionalen Rechts, ständischer Ungleichheit und geringer politischer Integration Rechnung trug.

Daß die Sessionsordnung allerdings niemals so unangefochten gelten konnte wie eine moderne Verfahrensnorm liegt auf der Hand. Die Rationalität einer modernen Verfahrensregel besteht ja gerade darin, daß sie aus Konflikten um die Sache selbst herausgehalten wird und so deren geregelte Austragung ermöglicht. Dies unterscheidet eben die zeremonielle Form von der abstrakten technischen Verfahrensregel: Da sie Zeichencharakter hatte, die Sache selbst – den Rang nämlich – abbildete, war sie immer selbst eine Sachfrage von großem Eigengewicht.

Die strukturell angelegte Problematik bestand nun darin, daß die Ranganspruche der einzelnen Mitglieder sich eben nicht zu jener objektiv gültigen Ordnung des Ganzen summierten, die man doch unterstellte. In unzähligen Fällen stießen vielmehr konkurrierende Ansprüche aufeinander. Manche Konflikte waren so alt wie die Reichstage selbst[97], andere traten neu hinzu[98], denn machtpolitische, dynastische und konfessionspolitische Veränderungen lieferten immer neuen Zündstoff. Jede noch so geringe Modifikation der öffentlich sichtbaren bzw. schriftlich dokumentierten Reihenfolge der Sitze und Stimmen warf neue Probleme auf, denn sie schuf, wie gezeigt, einen Präzedenzfall (im doppelten Sinne des Wortes), dessen positivierender Kraft nur schwer zu entgehen war.

So waren vor allem die ersten Sitze auf der weltlichen Fürstenbank sämtlich mehr oder minder umstritten: Eines der berühmtesten Beispiele ist der Streit zwischen Österreich, Bayern und Sachsen um den ersten

---

97 So brach der Rangstreit zwischen Köln und Aachen schon auf dem Regensburger Hoftag 1454/55 aus. Vgl. *Helmrath,* Sitz und Geschichte (Anm. 55). Andere Beispiele bei *Goetz,* Der ‚rechte' Sitz (Anm. 15); *Schubert,* König und Reich (Anm. 17), 345.

98 Ein instruktives Beispiel für den Ausbruch eines solchen Streits ist der Bericht des Nördlinger Gesandten Dr. Paul Röttinger vom Nürnberger Reichstag 1522 an die Stadtväter in Nördlingen, der gegen die Zurücksetzung hinter Überlingen protestierte: RTA JR (Anm. 92), III, 808f. (Nr. 153); 895f. (Nr. 224). – Aufschlußreich ist auch das Vorgehen Mecklenburgs, das 1594 erstmals beanspruchte, vor Württemberg, Pommern, Hessen und Baden zu sitzen, und seinen Anspruch u.a. mit der Abstammung des Hauses von den Vandalenkönigen begründete. Der Anspruch wurde selbstverständlich bestritten; 1613 zog Mecklenburg deshalb protestierend aus dem Fürstenrat aus und setzte schließlich 1640 durch, in das Alternationsschema der vier anderen Fürstenhäuser einbezogen zu werden. Vgl. *Zwantzig,* Theatrum (Anm. 2), II, 152ff.

Platz, der zunächst dadurch entschärft wurde, daß der österreichische Sitz von der weltlichen auf die geistliche Bank verlegt wurde. Dies wiederum hatte aber zur Folge, daß sich dort Salzburg und Magdeburg mit Österreich um den ersten Rang stritten, der besonderes Gewicht hatte, weil mit ihm das Direktorium über die Versammlung verbunden war[99]. Auf der weltlichen Bank stritten sich außer Bayern, Pfalz, Sachsen und Brandenburg, wie erwähnt, Pommern und Württemberg, Hessen und Baden wiederum mit Pommern, und Mecklenburg seit 1594 mit allen vier anderen[100]. Zusätzlich komplizierte sich die Sache dadurch, daß auch die verschiedenen Linien eines Hauses nicht selten über ihre Rangfolge uneins waren. Auch Prälaten, Grafen[101] und Städte[102] stritten sich untereinander, Köln und Aachen beispielsweise über drei Jahrhunderte hinweg[103]. Selbst die Kurfürstenkurie war durch die Goldene Bulle nicht vor Präzedenzkonflikten geschützt[104].

Wie gingen nun die Beteiligten mit diesem Problem um?

Im Konfliktfall konnte man entweder demonstrativ den Reichstag verlassen oder gar nicht erst erscheinen. Wollte man es dazu nicht kommen lassen, so protestierte man ausdrücklich gegen die eingenommene Ord-

---

99 Vgl. dazu ausführlich *Aulinger,* Reichstag (Anm. 16), 235ff.; weitere Beispiele ebd. 227ff., 282ff.; *Luttenberger,* Pracht und Ehre (Anm. 9), 311f.; *Friedensburg,* Speier (Anm. 1), 260ff.

100 *Zwantzig,* Theatrum (Anm. 2), II, 152ff.; *Crusius,* De praeeminentia (Anm. 3) l. IV, c. 13, 679ff.; *Moser,* Teutsches Staatsrecht (Anm. 47), Bd. 36, 59ff. – Zu prüfen wäre, ob sich die Sessionskonflikte vor allem unter solchen Fürsten oder Städten abspielten, die auch jenseits des Reichstags konkurrierende politische Ansprüche hatten, die Sessionskonflikte also lokale politische Konflikte abbildeten.

101 Rangprobleme gab es nicht nur zwischen den Bänken, sondern auch zwischen deren einzelnen Mitgliedern, obwohl deren interne Rangordnung wegen der Kuriatstimmen auf den Reichstagen selbst keine Rolle spielte. So strengte etwa das Haus Solms 1738 gegen die Häuser Stolberg und Isenburg einen Praezedenz-Prozeß vor dem Reichshofrat an. Vgl. *Moser,* Teutsches Staatsrecht (Anm. 47), Bd. 4, 376; Bd. 38, 269 - 278. Zu weiteren Konflikten unter Prälaten und Grafen vgl. *Moser,* ebd. Bd. 38, 251 - 291; *Crusius,* De praeeminentia (Anm. 3), l. IV, c. 17 - 20; *Zwantzig,* Theatrum (Anm. 2), II, c. 16, 119ff.

102 Konflikte unter den Städten verzeichnen *Crusius,* De praeeminentia (Anm. 3), l. IV, c. 22 - 27; *Moser,* Teutsches Staatsrecht (Anm. 47), Bd. 40, 427 - 436. Vgl. *Schmidt,* Städtetag (Anm. 35), 75, 86ff., 107.; für das 17./18. Jh. *Buchstab,* Reichsstädte (Anm. 35), 65ff.

103 Vgl. *Helmrath,* Sitz und Geschichte (Anm. 55); *Wilhelm Beemelmans,* Der Sessionsstreit zwischen Köln und Aachen, in: JbKGV 18 (1936), 65 - 110.

104 Zum Umfragestreit Mainz – Sachsen vgl. *Aulinger,* Bild des Reichstags (Anm. 16), 104, 227ff. – Die in der Goldenen Bulle fixierte Sitzordnung der ersten Kurie geriet durch die Vermehrung der Kurstimmen, die Readmission der böhmischen Kur 1708 und durch die Reichsacht gegen den Kölner und den Bayern bzw. deren Wiederzulassung 1717/18 in Bewegung. – Vgl. *Zwantzig,* Theatrum (Anm. 2), II, c. 2, 3ff.; *Lünig,* Theatrum (Anm. 49), I, 1074; *Rousset,* Cérémonial Diplomatique (Anm. 49), l. II, 1724f.; *ders.*, Mémoire sur les rangs (Anm. 49), I, 190ff.; *Moser,* Teutsches Staatsrecht (Anm. 47), Bd. 33, 262 - 295.

nung, worauf der Angegriffene meist „reprotestierte“[105]. In der Regel ließen sich alle Beteiligten ihren Rechtsvorbehalt ausdrücklich in dem betreffenden Reichsabschied verbriefen, um die präjudizierende Wirkung der eingenommenen Ordnung zu verhindern. Seit dem Reichstag in Speyer von 1526 findet sich – mit wenigen Ausnahmen – daher in allen Reichsabschieden bis zum „jüngsten“ von 1654 die gleiche Salvationsklausel, daß die „gethane Session und Subscription“ keinem Stand „an seinem hergebrachten Gebrauch und Gerechtigkeit ... nachtheilig, schädlich oder vorgreifflich seyn solt“[106].

Fast so alt wie der Reichstag selbst waren indessen die Anläufe, das Problem grundsätzlich zu lösen[107].

Schon Maximilian I. forderte die Stände auf dem Reichstag in Augsburg 1500 zur Eingabe ihrer strittigen Sessionsansprüche auf und stellte ihnen in Aussicht, mit Rat der Kurfürsten und des Regiments darin „Entscheid zu thun“[108]. Dazu kam es indessen nicht. Auf dem Augsburger Reichstag 1530 war daher eine „Goldene Bulle Karls V.“ im Gespräch, die die Session der Fürstenkurie ebenso verbindlich regeln sollte, wie die Goldene Bulle Karls IV. dies für die Kurfürstenkurie getan hatte[109]. In diesem Sinne versprach der Kaiser, er wolle „allen

---

105 Zu den möglichen Strategien in solchen Konflikten *Limnaeus,* Ius publicum (Anm. 2), l. IV, c. 9, n. 98 - 102, 326ff.; *Arumaeus,* De comitiis (Anm. 31), c. 7, n. 108ff., 530ff.; *Crusius,* De praeeminentia (Anm. 3), l. I, c. 7 und c. 9; *Besold,* De praecedentia (Anm. 2), c. 3, 122; *Cocceji,* De praecedentia (Anm. 2), 16ff.; *Lünig,* Theatrum (Anm. 49), I, 27ff. – Zur Protestation *Schlaich,* Mehrheitsabstimmung (Anm. 75), 323ff.

106 Reichsabschied Speyer 1526, § 28 (Reichsabschiede [Anm. 29] II, 278. Auch hier wurden Kommissionen zur Beilegung der Praezedenzprobleme benannt, die ausgedehnte Untersuchungen anstellten, deren Wirken aber schließlich ergebnislos, nämlich mit der Formulierung der genannten Klausel endete. Vgl. *Friedensburg,* Speier (Anm. 1), 259ff. – Vorbilder dafür gab es schon auf der ersten Sitzung des Basler Konzils, vgl. *Heimpel,* Sitzordnung (Anm. 37); ferner ein Dekret Friedrichs III. schon in Regensburg 1471, vgl. *Helmrath,* Sitz und Geschichte (Anm. 55), 757, mit Bezug auf RTA 22,2, bearb. von H. Wolff, Nr. 111 (in Vorbereitung). – Die gleiche Salvationsklausel galt auch für die Ordnung in der Städtekurie 1471, vgl. *Isenmann,* Reichsstadt (Anm. 35), 105.

107 Vgl. *Arumaeus,* De comitiis (Anm. 31), c. 7, n. 106ff., 527ff.; *Crusius,* De praeeminentia (Anm. 3), l. I, c. 8, 82ff.; *Moser,* Teutsches Staatsrecht (Anm. 47), Bd. 4, 348ff.; *Zwantzig,* Theatrum (Anm. 2), II, 204ff.

108 Reichsabschiede (Anm. 29), II, 85.

109 Vgl. *Valentin von Tetleben,* Protokoll des Augsburger Reichstages 1530, hrsg. und eingel. von Herbert Grundmann, Göttingen 1958, 57: Der Kaiser, der genaue Anweisungen für das Zeremoniell seines Einzugs getroffen hatte, bat andererseits die Stände, „session und station und ander hendel ... ungeferlich“ zu halten, damit Friede und Einigkeit gewahrt würden, und sicherte ihnen zu, dies solle ihren Rechten keinen Abbruch tun. Ebd., 66f. heißt es unter dem Datum vom 19. VI., alle Kurfürsten und Fürsten seien beim Kaiser zusammengekommen und hätten beschlossen, daß alle streitenden Stände ihre Sachen binnen drei Monaten dem Kaiser schriftlich vorlegen sollten, worauf dieser binnen neun Monaten die Sachen endgültig entscheiden sollte. „...und soll daruber gemacht werden una altera bulla aurea inter principes non electores, welche seyn soll Bulla aurea

möglichen Fleiß fürwenden, nach Übergebung eines jeden Gerechtigkeit, in Jahrs Frist darnach, sie solcher Irrung der Session auf ziemliche leidliche Weg zu vereinen und zu vertragen“[110]. Auch dieser Anlauf blieb erfolglos; in den folgenden Abschieden mußte die Sache stets aufs neue vertagt werden[111].

Nachdem sowohl Karl V. als auch Ferdinand I. Kommissare dazu verordnet hatten, denen die Streitparteien ihre Deduktionen vorlegen sollten, und auf diese Weise tatsächlich einige Stände sich untereinander geeinigt hatten[112], brachte Maximilian II. unter dem wachsenden Druck der Finanzbedürfnisse erneut Bewegung in die Sache und machte in Speyer 1570 die besonders hartnäckigen Fälle zum Beratungsgegenstand des Reichstags. In der Proposition zeigte sich der Kaiser gewillt, die Konflikte mit dem Rat der Stände beizulegen. Kurfürsten und Fürsten kamen in ihren Beratungen aber überein, die Entscheidung der noch offenen Fragen dem Kaiser zu überlassen. Dieser replizierte, er sei bereit, die streitenden Parteien zu hören und „zu ehester gelegenhait“ Recht zu sprechen, und auch den bisher noch nicht zur Session gekommenen „die gebuerlich notturfft zuverordnen“. Doch sei es dazu erforderlich, „derweil dise session sachen mehrerthaills zwischen hohen furstlichen und sonnsten furnemen standts personen schwebig unnd also irer wichtigkhait nach wol guettes zeitlich nachdenckhens bedurfftig“, daß „churfursten, fursten und stende nach gelegenhait der ihenigen partheien unnd sachen uff ir ksl. Mt. erinnderens unnd begeern yemant aus

---

Caroli quinti, domydt in kumpftigen reichstagen und handlungen nicht alleweghe myth der session uffgehalten und verhindert“, wobei aber die alte Goldene Bulle vollständig in Kraft bleiben solle.

110 Reichsabschiede (Anm. 29), II, 328f. (§ 143).

111 Auf dem Reichstag in Nürnberg 1543 hatten etliche Stände den Reichstag wegen der Sessionsprobleme verlassen bzw. waren nicht erschienen, so daß es nun noch einmal nachdrücklich hieß: „Demnach wollen wir ... all und jede Stände, so der Session, Stand und Stimm auch Ausziehung und Vertrettung etlicher Stände halber in Irrung stehen, fürgefordert und betaget haben, auf nechsfolgenden Reichs-Tag, mit ihren Rechten und Gerechtigkeiten gefast zu erscheinen, allda sie nothdürfftiglich gehört, und gütlich vergleicht, oder endlich entschieden werden sollen.“ (Reichsabschiede [Anm. 29] II, 491, § 39). – In Worms 1545 stellte Karl V. in Aussicht, „mit Rath Churfürsten, Fürsten und gemeiner Ständ darüber gebührliche, güthliche oder endgültige Erledigung thun“ (ebd. II, 520, § 14 - 16); in den Reichsabschieden von 1548 (ebd. II, 546, § 105) und 1551 (ebd. II, 627, § 105f.) wurde stattdessen auf die dazu verordneten kaiserlichen Kommissare verwiesen.

112 Ferdinand I. verordnete mit Bezug auf die Reichsabschiede 1548 und 1551 in Augsburg 1559 (ebd. III, 175f., § 84) ebenfalls Kommissare, „doch allein zu gütlicher Handlung und Vergleichung ... Im Fall aber sie darin allerseits gütlich nicht vertragen werden möchten, wolen Wir alsdan auf nächst-künfftiger Reichs-Versammlung, etliche der Sachen unverwandte Churfürsten und Stände zu Uns ziehen, und sammt denselbigen nach gnugsamer Vernehmung jedes Theils habenden Gerechtigkeiten, in Sachen endlichen rechtlichen Ausspruch und Erkäntnüß thun“. Der nächste Reichsabschied Augsburg 1566 (ebd. III, 239, § 179) läßt darauf schließen, daß ein Teil der Sessionskonflikte inzwischen beigelegt war.

iren mitteln zu beratschlagung und erwegung einkhommen beschloßnen acten“ verordnen sollten[113].

Im Abschied dieses Reichstages hieß es dann, daß ein Teil der Konflikte gütlich verglichen, ein Teil an Austräge verwiesen, ein Teil aber noch offen sei, „dardurch dann die Stimmen in den Räthen abgehen“. Maximilian II. forderte – „auf Räthlich ermessen und Gutachten“ der Kurfürsten, Fürsten und Stände – die inzwischen verglichenen Parteien auf, die endgültige kaiserliche Erkenntnis zu erwarten, behielt sich diese also ausdrücklich vor. Den noch immer streitenden Parteien setzte er eine jeweils sechsmonatige Frist, um ihre Klagen beim Reichshofrat einzureichen, und stellte die endgültige Entscheidung in Aussicht: „was dann darauf von Uns mit Recht erkennt, darbey soll es endlich bleiben“, was dazu führte, daß eine Reihe von Fällen vor den Reichshofrat getragen wurde. Ferner erbot sich der Kaiser, den Ständen, die „hiebevor, so noch zur Zeit zu keiner Session kommen“, ihre „gebührliche Session und Stimm“ zuzuweisen, damit „das Reich an seinen Gliedern, Stimmen und Anlagen gestärckt würde“[114]. Insgesamt zeigte Maximilian II. einen deutlichen Willen zur Stärkung der kaiserlichen Entscheidungsgewalt in Sessionsfragen, konnte aber auch auf die Mitwirkung der Reichsstände selbst nicht verzichten.

Auf dem Reichstag in Regensburg 1576 proponierte er wiederum, „daß aus allen dreyen der Stände-collegiis etliche zu hinlegung und decidirung solcher streitigkeiten mit beygeordnet und zugegeben werden möchten“[115], sah sich aber im Reichsabschied gezwungen, die Weigerung der Stände zu akzeptieren. Diese entschuldigten sich: „dieweil diese streitige Session-Sachen dermassen beschaffen, daß dieselbige mehrertheils, die Chur- und Fürsten, so einander verwandt und befreundt, mit belangen thäten, darumb ihnen nicht gebühren wole, derselben Relation und Decision beyzuwohnen“[116]. Im Reichsabschied von Augsburg 1582 wiederholten die Stände ihre Weigerung; auch Rudolf II. sah sich genötigt, auf „gemeiner Stände Zuordnung“, die er in der Proposition

113 Der Reichstag zu Speyer 1570, bearb. von *M. Lanzinner,* Göttingen 1988, I, 129, 148, 174, 385 - 392 (Kurfürstenratsprotokoll), 556 (Fürstenratsprotokoll); 759f. (Replik des Kaisers). – *Lanzinner,* Friedenswahrung (Anm. 77), 317f., nennt die Behandlung der Sessionsfrage wie die der Münz- und Matrikelreform in Speyer 1570 „Routineangelegenheiten“, die entweder den Fachleuten überlassen oder gänzlich unbehandelt gelassen wurden, und zitiert ein Urteil der bayerischen Räte, es handele sich um „alte, verlegne haderstuck“.

114 Reichsabschied Speyer 1570, § 160 - 164 (Reichsabschiede [Anm. 29] III, 308f.; RTA JR Speyer 1570 [Anm. 113], II, 1253f.)

115 *Zwantzig,* Theatrum (Anm. 2), II, 208; *Moser,* Teutsches Staatsrecht (Anm. 47), Bd. 4, 361.

116 Reichabschied Regensburg 1576, § 112f. (Reichsabschiede [Anm. 29], III, 371). Von da an bis 1603 fehlt in den Reichsabschieden die bis dahin stets wiederholte Salvationsklausel.

gewünscht hatte, zu verzichten, und warf nun den Betroffenen vor, sie stritten sich in den Kurien, statt ihm ihre Klagen zügig und vollständig vorzulegen[117]. Jeder Stand war in irgendeiner Weise involviert und interessiert, kurz: Der Reichstag war strukturell überfordert, wenn er als Gegenstand des Praezedenzstreits zugleich das Instrument zu dessen Schlichtung abgeben sollte.

Nach dem jahrzehntelangen Hin- und Herschieben des Problems zwischen Kaiser und Ständen schlug Rudolf II. in seiner Proposition auf dem Reichstag Regensburg 1608 in resignierender Einschätzung des Dilemmas schließlich vor, „ob es nicht darhin zu bringen wäre, daß vielberührte sessions-streite einem unverdächtigen looß anvertrauet würden". Dies gereiche im Gegensatz zu einer „definitialis sententia" keinem Stand zur Verkleinerung, dem Gemeinwesen aber zu Nutz und Frommen. Jedenfalls sei es besser, dieses „delicate Fürsten-werck" den Ständen untereinander zu überlassen, als „den viam iustitiae zu prosequiren"[118]. Dieser immerhin bemerkenswerte Versuch, die Session mit Hilfe des Zufallsprinzips von der Rangfrage zu lösen, ging indessen in der Krise des Reichstags während des 30jährigen Kriegs unter und wurde danach nicht mehr aufgegriffen[119].

Auf dem Reichstag 1641[120] und erst recht nach dem Krieg lebten alte Konflikte wieder auf, und unzählige neue ergaben sich aus den verän-

---

117 Reichsabschied Augsburg 1582, § 72 (Reichsabschiede [Anm. 29], III, 410). Auf den folgenden Reichstagen in Regensburg 1594, 1598 und 1603 wiederholte der Kaiser das Vorhaben, „daß nach complirten Actis, Wir sampt etlichen, aus dem Mittel der dreyen Reichs-Räth hierzu deputirten Personen Uns, was hierunter von den Partheyen einkommen, referiren lassen, und nach Befindung, was recht seyn wird, erkennen und aussprechen wolten" (Reichsabschiede [Anm. 29] III, 442; III, 464; III, 513). Etliche Stände, so wurde beklagt, stritten sich wegen der Session weiterhin in den Kurien, statt ihre Klagen dem Kaiser vorzulegen, „ohne daß ihnen die verbleibende Abhelffung solcher Stritt selbst möchte zugemessen werden". – Fälschlich zitiert *Aulinger,* Bild des Reichstags (Anm. 16), 248, den Text des Reichsabschieds von 1500, Art. 53,1 (Anm. 29) als ein Dekret Rudolfs II. von 1603, das die Problematik endgültig bereinigt haben soll.

118 *Zwantzig,* Theatrum (Anm. 2), II, 207f.: Proposition Rudolfs II. vom 12. Jan. 1608. – Das Los als Möglichkeit der Schlichtung wurde auch von den Gelehrten stets erwogen: *Arumaeus,* De comitiis (Anm. 31), c. 7, n. 112, 531f.; *Crusius,* De praeeminentia (Anm. 3), l. I, c. 5, n. 27ff., 42ff. und c. 7, n. 13, 79f.; *Cocceji,* De praecedentia (Anm. 2), 19.

119 Im Reichsabschied Regensburg 1613 wurde nur mehr die übliche Salvationsklausel wiederholt (§ 16, Reichsabschiede [Anm. 29], III, 525).

120 Auf dem Reichstag in Regensburg 1640/41 wurden nach *Limnaeus,* Ius publicum (Anm. 2), t. IV, Add. ad l. IV, c. 9, 647ff., folgende Praezedenzkonflikte ausgetragen und teilweise auch beigelegt: 1. zwischen Österreich und Salzburg um das Direktorium; 2. zwischen Sachsen und Bayern; 3. zwischen Sachsen-Weimar und Sachsen-Altenburg; 4. zwischen dem Bischof von Bamberg und dem Deutschmeister; 5. zwischen den Bischöfen von Worms und Würzburg; 6. zwischen den Bischöfen von Eichstätt, Besançon und dem Deutschordensmeister, ferner den Bischöfen von Konstanz, Brixen und Straßburg und dem Abt von Hersfeld; 7. um den Platz des päpstlichen Legaten; 8. zwischen dem Pröbsten von Ellwangen,

derten macht- und konfessionspolitischen Konstellationen[121]. Ferdinand III. beanspruchte das Recht zur Entscheidung von Sessionsstreitigkeiten als Reservatum, das er indessen *communicative* mit Rat der Kurfürsten ausüben wollte. Obwohl in verschiedenen Fällen kaiserliche Dekrete ergingen[122] und die Stände auch im Jüngsten Reichsabschied wieder an die kaiserliche Instanz verwiesen wurden[123], blieb die Sessionsproblematik weiterhin grundsätzlich ungelöst, so daß etwa Leopold I. 1685 die Gesandten aufforderte, sie sollten „in sich gehen, den Endzweck, warum sie abgeschickt worden, zu Gemüth ziehen" und nicht „mit vergeblichen Ceremonial-Strittigkeiten sich nur occupiren und aufhalten, unterdessen dem werthen Vaterland augenscheinliche Gefahr und Nachtheil zuziehen"[124].

Es war eine seit dem späten 15. Jh. geläufige kaiserliche Mahnung an die Stände, das öffentliche Wohl nicht hinter ihren „privaten" Ehrenhändeln zurückzustellen[125]. Das kaiserliche Interesse an der Beilegung der Sessionskonflikte im Sinne eines effizienteren Ablaufs der Reichstage liegt auf der Hand. Doch obwohl das Reservatrecht des Kaisers, höchster Richter über alle Standesfragen im Reich zu sein, kaum je in Frage gestellt und die Zuständigkeit des Reichshofrats nie angefochten wurde[126], hatten die Verfahren vor dem kaiserlichen Gericht nur gerin-

---

Kempten und Murbach; 9. zwischen den Äbten von Corvey und Stablo; 10. zwischen Freising und Lüttich und schließlich 11. zwischen den Wetterauer und Schwäbischen Grafen: *Atque ita protestationibus & reprotestationibus omnia plena, per tota ferè comitia, potissimum autem initio & fine.*

121 So etwa die Konflikte, die sich 1653/54 im Anschluß an IPO Art. X, § 9 und Art. XI § 4 um die Frage entzündeten, wo die säkularisierten Bistümer Verden und Halberstadt zu rangieren hätten – auf der geistlichen Bank wollte man sie nicht mehr haben; also beanspruchten sie, auf der weltlichen Bank an der gleichen Stelle aufgerufen zu werden, an der sie zuvor auf der geistlichen Bank aufgerufen worden waren, was sich die betroffenen anderen weltlichen Fürsten wiederum nicht gefallen lassen wollten (vgl. *Moser,* Teutsches Staatsrecht [Anm. 47], Bd. 36, 41ff.). – Andererseits verhinderte die Fixierung des Territorialprinzips im Jüngsten Reichsabschied § 197 das Auftreten neuer Konflikte aufgrund von Erbteilungen. Vgl. *Waldemar Domke,* Die Viril-Stimmen im Reichs-Fürstenrat 1495 - 1654, Breslau 1882; *Schindling,* Westfälischer Frieden (Anm. 81), 125f.; ferner *Andreas Müller,* Der Regensburger Reichstag von 1653/54. Eine Studie zur Entwicklung des Alten Reiches nach dem Westfälischen Frieden, Frankfurt a.M. u.a. 1992, 227ff.

122 Vgl. *Moser,* Teutsches Staatsrecht (Anm. 47), Bd. 4, 366ff.

123 Reichsabschied 1654, § 196 (Reichsabschiede [Anm. 29], III, 677f.).

124 So das kaiserliche Kommissionsdekret vom 14./24. April 1685 (Reichsabschiede [Anm. 29], IV, 154ff.).

125 *publica ne pereant privatos propter honores commoda,* so in einer Ode von Hieronymus Arconatus an die Reichsstände, zitiert bei *Arumaeus,* De sessionis praerogativa (Anm. 43), 3; *ders.*, De comitiis (Anm. 31), c. 7, n. 101, 523f.

126 Vgl. *Limnaeus,* Ius publicum (Anm. 2), l. II, c. 9, n. 91 - 93, 126, wonach dieses Recht dem Kaiser allerdings nicht seit jeher zugestanden habe; eindeutig hingegen *Besold,* De praecedentia (Anm. 2), c. 2, 116; *Cocceji,* De praecedentia (Anm. 2), 21; ausführlich *Crusius,* De praeeminentia (Anm. 3), l. I, c. 8, n. 11ff., 85ff.; *Zwantzig,* Theatrum (Anm. 2), II, 204, 206, 208; nach ausführlicher Abwä-

gen Erfolg. Auch der Kaiser konnte Ränge nicht nach Belieben umordnen, niemandem willkürlich seinen Platz nehmen[127]. Das kaiserliche Gericht mußte materiell Recht sprechen – zu einer rein formalen Entscheidung – das zeigt die Ablehnung des Losverfahrens – reichte die kaiserliche Autorität nicht aus. Das machte umständliche Beweisverfahren erforderlich und gab der unterlegenen Partei überdies immer die Möglichkeit, ein ergangenes Urteil mit der Begründung zu ignorieren, man habe noch nicht alle Beweise vorgebracht. Solche Verfahren, die mit immensem Aufwand an Gelehrsamkeit betrieben wurden, zogen sich über Jahrzehnte hin; umfangreiche juristische Beweiswürdigungsverfahren verliefen nach langem Hin und Her oft ganz einfach im Sande.

Ein gut dokumentiertes Beispiel dafür ist der schon erwähnte Konflikt zwischen den Städten Aachen und Köln, der sich von der Mitte des 15. bis ins 18. Jahrhundert hinzog. Der Streit wurde zunächst auf dem Frankfurter Städtetag 1539 und anschließend innerhalb der Städtekurie auf dem Regensburger Reichstag 1541 zugunsten des Possessors, nämlich Kölns, entschieden. Dieser städteinterne Schiedsspruch wurde von Aachen aber nicht ratifiziert. Der Speyrer Abschied von 1570 führte dann dazu, daß Aachen gegen Köln eine offizielle Klage einreichte. Nachdem jede Seite ihren Schriftsatz vorgelegt hatte, setzte der Kaiser Kommissare ein, die in beiden Städten umfangreiche Beweisaufnahmeverfahren in Gang setzten. Die dazu vorgeschriebenen Fristen mußten mehrfach verlängert werden; die Beweiswürdigung zog sich über Jahre hin; jede Seite stellte die Beweiskraft der vom Prozeßgegner beigebrachten Zeugnisse grundsätzlich in Frage. Eine richterliche Entscheidung der Sache, die mit so ungeheurem Aufwand an Gelehrsamkeit und Zeit betrieben worden war, ist indessen nicht bekannt und möglicherweise auch nie ergangen; jedenfalls lebte der Präzedenzstreit bei den Kaiserkrönungen noch im 18. Jh. immer wieder auf[128].

---

gung des Für und Wider auch *Moser,* Teutsches Staatsrecht (Anm. 47), Bd. 4, 378f. – Allg. zum Kaiser als oberstem Richter in Standesfragen zuletzt *Roellecke,* Das Ende des römisch-deutschen Kaisertums (Anm. 51). – Zum umständlichen reichshofrätlichen Beweisverfahren, das die Bestimmung des Beweisthemas den Parteien selbst überließ und sich damit weitgehend richterlicher Kontrolle entzog, vgl. *Wolfgang Sellert,* Prozeßgrundsätze und Stilus Curiae am Reichshofrat im Vergleich mit den gesetzlichen Grundlagen des reichskammergerichtlichen Verfahrens, Aalen 1973, 294ff.

127 Im Gegensatz zum französischen König, der z.B. in der Lage war, die traditionelle Reihenfolge der Konsultation bei einem Lit de Justice im Pariser Parlament – die der Umfrageordnung im Reichstag entfernt vergleichbar ist – willkürlich umzuverteilen und Richelieu und die Prinzen von Condé und Soissons vor den Parlamentspräsidenten um ihre Voten zu bitten. Vgl. *Hanley,* Lit de justice (Anm. 8).

128 Einzelheiten des Verfahrens bei *Beemelmans,* Sessionsstreit (Anm. 103); zuletzt *Helmrath,* Sitz und Geschichte (Anm. 55).

Weder der Reichstag selbst noch der Kaiser als höchster Richter waren also in der Lage, die Probleme grundsätzlich zu lösen. Da es keine Entscheidungsinstanz von ausreichender Autorität und sachlicher Neutralität gab, schoben Stände und Kaiser die Sache vielmehr gegenseitig hin und her und trugen gleichermaßen zu deren Verschleppung bei. Johann Jakob Moser urteilte, es sei Kaiser und Ständen gleichermaßen anzulasten, daß die vielen Anläufe zu einer generellen Regelung immer wieder gescheitert seien: Der Kaiser wolle es sich mit den großen Häusern nicht verderben und deren „ewigen Haß auf sich laden". Die Stände umgekehrt seien letztlich nicht bereit, sich dem kaiserlichen Urteil zu unterwerfen, sondern pflegten sich dem „unter allerley Vorwand" zu widersetzen[129]. So kam es niemals zu der verbindlichen und endgültigen, positiven Sessionsregelung nach Art der Goldenen Bulle, die immer wieder von Juristen gefordert wurde[130].

Wenn also weder der Kaiser noch die Gesamtheit der Stände das Problem in der Sache lösen, d.h. eine nach materiellen Kriterien geordnete Rangfolge festlegen konnten, diesen Anspruch aber im Prinzip dennoch nie aufgeben wollten, wie ging man dann angesichts der unzähligen ungelösten Streitfälle überhaupt miteinander um?

Die praktikabelste Lösung bestand darin, daß man die Konflikte selbst gewissermaßen ritualisierte[131]: Man verständigte sich untereinander – auf der Ebene von Austrägen oder informellen kurieninternen Absprachen unter den Betroffenen – auf „Alternation", d.h. auf täglichen Wechsel der Sitze[132]. Da meist nicht nur zwei Stände beteiligt waren und oft auch die verschiedenen Linien eines Fürstenhauses untereinander alternierten, ergaben sich höchst komplizierte Modelle des täglichen Sitztauschs nach verschiedenen „Strophen", die bis ins späte 18. Jahrhundert in Geltung blieben[133]. Damit hielt man die materielle Entscheidung

---

129 *Moser,* Teutsches Staatsrecht (Anm. 47), Bd. 4, 377f.

130 Vgl. oben Anm. 109 zum Plan einer Goldenen Bulle für die Fürstenkurie unter Karl V.; eine solche Regelung forderten *Arumaeus,* De sessionis praerogativa (Anm. 43), 3 (*pragmatica aliqua ad instar Bullae Aureae*); *Limnaeus,* Ius publicum (Anm. 2), l. IV, c. 9, n. 54, 310; *Rousset,* Mémoires sur le rang (Anm. 49), 186 (der Rang auf Reichstagen bedürfe der *loix fondamentales,* an die jeder gebunden sei).

131 Vgl. dazu auch die Überlegungen von *Edelman,* Politik als Ritual (Anm. 14), 83: Wo ein Interessenkonflikt sich nicht eliminieren läßt, da wird er meist „ritualisiert", was die soziale Interaktion erleichtert.

132 Zum Mittel der Alternation vgl. *Arumaeus,* De comitiis (Anm. 31), c. 7, n. 108ff., 530f.; *Limnaeus,* Ius publicum (Anm. 2), l. IV, c. 9, n. 98, 326; *Besold,* De praecedentia (Anm. 2), c. 3, 122; *Crusius,* De praeeminentia (Anm. 3), l. I, c. 7, n. 1ff., 75ff.; *Lünig,* Theatrum (Anm. 49), I, 29.

133 Vgl. vor allem das oben genannte Beispiel von der weltlichen Fürstenbank: Württemberg und Pommern einigten sich auf dem Regensburger Reichstag 1576 darauf, „allezeit" zu alternieren, und Baden und Hessen wurden in diese Alternation einbezogen. 1640 erreichte Mecklenburg die Einbeziehung in das Schema; 1641 suchte auch Holstein dies durchzusetzen. – Zum Stand der Dinge in der

in der Schwebe und überwand gleichzeitig die paralysierende Wirkung des Streits. Der Konflikt blieb in der Ritualisierung gegenwärtig, aber störte nicht mehr das gemeinsame Handeln.

Dieses Verfahren erscheint überaus charakteristisch für die eigentümliche „Unausgetragenheit" der Reichsverfassung im allgemeinen[134]: Auch andere Materien kamen immer wieder auf die Tagesordnung und brachten es niemals zu einer generellen und verbindlichen Regelung, etwa die Frage der Matrikel als Grundlage der Reichssteuern[135] oder später die Frage einer beständigen kaiserlichen Wahlkapitulation[136]. Offenbar war das Interesse aller Seiten an einer definitiven Regelung nicht groß genug bzw. bot das nur provisorische, hinhaltende Umgehen damit gewisse Vorteile[137]. Was aus der Sicht einer modernen Verfassungsrationalität undenkbar ist – nämlich daß man innerhalb einer gemeinsamen Verfassungsordnung mit fortgesetzt konkurrierenden Rechtsansprüchen dauerhaft leben konnte – war unter vormodernen Verhältnissen womöglich durchaus funktional: Nur so blieben innerhalb des rechtlich zunehmend starren Reichssystems informelle Spielräume, die das Ganze in Grenzen flexibel und anpassungsfähig hielten.

V.

Christian Thomasius widmete das erste Heft seiner satirischen Zeitschrift „Monats-Gespräche" (1688) den Herren „Monsieur Tarbon und Monsieur Bartuffe". Eigentlich galt die Zueignung den Herren Tartuffe und Barbon – also den Personifikationen von Scheinheiligkeit und

---

Spätzeit des Reiches vgl. die Schemata etwa bei *Rousset,* Mémoires sur le rang (Anm. 49), 195f.; *König,* Reichs-Täge (Anm. 82), 318ff., 369ff.; *Johann Stephan Pütter,* Institutiones juris publici Germanici, Göttingen 1770, Bd. 1, 122f. Nach diesen Aufrufzetteln wurden alle Stände auch dann penibel aufgerufen, wenn „niemand ihretwegen legitimiret oder gegenwärtig ist" (*Moser,* Teutsches Staatsrecht [Anm. 47], Bd. 36, 59).

134 So die treffende Formulierung von *Neuhaus,* Repräsentationsformen (Anm. 86), 19f.

135 An der definitiven Lösung solcher Sachfragen war u.U. den Ständen überhaupt nicht gelegen, wie etwa Lanzinner für das Problem der Matrikelregulierung gezeigt hat: Daran waren die Stände letztlich gar nicht interessiert, weil es eine unanfechtbare Grundlage der Besteuerung bedeutet und damit „ein Obrigkeitsverhältnis zwischen Kaiser und Ständen" herbeigeführt hätte. (*Lanzinner,* Friedenssicherung und politische Einheit [Anm. 77], 523f.)

136 Vgl. zur Capitulatio perpetua und den anderen 1654 zurückgestellten Materien, die zur Perpetuierung des Regensburger Reichstags von 1663 führten, *Schindling,* Anfänge, 230f. und *ders.*, Westfälischer Frieden, 142 (beide Anm. 81): „Indem der Reichstag nach 1648 die meisten „negotia remissa" unerledigt ließ, wirkte er zugunsten der Kontinuität der hierarchischen Reichsverfassung."

137 Allg. zur Tendenz des „Temporisierens", des Aufschubs von Sachfragen zur Entlastung der Verhandlungen durch „Verlagerung des Konfliktpotentials auf eine andere Handlungsebene" *Luttenberger,* Reichspolitik (Anm. 9), 50. – Vgl. auch die Überlegungen von *Gabriele Haug-Moritz,* Kaisertum und Parität. Reichspolitik und Konfessionen nach dem Westfälischen Frieden, in: ZHF 19 (1992), 454 - 482, bes. 455ff.

Pedanterie. „Aber“, so erläutert Thomasius ironisch, „ich bin ein wenig delicat in Ceremonien, und habe bald Anfangs einen wichtigen Zweiffel bey mir wegen der Herren Praecedenz empfunden“ – nämlich wer von beiden den Vorrang verdiene. „Was solte ich nun thun in diesen Aengsten?“ Er habe erwogen, ob er die beiden „als alternirende Stände tractiren“ solle. „Ja es ist mir wohl auch diese Invention beygefallen, daß ich eure beyden Nahmen in einen Circkel setzen liess, damit alle praecedentz vermieden würde“. Schließlich sei er auf die „herrliche invention“ verfallen, um „den vornehmen Leuten an ihrem Range nichts zu vergeben, das Bar zu dem tuffe, das Tar aber zu dem bon [zu] setzen, und also ist es kommen, daß Monsieur Barbon auff dem Titel mit dem Hintertheile oben, mit dem Vordertheile aber unten zu stehen kommen, und vice versa per contra positionem Monsieur Tartuffe mit dem Vordern oben, mit dem Hintersten aber unten...“[138].

Einem Aufklärer wie Thomasius waren Präzedenzkonflikte nur mehr lächerlich[139], während das Zeremonialwesen an den Höfen doch zur gleichen Zeit noch immer weiter verfeinert, immer akribischer dokumentiert wurde[140]. Eine besonders exponierte Bühne der Praezedenz im Reich wurden die Einzüge, Audienzen und Bankette des Kaiserlichen Prinzipalkommissars in Regensburg, deren Zeremoniell ebenfalls Gegenstand penibelster Beachtung und erbitterter Konflikte war[141].

---

138 *Christian Thomasius,* Freymüthige Lustige und Ernsthaffte iedoch Vernunfft- und Gesetz-mäßige Gedancken Oder Monats-Gespräche, Halle 1690, in: Deutsche Schriften, hrsg. von Peter von Düffel, Stuttgart 1970, hier Jan. 1688, 57ff. – Vgl. dazu *Manfred Beetz,* Frühmoderne Höflichkeit. Komplimentierkunst und Gesellschaftsrituale im altdeutschen Sprachraum, Stuttgart 1990, 264f.

139 Vgl. etwa *Friedrich Benedict Carpzov,* Oratio auspicialis de eo, quod in jure proedriae ridiculum est/ Von lächerlichen Rang-Streiten/ eidemque praemissum programma de jure proedriae naturali, Wittenberg 1742.

140 Zuletzt zusammenfassend *Volker Bauer,* Die höfische Gesellschaft in Deutschland von der Mitte des 17. bis zum Ausgang des 18. Jhs., Tübingen 1993; *Rainer A. Müller,* Der Fürstenhof in der Frühen Neuzeit (Enzyklopädie deutscher Geschichte, 33), München 1995; vgl. ferner die theoretische Skizze von *Aloys Winterling,* „Hof“. Versuch einer idealtypischen Bestimmung anhand der mittelalterlichen und frühneuzeitlichen Geschichte, in: Mitteilungen der Residenzen-Kommission der Akad. der Wiss. zu Göttingen 5 (1995), 16 - 21.

141 Vgl. *R. Freytag,* Vom Sterben des Immerwährenden Reichstags, in: Verh. des Histor. Vereins von Oberpfalz und Regensburg 84 (1934), 185 - 235; *Karl Möseneder* (Hrsg.), Feste in Regensburg. Von der Reformation bis in die Gegenwart, Regensburg 1986, 145ff., 153ff., 200ff., 236ff. (beide mit instruktiven Abbildungen); *Winfried Dotzauer,* Die Ankunft des Herrschers. Der festliche „Einzug“ in die Stadt (bis zum Ende des Alten Reichs), in: AKG 55 (1973), 245 - 288; wenig brauchbar hingegen *Rudolf Reiser,* Adeliges Stadtleben im Barockzeitalter. Internationales Gesandtenleben auf dem Immerwährenden Reichstag zu Regensburg, München 1969. – Ausführlich zu den Rangkonflikten am Hof des Prinzipalkommissars etwa *Johann Jakob Moser,* Vermischte Abhandlungen aus dem Europäischen Völcker-Recht wie auch von Teutschen und andern Europäischen Staats- und Cantzley-Sachen, Frankfurt a.M. 1756, 214 - 263; *König,* Reichs-Täge (Anm. 82), 79ff., 120ff., 156ff., 188ff.

Wieso gelang erst der Aufklärung die nachhaltige Entzauberung des zeremoniellen Verfahrens[142], wo doch das moraltheologische Instrumentarium zu dessen Kritik spätestens seit der Reformation bereitgestanden hatte[143]? Was ließ die Sessionsproblematik des Reichstags zum Anachronismus werden?

Erst die Durchsetzung des Souveränitätsprinzips sorgte zwischen den Staaten ebenso wie in ihrem Innern zwischen den einzelnen Bürgern für klare Verhältnisse hinsichtlich des Ranges. Das Vernunftrecht lehrte, Rangordnungen innerhalb der Staaten als willkürlich und obrigkeitlich gesetzt zu verstehen. „Unter den Bürgern Rangfolgen festzulegen ist Sache der höchsten Gewalt", heißt es bei Pufendorf klipp und klar[144].

Man unterschied nun zwischen „natürlichen" Vorzügen der Menschen aufgrund von körperlicher oder seelischer Vollkommenheit, die aber aus sich heraus keine Rechtsunterschiede hervorbringen könnten, und arbi-

---

142 Vgl. *André Holenstein,* Huldigung und Herrschaftszeremoniell im Zeitalter des Absolutismus und der Aufklärung, in: Gerteis (Hrsg.), Wandel (Anm. 7), 21 - 46, hier 37 ff.; ferner *Gotthardt Frühsorge,* Vom Hof des Kaisers zum „Kaiserhof". Über das Ende des Ceremoniels als gesellschaftliches Ordnungsmuster, in: Euphorion 78 (1984), 237 - 265; *Jörg Jochen Berns,* Der nackte Monarch und die nackte Wahrheit. Auskünfte der deutschen Zeitungs- und Zeremoniellschriften des späten 17. und frühen 18. Jhs. zum Verhältnis von Hof und Öffentlichkeit, in: Daphnis 11 (1982), 315 - 349; vgl. auch die ältere Detailstudie von *Hermann Weber,* Das Sacre Ludwigs XVI. vom 11. Juni 1775 und die Krise des Ancien Régime, in: E. Hinrichs u. a. (Hrsg.), Vom Ancien Régime zur Französischen Revolution, Göttingen 1978, 539 - 565.

143 Eine gerade Linie führt von Luthers Symbolkritik zu der Vorrede von *Lünig,* Theatrum (Anm. 49): Aus moralischer Sicht erschien das Zeremonialwesen als „Brut der verderbten menschlichen Natur und sündigen Affecten", nämlich Ehrgeiz, Verschwendungssucht, Eitelkeit und so fort. Selbst Lünig, der eifrigste Sammler und unbestrittene Fachmann auf diesem Gebiet, hielt Zeremonien für bloß äußere Zeichen der Ehrerbietung, die „offtmahls nur in der opinion gegründet" seien und die ein „großes Gemüt" verachten könne. Vgl. auch die Auseinandersetzung mit den moraltheologischen Argumenten bei *Besold,* De praecedentia (Anm. 2), 122 f. – Zu Luthers Symbolkritik zuletzt *Jörg Jochen Berns,* Luthers Papstkritik als Zeremoniellkritik, in: Berns/Rahn (Hrsg.), Zeremoniell als höfische Ästhetik (Anm. 7), 157 - 173.

144 Vgl. *Samuel Pufendorf,* De officio hominis et civis, ND der Ausg. Cambridge 1682, New York 1927, II, 14, De existimatione: Pufendorf unterscheidet zwischen *existimatio simplex* und *intensiva,* und zwar jeweils im Naturzustand und im Staat. Die „einfache" Reputation, die jedem Menschen zusteht, geht verloren, wenn man gegen die natürlichen oder – im Staat – gegen die positiven Gesetze vestößt, im Staat aber auch durch bloße *condicio,* etwa bei Sklaven oder unehrenhaften Berufen. Mit *existimatio intensiva* meint Pufendorf die soziale Rangfolge, den unterschiedlichen Ehrenvorrang, wobei er Ehre definiert als „Ausdruck unseres Urteils über jemandes Vorrang" (*significatio judicii nostri de alterius praestantia*). Die Grundlagen solchen Ehrenvorrangs, nämlich natürliche und Glücksgaben aller Art, vermögen aber kein vollkommenes Recht zu begründen. Ein vollkommenes, d. h. erzwingbares Recht auf Ehrerbietung – oder deren äußere Zeichen (*aut ejus insignia*) – erwächst nur *vel ex imperio ... vel ex pacto ... vel ex lege. Inter cives autem gradus dignitatis designare summi imperantis est,* wobei ein Kriterium dafür der Dienst im Staat sei. Fürsten und ganze Nationen beanspruchten zwar ebenfalls eine Rangfolge untereinander aufgrund von Alter, Größe, Macht, Wohlstand oder Glanz ihres Titels, aber all das begründe kein vollkommenes Recht.

tären, „künstlichen" Vorzügen in der *societas civilis,* die allein „vollkommene", d.h. erzwingbare Rechte begründeten[145]. Diese klare vernunftrechtliche Differenzierung ermöglichte es, unterschiedliche Normbereiche deutlich auseinanderzuhalten: Vorrechte, die in der *societas civilis* vom Gesetzgeber sanktioniert waren (*iustum*), ließen sich trennen von den „wahren" Tugendvorzügen, deren Erkenntnis der Moral überlassen blieb (*honestum*). Von dieser verinnerlichten und individualisierten Moral konnte dann wiederum der Bereich all jener Konventionen unterschieden werden, die den Umgang der Menschen untereinander gefällig machten, die aber weder rechtliche noch moralische Qualität im genannten Sinne hatten (*decorum*)[146]. Der größte Teil der Materien, mit denen sich das Ius praecedentiae beschäftigt hatte, wurde aus der Jurisprudenz ausgegliedert und zum Gegenstand einer Lehre vom *decorum,* einer neuen Gesellschaftsethik gemacht[147].

Wo es indessen keinen souveränen Richter gab und auch an eine göttliche Ordnung der Ränge nicht mehr mehr geglaubt wurde, da galt der Gleichheitsgrundsatz: Zwischen den Staaten abstrahierte das Souveränitätsprinzip von traditionellen Rangunterschieden. Aus der Sicht des modernen Völkerrechts galten die Souveräne untereinander als im Stand natürlicher Gleichheit, da sie keinem gemeinsamen Richter unterworfen waren und es zwischen ihnen keine erzwingbaren Rechte und Pflichten gab[148]. Als ein-

145 In diesem Sinne etwa *Ludwig Martin Kahle,* De praecedentia gentium, Göttingen 1738; *Christian Gottfried Hofmann,* Dissertatio de fundamento decidendi Controversias de praecedentia inter liberas gentes, Leipzig 1721; pragmatisch *David Georg Strube,* Wiefern Rangstreitigkeiten Justizsachen sind?, in: ders., Rechtliche Bedenken, Hannover 1768, Bd. 3, Nr. CXXIX, 441 - 446.

146 Zu dieser Differenzierung vor allem bei Christian Thomasius und seiner Schule vgl. *Werner Schneiders,* Naturrecht und Liebesethik. Zur Geschichte der praktischen Philosophie im Hinblick auf Christian Thomasius, Hildesheim/New York 1971; *Jutta Brückner,* Staatswissenschaften, Kameralismus und Naturrecht. Ein Beitrag zur Geschichte der politischen Wissenschaft im Deutschland des späten 17. und frühen 18. Jahrhunderts, München 1977, 112ff.; *Beetz,* Höflichkeit (Anm. 138), 286ff.

147 In diesem Sinne kritisiert *Rohr,* Ceremoniel-Wissenschafft der Grossen Herren (Anm. 49), Vorrede, § 1, daß das Zeremonienwesen bisher vor allem „als ein Stück des Juris Publici eines jeden Landes" betrieben worden und „zu sehr nach den Juristischen Leisten zugeschnitten" gewesen sei, so daß es inzwischen weitgehend unzeitgemäß geworden sei. – Hingegen grenzt noch *Stieve,* Hof-Ceremoniel (Anm. 49), 3, dieses von bloßer Höflichkeit, Komplimentierkunst und dergl. ab: „Der Ursprung solches Ceremoniels, ist nicht, wie etwan bey den Complimentisten, die Höflichkeit, denn diese hat keine Leges: sondern vielmehr die aus einer grössern Dignität ... herrührende Superbia, welcher man die Qualitatem Juris zueignet". – Vgl. zur Gesellschaftsethik *Beetz,* Höflichkeit (Anm. 138); *Henning Scheffers,* Höfische Konvention und die Aufklärung. Wandlungen des honnêtehomme-Ideals im 17. und 18. Jh., Bonn 1980; *Alain Montandon* (Hrsg.), Über die deutsche Höflichkeit. Entwicklung der Kommunikationsvorstellungen in den Schriften über Umgangsformen in den deutschsprachigen Ländern, Bern 1991.

148 Vgl. allg. *Carl Schmitt,* Der Nomos der Erde im Völkerrecht des Ius publicum Europaeum, Köln 1950.

zige Grundlage für den Umgang freier und unabhängiger Staaten miteinander blieb dann die *lex universalis,* daß keiner vom anderen verlangen könne, was er umgekehrt selbst nicht zu leisten bereit sei[149].

Wenn Rangkonflikte zwischen den souveränen Mächten dennoch notorisch blieben, so ist dies kein Indiz dafür, daß man an der Fiktion eines geheiligten *ordo immutabilis* der Christenheit festgehalten hätte, im Gegenteil[150]. Je mehr die Autorität der vor allem von der päpstlichen Kurie autorisierten Rangordnung aller Monarchen schwand, desto disponibler wurde das diplomatische Zeremoniell, desto besser eignete es sich als Mittel des politischen Kalküls zur feinsten Nuancierung der diplomatischen Beziehungen[151].

Angesichts seiner Instrumentalisierbarkeit und des Verlusts seiner geheiligten Aura kollidierte das zeremonielle Handeln, auf bloße Äußerlichkeit reduziert, mit dem antihöfischen Ideal unverstellter Aufrichtigkeit[152]. (Nur am Rande sei bemerkt, daß die aufklärerische Tyrannei der Intimität der unreflektierten Ritualisierung des vermeintlich Authentischen, Spontanen und Individuellen Vorschub leistete. Das zeigte sich allerdings erst zu Ende des Jahrhunderts: Die Revolution konnte der Symbole und Mythen genausowenig entraten wie zuvor die traditionale Herrschaft[153].) Teilten aufgeklärte Monarchen dieses Verhaltensideal und verzichteten auf „leeres Gepränge", auf „unnütze und frivole Zeremonien" – wie Friedrich der Große oder Joseph II.[154] –, so deshalb, weil sie sich im inneren „Selbstgefühl der wahren Macht" wußten[155].

---

149 So *Hofmann,* De fundamento (Anm. 145), 34: *natura omnes gentes esse liberas ac independentes, ita esse aequales, ut nulla ab altera aliquid exigere possit, quod alteri reciproce praestare nolit;* ebenso *Kahle,* De praecedentia (Anm. 145), 15 ff.; vgl. auch die Klage von *Zwantzig,* Theatrum (Anm. 2), I, 12: Heutzutage wolle jeder Fürst seinen Rang nur noch „nach der königlichen Autorität, würde und souverainität abmessen, als welche keine distinction leidet".

150 Vgl. etwa den zunehmenden Abbau der zeremoniellen und Titulatur-Vorrechte des Kaisers vor den anderen europäischen Monarchen im 17. Jh.; so *Heinz Duchhardt,* Imperium und Regna im Zeitalter Ludwigs XIV., in: HZ 232 (1981), 555 - 581, hier 577 ff.

151 Vgl. *William Roosen,* Early Modern Diplomatic Ceremonial. A Systems Approach, in: JMH 52 (1980), 452 - 476; zuletzt *Barbara Stollberg-Rilinger,* Höfische Öffentlichkeit. Zur zeremoniellen Selbstdarstellung des brandenburgischen Hofes vor dem europäischen Publikum, in: FBPG N. F. 7 (1997), 144 - 176.

152 Zur Genese des aufklärerischen Aufrichtigkeitsideals *Karl-Heinz Göttert,* Kommunikationsideale. Untersuchungen zur europäischen Konversationstheorie, München 1988; *Ursula Geitner,* Die Sprache der Verstellung. Studien zum rhetorischen und anthropologischen Wissen im 17. und 18. Jahrhundert, Tübingen 1992.

153 Vgl. – in anderem Zusammenhang – *Soeffner,* Ordnung der Rituale (Anm. 14), 102 ff. – Zur Revolution *Hunt,* Symbole der Macht (Anm. 8); ferner *Inge Baxmann,* Die Feste der Französischen Revolution. Inszenierung von Gesellschaft als Natur, Weinheim/Basel 1989.

Unter diesen Umständen mußte die Sessionsproblematik des Reichstags von den Zeitgenossen zunehmend als anachronistisch empfunden werden. Während das Souveränitätsprinzip zeremonielles Verhalten zwischen den Untertanen eines Staates tendenziell auf eine Frage der bloßen Etikette, zwischen den Staaten aber auf eine Frage der politischen Nützlichkeit reduzierte, lagen die Verhältnisse im Reich, das sich bekanntlich der souveränen Staatlichkeit nicht fügte, anders. Nur Kaiser und Reichsstände könnten sich nicht dazu durchringen, so beklagte Johann Jakob Moser, „den Reichs-Convent auf eben den Fuß zu setzen, als nunmehro bey fast allen Congressen derer Europäischen Souverainen zu geschehen pfleget“[156]. Der Bestand des Reiches verhinderte bis zum Schluß, daß Rangfragen sich erledigten und die politische Existenz der Reichsstände auf die Alternative „Souverän oder Untertan“ reduziert wurde. Zwischen ihnen blieb zeremonielles Handeln stets eine Frage des *iustum,* des Rechts, und war daher für die Beteiligten weit weniger disponibel und instrumentalisierbar als zwischen Souveränen. Änderungen bedurften des zumindest stillschweigenden Konsenses der Betroffenen und waren gegen deren Widerstand nicht zu erzwingen. Wie die Reichsverfassung insgesamt, so erstarrte auch die hierarchische Rangordnung der Stände im Recht[157].

Für das aufgeklärte Publikum wurde das Theatrum praecedentiae des Reichstags zum lächerlichen Komödienspiel, das sich von wirklicher politischer Macht ebenso weit entfernt hatte wie von wahrer, verinnerlichter Moral. Wenn zeremonieller Aufwand nur mehr als konventionelles, technisches Mittel zu vernünftigen Zwecken des Gemeinwohls oder der Staatsräson zu rechtfertigen war, so konnte das Reichstagszeremoniell gerade diesem Maßstab offensichtlich nicht genügen. Kein Wunder also, wenn sich die Juristen entrüsteten über die „schwere Menge weitläufftiger, ... eckelhaffter ... Ceremoniel- Streit- und Kleinigkeiten“, die „auswärtigen Nationen billig unbegreifflich scheinen“[158].

* * *

---

154 Friedrich II. an Voltaire, 27. Juni 1740, in: Briefwechsel Friedrichs des Großen mit Voltaire, hrsg. von Reinhold Koser und Hans Droysen, Leipzig 1908 - 1917, Bd. 2, Nr. 136, 10 („cérémonies inutiles et frivoles que l'ignorance a établies et que la coutume favorise“ in bezug auf die Huldigung seiner Untertanen); vgl. *Holenstein,* Huldigung und Herrschaftszeremoniell (Anm. 142), 41.

155 So die treffende Formulierung bei *Karl von Rotteck/Carl Welcker* (Hrsg.), Staats-Lexicon, Bd. 3, Altona 1836, 392 - 398, s. v. Ceremoniel.

156 *Moser,* Teutsches Staatsrecht (Anm. 47), Bd. 43, 449.

157 So treffend *Roellecke,* Das Ende des römisch-deutschen Kaisertums (Anm. 51).

158 So *Moser,* Teutsches Staatsrecht (Anm. 47), Bd. 43, 449.

Dieses Unverständnis der aufgeklärten Kritiker hat lange einem angemessenen Verständnis des vormodernen Reichstags im Weg gestanden und daran gehindert zu sehen, was hier gezeigt werden sollte, nämlich:

1. Der Reichstag und nur er ermöglichte die vollständige Selbstinszenierung der Adelsgesellschaft des Reiches als einer hierarchischen Gesamtordnung. An dieser Ordnung teilzuhaben und den darin beanspruchten Rang zu behaupten, war für jeden Reichsstand die unverzichtbare Grundlage seiner politisch-sozialen Identität.

2. Die auf dem Reichstag konstituierte Rangordnung unterlag wie die ganze Reichsverfassung einer allgemeinen Verrechtlichung. Indem die Reichspublizistik alle Rangfragen als *Ius praecedentiae* dokumentierte und systematisierte, trug sie nachhaltig zu deren Konservierung bei.

3. Die zeremonielle Form der Reichstage, die Session, bestimmte zugleich deren Beratungsverfahren. Dieses Verfahren trug dem Umstand Rechnung, daß es sich bei den Beteiligten um rechtlich, politisch und sozial extrem ungleiche, aber prinzipiell stets eigenberechtigte und eigenverantwortliche Herrschaftsstände (bzw. deren Gesandte) handelte. Für eine Versammlung von ständischer Heterogenität, personaler Partizipation und begrenzter politischer Integration wie den Reichstag war diese zeremonielle Form der adäquate Verfahrensmodus.

4. Die strukturelle Problematik lag darin, daß die subjektiven Rechtsansprüche der einzelnen Stände sich nicht zu jener Ordnung des Ganzen summierten, von der man ausging. Der Umgang mit den daraus resultierenden notorischen Sessionskonflikten ist kennzeichnend für den Modus der Konfliktbewältigung im Reich allgemein: Ließen sich Konflikte nicht sachlich austragen, so wurden sie formalisiert und ermöglichten so trotzdem gemeinsames Handeln der Kontrahenten.

5. Das Souveränitätsprinzip machte zeremonielles Handeln zwischen den Staaten zu einer Sache der politischen Nützlichkeit und zwischen den Bürgern zu einer Sache der privaten Höflichkeit – nur zwischen den Reichsständen blieb es eine Angelegenheit des öffentlichen Rechts und erstarrte zum Anachronismus.

Humanistische Politik zwischen Reformation und alter Kirche

Hieronymus Vehus und die lutherische Frage auf den Reichstagen der Reformationszeit

Von Thomas Fuchs, Gießen

I.

Der markgräflich-badische Kanzler Hieronymus Vehus gehörte sicherlich zu den wichtigen politischen Entscheidungsträgern in den Verhandlungen über die Luthersache auf den Reichstagen der frühen Reformationsepoche bis 1530. Am bekanntesten sind dabei seine Gespräche mit Luther in Worms 1521 und sein Anteil an den Religionsgesprächen des Augsburger Reichstages. Umfassend gewürdigt, basierend auf breiter Quellenbasis, wurde Vehus in dieser Rolle erstmals in den Arbeiten G. Kattermanns[1]. Seine allerdings konfessionell gefärbten Urteile sind im Zuge der verstärkten Erforschung der Religionsverhandlungen auf dem Augsburger Reichstag, in diesem Zusammenhang vornehmlich durch die Arbeiten von E. Honée und H. Immenkötter[2], dahingehend revidiert worden, Vehus weniger deutlich in das streng katholische als vielmehr in

---

Abkürzungen:
ARCEG I: *G. Pfeilschifter* (Hrsg.), Acta reformationis catholicae ecclesiam Germaniae concernentia saeculi XVI. Die Reformverhandlungen des deutschen Epsikopats von 1520 bis 1570, Bd. I, Regensburg 1959;
RTA.JR – Deutsche Reichstagsakten. Jüngere Reihe, Bde. II - IV, bearb. v. *A. Wrede*, Gotha 1896, 1901, 1905;
KA. GLA – Karlsruhe. Generallandesarchiv;
WA – *M. Luther*, Werke. Kritische Gesamtausgabe, 1. Abt., Bd. 1 ff., Weimar 1883 ff.

1 *G. Kattermann*, Die Kirchenpolitik Markgraf Philipps I. von Baden (1515 - 1533), Lahr 1936; *ders.*, Markgraf Philipp I. von Baden als kaiserlicher Statthalter am Reichsregiment zu Eßlingen und Speyer 1524 - 1528, in: ZGO 91 (1939), 360 - 423; *ders.*, Markgraf Philipp I. von Baden (1515 - 1533) und sein Kanzler Dr. Hieronymus Veus in der badischen Territorial- und in der deutschen Reichsgeschichte bis zum Sommer 1524, Düsseldorf 1935.

2 *E. Honée*, Der Libell des Hieronymus Vehus zum Augsburger Reichstag 1530. Untersuchung und Texte zur katholischen Concordia-Politik, Münster 1988; *ders.*, Hieronymus Vehus. Seine Vermittlerrolle während der Augsburger Einigungsverhandlungen, in: R. Decot, (Hrsg.), Vermittlungsversuche auf dem Augsburger Reichstag 1530. Melanchthon-Brenz-Vehus, Stuttgart 1989, 29 - 49. *H. Immenkötter*, Um die Einheit im Glauben. Die Unionsverhandlungen des Augsburger Reichstages im August und September 1530, 2. Aufl., Münster 1974; *ders.*, Hieronymus Vehus. Jurist und Humanist der Reformationszeit, Münster 1982.

das vermittelnde Lager einer humanistisch geprägten Via media einzuordnen.

Für unsere Untersuchung bedeutet dies zunächst die Frage nach dem Inhalt dieser humanistisch-reformerischen Politikkonzepte in bezug auf die lutherische Herausforderung, die Versuche ihrer Umsetzung als wirkliche Alternative zu konfessionellen Programmen und die Vermittlung von kirchenreformerischen Konzepten von Territorial- auf Reichsebene. Aus dieser Fragestellung resultieren zunächst drei an sich einfache Grundannahmen: Es gab eine eigenständige humanistische Identität auch innerhalb der politischen Eliten, die sich ideologisch besonders an Erasmus orientierte. Diese Identität umfaßte ein bestimmtes religiöses und politisches Programm zur Lösung des Glaubensstreits. Eine Schicht von humanistisch geprägten Politikern, unter ihnen beispielhaft Vehus[3], versuchte auf den Reichstagen, dieses Programm in die Tat umzusetzen, dessen Originalität in der Kompromißsuche zwischen den religiösen Parteien bestand, in der Betrachtung des Konflikts als genuin politischer, und das letztendlich durch den Prozeß der Konfessionalisierung aufgerieben worden ist.

Vehus gehörte in diesem Rahmen einer wissenschaftlich-akademisch gebildeten „Funktionärselite" hoher weltlicher Beamten an, der es in den Jahren vor der Reformation gelungen war, im Rahmen von Verrechtlichung, Verwissenschaftlichung und Rationalisierung landesherrlichen politischen Strebens in höchste Ränge fürstlichen Dienstes aufzusteigen[4]. Gerade auch in der Markgrafschaft Baden wuchs gegen Ende des 15. Jahrhunderts der Bedarf an hochqualifizierten Fürstendienern durch die Säkularisation vieler Lebensbereiche, wie die Ausübung kirchlicher Gerichtsbarkeit und die Herabstufung der Kirche auf ein Gebiet weltlicher Verwaltung[5]. Daraus folgte die Verbindung von humanistischer Bildung und Identität sowie herrschaftspolitischem Amt. In diesem Rahmen sorgte die Herrschaft für Rekrutierung, Ausbildung und Inanspruchnahme des Konzepts humanistischer Bildung, im Rechtswesen somit für die Rezeption des römischen Rechts. Damit konnte Bildung im allgemeinen und juristisch-humanistische im besonderen als identitätsstiftendes und karrierefördernde Element wirken. Zu diesem Zweck waren Universitäten gestiftet worden, oder aber die Landesherren sorgten für die materielle Basis eines Hochschulstudiums. So

3 *H. Immenkötter,* Vehus (Anm. 2), Vorwort.

4 Dazu allgemein *A. Schindling,* Humanistische Hochschule und freie Reichsstadt. Gymnasium und Akademie in Straßburg 1538 - 1621, Wiesbaden 1977, 1f.

5 So hatte schon Markgraf Christoph das Präsentationsrecht für den Großteil aller Benefizien in der Markgrafschaft erworben, *H. Bartmann,* Die badische Kirchenpolitik unter den Markgrafen Philipp I., Ernst und Bernhard III. von 1515 bis 1536, in: ZGO 108 (1960), 1 - 48, hier 4.

wurde Vehus ein Studium der beiden Rechte an der Universität Freiburg nach 1903 durch die Verleihung einer Frühmeßpfründe am Marienaltar der Pfarrkirche zu Niederbühl durch Markgraf Christoph ermöglicht[6].

In seiner Erstlingsschrift über den Sieg Kaiser Maximilians im bayrischen Erbfolgekrieg 1504 bei Regensburg bekannte sich Vehus zum Straßburger Humanistenkreis um Ulrich Zasius[7]. Das Lobgedicht war gestaltet als Lobgesang der Musen auf Maximilian. In humanistischer Manier würdigte Vehus auch die „humanitas" des Kaisers. Als Mittel der Karriereförderung wurde auch Markgraf Christophs Vermittlerrolle im Erbfolgekrieg positiv gewürdigt.

Nach Examen und Promotion zum Doktor beider Rechte nahm Vehus zunächst eine Lehrtätigkeit an der Universität Freiburg auf, bevor er 1514 in den badischen Dienst trat. Seit Januar 1518 fungierte er mit allen Kompetenzen eines Kanzlers, wurde von der Oberaufsicht seines Vorgängers Kirsser befreit und stieg in den nächsten Jahren in Baden zur bestimmenden politischen Persönlichkeit neben dem Markgrafen auf[8].

II.

Ins Rampenlicht der ‚Öffentlichkeit' trat Vehus schlagartig durch seine Verhandlungen mit Luther auf dem Wormser Reichstag 1521. Nachdem Luther in seiner berühmten Rede vom 18. April vor dem Kaiser und den Ständen einen Widerruf verweigert hatte[9], konnten die Stände beim Kaiser weitergehende Verhandlungen gegen eine sofortige Verurteilung des Reformators durchsetzen[10]. Im Hintergrund stand dabei der Versuch, Luther durch ein teilweises Nachgeben für die Gravaminaforderungen zu gewinnen[11].

Von den Ständen wurde mit kaiserlicher Erlaubnis ein Ausschuß für weitere Verhandlungen mit Luther eingesetzt, dem der Trierer Kurfürst Richard von Greiffenklau, der Kurbrandenburger Joachim I., Herzog

---

6 Die Präsentationsvermerke bei *H. Steigelmann,* Badische Präsentationen des 15. und 16. Jahrhunderts, in: ZGO 108 (1960), 499 - 600, Nr. 807f., 555.

7 *H. Vehus,* Deo auspice pro divo Maximi. Ro. se. Aug. Hieronymi Vehi vulgo Feus, adulescentuli Badensis, Boemicus Triumphus, o.O. o.J., Bl. A1v/A2r.

8 *G. Kattermann,* Markgraf Philipp I. und sein Kanzler (Anm. 1), 18f.

9 Die Rede in: RTA.JR II, Nr. 79, 550 - 555.

10 RTA.JR II, Nr. 85, 601, Nr. 84, 598f., Nr. 200, 872.

11 *W. Borth,* Die Luthersache (causa Lutheri) 1517 - 1524. Die Anfänge der Reformation als Frage von Politik und Recht, Lübeck 1970, 112; *H. Scheible,* Die Gravamina, Luther und der Wormser Reichstag 1521, in: Blätter für pfälzische Kirchengeschichte 39 (1972), 167 - 183.

Georg von Sachsen, der Augsburger Bischof Christoph von Stadion, der Deutschordensmeister Dietrich von Cleen, der Bischof von Brandenburg Hieronymus Schulz, Ritter Hans Bock aus Straßburg, Konrad Peutinger aus Augsburg und Vehus angehörten. Vehus wurde am 23. April zum Ausschußsprecher gewählt[12].

Schon in der Wahl der Ausschußmitglieder zeigt sich der Wunsch nach einem Kompromiß und ein gewisses Entgegenkommen. Standen der Kurbrandenburger und Herzog Georg Luther feindlich gegenüber, so begegneten ihm mit Vehus, Peutinger und Christoph von Stadion eine Gruppe erasmianisch-humanistisch gesinnter Persönlichkeiten. Aber selbst Herzog Georg stand hinter dem Programm der Stände, Luther für die Gravaminaforderungen einzuspannen[13]. Schulz war der Ortsbischof Luthers. Den Kurtrierer hatten die Kursachsen selbst als Mitglied eines unabhängigen Schiedsgerichts zur Lösung des Glaubensstreits vorgeschlagen. Peutinger gehörte sicherlich zu den bekanntesten Humanisten seiner Zeit. Er hatte Luther nach dessen Verhör durch Cajetan in Augsburg 1518 beherbergt[14].

Frühmorgens am 24. April begann Vehus das Gespräch in der Kurtrierer Herberge mit einem Rückgriff auf das Verhör am 18. April[15]. Ausdrücklich betonte er, daß die Unterredung nicht den Charakter einer Disputation besitzen könne, sondern eine „brüderliche ermanung“ darstelle, um die Einheit der Kirche zu erhalten. „Brüderlich“ und „Ermahnung“ sind hier als Chiffren humanistischer Gesprächskultur im Gegensatz zu einem kirchlich-autoritativen oder scholastisch-disputativen Entscheidungsprozeß anzusehen. Disputation hätte hier einerseits die Anerkennung Luthers als gleichberechtigte Partei bedeutet, andererseits hieß disputieren Zweifeln an der kirchlichen Lehre und damit auch dem Urteil über Luther[16].

Gegen Luthers augustinisch geprägte Hermeneutik seiner Widerrufsverweigerung, nur durch das Zeugnis der Schrift oder der Vernunft sich

---

12 RTA.JR II, Nr. 85, 601 - 603, Nr. 86, 613.

13 *T. Brieger,* Quellen und Forschungen zur Geschichte der Reformation, Bd. 1: Aleander und Luther 1521. Die vervollständigten Aleander-Depeschen nebst Untersuchungen über den Wormser Reichstag, Gotha 1884, Nr. 25, 161.

14 *B. Moeller,* Reichsstadt und Reformation, bearbeitete Neuausgabe, Berlin 1987, 19.

15 Mehrere Berichte stehen uns als Quellen zur Verfügung. Der Bericht des Vehus, RTA.JR II, Nr. 86, 613f. Zwei gleichzeitige Berichte aus Luthers Umgebung, RTA.JR II, Nr. 79, 560f., und RTA.JR II, Nr. 85, 602f; Luther an Graf Albrecht von Mansfeld, 3. Mai 1521, D. *Martin Luthers* Werke. Kritische Gesamtausgabe, Briefwechsel Bd. II, Weimar 1931, Nr. 404, 320 - 328; der Bericht Aleanders, *T. Brieger,* Quellen und Forschungen (Anm. 13), Nr. 25, 159f.

16 So von Ecken, RTA.JR II, Nr. 81, 592f.

belehren zu lassen[17], setzte Vehus zwei Argumentationskomplexe. Der Wittenberger sollte durch das Zeugnis der Kirche („testimonium ecclesiae“) und durch das Zeugnis des Gewissens („testimonium conscienciae“) überzeugt werden. Demgemäß teilte Vehus seine Rede in zwei Teile. Zunächst versuchte er, die Gültigkeit der kirchlichen Lehren zu beweisen. Eventuell als Reflex auf die Verwerfung des Konstanzer Konzils durch Luther während der Leipziger Disputation[18] beharrte der badische Kanzler auf der Gültigkeit und Wahrheit von Konzilsbeschlüssen in Glaubensfragen. Unterschiedliche Beschlüsse erklärte er damit, daß die Väter den Zeitumständen entsprechend unterschiedlich („diversa“), aber nicht gegensätzlich („contraria“) gelehrt hätten[19]. Innerhalb einer einheitlichen Überlieferung der Kirche gibt es sozusagen unterschiedliche Redensweisen, die sich nicht widersprechen und damit diese Einheit nicht in Frage stellen. Von hier aus verteidigte Vehus dann die kirchlichen Satzungen, hier in Gestalt der Messe. Interessanterweise erhält hier das Sakrament und seine Liturgie seine Rechtfertigung vornehmlich als Möglichkeit religiöser Erziehung zugewiesen: Gerade in den jetzigen Zeiten, in denen die Menschen „lau und on andacht sin“, ist die Liturgie zur Erziehung notwendig, um ein zu Gott hingewandtes Leben ermöglichen zu können.

Sah Vehus hier in gewisser Weise die Kirche entsakralisiert als Ordnungsfaktor und Erziehungsanstalt an, so wird dies im zweiten Abschnitt seiner Rede noch offensichtlicher: Klassische Topoi aufgreifend wies Vehus Luther darauf hin, daß er das Ergebnis seiner Arbeit bedenken müsse: „An ihren Früchten sollt ihr sie erkennen“ (Mt 7,16) ist hier handlungsleitendes Motiv. Gerade Luthers Schriften über die christliche Freiheit haben zu Aufruhr geführt, auch wenn er falsch verstanden worden ist. Luthers Fall ist für Vehus kein theologisch-religiöses Problem, sondern ein politisches: Der Wittenberger hat mit seinen Angriffen gegen Kirche und Obrigkeit die überkommene Ordnung

---

17 RTA.JR II, Nr. 79, 555. So schon in Augsburg 1518, *P. Fabisch/E. Iserloh* (Hrsg.), Dokumente zur Causa Lutheri (1517 - 1521), Bd. II, Münster 1991, 94, und während der Leipziger Disputation, wo er auch die Quellen seiner Hermeneutik offenlegte, WA 59, 467.

18 WA 59, 466.

19 *Ambrosius,* De paenitentia II, 2, 7, Corpus scriptorum ecclesiasticorum Latinorum 73, 166, das Entgegengesetzte bekämpft sich selbst, während das Verschiedene nur ein unterschiedliches Verstehen („distinctam rationem“) besitzt. Dieses hermeneutische Grundproblem aufgrund unterschiedlicher Traditionen sah Vehus schon in der Schrift, konkret z.B. bezüglich dem Verhalten gegenüber schlechten Priestern: Einerseits hat Jesus die Lügner und Händler aus dem Tempel getrieben (Mt 21,12), andererseits waren Gottlose bei Hanna und Pharisäer die priesterlichen Lehrer des Gesetzes (Mt 23,20). Diese Differenz („differens“) wird dadurch aufgelöst, daß wir das Amt verehren und nicht den Amtsinhaber. *H. Vehus,* Ad illustrem principem et dominum d. Georgium Saxonie Ducem Thuringie Landtgravium et Misne Marchionem. De re Lutherana, Leipzig 1522, Bl. B2v.

gestört und bedroht. Das theologische Werk steht für Vehus nicht beziehungslos in der Welt. Wenn Luther sein eigenes Gewissen prüfen würde, so müsse er sich doch fragen, ob es nicht verdienstvoller sei, in Fragen, die nicht gegen die Satzungen Gottes stehen, in Demut die Meinung anderer der eigenen vorzuziehen, als in Hybris auf dem eigenen Verstand zu beharren. Dementsprechend warnte er Luther davor, daß bei weiterer Halsstarrigkeit auch seine guten Arbeiten über die zehn Gebote, die guten Werke und die dreifache Gerechtigkeit mit untergehen würden[20]. Diese Auswahl zeigt, daß Vehus Luther als erasmianischen Humanist las, indem er Fragen der praktischen Frömmigkeit betonte.

Zum Schluß richtete Vehus den dringenden Appell an Luther, seine Schriften doch dem Urteil des Kaisers und der Stände zu unterwerfen. Im konziliaristischen Sinne hatte er einerseits die berechtigten Anliegen Luthers in Fragen der Kirchenreform gewürdigt, andererseits die Vorrangstellung des ökumenischen Konzils betont und den Papst und sein Urteil über Luther mit keinem Wort erwähnt. Die positive Beurteilung einiger Schriften Luthers bedeutete schon die Ablehnung gewisser Ansprüche Roms in der Satisfaktionslehre und der Lehre von der Gewalt[21]. Faktisch wandte er sich auch mit der Würdigung der Ablaßschriften gegen das kirchliche Urteil in der Ablaßbulle „Cum postquam“[22]. Kirchliche Stellen dagegen sahen mit diesem Dokument den Ablaßstreit im Sinne Roms als entschieden an[23]. Die Reformunfähigkeit der Kirche ist schon so weit vorangeschritten, daß bestimmte Rechte der Kirche beschnitten werden müssen.

Luther ließ sich auch von den Ausführungen des badischen Kanzlers nicht zu einem Widerruf bewegen. Seine Artikel, die aus der heiligen Schrift seien, könne er eben nur dieser unterwerfen. Mit Augustin[24], Gal 1,8 und 1. Thess 5,21 könne er seine Schriften nur dann dem Urteil der Stände unterstellen, wenn sichergestellt sei, daß deren Votum allein auf Grundlage der heiligen Schrift geschehe.

Die Verhandlungen am nächsten Tage, dem 25. April, scheinen auf altgläubiger Seite nicht mehr von der gleichen Gruppe wie am Vortage getragen worden zu sein. Dies zeigt sich nicht nur daran, daß nur noch ein

---

20 Eine kurze Erklärung der zehn Gebote, 1518, WA 1, 250 - 256; Decem praecepta Wittembergensi praedicata populo, 1518, WA 1, 398 - 521. Von den guten Werken, 1520, WA 6, 202 - 276. Sermo de triplici iustitia, 1518, WA 2, 43 - 47.

21 *F. v. Bezold,* Geschichte der deutschen Reformation, Berlin 1890, 347.

22 *P. Fabisch/E. Iserloh* (Hrsg.), Dokumente II (Anm. 17), 191 - 197.

23 So der Bischof von Merseburg vor der Leipziger Disputation, *F. Gess* (Hrsg.), Akten und Briefe zur Kirchenpolitik Herzog Georgs von Sachsen, 2 Bde., Leipzig 1905/17, hier Bd. 1, Nr. 69, 54f.

24 *Augustin,* Epistula 82, 1, 3, Corpus scriptorum ecclesiasticorum Latinorum 34/II, 354.

Fürst, der Kurtrierer, daran beteiligt war, sondern auch, daß die entscheidende Initiative zu den neuen Verhandlungen von Peutinger und dem kursächsischen Rat Hieronymus Schurff ausging. Vehus, der nach dem Gespräch mit Luther auf dem Rathaus den Ständen Bericht erstatten sollte, traf auf dem Weg dorthin Peutinger, der ihm eine Kompromißformel aus dem lutherischen Lager mitteilte, die Schurff vorgeschlagen hatte: „... dann doctor Luther wolt seine schriften zu ermessung und erkanntnus kei. Mt. und des heiligen reichs stenden ergeben, doch das nichts zuwidder ewangelischer lere und dem wort gottes gehandelt wurde". Dies hat Vehus mit Sicherheit den Ständen bei seiner Berichterstattung mitgeteilt und somit wohl weitere Vehandlungen möglich gemacht. In diesem Stadium hatten die humanistisch gesinnten Politiker Peutinger und Vehus auf altgläubiger Seite alleinigen Zugriff auf die Weiterführung des Gesprächs. Deshalb wurde dezidiert betont, daß diese Verhandlungen von erasmianisch gesinnten Humanisten getragen wurden, deren erstes Ziel nicht mehr nur die Wahrung kirchlicher Autorität und die Durchsetzung der Gravamina war, sondern auf der Grundlage konziliaristischer Vorstellungen Konzepte zur Erhaltung eines politischen Friedens verfolgten[25]. Notfalls sollten die theologischen Streitigkeiten bis zu einer endgültigen Konzilsentscheidung zurückgestellt werden, um einer politischen Lösung den Weg frei zu machen. Diese auf Erasmus zurückgehende Position besaß großen Einfluß auf die Verhandlungen am 25. April. So hat E.-W. Kohls davon gesprochen, daß Peutinger durch einen Brief vom 20. November 1520 einen regelrechten „Sonderauftrag" von Erasmus erhalten habe[26].

Anknüpfend an den Vorschlag vom Vortage, Stände und Kaiser über die Schriften Luthers richten zu lassen, betonte Vehus etwas beschönigend, daß deren Beschlüsse sowieso auf der Grundlage der Schrift und der evangelischen Wahrheit getroffen würden. Er selbst und Peutinger wollten garantieren, daß seine Schriften „unargwonigen personen bevolhen und sonderlich nit denen, die mit vil pfrunden überladen oder etlichen orden zugethan". Damit stellten die beiden Unterhändler nichts weniger als den Ausschluß der hohen Geistlichkeit vom Entscheidungsprozeß über die Luthersache in Aussicht, die damit vollends zu einer weltlich-politischen Frage reduziert worden wäre.

---

25 *H. Immenkötter,* Vehus (Anm. 2), 28; *E. Kohls,* Humanisten auf dem Reichstag, in: Der Reichstag von Worms von 1521. Reichspolitik und Luthersache, hrsg. v. F. Reuter, Worms 1971, 415 - 437, hier 435f.; *H. Lutz,* Das Reich, Karl V. und der Beginn der Reformation. Bemerkungen zu Luther in Worms 1521, in: Beiträge zur neueren Geschichte Österreichs, hrsg. v. H. Fichtenau/E. Zöllner, Graz 1974, 47 - 70, hier 63.

26 *E. Kohls,* Humanisten (Anm. 25), 423; *H. Lutz,* Conrad Peutinger. Beiträge zu einer politischen Biographie, Augsburg o.J., 193f.; *H. M. Allen/P. Allen* (Hrsg.), Opus epistularum Des. Erasmi Roterodami, Bd. IV, Oxford 1922, Nr. 1156, 372 - 375.

An diesem Punkt versuchte Vehus noch, eine Brücke zwischen humanistischem Reformanliegen und Luther zu schlagen. Einer der großen Verdienste lutherischer Schriften sei die Zurückdrängung der „sophistica theologia“ mit ihren subtilen, lateinischen und für den gemeinen Mann schwer erschließbaren Predigten zugunsten der rechten evangelischen Lehre gewesen. Positiv sei auch die Betonung der Vorrangstellung des Wortes Gottes gegenüber den menschlichen Satzungen, hatten doch gerade die Ablaßprediger menschliche Gebote mehr geachtet als die göttlichen. Würde Luther aber weiterhin halsstarrig bleiben, so sei zu fürchten, daß all diese positiven Aspekte seiner Arbeit mit untergehen würden. Die antischolastische Polemik, eine der wichtigsten identitätsstiftenden Merkmale des Humanismus, diente Vehus hier als Klammer zur Verbindung humanistischer Reformforderungen und Reformation. Die antischolastische Polemik ist das Motiv gemeinsamen Handelns, und wiederum ist der praktisch-religiöse Horizont lutherischen Engagements der für Vehus entscheidende Moment[27].

Auf dieser Grundlage erarbeiteten Vehus, Peutinger und Schurff in Abwesenheit Luthers eine Kompromißformel, die es Luther ermöglichen sollte, sich ohne ausdrücklichen Schriftvorbehalt dem Urteil der Reichsversammlung zu unterwerfen: „... nemlich er hab in seinen schriften und leren nichts anders gesucht dann die ere gottes, ewangelische warheit und der menschen heil“. Falls er seine Arbeiten der christlichen Versammlung von Kaiser und Ständen anvertrauen würde, „dieselben zu besichtigen, erwegen, ermessen; und wes sie erkennen und determinieren, dabei wolt er ungeweigert bliben“[28]. Diese Vorschläge stellen ein großes Entgegenkommen dar. Die positive Würdigung der Arbeit Luthers hätte eine gewisse Präjudizierung des Falles bedeutet: Luther hat prinzipiell etwas Gutes getan. Dieses wird von den Ständen beurteilt. Was sie anerkennen, könnte er weiterhin behaupten. Damit hatte Vehus auf die Forderung nach einem Widerruf verzichtet.

Der badische Kanzler hatte somit ein weltliches Verfahren in Aussicht gestellt und die kirchlichen Ansprüche schlichtweg ignoriert. Der päpstliche Nuntius Aleander kennzeichnete den Vorschlag einer Urteils-

27 Diese Motive lassen sich auch bei Erasmus nachweisen. In einem gedruckten Brief an Albrecht von Mainz hatte er sich programmatisch zur Luthersache geäußert, Opus epistolarum (Anm. 26), IV, Nr. 1033, 99f. Luther sollte nicht verurteilt, sondern zur „Verkündigung der Ehre Christi“ gebracht werden. Luther habe wegen der Mißbräuche zu schreiben begonnen, die hauptsächlich aus der scholastischen Verwirrung resultierten. Positiv zu bewerten seien seine Schriften über Ablaß, Buße, Beichte und gegen die scholastischen Predigten. Das Evangelium stehe vor menschlichen Spitzfindigkeiten. Luther habe nichts grundsätzlich Falsches getan, er sei nur über das Ziel hinausgeschossen.

28 Die Kompromißformel nach dem Bericht des Vehus, RTA. JR II, Nr. 86, 621; *H. Lutz,* Peutinger (Anm. 26), 192f.

findung durch Kaiser und Reichsstände als „teuflisch“[29]. Dieses Verfahren hätte nicht nur die Beseitigung päpstlicher Rechte bedeutet, sondern den Vorschlag eines Nationalkonzils unter der Leitung des Kaisers vorweggenommen. Im Hintergund dieses Lösungswegs standen wohl Vorschläge des Erasmus, daß der Papst zumindest zeitweise auf Entscheidungskompetenz in der Glaubensfrage zugunsten eines Schiedsgerichts neutraler Gelehrter verzichten solle, das vom Kaiser und den Königen von Ungarn und England berufen werden könnte[30]. Was lag für einen deutschen Territorialpolitiker an diesem Punkte näher, als diese Kompetenz Kaiser und Reichsständen zuzuweisen. Konziliaristische Konzepte und das Vorbild der ersten ökumenischen Konzilien kamen hier zusammen: Idealtypisch veranstaltet der Kaiser wie einst Konstantin der Große eine Synode der Geistlichen und Laien, gereinigt von päpstlichen Ansprüchen im Geiste des Konziliarismus, die auf der Grundlage gelehrter Tätigkeit eine Kompromißlösung als Verschmelzung der gegensätzlichen Standpunkte zu einem höheren Ganzen findet.

Für die Vorschläge des Vehus erbat sich Luther Bedenkzeit bis zum Nachmittag[31]. Bei der Fortführung des Gespräches lehnte er dann allerdings die Kompromißformel vom Vormittag ab: Er könne sich nicht dem Urteil derer unterwerfen, die ihn bereits verdammt und Mandate gegen ihn erlassen hätten[32]. Damit waren die Verhandlungen gescheitert. Formell endeten sie mit der Ablehnung einer Konzilsentscheidung durch Luther während eines Gespräches mit dem Trierer Kurfürsten[33].

Gerade die Wormser Gespräche hatten gezeigt, daß zwischen Kaiser, Papst und Luther eine Mittelpartei existierte, die das Programm Luthers als Beitrag zu den Gravaminaforderungen und dem Anliegen eines praktischen Humanismus teilweise positiv würdigen konnte. Luther bedeutete hier aber nicht nur die Chance, den bedeutendsten Kritiker Roms für eigene Ziele einzuspannen, sondern auch die Gefahr der Spaltung der Reichsstände. Letztendlich haben Vehus und Peutinger gerade wegen dieser Gefahr den Ausgleich mit Luther gesucht.

---

29 *T. Brieger,* Quellen und Forschungen (Anm. 13), Nr. 25, 164.

30 Consilium cuiusdam, Erasmi Opuscula. A Supplement to the Opera omnia, hrsg. v. *W. K. Ferguson,* Den Haag 1933, 352 - 361; dazu *H. Holeczek,* Eramus deutsch, Bd. 1: Die volkssprachliche Rezeption des Erasmus von Rotterdam in der reformatorischen Öffentlichkeit 1519 - 1536, Stuttgart 1983, 150f.

31 RTA. JR II, Nr. 86, 621.

32 Ebd., Nr. 85, 609.

33 Ebd., Nr. 79, 566f.; Nr. 85, 609f.

III.

Ein Jahr nach dem Reichstag hatte sich Vehus noch einmal in einer Herzog Georg von Sachsen gewidmeten Rechtfertigungsschrift mit den Verhandlungen in Worms beschäftigt[34]. Neben der Verteidigung seines und Peutingers Verhaltens verfolgte Vehus noch zwei weitere Ziele. Zum einen wollte er auf die kommenden Verhandlungen auf dem Nürnberger Reichstag Einfluß nehmen, zum anderen stellt die Schrift ein persönliches Bekenntnis dar. Da „die lutherische Saat schon so weit verbreitet worden ist, daß sie sich von ganz Deutschland auf dem Erdkreis ausbreitet, und diese Sache daher die Sache aller ist", habe auch er zur Feder gegriffen. Die Neuerung stellt eine Bedrohung für die Reichseinheit dar, ohne die eine wirksame Türkenabwehr unmöglich ist. Denn nur, wenn christliche Einheit herrscht, wird die göttliche Gnade zuteil.

Nach diesem pathetischen Aufruf zur Einheit der Christenheit wendet sich Vehus nun seiner Hauptaufgabe zu, der Polemik gegen Teile der lutherischen Lehre. Zunächst betonte er wie schon in Worms die positiven Bereiche lutherischer Lehre, wie sie sich in den Schriften über den Ablaß, Auslegung der zehn Gebote, dreifache Gerechtigkeit und den päpstlichen Bann zeigt[35]. Mit diesen hat Luther Großes „als Eiferer des Hauses Gottes" geleistet und der Ausbreitung der christlichen Wahrheit einen großen Dienst erwiesen[36]. Interessant ist dabei, daß Vehus zu Beginn seiner Schrift im Appell an Georg für den kommenden Reichstag dieselbe Wendung, „zelum domus dei", verwendet hat, um Georgs Bemühungen zu charakterisieren. Damit hatte Vehus Georgs und Luthers Beitrag für die Erneuerung der Kirche zumindest in der Wortwahl auf eine Stufe gestellt. Vehus akzeptierte bis dahin uneingeschränkt das lutherische Anliegen. Aber seit „De captivitate Babylonica ecclesiae" und anderen Schriften, auch seiner Anhänger, habe sich dies geändert[37]. Mit der Herabsetzung der Messe als dem Kernstück kirchlichen Lebens ist Luther vom rechten Weg abgewichen. Dabei betonte Vehus die besondere Gefährlichkeit der Neuerung in einer Zeit, in der Frömmigkeit und brüderliche Liebe zurückgegangen und der Glaube beinahe zugrundegegangen ist.

Vehus versucht nun, in längeren Ausführungen gewisse Lehren der Kirche zu verteidigen, beginnend mit der Eucharistie. Schon die alten Väter hätten in Konzilsbeschlüssen die Transsubstantiationslehre und

---

34 *H. Vehus,* De re Lutherana (Anm. 19), passim.

35 Siehe die Titel in Anm. 20; Ein Sermon von dem Bann, 1520, WA 6, 63 - 75.

36 *H. Vehus,* De re Lutherana (Anm. 19), Bl. A2v/A3r.

37 Auch für Erasmus hatte Luther mit „De captivitate" die Grenze des „Tolerablen" überschritten, *H. Holeczek,* Erasmus deutsch (Anm. 30), Bd. 1, 158.

den Opfercharakter der Messe definiert und Luther stößt sie im Vorbeigehen, vertrauend auf seinen eigenen Verstand, mit dem Argument eines griechischen Pronomens um[38]. Im Gedächtnis an den Tod Christi sollen wir zusammenkommen, „das Brot brechen oder den Kelch trinken". Genaugenommen widerspricht Vehus als Laie[39] hier der kirchlichen Lehre der Austeilung sub una specie. Das Abendmahl feiern wir als Erinnerung zur Vergebung unserer Sünden. Mit der Verneinung des Opfercharakters der Messe droht die Zerstörung des althergebrachten religiösen Erbes und damit einhergehend der Bruch der Gemeinschaft der Gläubigen. Zu Recht hatte Vehus den konstitutiven Moment des Abendmahls für die Glaubensgemeinschaft betont.

Die Väter haben uns zwar Andachtsübungen und Gebete empfohlen, allerdings darf die Seele bei diesen Äußerlichkeiten nicht stehenbleiben[40]. So weise Johannes Tauler darauf hin, wie wichtig diese Andachtsübungen für Menschen seien, die am Anfang ihres Glaubens stehen. Wieviel wichtiger sei dies noch für breite Volksschichten, die überhaupt noch nicht mit dem Glauben begonnen haben. Wenn man aber die Kirchenzeremonien abschaffen würde, würde bei den in der Religion Unerfahrenen der Glaube verschwinden.

Die Kritik an der Geistlichkeit, so fährt Vehus fort, läßt sich dadurch aber nicht entkräften. Die Habgier der Priester wird nur noch von ihrem gotteslästerlichen Lebenswandel übertroffen. Der miserable Zustand der Kirche ist beweinenswert und schon Gerson sprach vor langer Zeit vom Verzweifeln an ihrer Reformation[41]. „Ist etwa die Sache bei Mißbrauch weniger gut, etwa gottlos, prophanisiert das Gottlose das Heilige", fragt daran anschließend Vehus seine Leser. Auch kriminelle Priester genießen unsere Verehrung, denn wir verehren keine Person, sondern die Würde des Amtes. Es spende ihm Trost, daß der Glaube nicht von den Gelehr-

---

38 *H. Vehus,* De re Lutherana (Anm. 19), Bl. A4r, „Quod in carnem transit panis et vinum in sanguinem... Viri sancti id sensere, nos preteritis illis audimus ex Greco pronomine arguentem contrarium". In „De captivitate Babylonica" hatte Luther seinen Angriff auf die Transsubstantiationslehre unter anderem damit begründet, daß in Mt 26,28 steht, „hic est sanguis meus", statt „hoc est sanguis meus", dies ist, statt das ist, mein Leib, WA 6, 511. Dieses Pronomen beziehe sich auf Brot und Kelch bzw. Wein und nicht auf Blut und Leib. Von daher sei es unnötig, auf die Transsubstantiationslehre zurückzugreifen. Es genüge zu glauben, daß das Blut im Kelch ist, ohne das göttliche Mysterium erklären zu wollen.

39 Er hatte zwar die niederen Weihen empfangen, wohl auf der Pforzheimer Lateinschule, siehe den Präsentationsvermerk für seine Frühmeßpfründe, *H. Steigelmann,* Präsentationen (Anm. 6), Nr. 807, 505, „P. mort. quondam dni. Johannis Murer pr. e. Jheronimus Vehus de Baden clericus Spir. dioc. 1506 Nov. 28", dazu *G. Kattermann,* Markgraf Philipp I. und sein Kanzler (Anm. 1), 16, aber er selbst betrachtete sich als Laie, *H. Vehus,* De re Lutherana (Anm. 19), Bl. A4v: „Nos qui in civilibus versamur".

40 *H. Vehus,* De re Lutherana (Anm. 19), Bl. B2r.

41 Ebd., Bl. B2r/B2v.

ten, Mächtigen und Reichen, sondern von den Armen, Ungelehrten und Bedürftigen, die allein auf Gott vertrauen, seinen Anfang genommen hat. Trotzdem dürfe dies nicht gegen verbrecherische Priester gelehrt werden. Im Gegenteil erfüllen diese schlechten Priester einen zweifachen Zweck. Sie bewegen uns zum Handeln, wenn sie zu uns sprechen, und sie geben uns sozusagen ein abschreckendes Beispiel.

Wie kann aber die Ehre, der Ruhm und der Segen des Herrn, so wendet sich nun Vehus an Georg, gegen die Neuerer bewahrt, wie der Glauben erhalten und der Aufruhr verhindert werden. Er, Georg, der „gläubige, treue Eiferer des Hauses Gottes“ müsse bei den übrigen Reichstagsteilnehmern für die Ehre Gottes, den Frieden und die Ruhe der Gläubigen eintreten. Damit hatte Vehus einem Religionskrieg als Mittel zur Überwindung der Glaubensspaltug eine Absage erteilt[42].

Was ist aber das passende Heilmittel, diese Krankheit der Neuerung einzudämmen? Dieses Problem kann nur einhergehend mit der Kirchenreform in einem Generalkonzil gelöst werden, „damit das Wort Gottes, das schon lange unter dem Scheffel steht, deutlicher hervorschimmert und durch sichere Ruhe (tranquillitas) eine allein unserem Herrn dienende Kirche“ entsteht. Vehus hat hier klar den Zusammenhang zwischen Luthers Erfolg und dem Fehlen einer Kirchenreform gesehen. Allein mit dem Bann über Luther sind die Probleme nicht zu lösen. Erst durch eine von ihren Mißständen befreite Kirche, die sich auf ihre eigentliche Aufgabe beschränkt, kann der lutherischen Gefahr wirksam begegnet werden. In der Reformfrage müssen auch altkirchliche Positionen hinterfragt werden. Vehus ging sogar so weit, die lutherische Lehre vom päpstlichen Bann gutzuheißen, und verneinte damit den wichtigsten Pfeiler päpstlicher Autorität, nämlich die Kompetenz, die Mitgliedschaft im Corpus Christi als Communio im Abendmahl zu bestimmen[43]. Dabei tritt die päpstliche Autorität völlig in den Hintergrund zugunsten des Konzils. Die Träger der Kirchenreform sind die Mitglieder der Reichsversammlung. Die Kirche ist in diesem Prozeß vollkommen auf ihre Aufgaben des Gottesdienstes und der Bewahrung der Tradition beschränkt.

Vehus sah Luther zuerst einmal als eine Persönlichkeit an, die vom wahren christlichem Glauben getrieben ist und diesem in seiner Zeit einen großen Dienst erwiesen hat. Dies weiß er positiv zu würdigen. Vehus kann oder will zwischen den guten und schlechten Lehren Luthers unterscheiden. Die Doppelheit der lutherischen Lehre kann aber

---

42 Ebd., Bl. B3v.

43 So jedenfalls hat Luther den Bann in seiner Konsequenz charakterisiert, WA 6, 63.

nur in ihrer Ablehnung münden, da in praktischer Konsequenz Luthers Neuerung zu Krieg und Aufruhr führt: „An ihren Früchten sollt ihr sie erkennen" ist hierbei das schon in Worms gebrauchte Schlagwort des Vehus.

Dies stellte sozusagen die politisch motivierte Kritik an Luther dar. Davon abgetrennt formulierte Vehus im Bereich der christlichen Lehre eine zweite Motivation der Ablehnung. Seit der Schrift „De captivitate Babylonica" hat sich Luther in dogmatischen Fragen von der Kirche abgewandt. Dies bedeutet für Vehus den Punkt, wo er Luther nicht mehr folgen kann und ihn zur Verteidigung zentraler Kirchenlehren in der Eucharistie, der Ohrenbeichte, der Meßlehre, beim Priesteramt und den Kirchenzeremonien führt. Dabei zeigte Vehus eine hervorragende Kenntnis der Kirchenväter, und er verstand es auch, sie geschickt für seine Argumentation einzusetzen. Er übernahm aber nicht einfach nur kirchliche Traditionen, sondern kritisierte ihre ‚Entspiritualisierung'.

IV.

Als Grundlage für die Reichstagsverhandlungen diente die kaiserliche Proposition, die Georg Truchseß am 4. Februar 1524 verlesen hatte[44]. In der Luthersache wurden die Stände an die Entscheidungen von Worms erinnert. Inzwischen war Mitte Februar der päpstliche Gesandte Rorario in Nürnberg angekommen[45]. Am 17. Februar sprach er erstmals vor den Reichsständen und meldete ihnen die Ankunft eines Legaten wegen der „schweren obligen handeln und furnemmen"[46]. Die Stände wurden von ihm aufgefordert, mit der Beschließung des Reichstages bis zur Ankunft des Legaten zu warten. Durch die Intervention der Kurie wurde die Luthersache „rasch zur zentralen Frage auf dem Reichstag"[47], obwohl noch die kaiserliche Proposition die Verhandlungsunfähigkeit der Luthersache betont hatte. Rorarios Antrag zeigten sich die Stände in ihrer Antwort kurz nach dem 22. Februar wenig entgegenkommend. Nur wenn der „legatt mittler zeit ankummen wurd, wolten sie sin werbung horen und vernemmen und ferrer das best helfen dorunder handeln und

44 RTA. JR IV, Nr. 34, 290 - 296; Nr. 182, 663; Nr. 187, 673f.

45 Rorario war schon in Kaiser Maximilians diplomatischem Corps beschäftigt gewesen und nach dessen Tod auch bei Karl V., bevor er 1522 zur Kurie wechselte, *P. Paschini,* Un pordenonese nunzio papale nel sec. XVI. Gerolamo Rorario, in: Memorie storiche forogiuliesi 30 (1934), 169 - 216, hier 170 - 172. Wir können daran sehen, wie die Kurie schon durch die Wahl eines am kaiserlichen Hof geschätzten Diplomaten, eine ihr günstige Stimmung zu schaffen versuchte.

46 RTA. JR IV, Nr. 25, 109; Nr. 23, 95.

47 *H. R. Schmidt,* Reichsstädte, Reich und Reformation. Korporative Religionspolitik 1521 - 1529/1530, Stuttgart 1986, 130.

furnemen“[48]. An der Endredaktion des Beschlusses war auch Vehus beteiligt gewesen[49].

Nach der Ankunft Campeggios gingen die Reichstagsgeschäfte unverändert weiter, bis er am 17. März eine Audienz vor den Ständen begehrte und sofort erhielt[50]. Zunächst ließ er den Bischof Giovanni Francesco von Scarra „ein geschickte oration“ halten über zwei Punkte, „nemlich vom christenglauben und wie dem Türken widderstant zu thun sei ... mit erzelung wes der Türk der Christenheit in kurzen jorn schadens gethon und ermanung bopstlicher Ht“[51]. Danach verlas der Mainzer Kanzler Westhausen im Auftrag Campeggios das apostolische Breve[52] an die Reichsstände. Erst dann ergriff Campeggio persönlich das Wort. In taktisch geschickter Weise hatte er diese Audienz damit in einem Art Spannungsbogen auf seine Ausführungen hin zugespitzt[53]. Ihm antwortete der Mainzer Kanzler Westhausen in schlechtem Latein, wie Ribisen und Planitz ausdrücklich vermerkten[54]. Daraufhin ergriff Campeggio noch einmal das Wort und nahm wie der Bischof von Scarra die Türkenbedrohung und die Luthersache zum Anlaß seiner Rede[55]. Gegen die Glaubenserneuerung, ohne den Namen Luthers zu erwähnen, argumentierte er vor allem mit deren antiobrigkeitlichen Begleiterscheinungen. Zum Schluß erbat Campeggio die Berufung eines Ausschusses zur weiteren Beratung der angesprochenen Fragen[56].

---

48 RTA.JR IV, Nr. 25, 113; Nr. 26, 193.

49 RTA.JR IV, Nr. 25, 117, 476, Anm. 1; Nr. 26, 195.

50 Die Instruktionen und Redetexte dieses Tages sind verlorengegangen, *H. R. Schmidt,* Reichsstädte (Anm. 47), 131; RTA.JR IV, 468. Die wichtigste Quelle ist der Bericht Ribisens, RTA.JR IV, Nr. 25, 147 - 149.

51 RTA.JR IV, Nr. 25, 148; Nr. 224, 728. Den Namen nennt *J. Cochlaeus,* Commentaria de actis et scriptis Martini Lutheri Saxonis ab Anno Domini MDXVII usque ad annum MDXLVI inclusive, Mainz 1549, ND 1968, 89.

52 RTA.JR IV, Nr. 103, 471 - 476.

53 Rucker bringt die Rede Campeggios und die Verlesung des Breve Apostolicum in umgekehrter Reihenfolge, RTA.JR IV, Nr. 22, 85. Ribisen scheint aber demgegenüber den besseren Bericht zu bieten, da er die Sitzung ausführlicher schildert, RTA.JR IV, Nr. 25, 148. Rucker hat wahrscheinlich die beiden Reden Campeggios zu einer zusammengezogen. Planitz' Bericht spricht zwar auch nur von einer Rede Campeggios, aber er bringt die Verlesung des päpstlichen Breve nicht im Zusammenhang der Reden, *K. E. Förstemann* (Hrsg.), Neues Urkundenbuch zur Geschichte der evangelischen Kirchenreformation, Hamburg 1842, Nr. 45, 163f. Die Korrespondenzen, RTA.JR IV, Nr. 225, 729, und Nr. 226, 730, schildern die Sitzung nur in grober Zusammenfassung.

54 *K. E. Förstemann* (Hrsg.), Neues Urkundenbuch (Anm. 53), Nr. 45, 164; RTA.JR IV, Nr. 25, 148.

55 Nur die Briefe Planitz', *K. E. Förstemann* (Hrsg.), Neues Urkundenbuch (Anm. 53), Nr. 45, 163f., und Johann Schmockes, RTA.JR IV, Nr. 225, 729, bieten etwas mehr als die Tatsache, daß Campeggio eine Rede gehalten hat.

56 RTA.JR IV, Nr. 25, 148.

Daraufhin bestellten die Stände noch am Nachmittag desselben Tages die Verordneten des gewünschten Ausschusses. Es waren dies der kurpfälzische Kanzler Venningen, Ribisen, der kurkölnische Gesandte Einkurn, Pfalzgraf Friedrich, der Bischof von Würzburg, Konrad von Thüngen, der Dompropst zu Speyer, Georg von Schwalbach, der hessische Kanzler Feige und Vehus[57]. Schon am darauffolgenden Tag, dem 18. März, trafen die ‚Vertreter des Reiches' mit dem Legaten zu einem ersten Gespräch zusammen[58]. Zuerst hielt der kurkölnische Gesandte Einkurn als ranghöchster der anwesenden Räte eine lateinische Rede. Er sprach allerdings in einem so barbarischen Latein, daß der Ausschuß ihm das Wort entzog. Nachdem Campeggio „geschicklich, zirlich und hofflich" geredet hatte, wählten die Ausschußmitglieder Vehus zu ihrem Sprecher, da der rangzweite Rat, der kurpfälzische Kanzler Venningen, sich nicht dazu bewegen ließ. Es sind zwar wiederum keine Redetexte auf uns gekommen, aber der von Ribisen und Vehus verfaßte deutsche Bericht an die Stände hat sich erhalten[59].

Der Bericht läßt zunächst die Rede Einkurns aus und beginnt sofort mit dem ersten Beitrag Campeggios. Er sei zum Reichstag gesandt worden, um vornehmlich zwei Punkte zu verhandeln, die neue Lehre und die Türkengefahr. Es sei eigentlich unvorstellbar, „wie sovil fursten, hern, edel und namhaftig, standveste, furneme menner der Teutschen nacion gedulden die neuehait under das Volk also auszugeen und teglich gemert werden und gestatten, das der glaub unser voreltern, darin dieselben gelebt und gestorben, auch gut, erbar sitten, gebreuch und christlich gewonhait, von inen uf uns erwachsen, also sollen verdilgt und usgelescht werden". Falls dieser Entwicklung nicht entgegengetreten werde, resultiere daraus Ungehorsam und Aufruhr gegen jede Obrigkeit. Vornehmlich die Fürsten werden von ihrer eigenen Nachgiebigkeit getroffen werden. Deshalb sei er vom heiligen Vater geschickt worden, mit den Ständen zu beraten und zu verhandeln, damit sie endlich die Gefahr erkennen mögen. Gemeinsam könnten dann die richtigen Mittel gefunden werden, die Probleme zu aller „hail und wolfart" zu lösen. Es sei zwar richtig, daß für den Krieg gegen die Türken aufgebrachte Gelder in Rom veruntreut worden sind, aber man müsse bedenken, daß sie in Rom auch nur Menschen, eben Sünder, seien. Dies dürfe doch die Stände nicht von einer wirksamen Gegenwehr abhalten. Solange aber das Reich durch die neue Lehre gespalten bleibt, wird sich nur schwerlich die Einsicht ausbreiten, daß wirksame Hilfe nur in Einigkeit erbracht werden kann.

---

57 Ebd., Nr. 22, 85; Nr. 25, 148f.

58 Ebd., Nr. 25, 150; Nr. 227, 731. *G. Müller*, Die römische Kurie und die Reformation 1523 - 1534. Kirche und Politik während des Pontifikates Clemens' VII., Gütersloh 1969, 20.

59 RTA.JR IV, Nr. 25, 150. Der Bericht ebd., Nr. 106, 483 - 489.

Campeggio hatte sich in seiner Rede als kluger Taktiker erwiesen. Er trat nicht nur sehr zurückhaltend auf, sondern wußte wie schon am Vortage die antiobrigkeitliche Tendenz der Reformation zu nutzen[60]. Damit versuchte er, Befürchtungen bei den Fürsten zu schüren und durch die Betonung der weltlichen und geistlichen Gewalt als Obrigkeit eine Interessengemeinschaft zwischen Kurie und Reichsständen herzustellen. Durch den Hinweis auf die Unmöglichkeit einer wirksamen Türkenabwehr auf der Basis eines geteilten Reiches kann er die Beseitigung der neuen Lehre als ein Gemeininteresse von Reich und Kurie deklarieren. Die Behandlung der Luthersache als reines Ordnungsproblem zeigt aber auch den Autoritätsverlust Roms. Als religiöse Institution kann sie nicht ausreichend mit Zustimmung rechnen.

Hatten die Stände in Worms die Luthersache noch als innerkirchlichen Parteienstreit aufgefaßt, so sollten sie durch Campeggios Argumente diese als Bedrohung ihres gesamten Lebenszusammenhanges kennenlernen. Erst die neue Lehre hätte die zerstörerische Bedrohung durch die Türken möglich gemacht, indem sie einen einheitlichen Interessenzusammenhang verhinderte. Möglichen Einwänden gegen die moralische Integrität der Kurie wußte er sehr geschickt zu begegnen. Indem er selbst die kurialen Mißbräuche thematisierte, konnte er einerseits der Versammlung das Gefühl des ‚Ernstgenommenwerdens' geben, und andererseits durch die Betonung des gemeinsamen Sünderseins eine Gemeinschaft der ‚Gleichen' herstellen.

Nach einer kurzen Bedenkpause antwortete ihm Vehus, der sich zunächst recht zurückhaltend verhielt und von Campeggio die Bekanntgabe seiner Instruktionen forderte, damit „dester ferfenglicher hieruber geratschlagt werden moge"[61]. Die Fürsten und Obrigkeiten sind sich zwar der Beschwerung durch die neue Lehre bewußt, aber was ist mit der Beschwerung der deutschen Nation durch die römische Kirche? Auf dem Reichstag des vorigen Jahres habe man dem päpstlichen Botschafter die Gravamina und Vorschläge zur Glaubensneuerung zur Weiterleitung an den Papst übergeben. Falls er in dieser Frage instruiert worden wäre, solle er es die Stände wissen lassen[62]. Zum Schluß machte Vehus den Legaten darauf aufmerksam, daß die Abwehr der Türken nicht nur die Sache des Reiches sei, sondern der gesamten Christenheit. Dies setze aber voraus, daß Frieden unter den christlichen Regenten herrsche. Damit hatte Vehus recht geschickt die Thesen Campeggios

60 *G. Müller,* Kurie (Anm. 58), 20; *H. R. Schmidt,* Reichsstädte (Anm. 47), 132.

61 Die Rede von Vehus, RTA.JR IV, Nr. 106, 486f.; ebd., Nr. 25, 150.

62 Die Gravaminaschrift war auf dem 2. Nürnberger Reichstag erst nach Chieregatis Abreise fertiggestellt und dann nach Rom gesandt worden, RTA.JR III, 647, Anm. 1. Deshalb macht es Sinn, wenn sich Vehus nach der Reaktion auf die Gravamina in Rom erkundigt.

zurückgewiesen, daß ohne Glaubenseinheit keine wirksame Abwehr der Türken möglich und damit eine eventuell auch gewalttätige Rückführung der Lutheraner Grundvoraussetzung für einen erfolgreichen Türkenkrieg sei.

Danach hat Campeggio noch einmal das Wort ergriffen, um dem badischen Kanzler zu antworten[63]. Zuerst sei dem Papst kein ständischer Vorschlag in bezug auf die neue Lehre bekannt. Aber der Papst habe ihm freie Hand für solche Verhandlungen gegeben. Die Mandate von Worms und dem letztjährigen Reichstag in Nürnberg dürfen allerdings nicht in Frage gestellt werden. Zunächst müsse bedacht werden, wie das Mandat vollzogen werden kann, „zuvor und ehe man beschlus, was man gebieten oder hierin anstellen wolt". Bezüglich der Gravamina wisse er nichts von einer offiziellen Übergabe. In Rom wird dieses Machwerk als feindlicher Anschlag und nicht als Produkt des Reichstages angesehen. Viele Sätze der Beschwerden sind ketzerisch und deshalb verhandlungsunfähig. Dagegen verwies Campeggio die Stände auf eine Beschwerdeführung durch eine Gesandtschaft nach Rom.

Die Rede Campeggios hatte den kurialen Standpunkt klar zum Ausdruck gebracht: Das Wormser Edikt steht außerhalb jeder Verhandlungsmöglichkeit. Zielsetzung der Rede war das Aufbrechen der Verbindung von Gravamina und Luthersache. Solange Luther als Reformer innerhalb des Gravaminakomlexes anerkannt wird, wird die durch ihn ausgehende Bedrohung nicht nur für die Kirche, sondern auch die weltliche Ordnung verkannt. Er bot eine Art Geschäft an, Reform für Lutherbekämpfung, wogegen die Stände eine ganzheitliche Problemlösung des Themenkreises Kirchenreform und darin als Teilgebiet die Luthersache wünschten. Bei der Gravaminafrage war das Verhalten des Legaten geprägt „durch Verschleierung offenkundiger Sachverhalte und plumpe Hinhaltetaktik"[64]. Die Gravaminaforderung der Stände war damit praktisch völlig abgelehnt worden[65]. In der Behandlung der Glaubensfrage hatte er sich aber wiederum sehr zurückhaltend geäußert. Er forderte zwar die konsequente Ausführung des Wormser Ediktes, aber bemerkenswerterweise hatte er an diesem Tag die Bannbulle mit keinem Wort erwähnt. Hatte Chieregati auf dem vorherigen Reichstag ihre Exekution noch unmißverständlich gefordert[66], so kann ihre Nichterwähnung am 17. und 18. März als eine Reaktion auf die antikurialen Ressentiments der Stände und die schlechte Aufnahme der Bulle in Deutschland verstanden werden.

63 Die zweite Rede Campeggios, RTA.JR IV, Nr. 106, 487 - 489.

64 *H. Immenkötter,* Vehus (Anm. 2), 37.

65 *W. Borth,* Luthersache (Anm. 11), 145.

66 RTA.JR III, Nr. 74, 396.

Am 19. März wurde dann der Bericht der Verordneten vor den Ständen verlesen[67]. Sie konnten sich nur darauf einigen, ihn abzuschreiben und in einer späteren Sitzung zu diskutieren. Erst am 26. März kamen die Stände wieder auf die neue Lehre und die Luthersache zurück[68]. Die Reaktionen auf den Bericht waren durchaus nicht einheitlich. Während einige davor warnten, von den letztjährigen Beschlüssen abzuweichen, forderten andere, bis zum Abschied des Reichstags nicht mehr mit dem Legaten zu verhandeln. Die Mehrheit aber beantwortete die päpstlichen Forderungen mit der Gegenforderung nach Berufung eines „gemain concilium, darauf auch alle kur-, fursten und andere stende ir erfaren trefflich leut schicken solten“. Unter der Voraussetzung, daß diese „erfaren trefflich leut“ nicht nur zum Zuschauen bestimmt worden wären, stand dieser Vorschlag schon in diametralem Gegensatz zum kurialen Konzilsverständnis[69]. Wahrscheinlich von geistlicher Seite wurde darauf hingewiesen, daß ein Konzil „sol nicht anders dann mit bewilligen des babsts beschechen“.

Eine dieser Meinung entgegenstehende Gruppe brachte dagegen mehrere Einwände vor. Es sei zu befürchten, daß ein solches Konzil unter der Autorität des Papstes selbst berechtigte Forderungen, die dem Interesse der Kurie entgegenstünden, nicht anerkennen würde. Weiterhin sei nicht damit zu rechnen, daß ein Konzil innerhalb eines Jahres zusammenkommen könnte. Aber je länger sich das Konzil hinauszögert, desto stärker werde sich die Glaubensspaltung verfestigen. Zuletzt sei es notwendig, Sakramente und Kirchenzeremonien zu definieren, bis auf dem Generalkonzil diese Fragen endgültig geklärt werden könnten. Aus diesen Erwägungen heraus habe man es „fur gut angesehen, das allain die Teutsch zungen ain gesondert frei und offen concilium halten und besliessen soll“. Schließlich sei auch die Glaubensspaltung zuerst in Deutschland aufgetreten. Der Berichterstatter Klingenbeck nennt uns zwar keine Namen, mit denen die einzelnen Einwände oder Positionen identifiziert werden könnten, aber aufgrund eines bayrischen Gutachtens vom 25. März für diese Sitzung können die Bayernherzöge als Urheber und treibende Kraft dieses Vorschlages angesehen werden[70]. Darin tauchen die gleichen Argumente auf. Der Sinn dieser Ver-

67 RTA.JR IV, Nr. 25, 150.

68 Ebd., Nr. 25, 156; Nr. 238, 743; die wichtigste Quelle für diesen Verhandlungsabschnitt ist die Aufzeichnung Georg von Klingenbecks, dem Rat des Hochmeisters Albrecht von Preußen, RTA.JR IV, Nr. 26, 197 - 205. Wrede meinte, der Bericht biete wahrscheinlich nur die Beratungen der Fürstenkurie, RTA.JR IV, 197, Anm. 4, so auch *H. R. Schmidt,* Reichsstädte (Anm. 47), 132; dagegen spricht der Bericht des Hagenauer Stadtschreibers Hug, der ausdrücklich bemerkt, daß „alle stende aber ufm huse bi einander gewesen“, RTA.JR IV, Nr. 28, 232.

69 *K. Hofmann,* Die Konzilsfrage auf den deutschen Reichstagen von 1521 - 1524, Theol. Diss. Heidelberg 1932, 69. RTA.JR IV, Nr. 26, 200.

sammlung bestünde aber nicht in der Herbeiführung eines Ausgleichs, sondern die Verirrungen sollten „ausgereut und zu guten kristenlichen weg gepracht“ werden[71]. Bei der Forderung nach einem Nationalkonzil wurde ganz eindeutig die Bekämpfung des Luthertums als seine vornehmste Aufgabe bezeichnet. In diesem Sinne hatte sich erstmals der Erzbischof von Salzburg Matthäus Lang am 28. oder 29. November 1523 geäußert: Das „concilium nationale“ diene „der Ausrottung der lutherischen Irrtümer, der Restituierung der Lehre des reinen und katholischen Glaubens, der Milderung der Beschwerden der Weltlichen, der Reform des Klerus...“[72] Grundsätzlich verneinten die Bayernherzöge natürlich nicht den päpstlichen Anspruch[73]. Auch betrachteten sie das Generalkonzil als die letztgültige Instanz, aber die politischen Umstände machten eine schnelle synodale Entscheidung unumgänglich. Falls wider Erwarten ein allgemeines Konzil vor dem Nationalkonzil stattfinden würde, wäre die Nationalsynode natürlich überflüssig. Dies legen zwei andere bayrische Gutachten nahe, die von beiden Möglichkeiten sprechen, oder allgemein nur vom Konzil[74].

Das Wormser Edikt betreffend erklärte sich eine andere Gruppe dazu bereit, es auch inhaltlich zu befolgen. Allerdings solle man die Mandate neu fassen und Strafen für die Nichtbeachtung verhängen. Aber der größte Teil der Anwesenden warnte davor, „jez ainigerlei mandate derhalb ausgeen zu lassen“, da daraus „nichts anders als ufrur, nichthalten oder verachtung der obrigkeit ervolgen mochte“. Allerdings unterstützte auch diese Partei das „provincialconcilio“[75].

Eine vierte Fraktion scheint stärker kirchenkritisch mit reformatorischem Gedankengut in die Diskussion eingegriffen zu haben. Diese Gruppe äußerte sich nur verhalten zum Vorschlag einer synodalen Lösung der Glaubensspaltung. Stattdessen forderte sie eine strenge Reform der Kirche[76]. Die vor dem Wormser Reichstag ergangene Bannbulle könne wegen ihrer Ungeschicklichkeit ohne Gefahr und Aufruhr nicht exekutiert werden. Für die Synode sollten „erfarn und gelert leut uber diss irrig wesen gesezt“ werden und Artikel über den Glauben anhand der Schrift zusammenfassen, um Klarheit in den Glaubensfragen herzustellen.

---

[70] *K. Hofmann,* Konzilsfrage (Anm. 69), 71f.; *H. Jedin,* Geschichte des Konzils von Trient, Bd. 1: Der Kampf um das Konzil, Freiburg 1949, 171f. Das Gutachten zur Luthersache und Türkenhilfe, RTA.JR IV, Nr. 89, 433f.'

[71] RTA.JR IV, Nr. 89, 434.

[72] ARCEG I, Nr. 51, 186, dazu auch 187, Anm. 19.

[73] So in einem Gutachten, ca. 11. Februar, RTA.JR IV, Nr. 36, 301.

[74] Ebd., Nr. 109, 498; Nr. 36, 301.

[75] Ebd., Nr. 26. 202.

[76] Dieses Votum ebd., Nr. 26, 202f.

Wie gesehen können vier Fraktionen in der Lutherfrage unterschieden werden. Zum einen wäre dies eine Gruppe von Romtreuen, die dem Papst die alleinige Autorität in Konzilsfragen zuweist und prinzipiell die Urteile gegen Luther unterstützten. Als Gegenpol steht auf der anderen Seite eine klar vom reformatorischen Programm her bestimmte Partei. Die große Mehrheit nimmt eine recht indifferente Haltung ein, die schon auf dem 2. Nürnberger Reichstag zur Formulierung des Kompromißabschieds geführt hatte und dabei stehen bleiben möchte. Auch sie unterstützte den Plan eines Nationalkonzils. Die vierte Gruppe, die sich dann später auch in der Konzilsfrage mit dem Vorschlag einer Nationalsynode durchsetzte, läßt sich an den Gutachten der Bayernherzöge zur Luthersache festmachen. Die Quellen scheinen es auch nahezulegen, daß die Bayernherzöge in der Luthersache die Initiative ergriffen hatten. Für sie konnte die Eindämmung der neuen Lehre nur mit einer damit einhergehenden Kirchenreform zum Erfolg führen. Aus einem gewissen politischen Pragmatismus und einer realistischen Einschätzung der Chancen einer baldigen Konzilsberufung heraus gelangten sie zur Formulierung eines nationalsynodalen Lösungswegs.

Die Stände konnten sich allerdings weder in der Lutherfrage noch in der Türkensache auf eine gemeinsame Entschließung einigen, sondern wählten einen Ausschuß von 13 Personen, der diese Fragen weiter beraten sollte[77]. Ihm gehörten drei kurfürstliche und sechs fürstliche Vertreter an. Dazu kamen noch je ein Abgeordneter der Prälaten und der Grafen sowie zwei Städteverordnete. Für die Kurfürsten nahmen daran Westhausen, Einkurn und der kurtrierer Rat Förster teil. Die Fürsten wurden von Ribisen, dem bayrischen Rat Eck, Vehus, dem Speyerer Domprobst Schwalbach, dem Passauer Offizial Meiting und dem hessischen Kanzler Feige vertreten. Gerwig Blarer, der Abt von Weingarten, vertrat die Prälaten und Bernhard von Solms die Grafen. Die Städte schickten den Ulmer Besserer und den Straßburger Herlin in den Ausschuß.

Dieser Ausschuß traf sich zu zwei Sitzungen am 28. und 29. März[78]. In der Türkensache erarbeiteten seine Mitglieder ein Gutachten, das am 2. April von den Ständen im wesentlichen angenommen wurde[79]. Weniger eindeutig gestaltet sich dagegen der Befund in der Luthersache. Wie gesehen, standen sich am 26. März vier verschiedene Meinungen gegenüber, die recht gut zu fassen sind. Nur von einem Teil der reformatorisch gesinnten Gruppe und von den Bayernherzögen liegen uns detailliertere

---

77 Ebd., Nr. 25, 156; Nr. 28, 232; über die Ausschußeinsetzung auch ebd., Nr. 26, 205, und Nr. 238, 743. Eine Teilnehmerliste ebd., 156, Anm. 2.

78 Ebd., Nr. 25, 156.

79 Ebd., 430; das Gutachten ebd., Nr. 90, 434 - 436.

Aussagen und Meinungen vor. Die Vertreter der Städte waren am 27. März für den Ausschuß dahingehend instruiert worden, „das man das ewangelium und lere Christi nit konne underdrucken lossen, sonder not were, mit gutter vorbetrachtung davon stattlich zu handeln“[80]. Auch Bernhard von Solms, der Vertreter der Grafen, war lutherisch gesinnt, wie eine spätere Erklärung von ihm zur Luthersache zeigt[81]. Nicht ganz eindeutig ist dabei die Position Hessens. Landgraf Philipp trat zwar erst im Sommer 1524 eindeutig dem lutherischen Lager bei, aber innerlich hatte sich Philipp zu dieser Zeit schon einige Jahre von der römischen Kirche verabschiedet und reformatorische Regungen von Anfang an in Hessen toleriert[82]. Bis auf die Vertreter der Städte, Grafen und Hessens waren die Angehörigen des Ausschusses also altgläubig gesinnt. Vor allem durch die Berufung Ecks wird der steigende Einfluß der Bayernherzöge im Vergleich zu den Beratungen mit Campeggio deutlich.

Ribisen berichtet, daß der Ausschuß auch in der Luthersache ein Mandat erarbeitet habe, das aber aus unbekanntem Grund den Ständen nicht vorgelegt wurde und nicht überliefert ist[83]. Sicher ist nur, daß die reformatorisch gesinnten Stände den Entwurf als Mandat gegen Luther aufgefaßt hatten[84]. Für seine inhaltliche Bestimmung steht nur eine Stellungnahme Herzog Ludwigs von Bayern zur Verfügung[85]. Danach war der Herzog mit dem Mandatsentwurf zufrieden, da es der Proposition Hannarts in der Frage des Wormser Edikts entspräche, d.h. seine unbedingte Exekution forderte. Eine solch weitreichende Interpretation kann sich auf die Tatsache stützen, daß die Bayernherzöge durch scharfe landesherrliche Maßnahmen die Exekution des Wormser Ediktes betrieben hatten[86]. Die Gravamina des 2. Nürnberger Reichstages gegen Rom und die Geistlichkeit sollten insofern in das Mandat aufgenommen werden, als sich Klerus und Laien darüber auf dem Konzil endgültig vergleichen

80 Ebd., Nr. 28, 232.

81 Ebd., Nr. 112, 505f.

82 *F. Küch,* Landgraf Philipp und die Einführung der Reformation in Hessen, in: Zeitschrift des Vereins für hessische Geschichte und Landeskunde 38 (1904), 210 - 243, hier 212f.

83 RTA.JR IV, Nr. 245, 752. A. Wrede teilte einen Mandatsentwurf mit, ebd., Nr. 108, 496 - 498, dazu 496, Anm. 1, von dem er meinte, es könne der von Ribisen erwähnte Ausschußentwurf sein. *J. Kühn,* Zur Entstehung des Wormser Edikts, in: Zeitschrift für Kirchengeschichte 35 (1914), 373 - 377, hat aber aufgrund der Nähe zum Wormser Edikt, der Eingangsformel und der inneren Logik des Aktenstückes, den Mandatsentwurf als Vorarbeit zum Wormser Edikt aus dem Umfeld Aleanders nachgewiesen.

84 RTA.JR IV, Nr. 245, 751f.

85 Ebd., Nr. 81, 417.

86 Das Mandat bei *V. A. Winter,* Geschichte der Schicksale der evangelischen Lehre in und durch Baiern, bewirkt in der ersten Hälfte des sechzehnten Jahrhunderts, Bd. 1, München 1809, Nr. 4, 310 - 315; dazu *W. Borth,* Luthersache (Anm. 11), 133f.

sollten. Dieses könne universaler oder nationaler Provenienz sein. Es hatte sich demnach beim Mandatsenwurf weitgehend die bayrische Haltung durchgesetzt. Dafür spricht auch die Notiz Ribisens, „das sie weltlichen fursten me dise sach furdern und treiben dann die geistlichen“[87]. Messen wir diese Nachricht an den Ausschußmitgliedern, so erhärtet sich die These von den Bayernherzögen als bestimmende und treibende Kraft in der Luthersache. Die Ausschußvertreter der fünf Fürstbischöfe von Köln, Mainz, Trier, Worms und Speyer standen bei der Reformforderung nicht an vorderster Stelle, da sie durch eine Reform im Sinne der Gravamina große Einbußen zu erwarten hatten. Vom Abt von Weingarten war keine Gegenposition zu dem mächtigen bayrischen Territorialfürsten zu erwarten. Die vier Vertreter der Grafen, Städte und Hessens votierten gegen den Mandatsentwurf. Ribisen selbst hatte am 18. März und am 6. April vor Campeggio vehement das Konzil gefordert. Aus seinen Briefen wird eine streng antilutherische Haltung deutlich[88]. Wir können deshalb annehmen, daß er die bayrische Position unterstützte. Der Vertreter Passaus stand sowieso unter dem Einfluß der mächtigen Bayernherzöge. So bleibt nur noch die Haltung von Vehus zu klären. Am 18. März hatte er vor Campeggio solch eine harte Haltung nicht vertreten. Es hätte auch nicht mit seiner Vorgehensweise in Worms oder zu seiner Schrift „De re Lutherana“ in Einklang gestanden, zu stark wirkte bei ihm die humanistische Friedensidee. Die Möglichkeit einer nationalen Lösung der Glaubensfrage war von ihm schon in Worms angesprochen worden und er hatte auch vehement eine Konzilsberufung gefordert. Die Reichtagsinstruktion für Vehus hat sich nur in einem kurzen Auszug erhalten[89]: „Als auch vohl geacht vnser Intruction so uff ein gemein frey universal concilium gestelt“. Er als Vertreter eines recht bedeutenden Territorialfürsten mit engen Verbindungen zum Hause Habsburg[90] hätte am ehesten einen Gegenpol zu den Bayernherzögen bilden können. Aber gerade die neue Heiratsverbindung zwischen Baden und Bayern[91] und die Nähe zu den Habsburgern mußte Vehus in der Frage antilutherischer Maßnahmen die Hände binden.

Hier wird deutlich, wie durch die Ausschußberufung die verschiedenen Voten der Ständesitzung ausgeschaltet wurden. Vielleicht kann diese Bestandsaufnahme auch zur Beurteilung des Einflusses von Vehus für die Sitzung mit Campeggio beitragen. Wie gesehen trat der Ausschuß am 18. März in der Luthersache viel gemäßigter auf als der Ausschuß am

87 RTA.JR IV, Nr. 245, 752.

88 Ebd., Nr. 215, 719; Nr. 236, 739; Nr. 245, 751f.

89 KA.GLA 50/16, fol. 20v.

90 *G.Kattermann,* Markgraf Philipp I. und sein Kanzler (Anm. 1), 20f.

91 Ebd., 65f.

28./29. März. Zum einen liegt dies an der Zusammensetzung, zum anderen aber in der damit zusammenhängenden Bedeutung des einzelnen Ausschußmitglieds. War Vehus durch seine Sprachgewandtheit am 18. März herausgehoben, so war dies am 28./29. März nicht gefragt. Am 18. März fehlte Ribisen auch noch der Rückhalt Bayerns, und für die Kurfürsten nahm je ein weltlicher, der kurpfälzische Kanzler Venningen, und ein geistlicher Vertreter teil, nicht drei geistliche wie am 28./29. März.

Das Ungleichgewicht zwischen Vertretern weltlicher und geistlicher Kurfürsten im Vergleich der beiden Ausschüssen wird noch dadurch verstärkt, daß Kurfürst Ludwig bei seinen Zeitgenossen nicht mehr als klarer Anhänger der alten Kirche angesehen wurde[92]. Eine pfälzische Aktennotiz zu dem Ständebeschluß am 5. April läßt die Interpretation zu, daß Ludwig einen Beschluß in der Luthersache abgelehnt hatte[93]. Wir finden bei ihm, so wie auch in Baden, eine zwiespältige und unsichere Haltung in der Glaubensfrage, die W. Müller als eine „mindestens neutrale Stellungnahme" zur Luthersache charakterisiert hat[94].

Dieselbe „neutrale", vielleicht besser widersprüchliche, Haltung gilt auch für Pfalzgraf Friedrich, den späteren Kurfürsten[95]. Für eine eher ausgleichende Haltung Pfalzgraf Friedrichs spricht auch die Tatsache, daß sein Kanzler Pelagius Probst am 5. April gegen den Beschluß in der Luthersache protestiert hatte[96]. Dies alles führte zu einer weniger antilutherischen, mehr dem Ausgleich zugeneigten, Ausschußmeinung am 18. März unter dem Einfluß des Vehus, während der badische Kanzler am 28./29. März völlig zurückgedrängt wurde zugunsten Bayerns und der süddeutschen Bischöfe in Gestalt Ribisens, Ecks und des Passauer Abgeordneten. Am 18. März standen vier gemäßigte, das heißt die schon von Worms her bekannte „Mittelpartei" bzw. ein lutherisch gesinnter

---

92 Nach Aleander hat Ludwig schon in Worms für Luther Partei ergriffen, *T. Brieger,* Quellen und Forschungen (Anm. 13), Nr. 11, 72f.; im allgemeinen hielt ihn Aleander für einen Anhänger Luthers, ebd., Nr. 19, 125. Eck attestierte ihm schon 1523 eine unsichere Haltung, ARCEG I, Nr. 30, 137; dazu auch RTA.JR IV, 710, Anm. 1. Die Pfälzer waren dem Legaten bei seiner Ankunft nicht entgegengeritten, *K. E. Förstemann* (Hrsg.), Neues Urkundenbuch (Anm. 53), Nr. 43, 160, und Ribisen äußerte den Verdacht, der Pfalzgraf sei „nit ... willens gewesen zu verritten", RTA.JR IV, Nr. 236, 739.

93 RTA.JR IV, 500, Anm. 1. Auch der Bericht eines Pfälzer Sekretärs zu diesem Ständebeschluß läßt sich dahingehend interpretieren, ebd., Nr. 23, 99.

94 *W. Müller,* Die Stellung der Kurpfalz zur lutherischen Bewegung von 1517 bis 1525, Heidelberg 1937, 81f.

95 Planitz zählte ihn einmal zu den Gegnern Luthers am Regiment, andererseits wußte er aber aus derselben Zeit von der Unterstützung Friedrichs für lutherische Prediger in Nürnberg zu berichten, *H. Virck,* Des kursächsischen Rathes Hans von der Planitz Berichte aus dem Reichsregiment in Nürnberg 1521 - 1523, Leipzig 1899, Nr. 39, 90; Nr. 7*, 615.

96 *W. Müller,* Die Stellung der Kurpfalz (Anm. 94), 74. RTA.JR IV, Nr. 25, 160.

Ausschußvertreter, nämlich der Kurpfälzer Venningen, Pfalzgraf Friedrich, Vehus und Feige, vier altgläubig gesinnten Ausschußverordneten gegenüber. Am 28./29. März hatte sich dieses Gleichgewicht zuungunsten der Mittelpartei verschoben. Den fünf zumindest auf Ausgleich bedachten Abgeordneten, Feige, Vehus, Herlin, Besserer und Bernhard von Solms, standen acht Altgläubige gegenüber. Verschärft wurde dieses Ungleichgewicht noch dadurch, daß zwei Lutheraner, Herlin und Besserer, die Städte vertraten, die weder Sitz noch Stimme besaßen, die drei kurfürstlichen Abgesandten allesamt antilutherisch gesinnt und die stark antilutherisch eingestellten Bayern im Ausschuß vertreten waren.

Der Mandatsentwurf wurde zwar, wie schon erwähnt, den Ständen nicht vorgelegt und erlangte so keine weitere Bedeutung mehr, aber die darin zum Ausdruck kommende Kräfteverteilung, Parteibildung und das Meinungsspektrum blieben erhalten sowie die Bedeutung der Ausschußberufungen für den Entscheidungsfindungsprozeß auf Reichstagen und der darin zum Ausdruck kommenden Personalpolitik.

Ende März, Anfang April änderte sich der Verhandlungsgang des Reichstages grundlegend. Bisher waren zwei Verhandlungsstränge ausschlaggebend gewesen, zum einen Gespräche über Regiment und Kammergericht, ausgehend von der Proposition Hannarts, und zum anderen die Beratungen über Türkenhilfe und Luthersache, die von der Audienz Campeggios ihren Anfang her nahmen. Die grundlegende Änderung erfolgte aufgrund eines vorläufigen Beschlusses über den Abschied für Regiment und Kammergericht[97]. Nach Erledigung dieses ersten Verhandlungsabschnitts legte der Mainzer Kanzler am 3. April den Ständen die vier weiteren Punkte der kaiserlichen Proposition, Luther, Münze, Monopolien und Exekution, zur Beratung vor[98]. So begannen die eigentlichen Reichstagsverhandlungen um die Luthersache erst am 3. April[99]. Ribisen berichtet, daß zunächst die Forderung nach einer öffentlichen Verlesung des in dem Ausschuß erarbeiteten Mandats vor dem Reichsrat erhoben wurde, wogegen ein Teil der Stände protestierte. Schließlich einigten sich die Stände darauf, daß Statthalter und Regiment das Mandat mit Hinweis auf das Wormser Ediktes im kaiserlichen Namen ausgehen lassen sollten.

Die Stände ließen daraufhin am 4. April in der Mittagspause ein Gutachten von einigen namentlich nicht bekannten Räten zu den vier Verhandlungspunkten erstellen, das am Nachmittag in den einzelnen Kurien

97 RTA.JR IV, 339f.

98 RTA.JR IV, Nr. 25, 158, und ebd., 469.

99 Ebd., 469; Nr. 245, 751f.; *W. Borth*, Luthersache (Anm. 11), 144.

verhandelt wurde[100]. Am nächsten Tag kam es dann zur Verhandlung des Gutachtens in der Fürstenkurie. In der Luthersache wandten sich der Hochmeister Albrecht von Preußen, der Kanzler des Pfalzgrafen Friedrich, der Kanzler des Bischofs von Freising Soitter, der hessische Kanzler Feige, der Gesandte Wilhelms von Henneberg Ludwig von Boyneburg und die Grafen von Solms und Wertheim gegen das Mandat[101]. Trotz dieser Voten hatten die meisten Anwesenden das Gutachten gutgeheißen und angenommen. Daraufhin wurde das Mandat am 6. April den Städten mitgeteilt, die dagegen Protest erhoben, und Erzherzog Ferdinand vorgelegt[102].

In dem Beschluß über die Luthersache verpflichteten sich die Reichsstände, das Wormser Edikt „sovil inen muglich" zu beachten und auszuführen[103]. Das Gutachten forderte die Einberufung eines General- oder Nationalkonzils. Dafür sollten an den Universitäten gelehrte Männer die umstrittenen Lehren zusammenstellen, damit „das guet neben dem boesen nit untergedruckt und entlich erortert wert, wes sich hinfur ein jeder halten solle", eine deutliche Reminiszenz an die ständische Position in Worms, die Neuerung nicht unisono zu verdammen. Das Wort Gottes solle nach „warem verstand und auslegung der von der gemainen kirchen angenomer lerer on aufruer und ergernus gepredigt und gelert" werden. Alles, was den herkömmlichen Kirchengebräuchen zuwiderlaufe, solle verboten werden[104]. Neben der neuen Lehre müsse das Konzil aber auch die Gravamina gegenüber dem römischen Stuhl und die Gravamina der Laien wider die Geistlichkeit behandeln. Zuletzt solle jede Obrigkeit dafür sorgen, daß Schmähschriften und -bilder nicht mehr gedruckt würden.

Der Ständebeschluß spiegelte an sich den Verfassungskonflikt zwischen Kaiser und Reichsständen wieder. Einerseits wird der kaiserliche Beschluß im Wormser Edikt als gültige Rechtsnorm bestätigt, andererseits aber die Durchführung in das Ermessen des einzelnen Reichsstandes gestellt. Damit wurde das Wormser Edikt seiner Durchsetzbarkeit beraubt und die kaiserliche Gewalt somit ausgehöhlt[105]. In der Konzilsfrage hatten sich eindeutig Überlegungen aus dem reformatorischen Lager durchgesetzt, die im Konzil ein Lehrgespräch sahen.

---

100 RTA. JR IV, Nr. 25, 158f.; dazu auch ebd., 499, Anm. 1.

101 Ebd., Nr. 25, 160. Die Voten Wertheims, ebd., Nr. 112, 505f., und des Hochmeisters, ebd., Nr. 111, 503, haben sich erhalten.

102 Ebd., Nr. 25, 161f.; Nr. 113, 506 - 508.

103 Der Ständebeschluß über Luther ebd., Nr. 110, 500f.

104 Nach Ribisen wurde dieser Punkt und das Verbot von Schmähschriften erst am 5. April während der Sitzung der Fürstenkurie in den Mandatsentwurf eingearbeitet, ebd., Nr. 25, 160.

105 *K. Hofmann,* Konzilsfrage (Anm. 69), 77; *G. Müller,* Kurie (Anm. 58), 22.

Am 6. und 7. April wurde Campeggio in zwei Sitzungen von den Verordneten über den Ständebeschluß auch als Antwort für den 18. März in Kenntnis gesetzt[106]. Bezüglich der Luthersache betonten die Verordneten die Notwendigkeit des National- oder Generalkonzils, ohne das eine Beseitigung der neuen Lehre unmöglich sei. Auch wurde Campeggio noch einmal an die Gravamina erinnert.

In der Luthersache lobte der Legat zunächst die Erneuerung des Wormser Edikts, das von allen Ständen veröffentlicht werden müßte[107]. Zur Ausrottung der Häresie soll die Hilfe der geistlichen Fürsten in Anspruch genommen und die Inquisition eingerichtet werden. Am ausführlichsten, da am wichtigsten für die römische Kurie, setzte sich Campeggio mit der ständischen Konzilsforderung auseinander. Über den Glauben zu handeln, sei ohne die anderen Nationen unmöglich. Eine einzelne Nation kann in diesen Dingen keine allgemeingültigen Entscheidungen treffen. Zudem seien viele Lehren, die die Lutheraner vertreten, schon in früheren Konzilien verdammt worden. Diese Synode würde nur die deutsche Nation vom Glauben und vom römischen Stuhl entfremden. Ein Generalkonzil dagegen unterstütze er selbst. Allerdings sei mit dessen Berufung frühestens in zwei bis drei Jahren zu rechnen, denn ein Friedensschluß zwischen den Häuptern der Christenheit sei dafür unerläßlich. Die Ausschußmitglieder antworteten nur sehr knapp und verteidigten das Nationalkonzil als „hoch von noetten“ und nicht als „beschwerlich oder sunderlich“[108].

Wie schon erwähnt sind die Autoren des Gutachtens vom 5. April unbekannt, aber wir können davon ausgehen, daß dieselben Personen wie bei den vorherigen schriftlichen Entwürfen vom 18. und 28./29. März daran beteiligt waren: Aus arbeitsökonomischen Gründen wäre es sinnvoll gewesen, ein sozusagen in die Materie eingearbeitetes Team mit dem Gutachten zu beauftragen. Die Fertigstellung des Gutachtens in einer Mittagspause scheint eine andere Möglichkeit auszuschließen. Dazu kommt noch, daß das Gutachten ohne große Umarbeiten in den Beschluß der Stände eingegangen ist, der wiederum schon eine gutdurchdachte Arbeit gewesen war. Auch machte die Mitteilung an den Legaten eine lateinische Fassung nötig. Diese wird wohl Vehus erarbeitet haben. Die im lutherischen Sinne milde Form des Gutachtens mit seiner Relativierung des Wormser Edikts und den Einflüssen reformatorischer Ideen kann nur auf Vehus und lutherisch gesinnte Räte zurückgehen. Die

106 Einen ausführlichen Bericht über die Verhandlungen mit dem Legaten, RTA.JR IV, Nr. 25, 163 - 167. Es waren die am 17. März bestimmten Verordneten, ebd., Nr. 25, 167 - 170.

107 Die lateinische Rede Campeggios ebd., Nr. 25, 167 - 169.

108 Ebd., Nr. 25, 169f.

schlüssige Annahme, Vehus sei am 18. März bestimmend und am 28./29. März beim schärferen Mandatsentwurf weniger bestimmend gewesen, läßt nur die Folgerung zu, daß der badische Kanzler bei der milderen Form wiederum großen Einfluß besessen hat.

Ribisen berichtet, daß am 7. April der Speyerer Schwalbach, der pfalzgräfliche Kanzler Propst, Feige, Vehus und er selbst die Antwort des Legaten auf den Ständebeschluß vom 5. April hörten[109]. Es scheint nur logisch und es entspräche auch der Praxis auf den Reichstagen, daß die Verfasser von Gutachten, Berichten o.ä. ihren Entwurf in darauffolgenden Beratungen selbst vertraten. Gemessen an der Einstellung der einzelnen Verordneten liegt ein Übergewicht bei der auf Ausgleich gesinnten Gruppe. Ribisen und Schwalbach als altgläubig gesinnten Räten stehen mit Vehus und Propst zwei gemäßigte und mit Feige ein schon dem Luthertum zugeneigter Ständevertreter gegenüber. Fällt die altgläubige Gruppe für die Formulierung der Kompromißformel aus, so bleiben nur Vehus, Propst und Feige. Propst kommt dafür auch nicht in Frage, schließlich protestierte er aus unbekannten Gründen gegen diesen Beschluß[110]. Da aber das Gutachten von Anfang an auch schon in lateinischer Form für den Legaten bestimmt war, mußte auf Vehus die Hauptlast der Ausarbeitung des Entwurfs ruhen. Deshalb scheint es gerechtfertigt, von einem hervorragenden Einfluß des Vehus auf die Formulierung des Ständebeschlusses vom 5. April und somit auch für den Abschied zumindest in der Luthersache und dem damit zusammenhängenden Konzils- und Gravaminakomplex zu sprechen. In der Frage der Autorisierung des Wormser Ediktes kann man demnach ein Wechselspiel zwischen den streng Altgläubigen mit den Bayern an ihrer Spitze und den Gemäßigten in den Ausschüssen erkennen, in denen schließlich die Hauptarbeit geleistet wurde. Am 18. März und 4./5. April war das bayrische Element weniger oder gar nicht bestimmend gewesen, so daß sich eine Kompromißhaltung, vertreten durch Vehus, durchsetzen konnte.

Mit geringen Änderungen ging der Abschiedsentwurf, der im wesentlichen auf dem Beschluß vom 5. April basiert, in §§ 24 - 29 des Reichsabschieds vom 18. April ein[111]. Das Wormser Edikt wird mit dem relativierenden Zusatz „sovil inen muglich“ bestätigt. Die Forderung nach einer Konzilsberufung wird damit begründet, daß „das gut neben dem bosen nit undergetruckt“, ein Gedanke, den Vehus schon in Worms vorgebracht hatte, „und entlich erortert werden moge, wes sich hinfurter in dem ein jeder halten soll“. In der Verkündung der Reichstagsbeschlüsse wird dies noch deutlicher, wo es heißt: „Damit auch auf dem künftigen

109 Ebd., Nr. 25, 167.
110 Ebd., Nr. 25, 160.
111 Ebd., 470; der Abschied ebd., Nr. 149, 590 - 613.

concilo dester fürderlicher stattlicher und austreglicher von der neuen lere geratschlagt, was gut angenomen und was böse gemitten werde..."[112] Dieses Konzil solle wenn möglich in Deutschland stattfinden. Weiter erklärt der Abschied die Einberufung einer gemeinen „versamlung Teutscher nation" für den 11. November nach Speyer, damit beschlossen werde, „wie es bis zu anstellunge eins gemeinens consiliums gehalten werden soll". Die nächsten Punkte des Reichsabschiedes betreffen die Zeit bis zum Konzil. Die Stände, besonders solche, in deren Territorium sich Hochschulen befänden, sollten durch ihre Gelehrten die strittigen Artikel für das Konzil herausarbeiten lassen. Auch wurde der Predigtartikel des 2. Nürnberger Reichstages wiederaufgenommen. Das Evangelium und Gottes Wort solle nur „nach rechtem warem verstand und auslegung der von gemeiner kirchen angenomen lerer on aufruhr und ergernis gepredigt und gelert werd(en)". Die Gravamina sollten dann auf der Reichsversammlung verhandelt werden.

Bei einer abschließenden Würdigung des Zustandekommens des Nürnberger Abschieds fällt die herausragende Stellung von Vehus am 18. März und 5. April auf. Vehus' Feder entstammte dann wahrscheinlich der kompromißträchtige Inhalt, vielleicht sogar die Formulierung des Reichsabschieds in der Luthersache. Dies heißt natürlich nicht, Vehus habe im Alleingang den Abschied entworfen und beschlossen, aber er muß inhaltlich einen starken Einfluß ausgeübt haben. Die Forderung nach Einberufung eines Nationalkonzils drang über das bayrische Engagement am 26. März in den Abschied ein, während ihre Vorstellungen in der Luthersache abgelehnt wurden. Somit hat sich in Nürnberg eine humanistische Ausgleichsposition nicht nur zwischen den sich formierenden Parteien behaupten, sondern auch zur Formulierung eines kompromißträchtigen Reichstagsabschiedes mitwirken können. Dabei konnte der Gedanke des antilutherischen Nationalkonzils von den Gemäßigten zu einem Instrument des Ausgleichs umgedeutet werden.

V.

Vehus hatte sich bisher als treuer Sohn seiner Kirche erwiesen, aber bei seinen Zeitgenossen war dieses Urteil für ihn selbst oder Markgraf Philipp nicht so unumstritten. Wohl kein Fürst war in den Anfangsjahren der Reformation wegen seiner Haltung zu Luther von den Zeitgenossen so unterschiedlich eingeordnet worden[113]. Diese Einschätzun-

---

112 Ebd., Nr. 152, 617.

113 Zeugnisse für die unterschiedliche Einschätzung der Markgräflichen bei *R. Fester*, Die Religionsmandate des Markgrafen Philipp von Baden 1522 - 1533, in: Zeitschrift für Kirchengeschichte 11 (1890), 307 - 329, hier 308, Anm. 3; 309,

gen lassen sich am ehesten aus den badischen Religionsmandaten und den damit zusammenhängenden Zugeständnissen für die reformatorische Bewegung erklären, die in gewisser Weise auch das Programm des Vehus von Worms und Nürnberg widerspiegeln. Ein erstes Religionsmandat war am 30. August 1522 von Philipp unter dem Titel „Der pfarrer predigen belangen" erlassen worden[114]. Die Prediger und Pfarrer wurden aufgefordert, strittige Punkte nicht zu behandeln und sich so eng wie möglich an die heilige Schrift zu halten, damit der Zwiespalt und die Unruhe unter dem Volk nicht weiter anwachse. Zum Ende hin verbot das Mandat Neuerungen bei der Messe und den Sakramenten. Das Mandat enthält zwar einige antireformatorische Bestimmungen wie das Verbot zeremonieller Neuerungen, aber mit Recht wurde in den milden Ausführungen ein Gegensatz zu den Strafbestimmungen des Wormser Ediktes oder anderer landesherrlicher Erlasse gesehen[115].

Vollkommen eigenständige Wege der Reform beschritt der Markgraf dann im Gefolge des Bauernkriegs. Am 29. April 1525 wurden alle Geistlichen per Mandat zu Bürgern mit allen Rechten und Pflichten erklärt[116]. Nur vom Kriegsdienst wurden sie befreit. Tatsächlich tauchen dann Geistliche als Bürger in der Markgrafschaft auf[117]. Auf dem Speyerer Reichstag beklagten sich die Geistlichen bitter in ihren Beschwerden wider die Weltlichen über diesen Angriff gegen ihre Stellung und der damit zusammenhängenden Inanspruchnahme in der Welt[118]. Im selben Mandat wurde auch die Priesterehe erlaubt, „zu vermiden das schantlich unerlich leben und wesen, bisher mit iren megden gefiert nit zu cleiner ergernus des nechsten"[119].

Allerdings scheint es bei der Abschaffung des Konkubinats Schwierigkeiten gegeben zu haben, denn am 10. August 1525 ermahnte Philipp die Amtleute, dem Mandat auch Achtung zu verschaffen[120]. Noch im Oktober 1528 widmete sich ein Mandat ausschließlich dem Konkubinat der

Anm. 2; 309, Anm. 5; *W. Friedensburg,* Der Reichstag zu Speier 1526 in Zusammenhang der politischen und kirchlichen Entwicklung Deutschlands im Reformationszeitalter, Berlin 1887, 107; *H. Bartmann,* Die badische Kirchenpolitik (Anm. 5), 20.

114 *R. Fester,* Religionsmandate (Anm. 113), Nr. 2, 312 - 314; das Begleitschreiben an die Amtleute ebd., Nr. 1, 311.

115 *G. Kattermann,* Die Kirchenpolitik Markgraf Philipps I. (Anm. 1), 14f.

116 *R. Fester,* Religionsmandate (Anm. 113), Nr. 3, 314f.

117 *G. Kattermann,* Die Kirchenpolitik Markgraf Philipps I. (Anm. 1), 22f.

118 *J. Ney,* Analekten zur Geschichte des Reichstages zu Speier im Jahre 1526, in: Zeitschrift für Kirchengeschichte 8 (1886), 300 - 317 (I); 9 (1888), 137 - 181 (II); 12 (1891), 334 - 361 (III), hier III, 349.

119 *R. Fester,* Religionsmandate (Anm. 113), Nr. 3, 315.

120 Ebd., Nr. 4, 316.

Geistlichen und bestätigte den Erlaß von 1525[121]. Um die Seelsorgesituation zu verbessern, wurden auch die Finanzierungsmöglichkeiten und Kompetenzen der Geistlichkeit neu geordnet sowie alle Stolgebühren verboten[122]. Exemplarisch wird dies bei der Reform des Pfarrwesens in Pforzheim deutlich[123]. Die Pfarrei sollte so weit materiell ausgestattet werden, daß der Pfarrer auf „stolengefelle vnnd schindereyen“ verzichten könne. Begründet wurde das Verbot von Stolgebühren „wegen gotlich vnnd vß verbott der Bäpste eignen recht“. Der Verbesserung der Seelsorgepaxis diente auch die Bestimmung, daß nichtresidierende Geistliche keine Einkünfte mehr aus ihren Pfründen beziehen dürfen. 1527 wurde dann noch einmal die Verbindlichkeit der kirchlichen Abendmahlslehre betont. Nur den Sterbenden sollte es auf Wunsch unter beiderlei Gestalt gespendet werden[124]. Allerdings scheint sich die Reichung des Laienkelchs in der gesamten Markgrafschaft stillschweigend durchgesetzt zu haben[125].

Einen Weg des Kompromisses suchte die badische Regierung auch während des Bauernkriegs. Schon das Reichsregiment hatte unter dem Einfluß Philipps versucht, eine dem Schwäbischen Bund entgegengesetzte Politik des friedlichen Ausgleichs einzuschlagen[126]. So verweigerte Markgraf Philipp Erzherzog Ferdinand das Durchzugsrecht in den Breisgau und ins Elsaß, da er durch einen Angriff auf die Bauern die Verhandlungen mit den Bauernhaufen in Offenburg gefährdet sah[127]. In den badischen Landen hatte diese Kompromißhaltung Verträge mit den Bauern möglich gemacht. Vehus war in diesen Verhandlungen der führende Kopf gewesen[128]. Am 27. April 1525 trug diese Arbeit im Vertrag von Achern erstmals Früchte[129], dem am 5. Mai die Abmachungen von Offenburg folgten[130]. Diese Verträge verpflichteten die beiden orte-

---

121 Ebd., Nr. 7, 319f.

122 Ebd., Nr. 4, 315f.

123 Urkunde vom 1. Oktober 1526, KA. GLA 38/3220.

124 *R. Fester,* Religionsmandate (Anm. 113), Nr. 5, 317f.

125 Hans von Landizell an Herzog Wilhelm von Bayern, 30. Januar 1538, KA. GLA 47/2046, fol. 201r - 204v, in der ganzen Markgrafschaft hält keiner mehr etwas von der Messe. Das Sakrament wird nach einer öffentlichen Beichte in beiden Gestalten empfangen. Der bayrische Rat führte dies auf die antikatholischen Tendenzen nach dem Tod Markgraf Philipps zurück. Allerdings legt es ein Gutachten der badischen Räte zum Augsburger Reichsabschied nahe, daß schon unter Philipp der Laienkelch geduldet worden ist, KA. GLA 50/39a, Nr. 3.

126 *G. Kattermann,* Markgraf Philipp als Statthalter (Anm. 1), 377f.

127 Philipp an Ferdinand, 19. August 1525, KA. GLA 74/4564, Nr. 2, fol. 2r - 4v.

128 *G. Kattermann,* Markgraf Philipp als Statthalter (Anm. 1), 383f. *H. Virck* (Bearb.), Politische Correspondenz der Stadt Straßburg im Zeitalter der Reformation, Bd. I: 1517 - 1530, Straßburg 1882, Nr. 349, 199.

129 *A. Laube/H. W. Seiffert* (Hrsg.), Flugschriften der Bauernkriegszeit, Berlin 1975, 45f.; ein Straßburger Bericht über die Verhandlungen in Achern bei *H. Virck* (Bearb.), Correspondenz I (Anm. 128), Nr. 349, Beilage, 200 - 203.

nauischen Bauernhaufen und ihre Obrigkeiten auf Respektierung des herrschaftlichen Besitzstands und zur Milderung der bäuerlichen Beschwerden gemäß den „zwölf Artikeln“. Eine endgültige Behandlung der bäuerlichen Anliegen sollte auf dem zum 22. Mai nach Renchen einberufenen Tag stattfinden. Trotz der vernichtenden Niederlagen der württembergischen und elsässischen Bauernhaufen am 12. und 17. Mai kam der Rencher Tag zustande. In dem dort am 25. Mai geschlossenen Vertrag erhielten die Ortenauer Bauern Zugeständnisse gemäß den Forderungen der „zwölf Artikel“[131]. Markgraf Philipp hat diese Bestimmungen in der Folgezeit in seiner gesamten Herrschaft zur Ausführung gebracht. Als Gegenleistung verpflichteten sich die Bauern, sich nicht mehr zusammenzurotten und keine fremden Bauernhaufen anzuziehen. Für die damalige Zeit weitreichende Zugeständnisse machte der Vertrag in den ersten drei Artikeln. Pfarrer sollten nur noch nach „rate und gutbeduncken unnd eins ußschuß von der gemeind yedes orts“ eingesetzt werden. „Luter und unverdunckelt“ solle die Predigt sein und das Wort Gottes ihre alleinige Richtschnur. Im 2. Artikel wurde der kleine Zehnt abgeschafft und der große Zehnt ausdrücklich bestätigt. Die Pfarrer sollten den großen Zehnten erhalten, dafür aber auf Nebengebühren wie Opfer und Beichtgeld verzichten. Im 3. Artikel schließlich wurde den Bauern Freizügigkeit in Eheschließung und Wohnortswechsel zugesichert. Auch die vertraglichen Regelungen zwischen Markgraf Ernst und den Bauern seiner Herrschaft in Offenburg am 13. Juni und Basel am 12. September waren durch die Vermittlung des Vehus zustandegekommen[132].

Noch bedeutsamer als der Vertrag an sich ist die Tatsache, daß Philipp die Rencher Bestimmungen mit den Bauern in der Folgezeit auch einhielt und auf blutige Rache verzichtete[133]. Johannes Eck hat dann auch Philipp wegen seiner Zugeständnisse an die Bauern in seiner Schrift „Fructus germinis Lutheri“ heftig angegriffen[134] und Johannes Cochlaeus versuchte, sie als lutherische Zugeständnisse zu diffamieren[135].

Hierbei wird das religiöse Progamm des Vehus deutlich, eine Reform nur auf dem Boden der kirchlichen Lehre zu vollziehen, sowie in Einzel-

---

130 *A. Laube/H. W. Seiffert* (Hrsg.), Flugschriften (Anm. 129), 46f. Berichte über die Verhandlungen mit dem Schwarzacher Haufen in Offenburg, *H. Virck* (Bearb.), Correspondenz I (Anm. 128), Nr. 351 - 353, 203f., und Nr. 355, 205f.

131 *A. Laube/H. W. Seiffert* (Hrsg.), Flugschriften (Anm. 129), 45 - 56.

132 *G. Kattermann,* Markgraf Philipp als Statthalter (Anm. 1), 386f.

133 Vehus berichtet am 1. August 1525 Wurmser über die Verärgerung Markgraf Philipps, daß der Rencher Vertrag nicht eingehalten würde, *H. Virck* (Bearb.), Correspondenz I (Anm. 128), Nr. 415, 231.

134 *P. Balan,* Monumenta reformationis Lutheranae ex tabulariis secretioribus s. sedis 1521 - 1525, Regensburg 1884, Nr. 238, 504.

135 *A. Laube/H. W. Seiffert* (Hrsg.), Flugschriften (Anm. 129), 398.

maßnahmen wie Wegfall der Stolgebühren, Verwendung des Zehnten zum Unterhalt der Pfarrstellen, Zulassung der Priesterehe usw. Für diese Reformmaßnahmen war es auch notwendig gewesen, kirchliche Rechte und Ansprüche zu beschneiden. Nicht nur während der Reichstage versuchte Vehus demnach, eine Art Vermittlerrolle zwischen den Fronten einzunehmen, auch die praktisch-politische Umsetzung seines Programmes führte zu einer Mittelstellung der badischen Markgrafschaft im Konzert der landesherrlichen Territorien.

VI.

Unter dem Eindruck des Bauernkriegs schrieb das Reichsregiment auf den 1. Mai 1526 einen Reichstag nach Speyer aus[136]. Am 26. Juni begannen die Verhandlungen um den ersten Punkt der kaiserlichen Proposition, die Glaubensfrage[137]. Nachdem die Berufung eines interkurialen Ausschusses gescheitert war, beschloß der Fürstenrat am 5. Juli die Einsetzung eines Ausschusses zur Beratung des in der Proposition formulierten Beratungsgegenstands, wie bis zum Konzil durch Reformmaßnahmen der Neuerung und neuem Aufruhr begegnet sowie die gegenseitigen Gravamina beseitigt werden könnten. Je vier weltliche und vier geistliche Personen sollten ihm angehören[138]. Für die geistliche Bank nahmen daran Georg Truchseß für die österreichische Session, der Kanzler des Bischofs von Straßburg, der gemeinsame Vertreter von Würzburg und Freising Hann, und der Domkantor zu Speyer, Philipp von Flersheim, teil. Die weltliche Bank beschickte den Ausschuß nach heftigen Auseinandersetzungen mit dem hessischen Gesandten Balthasar von Weitelshausen, genannt Schrautenbach, dem Gesandten Pfalzgraf Friedrichs, Laux, Vehus und dem Grafen Bernhard von Solms.

Schon am nächsten Tag, dem 6. Juli, nahm der Ausschuß seine Tätigkeit auf. In täglichen Sitzungen erarbeiteten die Ausschußmitglieder ein Gutachten, „das zu den bemerkenswertesten Akten des Speyerer Reichstages von 1526 gehört"[139]. In drei Teile gegliedert behandelt das Dokument die brennendsten Fragen der kirchlichen Zeremonien und des kirchlichen Lebens[140], die Beschwerden der Weltlichen wider den römischen Stuhl und die Geistlichkeit[141] sowie die Beschwerden der Geist-

---

136 Zum Folgenden *W. Friedensburg,* Der Reichstag zu Speier (Anm. 113), 27f.

137 Ebd., 223f.; *H. Virck* (Bearb.), Correspondenz I (Anm. 128), Nr. 453, 258.

138 Nach einem Straßburger Bericht, *J. Ney,* Analekten (Anm. 118), I, 308; dazu *W. Friedensburg,* Der Reichstag zu Speier (Anm. 113), 273f.

139 *G. Kattermann,* Markgraf Philipp als Statthalter (Anm. 1), 395.

140 *J. Ney,* Analekten (Anm. 118), II, 140 - 158.

141 Ebd., II, 158 - 181.

lichen wider die Weltlichen[142]. Der erste Teil wurde den Ständen schon am 14. Juli vorgelegt, der zweite am 23. Juli. Der dritte Teil kam offensichtlich nicht einmal mehr zur endgültigen Redaktion[143]. Bieten der zweite und dritte Abschnitt des Gutachtens nicht mehr als die altbekannten Forderungen der gegenseitigen Gravamina, so bemüht sich der erste Teil des Gutachtens um an der Praxis orientierte Reformvorschläge. Das Dokument ist getragen von dem Willen, die kirchlichen Heilsgüter aufrechtzuerhalten und die in ihnen enthaltenen Mißbräuche abzuschaffen. Jede endgültige Entscheidung bleibt dabei dem zukünftigen Konzil vorbehalten.

Der Text trägt keine Überschrift und beginnt sofort mit der Erläuterung der an den Ausschuß gestellten Fragen[144]. Zuerst sollten die Ausschußmitglieder feststellen, „was gute wolhergebrachte christliche vbungen vnd ordnungen seyen", die im Reich aufrechterhalten werden sollen. Weiter sollte „poß vnd vbel herkomen" als Mißbräuche dagegen abgegrenzt werden, die dann abgeschafft oder wenigstens geändert werden sollten. Das Gutachten diene der Ordnung der Glaubensfrage, sozusagen als eine Art Kirchenordnung der Reform bis zur endgültigen Entscheidung durch ein freies Generalkonzil. Damit ist der Zweck des Gutachtens klar herausgestellt: Man will mit ihm einen Kompromiß zwischen den Reformanliegen der Neugläubigen und den Beharrungstendenzen der Altgläubigen auf der Grundlage der bisher als ökumenisch anerkannten Konzilien finden.

Die nun folgenden Reformvorschläge für die Sakramentenlehre und -praxis sowie die daraus resultierenden Folgelehren standen unter mehreren Vorzeichen: Verbesserung der ‚kirchlichen Versorgung' (Seelsorgepraxis) mit weitreichenden Kompetenzen für die weltlichen Obrigkeiten durch Abschaffung unnötiger Beschwernisse, Veränderung offensichtlich mißbräuchlicher Praxis und die Schaffung von Transparenz im kirchlichen Leben, um den Sinn bestimmter liturgischer Handlungen zu verdeutlichen und damit gegen die Neuerung zu immunisieren. Die Grundaussagen in der Sakramentenlehre waren vorsichtige Mindestformulierungen, die nicht zur Diskussion stehen konnten. Die sieben Sakramente stellen einen Minimalbestand des Gültigen dar. Darüberhinausgehende ‚mißbräuchliche Praktiken' werden strengen Reformvorschlägen unterworfen. Kernstücke sind das Abendmahl mit der Realpräsenzvorstellung als Grundkonsens, eingebettet in die Meße, sowie die Taufe, deren For-

---

142 Ebd., III, 338 - 360.

143 *W. Friedensburg,* Der Reichstag zu Speier (Anm. 113), 320f., und 349; *G. Kattermann,* Markgraf Philipp als Statthalter (Anm. 1), 395.

144 *J. Ney,* Analekten (Anm. 118), II, 140 - 158; eine Inhaltsangabe bei *W. Friedensburg,* Der Reichstag zu Speier (Anm. 113), 350 - 363.

mular zum besseren Verständnis in deutsch vorgetragen werden sollte. Davon abgesetzt wird auch an Firmung, Ehe, Buße, Ordination und letzter Ölung festgehalten, die sich nur auf die kirchliche Tradition stützen können, mit Sicherheit ein Reflex auf das lutherische Sakramentsverständnis.

Von hier aus werden alle Stolgebühren streng verworfen und stattdessen eine ausreichende Ausstattung der Pfarrstellen gefordert. In weiteren wichtigen Punkten wurde die deutsche Predigt an Sonn- und Feiertagen angemahnt, der Laienkelch gefordert, der Zölibat kritisch hinterfragt und auf die Reduzierung der Patenschaften hingewiesen, um unnötige Ehehindernisse abzubauen. In Zukunft sollte bei der Ordination stärker die Eignung des Kandidaten berücksichtigt werden und sein Lebenswandel als Priester einer strengen Kontrolle durch weltliche und geistliche Obrigkeiten unterliegen.

Weiterhin bestätigte der Ausschuß den Predigtartikel des 3. Nürnberger Reichstags, daß die Prediger „das heilig euanglium vnd gottes wort nach rechtem waren verstandt vnd außlegung deren von gemeiner christenlichen kirchen angenomenen lerern“ predigen sollen, ohne Aufruhr und Ägernis zu schüren. Allerdings darf für die Predigt der heiligen Schrift „ein schrifft mit vergleichung der andern außgelegt“ werden. Der Feiertagskalender sollte unter dem Vorzeichen der Erleichterung für die bäuerlichen Wirtschaft reformiert werden. Das Fasten wurde als ein privater Akt freigestellt, als öffentliche Handlung solle es allerdings unangetastet bleiben. Gerade das öffentliche Fleischessen an Fastentagen diente der Bevölkerung dazu, ihre evangelische Haltung kundzutun und gegen die religiöse Haltung der Obrigkeit oder die Kirche zu protestieren[145]. Weiterhin sollten regelmäßig Visitationen abgehalten und eine Zensur eingeführt werden. Durch die Forderung nach einer allgemein gültigen deutsche Bibelübersetzung sollte ein Gegengewicht zur Lutherbibel geschaffen werden. Als letzten Punkt des ersten Teils fordert das Gutachten die Schaffung von Schulen „zu wolfart gemeinem nutz“ und die Herstellung geeigneter Lehrbücher, ein Reflex auf die humanistische Position, daß mangelnde Bildung die Hauptursache für religiöse Mißstände und Aberglauben sei.

Auf dem Boden der alten Kirche stehend, versuchten die Ausschußmitglieder, in ihr aufgetretene Mißbräuche abzustellen. Für dieses Ziel sind sie dazu bereit, dem Kaiser Entscheidungsbefugnis in Lehrfragen, so in der Frage der Priesterehe, zuzuweisen und päpstliche Entscheidungsansprüche zugunsten konziliaristischer Vorstellungen zurückzudrängen. Wie schon in den Reichstagen vorher bedeutet ein freies Konzil ein

145 Z.B. *F. Gess* (Hrsg.), Akten und Briefe (Anm. 23), I, Nr. 292, 259; Nr. 311, 284 u.ö.

Konzil frei von päpstlicher Bevormundung. Bemüht sich das Gutachten um Zugeständnisse an die Reformation durch die Forderung nach dem Laienkelch, in der Schriftauslegung und indem es die Legitimation der Priesterehe anzweifelt, so werden auch klare antireformatorische Maßnahmen wie die Forderung nach einer allgemein gültigen Bibelübersetzung vorgebracht. Nach dem Bauernkrieg verwundert es nicht, wenn das Gutachten in hohem Maße auf die Probleme des Bauernstands eingeht. Bei Feiertagen, Schulen und Wegfall der Stolgebühren wird der Wille ersichtlich, dem gemeinen Mann unnötige Beschwerungen zu ersparen.

G. Kattermann hat mit Hinweis auf die archivalische Überlieferung die These formuliert, daß die Hauptarbeit an dem Gutachten Vehus zuzuweisen ist, ohne sie im einzelnen zu belegen[146]. Für die Edition des ersten Teils des Gutachtens hat J. Ney drei Handschriften verwendet, eine aus Dresden (D), eine aus Würzburg (W) bischöflicher Provenienz und eine Handschrift aus Karlsruhe (K) bischöflich-straßburgischer Herkunft[147]. Zum wörtlichen Abdruck brachte er dabei W und verzeichnete in Anmerkungen die sachlichen Abweichungen von D und K. Eine Abschrift hessischer Provenienz aus Marburg (M) des ersten Teils des Gutachtens hat F. Haffner mitgeteilt[148].

K, W und M sind dabei praktisch identisch und ihre Abweichungen sind fast nur stilistischer Natur, wobei M der letzte Abschnitt „Die minder schulen antreffendt" fehlt. D dagegen weicht inhaltlich von K, M und W ab, in der Weise, daß die Abweichungen die Kritik vermehren und den Text reformationsfreundlicher gestalten[149]. D wird deshalb dem endgültigen Gutachten nicht so nahe kommen wie K, M und W. Im Generallandesarchiv Karlsruhe befindet sich neben der Reinschrift K, die Ney wahrscheinlich benutzt hat[150], ein von Ney nicht verwerteter Entwurf

146 *G. Kattermann,* Markgraf Philipp als Statthalter (Anm. 1), 398.

147 *J. Ney,* Analekten (Anm. 118), II, 140, Anm. 1.

148 *F. Haffner,* Die Konzilsfrage auf dem Reichstag zu Speyer 1526 im Spiegel der damaligen außen- und innenpolitischen Situation, in: Blätter für Pfälzische Kirchengeschichte 37/38 (1970/71), 59 - 201, hier Beilage VII, 114 - 125. Haffner hat das Aktenstück fälschlicherweise als Antwort auf die kaiserliche Zusatzinstruktion vom 1. August angesehen. Weiterhin bringt er ebd., Beilage VIII, 125f., das von *J. Ney,* Analekten (Anm. 118), III, 360f., schon einmal edierte „Gutachten über die Suspension des Wormser Ediktes". Als drittes für uns interessantes Aktenstück bietet er ebd., Beilage IX, 126 - 141, den zweiten Teil des Gutachtens, die Beschwerden der Weltlichen wider die Geistlichen, das schon *J. Ney,* Analekten (Anm. 118), II, 158 - 181, zum Abdruck gebracht hat.

149 So fügt D zum Beispiel in dem Abschnitt über die Priesterehe den Passus ein, „das mitler zeit kegen den ehelichen priestern von keiner uberkeit geistlichs adder weltlichs standes etwas strafflichs werd vorgenumen", *J. Ney,* Analekten (Anm. 118), II, 148, Anm. 4.

150 KA.GLA 50/32, fol. 18 - 36. Die Reinschrift ist fälschlicherweise mit Fragmenten des zweiten und dritten Teil des Gutachtens in ein Faszikel zum Augsburger Reichstag zusammengebunden worden. Ney hat nur einen Kanzleiver-

(E) zum ersten Teil des Gutachtens, an dem verschiedenen Arbeitsstufen zu erkennen sind[151]. E ist dabei in verschiedenen Arbeitsschritten vollendet worden und steht in enger Beziehung zu K und M. Die Abweichungen von K zu W haben auch M und E[152]. E trägt über das gesamte Faszikel Einschübe, Rand- und Interlinearkorrekturen von Vehus' Hand. Im groben läßt die Handschrift zwei bzw. drei Arbeitsschritte erkennen. Der Schreiber verfaßte das Schriftstück, das von Vehus und dem Schreiber korrigiert worden ist. Die Korrekturen von Schreiberhand sind dann wiederum von Vehus verbessert worden[153]. Dieser Arbeitsschritt bedeutete dann die Endredaktion des Textes. Vehus und der Schreiber haben dabei die gleiche Tinte benutzt. Der Entwurf muß von einem badischen Schreiber sein, da sich Vehus und der Schreiber sprachlich und von der Rechtschreibung her näher sind als beide zu W, M und K:

E: „Item es ist fur gut angesehen, das die verbotne zeiten, die ehe zu kirchen inzefuren abgestelt vnd meniglichen zugelassen werd, zu welcher zeit ime geliebt, eeliche verheyratung vnd den kirchgang zuuolnbringen, doch das die leychtfertigkaiten dantzens vnd anders darumb die verbottne zeytten angesehen, in zeit der vierzigtaglichen fasten avnd der letzten aduentswochena vnderlaßen bleyben.

bItem es wirdt fur gut angesehen, das hinfur kein heimliche verborgne vnd vnkuntliche ehe zu latin clandestinum matrimonium genannt, die nit zum allerwenigsten in beyseyn zweyer dapferer glaubwirdiger personen beschehen vnd kontrahiert worden zugelaßen, oder so sich derenhalbenn irrung zutragen von richtern daruber erkant werd, es were dan das bede teyll einander ehelichs verspruchs oder nachgeuolgter daruff eeliche werck bekenntlich vnd gestendig werenb."[154]

---

merk beim Nachweis des Aktenstückes angegeben, nach dem sich die Akte aber nicht auffinden läßt. *G. Kattermann,* Markgraf Philipp als Statthalter (Anm. 1), 398.

151 KA. GLA 50/42.

152 So bietet W bei *J. Ney,* Analekten (Anm. 118), II, 146, Z. 13, das Wort „kirchnern", für das K das Wort „meßnern" einsetzte, ebd., II, 146, Anm. 1 = KA. GLA 50/32, fol. 22v. Auch M schreibt „meßener" statt „kirchnern", *F. Haffner,* Konzilsfrage (Anm. 148), Beilage VII, 117, Z. 37. Auch E schreibt hier „messnern", KA. GLA 50/42, fol. 7r. Ein weiteres Beispiel wäre *J. Ney,* Analekten (Anm. 118), II, 149, letzte Zeile, wo W „unehe setze" schreibt, während K und M, *F. Haffner,* Konzilsfrage (Anm. 148), Beilage VII, 119, Z. 46, die Variante „zu vneren sesse" bringen. Auch E folgt hier K und M und bietet „zu vneren seeß", KA. GLA 50/42, fol. 10r. K und M folgen somit E.

153 *J. Ney,* Analekten (Anm. 118), II, 146, Z. 16 - 22 = KA. GLA 50/42, fol. 7r, ist von Schreiberhand später eingefügt und danach von Vehus noch einmal korrigiert worden.

154 KA. GLA 50/42, fol. 11r. Zwischen a – a und b – b ist der Text von Vehus' Hand. W = *J. Ney,* Analekten (Anm. 118), II, 150, Z. 27 - 40. K = KA. GLA 50/32, fol. 27r/27v: „Item es ist fur gut angesehen, das die verbotnen zeit die ehe zur kirchen ein zufuren abgestelt vnnd meniglichen zugelassen werd zu welcher zeit ime geliebt, eliche verheiratung vnnd den kirchengang zuuolpringen, doch das die

E stellt also die Grundlage der Reinschrift von K und M dar, denn inhaltlich stehen, wie unten erwähnt, E, K und M gegen W. Wir besitzen also für E als Grundlage des abschließenden Gutachtentextes drei Textzeugen gegen W und D. W steht also in seiner Bezeugung gegen E, K und M. Wir können deshalb annehmen, daß E die Grundlage des endgültigen Textes des ersten Teils des Ausschußgutachtens darstellte. K ist also nur die Reinschrift von E. Wenn, wie schon dargelegt, K und M den authentischen Text bieten, so wird klar, daß Vehus den Text bis zur Endredaktion überarbeitet hat, der badische Kanzler somit zumindest als Endredaktor bestimmbar ist. Aber nicht nur Korrekturen stammen von seiner Hand, sondern auch Einschübe ganzer Abschnitte. So die ersten drei Anfangsabschnitte[155], alle Kapitelüberschriften, der letzte Abschnitt im Kapitel über die Priesterehe[156] und noch weitere kleine Einschübe.

Aber nicht nur der erste Teil des Gutachtens ist unter dem wesentlichen Einfluß des badischen Kanzlers zustande gekommen. In Karlsruhe befinden sich auch Entwürfe zu den Beschwerden der Geistlichen wider die Weltlichen[157]. Es handelt sich dabei um bischöflich-straßburgische und markgräflich-badische Akten. Randbemerkungen und seitenweise Ausführungen stammen dabei von Vehus' Hand sowie eine Zusammenfassung der Klagen der Geistlichen auf acht Hauptartikel[158]. Besonders interessant ist der Umstand, daß die geistlichen Beschwerden am Ende ursprünglich einen antilutherischen Artikel enthalten sollten, der nicht ausgeführt worden ist und dessen Überschrift sich noch durchgestrichen im Entwurf findet: „Von Luters lare vnd sect, auch was daraus entstanden hat vnd noch täglich entstat"[159]. Dieser Umstand zeigt, daß dem Kompromiß zuliebe offen antilutherische Bestimmungen weggelassen wurden. Man kann also von einer gewissen Kompromißhaltung auch der geistlichen Ausschußvertreter ausgehen. Hätten sie unbedingt darauf bestanden, wäre es unmöglich gewesen, diesen antilutherischen Passus in den Beschwerden der Geistlichen wider die Weltlichen zu verhindern.

---

leichtuertigkeitten, dantzens vnnd anders, darumb die verbottnen zeiten angesehen, in zeit der viertzigteglichen fasten vnnd der letsten aduent wuchen vnderlassen bleyben. Item es wurt fur gut angesehen das hinfuro kein heimliche verborgne vnnd vnkundtliche eehe zu latin clandestinum matrimonium genant, die nit zum aller wenigsten in bey sein zweyer dapffer glaubwurdiger personen beschehen vnnd contrahirt worden zugelassen, oder so sich derenhalben irrung zutragen von richtern daruber erkant werd es were dan das beidetheyl ein ander elichs verspruchs vnnd nachgeuolgter daruff eelicher werck bekantlich vnnd gestendig weren".

155 Bei *J. Ney,* Analekten (Anm. 118), II, auf 140 und 141 bis Z. 7.

156 Ebd., II, auf 150, Z. 35 - 40.

157 KA. GLA 50/32, fol. 15 - 17, und 43 - 83. *G. Kattermann,* Markgraf Philipp als Statthalter (Anm. 1), 396.

158 KA. GLA 50/32, fol. 47 - 50.

159 KA. GLA 50/32, fol. 81v; bei *J. Ney,* Analekten (Anm. 118), III, 359, nach Z. 40.

Aber nicht nur äußerlich läßt sich der Einfluß des Vehus nachweisen. Auch bei der Betrachtung innerer Kriterien wird der entscheidende Einfluß des badischen Kanzlers ersichtlich. Einige seiner Grundprinzipien finden wir hier wieder. Fest auf dem Boden der alten Kirche stehend sollen unumgängliche Reformen vorangetrieben werden. Dafür scheut er nicht vor Kompetenzzuweisungen an die weltlichen Gewalten zurück. Letztgültiges Entscheidungsforum bleibt aber für ihn das ökumenische Konzil. Schon aus den badischen Religionsmandaten ist uns die Forderung nach Prüfung der Geistlichen auf Befähigung und standesgemäßen Lebenswandel vor der Präsentation auf eine Pfründe bekannt[160]. Die Erlaubnis der Priesterehe und das Vorgehen gegen Konkubinen, die Abschaffung der Stolgebühren, die Ausweitung der Pfarrkompetenzen sowie die Reduzierung der für Eheschließungen verbotenen Zeiten sind Reformvorschläge, die in der badischen Markgrafschaft schon vor dem Reichstag in die Praxis umgesetzt worden sind. Auch der Vorschlag, Freizügigkeit für die Heirat von Untertanen verschiedener Herrschaften einzuführen, stammt von Vehus. Im Rencher Vertrag war dies den Bauern zugestanden worden.

VII.

Abschließend soll noch kurz auf die Rolle des badischen Kanzlers in den Religionsverhandlungen des Augsburger Reichstags eingegangen werden. Im großen und ganzen sind diese weitgehend erforscht und weitere Erkenntnisse sind erst mit dem entsprechenden Reichstagsaktenband zu erwarten[161]. In zwei Verhandlungssträngen spielte Vehus eine herausragende Rolle, in den Religionsgesprächen im August und in den Sonderverhandlungen im September 1530 zusammen mit Georg Truchseß im Auftrag König Ferdinands. Nach seiner Instruktion hatte Vehus in der Religionsfrage den Auftrag, sich für die Beibehaltung der in Baden durchgeführten Reformmaßnahmen einzusetzen, nämlich Priesterehe und Laienkelch[162].

Nachdem nach der Verlesung der Confessio Augustana am 25. Juni und ihrer Widerlegung in Gestalt der Confutatio am 3. August die erste Periode des Reichstags zu Ende gegangen und in den darauffolgenden Verhandlungen deutlich geworden war, daß die Protestanten nicht so

---

160 Siehe Abschnitt V.

161 Gerade im Gefolge des Augustanajubiläums 1980 ist die Literatur über den Reichstag enorm angewachsen. Dazu der Forschungsüberblick *H. Neuhaus,* Der Augsburger Reichstag des Jahres 1530. Ein Forschungsbericht, in: ZHF 9 (1982), 167 - 211.

162 *M. Gmelin,* Die Versammlung zu Hagenau 1540 und Markgraf Ernst von Baden, in: ZGO 27 (1875), 166 - 211.

einfach zur römischen Kirche zurückkehren würden, setzten ständische Bemühungen zur Lösung des Glaubensstreits mit Hilfe von Ausschußverhandlungen ein[163]. Als ihr Ergebnis beschlossen die Stände die Einsetzung eines Vermittlungsausschusses, der am 7. August erstmals zusammentrat und dem auch Vehus angehörte[164]. Dieses Gremium bildete wiederum aus sich heraus einen paritätisch besetzten vierzehnköpfigen Ausschuß zur Behandlung der Glaubensfrage auf der Grundlage der Confessio Augustana aus je drei Theologen, zwei Juristen und zwei Fürsten. Später wurde die Mitgliederzahl auf sechs Personen mit je einem Juristen und zwei Theologen reduziert.

Als die eigentlichen Gesprächspartner und Verhandlungsführer fungierten Johannes Eck und Philipp Melanchthon. Von ihnen wurden die entscheidenden Vorschläge ausgearbeitet und sie entschieden letztendlich über ihre Annahme im Ausschuß. Vehus wurde zum Sprecher der altgläubigen Ausschußmitglieder bestimmt und besaß neben Eck wohl den meisten Einfluß auf katholischer Seite. Diese Personenkonstellation könnte allerdings nicht unproblematisch gewesen sein. Während Verhandlungen um das mütterliche Erbe von Jacobäa, Tochter Markgraf Philipps und Ehefrau Herzog Wilhelms von Bayern, Ende Juli zwischen Vehus und Leonhard von Eck ist es zu einem solch schweren Konflikt gekommen, daß Markgraf Philipp diese Verhandlungen abbrach und auf die Zeit nach dem Reichstag verschob[165]. In den Quellen lassen sich aber auch keine Hinweise finden, daß dieser Konflikt die Zusammenarbeit von Vehus und Johannes Eck behindert hätte.

Als Sprecher der katholischen Ausschußpartei fungierte Vehus im Ausschuß vornehmlich als Redner. Die theologischen Kompromißformeln wurden auf katholischer Seite von Eck erarbeitet, Vehus trug sie nur vor. Diese Aufgabenstellung brachte es mit sich, daß der badische Kanzler gerade in schwierigen Gesprächsphasen bestimmenden Einfluß besaß, wenn es darum ging, mit einer wohldurchdachten Rede neue Verhandlungsspielräume zu öffnen und für bestimmte Vorschläge zu werben. Dies soll an einem Beispiel verdeutlicht werden: Am 16./17. August wurde auch Artikel 4 der Augustana über die Rechtfertigung diskutiert. Eck beharrte während des Gesprächs darauf, daß nicht allein der Glaube, sondern auch die Liebe gerecht mache und forderte deshalb den Verzicht auf eine ausdrückliche Formulierung des „sola fide“[166]. Eini-

---

163 *H. Immenkötter,* Einheit (Anm. 2), 11f.; *E. Honée,* Libell (Anm. 2), 49f., 55f.

164 *E. Honée,* Libell (Anm. 2), 55, Anm. 30.

165 Markgraf Philipp an Herzog Wilhelm, 28. Juli 1530, KA.GLA 47/2046, fol. 36v/37r.

166 *K. E. Förstemann* (Hrsg.), Urkundenbuch zu der Geschichte des Reichstages zu Augsburg im Jahre 1530, Bd. II, Osnabrück 1833, Nr. 144, 225.

gung erzielte man dann durch eine hauptsächlich auf Eck zurückgehende Formel: „Daß Vergebung der Sünden durch die unverdiente Gnade geschieht, eigentlich durch den Glauben und durch das Wort und die Sakramente als Instrumente“[167]. Der bayrische Theologe berichtet, daß die Einigung erst durch den folgenden Einwand von Vehus möglich gemacht wurde: „Wiewol durch Martin Luter vnnd ander sein anhenger ain lange zeit her/vil geschriben gepredigt/vnd in den gmainen vnuerstendigen Layen/einbilden haben wöllen: das der glaub allain recht mache/darauß auch laider nitt allain vil seelen vnnd menschen verfuert/sonnder/verachtlich/vnchristlich leben eruolgt. Ist sollichs mit warer gschrift abgelaint/vnd widersacher/souil erwisen/vnd das sie bekennen/vnnd sich erklärt haben/wie auch beschehen vnnd beschlossen ist/das diß wörtlin allain oder sola, welches in der hailigen gschrifft nitt erfunden würdt oder gebraucht. Hinfür bey dem glauben außgelassen/vnd nit gesetzt werden soll/Das allain der glaub gerecht vnd selig mache“[168]. Vornehmlich durch zwei Argumente war es demnach Vehus gelungen, die evangelische Seite zum Nachgeben zu bewegen, den fehlenden Schriftbeweis für das „sola“ und den Hinweis auf die praktischen Konsequenzen aus der lutherischen Rechtfertigungslehre, ein für den Humanisten Vehus herausragendes Bewertungskriterium in religiösen Fragen.

Nach dem Ende der Ausschußverhandlungen und ihrem Scheitern am 30. August setzten von altgläubiger Seite mehrere Versuche ein, durch Sondierungsgespräche und Sonderverhandlungen die abgerissenenen Einigungsbemühungen bis zum vorläufigen Religionsabschied am 22. September wiederzubeleben[169]. Am wichtigsten war dabei die Verhandlungsinitiative Georg Truchseß von Waldburgs und Vehus'. Im Gegensatz zu den Augustgesprächen kam im September der Anstoß vom kaiserlichen Hof. Diese Verhandlungen beschränkten sich auf die Formulierung eines friedlichen Abschieds. Es handelte sich um politische Beratungen mit einem ein rein politisches Ziel, die Einheit der Stände und die Erhaltung des Friedens.

In einem „Ungeverlichs Bedencken eins fridlichen Abschydts“ suchten Truchseß und Vehus, durch Stillstand, religiöse Duldung und Einbeziehung der Ergebnisse der Ausschußverhandlungen einen Kompromißabschied bis zu einer endgültigen Konzilsentscheidung zu erreichen[170]. Zuerst schlug Vehus vor, die in den Ausschüssen erarbeiteten Kompromißformeln artikelweise festzuhalten und die unverglichenen der Ent-

167 *E. Honée,* Libell (Anm. 2), 214f.

168 *J. Eck,* Replica aduersus scripta secunda Buceri apostatae super actis Ratisponae, Ingolstadt 1543, Bl. 43r.

169 *E. Honée,* Libell (Anm. 2), 91f.; *H. Immenkötter,* Einheit (Anm. 2), 74f.

170 *E. Honée,* Libell (Anm. 2), 311 - 314.

scheidung durch ein Konzil vorzulegen. Vehus hatte sich in seinem Bedenken „selbstsicher über subtile theologische Kontroversen" hinweggesetzt[171]. In seinem Konzept legte er Gedanken nieder, die erst Jahrzehnte später reichsrechtlich verankert wurden. Die Sicherung des politischen Friedens sollte durch die Absicherung des Status Quo erreicht werden, dadurch daß keine weiteren Neuerungen eingeführt werden sollten und die Neuerer auf Expansion verzichtet hätten. Es ging ihm hierbei um die Verringerung des Konfliktpotentials durch den Stillstand des beiderseitigen Besitzstandes. Mit der Eindämmung der Konfessionalisierung auf den Stand von 1530 hätten ihre aggressiven Tendenzen gebändigt werden sollen.

Zur Konfliktbeseitigung erwägte Vehus die ‚Reformierung' der Mißbräuche. In dieser Frage war er ganz praktischer Politiker. In theologischen Fragen wies er auf das Konzil als letzten Entscheidungsträger hin. Für das Konzil sind auch die Fixierungen der Verhandlungsergebnisse gedacht. Daraus wird auch eine grundsätzlich andere Konzeption in der Behandlung der Glaubensfrage ersichtlich. Erschöpfte sich die theologische Auseinandersetzung zumeist auf Polemik und Apologetik, die die Ketzerei des jeweils anderen nachweisen sollte, so soll hier das Gespräch zum Gegenteil führen, zur Überwindung des Gegensatzes und eben nicht zur Aufrichtung desselben.

Letztendlich scheiterten auch diese Verhandlungen an der konfessionellen Eigendynamik, der Verhärtung der Fronten seit den Ausschußverhandlungen und den materiellen Implikationen der Reformation[172]. Vehus selbst führte das Scheitern auf die Halsstarrigkeit und Unduldsamkeit der Theologen zurück: „Sy hetten unser beschwerung gehort und khonten gleichwol bei sich selbst erachten, das es des letztern puncts halben viel muhe und Ires besorgens ein vorgebenliche arbeit, wo man sich desselben understunde, gebrauchen wurde, So wysten sy auch zu gutem maß, das dj Theologi, mit Reuerentz dauon zureden, etwas zenckisch weren, wurden ob einem wort fechten, aus demselben einen Zannck erwecken und aus dem Zanck einen ganzen krig machen"[173].

VIII.

Der markgräflich-badische Kanzler Hieronymus Vehus war an den Glaubensverhandlungen der großen deutschen Reichsversammlungen der Reformationszeit von 1521 bis 1530 führend beteiligt gewesen. In Worms

171 *H. Immenkötter*, Einheit (Anm. 2), 73.

172 Ebd., 85f.

173 *K. E. Förstemann* (Hrsg.), Urkundenbuch II (Anm. 166), Nr. 204, 470f.

1521 führte er zusammen mit dem Augsburger Stadtschreiber Conrad Peutinger Verhandlungen mit Luther, um ihn zur Rückkehr zur alten Kirche zu bewegen. Wurde Luther vor dem Kaiser zum wenigsten teilweisen Widerruf aufgefordert, so behandelten Vehus und Peutinger vor allem die Frage, welchem Gremium Luther seine Lehre zur Begutachtung vorlegen könne. Vehus und Peutinger stehen somit am Anfang von Einigungsbemühungen auf Reichsebene, die ihren Höhepunkt in Augsburg 1530 erreichten.

Auf dem Nürnberger Tag von 1524 wurde Vehus mit einer vollkommen anderen Form der Behandlung der Glaubensfrage auf Reichsebene konfrontiert. Ging es in Worms um den Versuch, Luthers Anliegen in die Kirche zu integrieren, so mußte Vehus nun diesen Integrationsversuch geradezu verteidigen. In Worms hatten die Stände die Berufung Luthers zum Reichstag gegen den Willen von Kaiser und Papst durchgesetzt, um schließlich in dem Gespräch zwischen Vehus, Peutinger und Luther den Wittenberger in ihren Interessenszusammenhang zu integrieren, ihn für ihre Gravaminaforderungen in Anspruch zu nehmen. In Nürnberg nun verteidigte Vehus diesen Interessenszusammenhang gegenüber dem päpstlichen Legaten Lorenzo Campeggio, dessen politisches Ziel seine Aufsprengung war. Vehus spielte bei den gesamten religionspolitischen Beratungen eine entscheidende und herausragende Rolle. Es wurde versucht nachzuweisen, daß das große Verdienst des Vehus darin lag, die ursprünglich antilutherische Konzeption der Idee eines Nationalkonzils dahingehend verändert zu haben, daß dort die reformatorische Frage ohne antilutherische Vorgabe verhandelt werden sollte. Das Nationalkonzil sollte in der Konzeption des Vehus der politischen und religiösen Einheit der deutschen Reichsstände dienen und nicht der Zusammenfassung der altgläubigen Stände zur Bekämpfung der neugläubigen Minderheit.

Bei der Behandlung des Speyerer Reichstages von 1526 begegnete uns dann eine dritte Form der Behandlung der Glaubensfrage auf Reichsebene in den Verhandlungen des fürstlichen Achterausschusses. Dort wurde die Grenze zwischen Gravamina und Reformation gesucht. Aus den beiden Komplexen wurden die für die Ausschußmitglieder berechtigten Anliegen in einem Reformgutachten zusammengefaßt, das als Integrationsgrenze dienen sollte. An diesem Gutachten hätten sich die Neuerer für oder gegen die Kirche entscheiden müssen.

Auf dem Augsburger Reichstag traf Vehus wie in Worms mit einem berühmten Reformator, Philipp Melanchthon, zu direkten Beratungen in Ausschüssen und Sonderverhandlungen zusammen. Scheiterten die Gespräche mit Luther an der Frage nach der Entscheidungsmöglichkeit seiner Lehre, so brachen sich die Einigungsbemühungen in der Fuggerstadt an den materiellen Interessen und dem Selbstbehauptungswillen der protestantischen Stände.

Einige allgemeine Beobachtungen lassen sich noch aus der Ausschußtätigkeit des Vehus ableiten. Als erstes fällt die Kontinuität seiner Tätigkeit auf. Seine Partner bei den Verhandlungen wechselten dagegen von Reichstag zu Reichstag. Die Wertschätzung, die der badische Kanzler bei den Ständen genoß, wird aber nicht nur daraus ersichtlich. Selbst bei Abwesenheit des Markgrafen wurde er mit hochrangigen Aufgaben betraut. An Vehus' Ausschußtätigkeit lassen sich gewisse Prozesse ableiten, die mit Schlagworten wie Institutionalisierung, Rationalisierung und Spezialisierung umschrieben werden können. Die Institutionalisierung und Rationalisierung vollzog sich vor allem durch die Regelmäßigkeit der Berufung von Ausschüssen, die mit fachlich kompetenten fürstlichen Räten beschickt wurden. Lateinkenntnisse, rhetorisches Geschick und detailliertes Fachwissen konnten bei Vehus auch zur teilweisen Überwindung der ständischen Hierarchie führen, so auf dem Nürnberger Reichstag 1524, wo er während der Beratungen mit Campeggio den Part der kurfürstlichen Räte übernahm.

Auch nach dem Augsburger Reichstag wurde er von König Ferdinand als intimer Kenner der Religionsproblematik gewürdigt. Zum Regensburger Reichstag 1532 wünschte er von Vehus eine Aktenzusammenstellung über die August- und Septemberverhandlungen des Augsburger Reichstags[174] und noch 1540 forderte er von Markgraf Ernst die Entsendung des Vehus zum Hagenauer Tag[175]. Vehus konnte zwar aufgrund der Erbstreitigkeiten nach dem Tode Markgraf Philipps 1533 nicht mehr auf Reichsebene auftreten, aber Ferdinands Interesse zeigt doch die Spezialisierung und den Kompetenzzuweis an die Person des badischen Kanzlers in Fragen der Religionspolitik auf Reichsebene.

Bietet die Quellenlage die Möglichkeit, die Bedeutung des badischen Kanzlers in seiner Tätigkeit auf den Reichstagen entsprechend zu würdigen, so wird dies für die Rekonstruktion seiner religionspolitischen Konzeption erheblich schwieriger. Seine literarische Äußerungen zur causa Lutheri beschränkten sich auf eine Streitschrift. Deswegen müssen wir auf indirekte Zeugnisse zurückgreifen, auf seine Äußerungen während der Religionsverhandlungen sowie die badische Religionspolitik. Als erstes fällt seine Beziehung zum Humanismus auf, zu dem er sich schon durch seinen latinisierten Namen Vehus für Feuß bekannte. Er vertrat aber auch ideell Positionen einer vom „biblischen Humanismus" gepräg-

---

174 *E. Honée,* Libell (Anm. 2), 203f.

175 Ferdinand an Markgraf Ernst, 5. Mai 1540, KA. GLA 47/2046, fol. 314r, die Absage durch Räte und Statthalter, 22.Mai 1540, ebd., fol. 315r; *M. Gmelin,* Die Versammlung zu Hagenau (Anm. 162), 167.

ten Gelehrtenwelt[176]. Man meint, zwei Haupttendenzen in dieser humanistischen Bewegung erkennen zu können, auf die dann die Reformation traf[177]. Zum einen waren dies literarisch-wissenschaftlich orientierte Gelehrte mit Erasmus von Rotterdam als unbestrittenem Oberhaupt, die mit der Pflege der „bonae litterae" das moralisch-religiöse Ziel der Einfachheit und Ehrlichkeit der religiösen Formen erstrebten. Gegen Priesterzwang suchten sie in der Auflockerung des Zeremonienwesens die „Erfüllung des humanistischen Verlangens nach Authenzität der religiösen Formenwelt"[178]. Daneben stand eine Gruppe von Persönlichkeiten, die die Bedeutung der antiken Studien noch dadurch erhöhten, indem sie versuchten, die Erkenntnisse ihrer Studien in die Praxis umzusetzen. Insbesondere für die Rechtswissenschaft führte dies zu einer Erneuerung der Wissenschaft in der Beschäftigung mit der antiken Welt. Dieser humanistische Typus, faßbar in Personen wie Zasius, Peutinger oder auch Vehus, beschränkte seine Tätigkeit nicht mehr nur auf pädagogisch-moralische Ziele, sondern erstrebte auch die Nutzbarmachung seiner Studien in der politischen Praxis. Wir können in dieser Zeit eine relativ einheitliche Schicht von höchsten Fürstendienern erkennen, die mehr oder weniger von der humanistischen Gedenkenwelt ergriffen waren. Dazu gehörte nicht nur das Studium der Antike, sondern auch ein, in der Suche nach Einfachheit und Ehrlichkeit des Glaubens zum Ausdruck kommendes stark kirchenkritisches Element. Nicht umsonst hatte Vehus in „De re Lutherana" betont, mit welcher Zufriedenheit und Trost es ihn erfülle, daß der Glaube von den Einfachen und Armen und nicht von den Gebildeten und Reichen seinen Anfang genommen hat. Die Kirchenkritik Luthers und seine erbaulichen Schriften der frühen Jahre, die sich wohltuend von der überkommenen Scholastik abhoben, wie Vehus in Worms ausdrücklich betonte, waren das für diese Gelehrtenwelt anziehende Moment neben der „Neuentdeckung und Verherrlichung der Heiligen Schrift"[179].

An der Stellung und Bedeutung des Traditionsbegriffs brachen dann die Gegensätze auf. Setzte Luther die religiöse Tradition, die sich in den Lehren und Gebräuchen der Kirche widerspiegelt, der Kritik der heiligen Schrift aus, in dem Sinne, daß sich alles an der Schriftgemäßheit legitimieren muß, so setzen die Humanisten die Tradition, das „ad frontes", als objektiven Bezugspunkt. Letztlich spiegelt der Konflikt zwi-

---

176 *C. Augustijn,* Die Stellung der Humanisten zur Glaubensspaltung 1518 - 1530, in: E. Iserloh (Hrsg.), Confessio Augustana und Confutatio. Der Augsburger Reichstag 1530 und die Einheit der Kirche, Münster 1980, 36 - 48, hier 36f.

177 *B. Moeller,* Die deutschen Humanisten und die Anfänge der Reformation, in: Zeitschrift für Kirchengeschichte 70 (1959), 46 - 61, hier 47.

178 *H. Lutz,* Peutinger (Anm. 26), 228.

179 *B. Moeller,* Die deutschen Humanisten (Anm. 177), 53.

schen Luther und den Humanisten eine individuell-existentielle Problematik wieder. Kam Luther während seiner Suche nach einem letzten Grund als Fundament und Ursache menschlicher Existenz von der Radikalität seiner Fragestellung zu der Antwort der Rückführung des Glaubens auf das Wort Gottes in der heiligen Schrift, so führte den Humanismus seine pädagogisch-moralische Zielsetzung genauso konsequent zur Betonung von Schrift und Tradition. Fragen von Moral und Erziehung sind eben nicht von so radikal-existentieller Bedeutung wie die Frage, die Luther gestellt hat, die Frage nach dem gerechten Gott. Letztlich scheideten sich Reformation und Humanismus eben an dieser individuell-existentiellen Fragestellung. Deutlich wird dies in Vehus' Schrift „De re Lutherana". Der badische Kanzler befaßte sich darin zwar mit theologischen Themen, ohne sie aber, um es etwas überspitzt zu formulieren, theologisch zu behandeln. Seine Schrift ist nicht Theologie, nicht Hinterfragen von Glaube, nicht die Suche nach einem letzten Grund, nicht Nachdenken über das Verhältnis des Menschen zu Gott, sondern kirchliche Apologetik. Vehus betrachtete die Reformation, das theologische Anliegen Luthers, eben nicht unter theologischen Gesichtspunkten, sondern als praktischer Politiker. Dies brachte er am prägnantesten mit dem Bibelvers Mt 7,16 zum Ausdruck: „An ihren Früchten sollt ihr sie erkennen". Das lutherische Glaubenssystem muß seine Gültigkeit in der praktischen Ausprägung beweisen. Der Punkt, an dem er Luther nicht mehr folgen konnte, ist die Autorität der kirchlichen Lehre und Tradition. Hat er bis 1520 das Auftreten Luthers positiv bewertet, so schlug die Bewertung nach „De captavitate Babylonica" in Ablehnung um. Reform der Kirche konnte für Vehus nur innerhalb des kirchlichen Autoritätsgefüges stattfinden. Scheute er sich nicht, auch Rechte der Kirche wie den Bann als Mißbräuche zurückzuweisen, so darf doch nicht grundsätzlich ihre Autorität angezweifelt werden. Vehus hat eindeutig die Probleme gesehen, die durch Luthers Lehre für das Autoritätsgefüge der christlichen Welt hervorgerufen worden sind. Deshalb setzte er als objektiven Orientierungspunkt die Lehre und Tradition der Kirche. Das hinderte ihn aber nicht daran, scharfe Kritik an einer verweltlichten Kirche zu üben, oder den weltlichen Gewalten kirchliche Entscheidungsbefugnisse in den Gebieten zuzuweisen, in denen die Kirche versagt hatte. Darin war Vehus ganz Pragmatiker.

Den objektiven Bezugspunkt kirchlicher Lehre zu definieren, ist die Aufgabe des Konzils, der repräsentativen Versammlung der Christenheit. Hat Vehus Luther die Kompetenz abgestritten, kirchliche Lehren zu verändern, so wollte er es auch nicht dem Papst als Einzelperson zugestehen. Der Konzilsgedanke spielte eine zentrale Rolle in der religiös-politischen Vorstellungswelt des badischen Kanzlers. Konzil bedeutete für ihn ein Konzil frei von päpstlicher Bevormundung. Dabei wies er den weltlichen Gewalten eine zentrale Rolle zu. Vehus ging sogar soweit, der weltlichen Versammlung von Kaiser und Reichsständen die Entscheidungsgewalt in der Glaubensfrage zuzuweisen. Schon in Worms, drei Jahre vor Nürnberg, sah Vehus ein Nationalkonzil als möglichen Entscheidungsort der Luthersache an.

Eine hervorragende Rolle bei Berufung und Leitung des Konzils wurde dem Kaiser zugewiesen. Wir besitzen zwar kein direktes Zeugnis dafür, wie Vehus diese Konzilsvorstellung entwickelt hat, aber es scheint recht klar, aus welchen Quellen sie stammte. In „De re Lutherana" können wir seine Hochschätzung der Kirchenväter erkennen. Er argumentierte immer mit Väter- oder Bibelstellen, nie mit scholastischen Theologen. Deshalb wäre es nur allzu verständlich, wenn er seine Konzilsidee an den altkirchlichen Universalsynoden orientiert hätte, die eben von den Kaisern einberufen und geleitet worden sind. Eine zweite Quelle könnte seinem politischen Pragmatismus entstammen. Da von der damaligen Kurie keine Konzilsberufung zu erwarten war, mußte er notwendigerweise in der weltlichen Autorität eine Entscheidungsinstanz sehen. Materiellen Ausdruck hat diese Idee in der badischen Kirchenpolitik gefunden.

Mit der Idee, die Glaubensfrage bzw. die Frage nach der Richtigkeit kirchlicher Lehren dem Konzil zur Entscheidung vorzulegen, hatte sich Vehus grundsätzlich für eine friedliche Lösung des Glaubenskonflikts ausgesprochen. In diesem Sinne hatte er vor Campeggio den Religionskrieg als möglichen Lösungsweg verworfen. Aber auch im Bauernkrieg hat er einen friedlichen Weg des Ausgleichs gesucht. Nicht durch Rache, sondern durch Übereinkunft der Interessen sollten politische Ziele durchgesetzt werden. In der causa Lutheri schlug er demgemäß einen mittleren Weg ein. Hatte er sich zwar eindeutig zur alten Kirche bekannt, so suchte er trotzdem den Kompromiß. Dies bedeutete differenzierte Auseinandersetzung mit den Neuerern, nicht pauschale Verdammung.

In Augsburg hat er einen großartigen, der Zeit weit vorauseilenden Kompromißvorschlag zur Überwindung der aggressiven Tendenzen der Konfessionalisierung miterarbeitet. Durch eine vertragliche Absicherung des konfessionellen Status Quo sollten Einheit und Friede der Stände aufrechterhalten werden. Auf dem künftigen Konzil hätten die umstrittenen Fragen in Lehre und Zeremonien letztgültig entschieden werden sollen. Neben dem konfessionellen Stillstand sollte die Beseitigung von religiösen Mißständen der Verringerung des Konfliktpotentials dienen. Vehus versuchte also, einen politischen, nicht einen theologischen, Lösungsweg der konfessionellen Gegensätze aufzuzeigen und dann auch anzubieten. Dieser Vorschlag erwies sich dann in der Folgezeit als der politisch machbare. Als Politiker hatte Vehus die Probleme gesehen und auch realistische Lösungswege aufgezeigt. Darin lag seine historische Bedeutung. Theologe dagegen ist er nie gewesen. Dies zeigt sich schon daran, daß er das Anliegen Luthers nie theologisch, sondern immer nur als Politiker betrachtet hat. Vielleicht hat Vehus Luther nicht einmal verstanden, nicht nachvollziehen können, was der Reformator wollte, aber sicherlich hat der badische Kanzler die konfessionellen Auseinandersetzungen nüchterner betrachtet als die meisten seiner Zeitgenossen, hat die Reformation auf Reichsebene vornehmlich als eine politische Bewegung begriffen.

Reichspolitische Beziehungsgeflechte im 16. Jahrhundert

Lazarus von Schwendi und der Dresdner Hof

Von Thomas Nicklas, Erlangen

„Des vaterlands hechst glickh ist innerliche krieg zufurkommen." Das höchste Glück des Vaterlandes ist die Vermeidung eines Bürgerkrieges. Mit diesem Satz, der die Quintessenz seines politischen Wollens enthielt, beschloß Lazarus von Schwendi im Herbst 1572 einen Brief an seinen Freund Graf Günther XLI. von Schwarzburg[1]. In dieser Aussage gipfeln die Reflexionen Schwendis über das noch frische Ereignis der Bartholomäusnacht in Paris (23./24. August 1572). Gebannt vom Blick auf das Massaker, das bis heute der Inbegriff eines unmenschlichen, mordenden Fanatismus geblieben ist, erstrebte der Freiherr von Schwendi vor allem eines: die „erschrokliche[n] handlungen", die eben in Frankreich geschehen waren, durften sich in Deutschland niemals wiederholen. In der Schwendischen Angst vor einer deutschen Bartholomäusnacht verschlangen sich zwei Leitvorstellungen seiner politischen Konzeption, nämlich der Wunsch, das Römisch-Deutsche Reich einig und mächtig zu sehen, sowie das Streben nach konfessioneller Toleranz[2]. Beide Ziele verfocht er sein Politikerleben lang mit erstaunlicher Ausdauer und Energie, ohne jedoch in einer Welt voller Widerstände den Sieg zu erlangen, denn die deutsche Geschichte ist bekanntlich auf anderen Wegen verlaufen. Klares Denken und politisches Phantasieren, intellektuelle Schärfe und problematische Realitätsferne, mit diesen Eigenschaften verkörperte Lazarus von Schwendi den Späthumanismus, in dessen Beziehungsgeflecht er eingebunden war[3].

---

1 Thüringisches Staatsarchiv Rudolstadt, Kanzlei Sondershausen Nr. 715, fol. 177 (1572 Oktober 4).

2 Zur Schwendischen Politik vor allem: *Thomas Nicklas,* Um Macht und Einheit des Reiches. Konzeption und Wirklichkeit der Politik bei Lazarus von Schwendi (1522 - 1583), Husum 1995. Ferner: *Maximilian Lanzinner,* Friedenssicherung und Zentralisierung der Reichsgewalt. Ein Reformversuch auf dem Reichstag zu Speyer 1570, in: ZHF 12 (1985), 287 - 310; *ders.,* Die Denkschrift des Lazarus von Schwendi zur Reichspolitik (1570), in: Johannes Kunisch (Hrsg.), Neue Studien zur frühneuzeitlichen Reichsgeschichte (ZHF, Beiheft 3), Berlin 1987, 141 - 185; *Wolf-Dieter Mohrmann,* Bemerkungen zur Staatsauffassung Lazarus' von Schwendi, in: Festschrift für Berent Schwineköper, hrsg. v. Helmut Maurer und Hans Patze, Sigmaringen 1982, 501 - 521.

3 *Roman Schnur,* Lazarus von Schwendi (1522 - 1583). Ein unerledigtes Thema der historischen Forschung, in: ZHF 14 (1987), 27 - 46; *Kaspar von Greyerz,* Lazarus von Schwendi (1522 - 1583) and Late Humanism at Basel, in: The Harvest of Humanism in Central Europe. Essays in Honor of Lewis W. Spitz, hrsg. v. Manfred P. Fleischer, St. Louis 1992, 179 - 195.

Zögling humanistischer Bildung von Anfang an, besuchte der 1522 geborene Sohn eines schwäbischen Ritters die Universitäten zu Basel und Straßburg[4]. An diesen Brennpunkten der Humaniora, die zugleich Stätten erneuerter Lehre im Zeichen der schweizerisch-oberdeutschen Reformation waren, wurde der Grund gelegt zu seinem hochgemuten Reichspatriotismus. Als Liebhaber der Geschichte und eifriger Leser der Schriften Machiavellis begeisterte sich der junge Lazarus für einstige deutsche Größe[5]. Während der Florentiner den Italienern seiner eigenen Zeit die Macht und die Tugenden der Römischen Republik als Vorbild vor Augen stellte, schwärmte Lazarus als Jüngling und auch als reifer Mann noch für das Zeitalter der Ottonen, als sich die Deutschen „durch ir gottesforcht und tugendt“ würdig machten, ihr Reich wachsend und glücklich zu sehen[6]. Den Leitbildern aus der Vergangenheit ergeben, aber keineswegs blind für die politischen Gebrechen der Gegenwart, wirkte Schwendi für eine neue Einheit und Stärke des Reiches, nachdem er Mitte der 1540er Jahre in die Dienste Karls V. getreten war.

Als kaiserlicher Diplomat und Militär erlebte er den reichspolitischen Umbruch des Schmalkaldischen Krieges 1546/47 mit, aus dem die albertinische Linie des Hauses Wettin auf lange Sicht als eigentlicher Gewinner hervorging, da sie anders als Karl V. die Früchte des Sieges zu behaupten wußte. Moritz von Sachsen erlangte die Kurwürde und nahm mit seinem abgerundeten Territorium in Mitteldeutschland eine reichspolitische Schlüsselstellung ein. In dem vom Krieg in Unordnung gestürzten Reich eröffneten sich für den Dresdner Hof gewaltige Chancen und Verlockungen. Karl V. wollte das nördliche Deutschland aber nicht sich selbst oder dem sächsischen Kurfürsten überlassen. Er entsandte seinen Statthalter Lazarus von Schwendi 1548 in den unruhigen Niedersächsischen Reichskreis, um die wirren Verhältnisse im deutschen Nordwesten im Sinne kaiserlicher Vorherrschaft zu ordnen[7]. Dabei mußten sich ständige Reibungen mit Kurfürst Moritz von Sachsen ergeben. Während Schwendi die beiden Reichskreise des Nordens, den Ober- und den Niedersächsischen, kaiserlicher Vormacht unterwerfen wollte, strebte Moritz nach der Erweiterung albertinischer Hausmacht und der Festigung seines Territoriums. Magdeburg, das gegen den Kaiser rebellierte, wurde zum Konfliktfall. Kurfürst Moritz war entschlossen, die seiner Schutzherrschaft unterworfene, als Festung bedeutende Elbstadt an sich zu reißen, mußte er dafür auch den kaiserlichen Statthalter Laza-

4 Dem Zugriff auf die Vita dient neben den bereits genannten Werken noch immer der Artikel *Augusts von Kluckhohn* in: ADB, Bd. 33, Leipzig 1891, 382 - 401. Von den älteren Biographien die beste: *Johann König,* Lazarus von Schwendi 1522 - 1583, Schwendi (Württ.) 1933.

5 *Lina Baillet,* Schwendi, lecteur de Machiavel, in: Revue d'Alsace 112 (1986), 119 - 197. *Th. Nicklas* (Anm. 2), 40 - 50.

6 So in der reichspolitischen Denkschrift von 1570: *M. Lanzinner,* Denkschrift (Anm. 2), 156f. Ähnlich in Lazarus' „Bedencken“ an Kaiser Maximilian II. von 1574: *Eugen von Frauenholz,* Des Lazarus von Schwendi Denkschrift über die politische Lage des Deutschen Reiches von 1574, München 1939, 7f.

7 *Adolf Warnecke,* Diplomatische Thätigkeit des Lazarus von Schwendi im Dienste Karls V., Einbeck 1890.

rus von Schwendi mit seinen lästigen Ansprüchen und Einsprüchen beiseite schieben[8]. Bei den Verhandlungen über die Magdeburger Frage im Jahre 1549 lernte Schwendi den kursächsischen Rat Christoph von Carlowitz gut kennen. Beide verfaßten zu dem Problem ein gemeinsames Gutachten an den Kaiser, in dem sie sich dafür aussprachen, die Reichsexekution gegen Magdeburg dem Kurfürsten von Sachsen zu übertragen, falls Karl V. dieses Unternehmen nicht selbst anführen wollte[9].

Christoph von Carlowitz (1507 - 1578) war als junger Gelehrter, erst zweiundzwanzigjährig, in die Dienste des Dresdner Hofes getreten und zum engsten Mitarbeiter Kurfürst Moritz' geworden[10]. Als überzeugter Erasmianer kritisierte er zwar die Papstkirche, ohne doch zum Protestantismus hinzuneigen. Fixpunkt seiner reichspolitischen Vorstellungen war ein mächtiges Haus Habsburg, das Frieden und Sicherheit in der Mitte Europas entschlossen bewahrte, eine Zielsetzung, die mit derjenigen Schwendis übereinstimmte. Die Wendung des albertinischen Sachsen zum Kaiser im Schmalkaldischen Krieg hatte Carlowitz wesentlich befördert. Er stand nach 1547 politisch für eine enge Kooperation Kursachsens mit Karl V. Nur aus Loyalität und persönlicher Bindung an den Kurfürsten hat Carlowitz die diplomatischen Vorarbeiten für den Kriegszug Moritzens gegen den Kaiser 1552 betrieben. Er war es auch, der seinem sterbenden Herrn nach dem Tag von Sievershausen, dem 9. Juli 1553, in der letzten Stunde beistand. Dem Nachfolger, dem treu lutherischen Kurfürsten August erschien der freisinnige Katholik ein wenig suspekt, so daß Carlowitz nach 1553 nie mehr eine derartige Vertrauensstellung am Dresdner Hof erlangte, wie er sie zu Moritzens Zeit innegehabt hatte. Seine kursächsische Ratsbestallung behielt er aber bei, auch wenn Carlowitz in den 1560er und 1570er Jahren vor allem den Kaisern Ferdinand I. und Maximilian II. Dienste als Unterhändler und Gutachter leisten sollte. Mit Lazarus von Schwendi blieb er aber zeitlebens in brieflicher Verbindung[11], auch wenn sich beider Wege in Folge der Fürstenerhebung 1552 zunächst trennten.

Moritz von Sachsen hatte die Reichsexekution gegen Magdeburg 1551 genutzt, um sein Kriegsvolk zum Schlag gegen die Hegemonie Karls V. im

8 *Simon Ißleib,* Aufsätze und Beiträge zu Kurfürst Moritz von Sachsen (1877 - 1907) (Mitteldeutsche Forschungen, Sonderreihe, 8), Bd. 1, Köln/Wien 1989, 575 - 617, hier 576. Ferner: Politische Korrespondenz des Herzogs und Kurfürsten Moritz von Sachsen (Abhandlungen der Sächsischen Akademie der Wissenschaften zu Leipzig. Philologisch-Historische Klasse, 72), Bd. 4: 26. Mai 1548 bis 8. Januar 1551, hrsg. v. *Johannes Hermann* und *Günther Wartenberg,* Berlin 1992, 30ff.

9 Vgl. *August von Druffel,* Beiträge zur Reichsgeschichte, Bd. 1, München 1873, 258 - 263. Ein Regest des Gutachtens (1549 September 8) bei: *J. Herrmann/G. Wartenberg* (Anm. 8), 504 - 506.

10 *Friedrich A. von Langenn,* Christoph von Carlowitz. Eine Darstellung aus dem XVI. Jahrhundert, Leipzig 1854. Ferner: ADB, Bd. 3, Leipzig 1876, 788 - 790; NDB, Bd. 3, Berlin 1957, 145f. Einzelne Hinweise bei: *Maximilian Lanzinner,* Friedenssicherung und politische Einheit des Reiches unter Kaiser Maximilian II. (1564 - 1576) (Schriftenreihe der Historischen Kommission bei der Bayerischen Akademie der Wissenschaften, 45), Göttingen 1993, 89f. und 305 - 307.

11 *Fr. A. v. Langenn* (Anm. 10), 272 et passim.

Reich zu sammeln. Im Frühjahr 1552 brach der Fürstenaufstand gegen den Kaiser los, die von Schwendi repräsentierte kaiserliche Autorität in der sächsischen Mitte des Reiches stürzte zusammen[12]. Auch wenn Karls Räte, darunter Schwendi, bei den folgenden Verhandlungen zur Befriedung des Reichs in den Jahren 1552 - 1555 versuchten, dem Monarchen einen wesentlichen Anteil an der Reichspolitik zu sichern, so zeigte sich doch, daß Karls Möglichkeiten zur Mitgestaltung der deutschen Dinge weitgehend verspielt waren. Die schleifenden Zügel des Reiches ergriff Karls Bruder, der Römische König Ferdinand I., der den Kompromiß des Passauer Vertrages von 1552 mit Kurfürst Moritz aushandelte und den Augsburger Reichstag 1555 inaugurierte, der dem Reich eine neue Ordnung bescherte. An die Stelle kaiserlicher Hegemonie trat eine auf Konsens und friedlichen Ausgleich gerichtete, auf kollegialer Gemeinschaft zwischen Reichsoberhaupt und Ständen beruhende Verfassung.

Lazarus von Schwendi befand sich als Repräsentant von Karls „Ancien Régime" zunächst in prekärer Lage. Er hatte als reichspolitischer Akteur vorerst ausgespielt, doch übernahm ihn König Philipp II. von Spanien in den eigenen Dienst. Als Funktionsträger der burgundischen Regierung in Brüssel sicherte Schwendi die spanischen Kontakte ins Reich. Im Mai 1558, während des spanisch-französischen Krieges, sandte ihn König Philipp nach Niedersachsen, auf sein altes politisches Betätigungsfeld. Er sollte dort Truppen für die Krone Spanien werben und französische „Praktiken" beobachten. Von seinem Stationierungsort Wolfenbüttel aus nahm Schwendi briefliche Verbindung zu Kurfürst August von Sachsen auf. Der ruhigere Nachfolger des rastlosen Moritz hatte sich als Faktor reichspolitischer Stabilität in der schwierigen Phase des Herrschaftsüberganges von Karl V. auf Ferdinand I. bewährt, er trat vorbehaltlos für die in Passau 1552 und in Augsburg 1555 geschaffene Friedensordnung ein[13]. Daher gestattete sich Schwendi die Vertraulichkeit, den Wettiner in seinem Brief unter die „frommen verstendigen und des vaterlands liebenden teutschen" einzureihen[14]. Er warnte den Kurfürsten vor auslän-

---

12 Dazu vor allem: *Karl E. Born,* Moritz von Sachsen und die Fürstenverschwörung gegen Karl V., in: HZ 191 (1961), 18 - 66. *S. Ißleib* (Anm. 8), Bd. 2, 706 - 746 und 747 - 805. *Karlheinz Blaschke,* Moritz von Sachsen. Ein Reformationsfürst der zweiten Generation, Göttingen/Zürich 1983, 70 - 72.

13 Wie zu Kurfürst Augusts Politik im allgemeinen, so finden sich auch für die Anfangsjahre nach 1553 nur Einzelbeobachtungen, keine Gesamtdarstellung: *Gustav Wolf,* Die Anfänge der Regierung des Kurfürsten August, in: Neues Archiv für Sächsische Geschichte und Altertumskunde 17 (1896), 304 - 357 (die Jahre 1553/54); *Fritz Hartung,* Karl V. und die deutschen Reichsstände von 1546 - 1555, Halle 1910, ND Berlin 1971, 133f., 149 (sehr kritisches Urteil); *Heinrich Lutz,* Christianitas afflicta. Europa, das Reich und die päpstliche Politik im Niedergang der Hegemonie Kaiser Karls V. (1552 - 1556), Göttingen 1964, 238, 332f., 466; *Albrecht Pius Luttenberger,* Landfriedensbund und Reichsexekution, Teil 2, in: MÖSTA 36 (1983), 1 - 30 (hier 25). Zum Hintergrund zuletzt: *Helmut Neuhaus,* Von Karl V. zu Ferdinand I. Herrschaftsübergang im Heiligen Römischen Reich 1555 - 1558, in: Recht und Reich im Zeitalter der Reformation. Festschrift für Horst Rabe, hrsg. v. Christine Roll, Frankfurt a. M. 1996, 417 - 440.

14 Sächsisches Hauptstaatsarchiv (HStA) Dresden, Loc. 8507 Herzog Heinrichs zu Braunschweig Schreiben an Churfürst Augustum zu Sachsen anno 1557 - 1558, fol. 147 (Wolfenbüttel, 1558 Mai 23). Dort auch das Folgende.

dischen, besonders französischen Versuchen, das Heilige Römische Reich „in unwesen, zerrittung und abfall [zu] bringen“, sowie „alles aufsehen auf die obrigkeit und gemeine gesetz und einigs und vertreulichs zusamen stimmen der stend umb[zu]stossen“. August möge dagegen zum Schutzherren der Reichsverfassung werden und zum Garanten der Reichseinheit gegen die Franzosen, die „gleich wie vor zeiten in Italien beschehen, sonderliche parten und allen freyen willen einfüren megen.“ Vor einer Spaltung des Reiches in konfessionelle Parteien, die sich wie einst die italienischen Guelfen und Ghibellinen in brudermörderischen Kämpfen zerfleischten, sollte August auf der Hut sein. Die Vorstellung war Schwendi unerträglich, daß er mit seinen Truppenwerbungen für Spanien womöglich selbst jenes Mißtrauen schüren könnte, das Kursachsen in einen protestantischen Sonderbund treiben würde, der die Reichsverfassung in Frage stellte. Deshalb informierte er den Dresdner Hof detailliert über den Fortgang seiner Werbungen im Braunschweigischen und versicherte, daß sein Dienstherr König Philipp friedliche Absichten gegen alle Reichsstände hege[15].

In Schwendis auf Macht und Einheit des Reiches zielender Konzeption kam dem Kurfürstentum Sachsen eine herausgehobene Bedeutung zu. Als mächtigste Fürsten im nördlichen Deutschland und Häupter des Luthertums konnten die Albertiner den entscheidenden Beitrag zur Friedenssicherung im Reich leisten. Dies war Schwendi schon früher, während der Belagerung Magdeburgs, klargeworden. Am Neujahrstag 1551 hatte er Kurfürst Moritz einen emphatischen Brief geschrieben, in dem er den etwa Gleichaltrigen aufforderte, sein Gemüt und seine Gaben zeitig auf den Nutzen des deutschen Vaterlandes zu richten. Moritz möge in seiner Jugend beginnen, sich so zu zeigen, daß er einmal „Burckh und Zuflucht des gantzen Reiches sein und den namen eines Vaters deß Vaterlandes“ erlangen werde[16]. Sonderbarer Überschwang! So klangen die Gedankenspielereien eines Mannes, bei dem sich Realitätssinn und politische Phantasie oft merkwürdig überlagerten. Moritz, der leidenschaftliche Spieler um die Macht, konnte der ausgleichende und versöhnende Pater Patriae, den Schwendi erträumte, nicht sein. Eher eignete sich schon der hausväterliche, bedächtige August für diese Rolle. Tatsächlich wurde Dresden immer mehr zum stabilen Ruhepunkt der Reichsverfassung, während in den 1560er Jahren die konfessionell-politischen Kämpfe in Frankreich und in den Niederlanden ausbrachen.

In Brüssel lief Schwendi selbst Gefahr, in die Auseinandersetzungen zwischen dem niederländischen Adel und der spanischen Krone hineingezogen zu werden. Als Freund der Herren Oranien, Egmont und Hoorne trat er bei Philipp II. für die Abberufung des in Adelskreisen verhaßten Kardinals Granvelle ein[17]. Da er die weitere Zuspitzung der Gegensätze

---

15 HStA Dresden, Loc. 10428 Schreiben so König Philippus in Hispanien an Churfürst Augusten zu Sachsen gethan habenn (1557 - 1562), fol. 60.

16 *J. Herrmann/G. Wartenberg* (Anm. 8), 936.

17 *Louis P. Gachard,* Correspondance de Philippe II sur les affaires des Pays-Bas, Bd. 1, Brüssel 1848, 289 und 300. *Adolf Eiermann,* Lazarus von Schwendi, Freiherr von Hohenlandsberg, ein deutscher Feldoberst und Staatsmann des

kommen sah, verließ Schwendi Ende 1561 Brüssel und zog sich auf die Güter zurück, die er planmäßig im Elsaß und Breisgau erworben hatte[18]. Von dort aus knüpfte er eifrig reichspolitische Kontakte. Es gelang ihm, zum brieflichen Konfidenten der beiden älteren Söhne Kaiser Ferdinands I. zu werden, der beiden Erzherzöge Maximilian und Ferdinand[19]. Damit verschaffte er sich eine hervorragende Ausgangsposition. Der neue Kaiser Maximilian II. berief ihn nach der Thronbesteigung im Herbst 1564 nach Wien. Schwendi sollte den Oberbefehl im Krieg gegen die unruhigen Siebenbürger und Osmanen auf dem ungarischen Kriegsschauplatz übernehmen. Dieser Aufgabe entzog er sich nicht. Die wechselhaften Kämpfe, in denen er sich bis an die Grenzen seiner Kraft erschöpfte, sollten erst 1568 mit dem Frieden von Adrianopel enden[20].

Kaum aus Ungarn nach Wien, in die Residenz Kaiser Maximilians II., zurückgekehrt, stürzte sich Schwendi ab Mai 1568 wieder in das Getümmel der Reichspolitik. Größte Gefahren drohten 1568/69 dem Frieden in der Mitte Europas von den Unruhen im Westen, in Frankreich und den Niederlanden. Es schien, als sollten die Kämpfe des Prinzen Wilhelm von Oranien mit den Spaniern über die Niederlande hinaus auf Reichsboden übergreifen; der Kriegszug des Pfalzgrafen Wolfgang von Zweibrücken zugunsten der Hugenotten und die Reaktion der französischen Krone darauf beunruhigten um die Jahreswende 1568/69 das Elsaß[21]. Schwendi sah die Gefahr, daß sich die konfessionelle Bruchlinie im Reich vertiefte und die deutschen Reichsstände Bündnisse nach Konfessionszugehörigkeit eingingen, die sich womöglich an ausländische Vormächte anlehnten. Um dieser deutschen Teilung vorzubeugen, bemühte er sich um Ausgleich und Vermittlung. So wie einst kam dem Dresdner Hof im Schwendischen Konzept der Friedenssicherung ein wichtiger Part zu. Die Kontakte zur protestantischen Vormacht wurden intensiviert. Ende September 1568 traf Schwendi in Wien einen alten Bekannten: den kaiserlich-kursächsischen Rat Christoph von Carlowitz. Bei dieser Gelegenheit besprachen beide ein Programm zur Bewältigung der Krise im Westen des Reiches, das Carlowitz an Kurfürst August weiterleitete.

Darin war eine militärische Aktivierung der Kreisverfassung vorgesehen, um die Verteidigungsbereitschaft des Reiches nach außen, gegen

---

XVI. Jahrhunderts, Freiburg i.B. 1904, 61 - 92 (hier 64). Zum Hintergrund: *Geoffrey Parker,* Der Aufstand der Niederlande. Von der Herrschaft der Spanier zur Gründung der Niederländischen Republik 1549 - 1609, München 1979, 42 - 54.

18 So Burkheim bei Breisach und das elsässische Kientzheim (bei Colmar): *J. König* (Anm. 4), 171 - 191. *Eugène Papirer,* Kientzheim en Haute-Alsace. La ville de Lazare de Schwendi, Colmar 1982.

19 Vgl. *Th. Nicklas* (Anm. 2), 89f.

20 Siehe dazu: *Eduard Wertheimer,* Zur Geschichte des Türkenkrieges Maximilians II. 1565 und 1566. Nach bisher ungedruckten Quellen, in: Archiv für Österreichische Geschichte 53 (1875), 43 - 101. Zu Schwendis persönlichen Leistungen als Heerführer: *Wilhelm von Janko,* Lazarus Freiherr von Schwendi, oberster Feldhauptmann und Rath Kaiser Maximilian's II., Wien 1871, 35 - 90.

21 *M. Lanzinner,* Friedenssicherung und politische Einheit (Anm. 10), 134f. und 162f.

Spanien und Frankreich, zu bekräftigen[22]. August verschloß sich dieser Anregung, legte er doch „das größte Gewicht auf das Zusammengehen der sämtlichen Reichsstände ohne Unterschied der Religion“[23]. Ein isoliertes Vorgehen, das eher die Unruhe mehren als den Frieden sichern konnte, war seine Sache nicht. Fortan belieferte Schwendi den Kurfürsten über Carlowitz mit politischen Situationsberichten, die den Wettiner zu reichspolitischem Handeln motivieren sollten. Im Februar 1569 berichtete er von Gerüchten über einen drohenden „Pfaffenkrieg“ am Rhein, wonach sich Oranien und Pfalzgraf Wolfgang mit ihren Kriegsvölkern auf die katholischen Hochstifte werfen wollten, was „eine rechte zerruttung und volle sturtzung des Reichs“ wäre[24]. Dagegen rief er August als Garanten der Reichsverfassung und mächtigsten protestantischen Reichsfürsten zum Handeln auf. Zwar verzogen sich die Gefahren bald wieder vom Rhein, da der zahlungsunfähige Oranier seine Truppen entlassen mußte und das pfalzgräfliche Heer nach Frankreich weiterzog, das alarmierende Schreiben zeigt aber, welchen bedeutenden Einfluß Schwendi dem sächsischen Kurfürsten in dieser Situation zumaß. Tatsächlich war August dem Anführer des niederländischen Aufstandes verwandtschaftlich verbunden. Seine Nichte, die unglückliche Anna, hatte er 1561 mit dem Prinzen von Oranien verheiratet[25]. Als dieser vor Beginn seines Kriegszuges von 1568 gegen die Spanier in Dresden um Unterstützung nachsuchte, hatte sich der Wettiner allerdings jeder Hilfeleistung verweigert, vielmehr zur Mäßigung aufgerufen. Der Prinz möge „omnia prius quam armis experiri“[26]. Auch gegen die oranienfreundliche Haltung seiner Räte behauptete sich Augusts Abneigung gegen jede abenteuernde, den Reichsfrieden gefährdende Politik.

Ansonsten mag der kaiserliche Rat von Schwendi die konkreten Gestaltungsmöglichkeiten Kursachsens als Vormacht des protestantischen Lagers, das doch keine einheitliche Aktionsgemeinschaft war, ein

---

22 *Gustav Wolf,* Kursächsische Politik 1568 - 1570, in: Neues Archiv für Sächsische Geschichte und Altertumskunde 12 (1891), 27 - 63 (hier 29f.). Wolfs Vermutung, daß „im Carlowitzschen Plan geradezu ein guter Teil Schwendischer Ideen“ stecke (39), trifft allerdings zu. Vorgesehen war die Sammlung von Vorratsgeldern in den Kreisen, die Anwerbung einer Reitertruppe, Verbot von Diensten Deutscher im spanischen Heer.

23 *G. Wolf,* Kursächsische Politik (Anm. 22), 31f. Nur Kurpfalz wollte gemäß Schwendischer Anregung präventiv ein Reiterkontingent auf Reichskosten anwerben: *Albrecht Pius Luttenberger,* Kurfürsten, Kaiser und Reich. Politische Führung und Friedenssicherung unter Ferdinand I. und Maximilian II. (Veröffentlichungen des Instituts für Europäische Geschichte Mainz/Abt. Universalgeschichte, 149), Mainz 1994, 393. Zu den gleichzeitigen Beratungen in den Reichskonventen: ebd., 385 ff; *M. Lanzinner,* Friedenssicherung und politische Einheit (Anm. 10), 127 - 158, 162 - 194.

24 HStA Dresden, Loc. 8522 Herrn Christophen von Karlowitz Briefe an Churfürst Augustum zu Sachsen, fol. 50 - 52 (hier 51). Carlowitz' Abschrift (1569 März 3) eines Schwendischen Schreibens aus Wien (1569 Februar 13).

25 Vgl. *Felix Rachfahl,* Wilhelm von Oranien und der niederländische Aufstand, Bd. 2, Halle 1908, 85ff. Zu Anna (1544 - 1577): NDB, Bd. 1, Berlin 1953, 302.

26 *Gustav Wolf,* Kurfürst August und die Anfänge des niederländischen Aufstandes, in: Neues Archiv für Sächsische Geschichte und Altertumskunde 14 (1893), 34 - 77 (hier 65).

wenig überschätzt haben. Angesehene evangelische Reichsstände wie Pommern, Mecklenburg, Holstein, das ernestinische Sachsen oder die Hohenzollern in Brandenburg und Franken hielten sich zumeist abseits und wollten aus unterschiedlichen Gründen von einem abgestimmten Handeln mit den Konfessionsverwandten nichts wissen. Dagegen formierte sich eine Gruppe um Kursachsen, der Hessen-Kassel, Braunschweig-Wolfenbüttel und Württemberg angehörten. Diese Fürsten standen in engem Kontakt, sie fühlten sich der Dresdner Linie eines Ausgleichs mit den katholischen Ständen und einer unerschütterbaren Kaisertreue verpflichtet[27]. Allein fand sich die reformierte Kurpfalz wieder, mit ihrem rastlosen Drängen nach offensiv-protestantischen Aktionen. Um nicht in eine existenzbedrohende Isolation zu geraten, wie sie sich bereits auf dem Augsburger Reichstag 1566 abgezeichnet hatte[28], blieb auch den Pfälzern nur die Orientierung am Dresdner Hof, auch wenn sie dessen Zögerlichkeit verachteten. Dabei brachte Kurfürst August das politische Kunststück fertig, nicht nur mit den Heidelberger Wittelsbachern, den Exponenten eines eifernden Calvinismus, Verbindung zu halten, sondern auch mit der katholischen Münchner Linie des Hauses. Allen zeitweiligen Differenzen zum Trotz blieb der Wettiner Herzog Albrecht V. von Bayern stets eng befreundet.

So nahm das Kurfürstentum Sachsen eine behutsam genutzte Schlüsselstellung in der Reichspolitik der Zeit ein. Folglich war es dem um Kontakte bemühten Schwendi überaus willkommen, wenn er im Laufe des Jahres 1569 mit der nach dem Kurfürsten maßgeblichen Figur der Dresdner Politik, mit Dr. Georg Craco, in Gedankenaustausch treten konnte. Den Faden hatte Graf Günther (XLI.) von Schwarzburg angesponnen, der als Verbindungsmann Oraniens, seines Schwagers, in Dresden weilte[29]. Schwendi und der Schwarzburger kannten sich seit der Zeit, da sie gemeinsam Karl V. Dienste leisteten, sie galten als gute Freunde. Dies wußte auch Craco, der Graf Günther bat, Grüße an Schwendi zu übermitteln. Dieser bedankte sich artig und versicherte, daß „ich, gleichwol unbekandt, zu desselben (sc. Cracos) freundschaft und diensten gantz geneigt bin“[30]. Eine reichspolitisch gehaltvolle Korrespondenz konnte beginnen, bei der sich die beiden Beteiligten an Ehr-

---

27 *M. Lanzinner,* Friedenssicherung und politische Einheit (Anm. 10), 205.

28 Dazu u. a.: *Moriz Ritter,* Deutsche Geschichte im Zeitalter der Gegenreformation und des Dreißigjährigen Krieges, Bd. 1, Stuttgart 1889, ND Darmstadt 1962, 276ff. Ferner: *Volker Press,* Calvinismus und Territorialstaat. Regierung und Zentralbehörden der Kurpfalz 1559 - 1619, Stuttgart 1970, 237f. Die politische Dimension der Ereignisse vernachlässigt bei: *Walter Hollweg,* Der Augsburger Reichstag von 1566 und seine Bedeutung für die Entstehung der Reformierten Kirche und ihres Bekenntnisses (Beiträge zur Geschichte und Lehre der Reformierten Kirche, 17), Neunkirchen-Vluyn 1966.

29 *G. Wolf,* Kurfürst August und die Anfänge des niederländischen Aufstandes (Anm. 26), 65. Zur Vita Günthers von Schwarzburg nur vereinzelte Bruchstücke: ADB, Bd. 10, Leipzig 1879, 142 f; NDB, Bd. 7, Berlin 1966, 164f.; *Fritz Lammert,* Graf Günther von Schwarzburg in dänischen Diensten, in: Mitteldeutsche Jahrbücher 1955, 31 - 73. Zuletzt: *Jens Beger,* in: Herrscher und Mäzene. Thüringer Fürsten von Hermenefred bis Georg II., hrsg. v. Detlef Ignasiak, Rudolstadt/Jena 1994, 141 - 148.

geiz und Selbstbewußtsein gleichkamen, beide hatten einen bemerkenswerten Aufstieg hinter sich gebracht.

Georg Craco (1525 - 1575), ein Pommer aus Stettin, hatte seine Laufbahn als akademischer Lehrer in Greifswald begonnen[31]. Seit 1554 die Rechte in Wittenberg lehrend, kam er in enge Verbindung zum Dresdner Hof, dem er bei kirchenpolitischen Verhandlungen wie dem Wormser Kolloquium 1557 diente. Auf Reichskonventen fiel er durch sein besonderes „Verhandlungsgeschick" auf[32]. Darüber hinaus sicherte er sich die persönliche Zuneigung Kurfürst Augusts, der den „dicken Doktor", wie er ihn vertraulich nannte, bald liebgewann. Craco überflügelte den Einfluß anderer kurfürstlicher Räte wie Laurentius Lindemanns oder Jans von Zeschau. Ab 1564 konzipierte er allein die gesamte auswärtige Korrespondenz Kursachsens, daneben lagen auch wichtige innere Angelegenheiten der Landesregierung in seinen Händen[33]. Zur Festigung des albertinischen Territoriums nach innen hat Craco einen wesentlichen Beitrag geleistet. Das Gesetzbuch der Kursächsischen Konstitutionen von 1572 unterlag seiner Endredaktion, woraufhin er sich stolz als dessen „Fabrikator" bezeichnete[34].

Als führendem Dresdner Außenpolitiker mußte Craco an einem Gedankenaustausch mit Lazarus von Schwendi, dem ideenreichen Ratgeber Kaiser Maximilians II., gelegen sein. Als Schüler des deutschen Humanismus, die sich zu einem geschichtsbewußten Reichspatriotismus und erasmischer Toleranz bekannten, waren beide oft einer Meinung[35]. Sie beklagten einhellig das spanische Regiment in den Niederlanden, für sie ein Indiz des Niedergangs ihrer deutschen Nation, und befürchteten von den Unruhen im Westen gefährliche Auswirkungen auf das Reich, da

---

30 HStA Dresden, Loc. 8573 Allerley Brieffe von unnd an Dr. George Crackauen, Vol. II, fol. 268 (Wien, 1569 April 5).

31 Biographisches vereinzelt: ADB, Bd. 4, Leipzig 1876, 540 - 543 („Cracow"); NDB, Bd. 3, Berlin 1957, 385f. („Cracov/Cracau"). Zu den divergierenden Schreibweisen wies Kluckhohn bereits 1869 darauf hin, daß der Mann selbst sich stets nur als „Craco" unterzeichnete: *August von Kluckhohn,* Das Verfahren des Kurfürsten August gegen den Kanzler Kysewetter und den Hofrichter Czeschaw als Kryptocalvinisten, in: Archiv für die Sächsische Geschichte 7 (1869), 144 - 174 (hier 144 Anm.). Auch ist Craco nie kursächsischer Kanzler gewesen, sondern Geheimer Rat und Kamerrat. Fälschlich im NDB-Artikel; *Walter Friedensburg,* Geschichte der Universität Wittenberg, Halle 1917, 270. Der „Versuch einer Lebensgeschichte D. Georgen Cracau, Churfürst Augusts Geheimbden Raths", in: Sammlung vermischter Nachrichten zur sächsischen Geschichte, hrsg. v. Johann F. Klotzsch und Gottlieb I. Grundig, Bd. VIII, Chemnitz 1773, 1 - 104 (Anhang 114 - 137).

32 *M. Lanzinner,* Friedenssicherung und politische Einheit (Anm. 10), 32f.

33 Ebd., 207.

34 Vgl. die Einleitung von *Wolfgang Kunkel,* in: Franz Beyerle, Quellen zur Neueren Privatrechtsgeschichte Deutschlands, Bd. 1/2. Halbband, Weimar 1938, XXXVII. Der Text der Konstitutionen: 255 - 318. Siehe auch: *Hermann Theodor Schletter,* Die Constitutionen Kurfürst Augusts von Sachsen vom Jahre 1572, Leipzig 1857.

35 Die Korrespondenz zwischen Craco und Schwendi aus den Jahren 1569 - 1572 ist nur sehr bruchstückhaft erhalten, neben wenigen Antwortkonzepten Cracos finden sich vor allem Schwendischen Schreiben: HStA Dresden, Loc. 8573 Allerley Brieffe von unnd an Dr. George Crackauen, Vol. II., fol. 265 - 285.

auch hier das Mißtrauen unter den Konfessionsparteien wachsen und für Zwietracht sorgen mußte. In der Krise sollten nach Schwendis Meinung die Kurfürsten die Stabilität der Reichsverfassung sichern, indem sie über die Gräben zwischen den Bekenntnissen hinweg einig blieben[36]. Er erschrak, als er von einer gesonderten Zusammenkunft der Gesandten protestantischer Fürsten in Erfurt im September 1569 erfuhr. Als Drohung sah er, der die Entwicklungen in Frankreich verfolgte, den Zerfall des Reiches in zwei sich bekriegende Hälften vor Augen. Er beschwor Craco, Kursachsen dürfe sich auf keinen evangelischen Sonderbund einlassen, es sei doch das beste Bündnis, „bei der oberkeit (d.h. dem Kaiser, Th. N.) und den gemeinen gesetzen und dem religion- und profan frieden trewlich und einmüetiglich zusamen gehalten", sonst werde sich das Feuer des Mißtrauens im „armen Vaterland" mehr und mehr entzünden[37]. Craco suchte die Besorgnisse seines Briefpartners zu zerstreuen: „Von uns wollet ihr gewißlich glauben," umriß er die Maxime der Dresdner Reichspolitik, „das wir auf des heyligen Reichs ruhe und wolfart sehen und uns in nichts, das deme zuwider ist, einlassenn"[38]. Tatsächlich versagten sich die protestantischen Stände auf dem Erfurter Tag unter sächsisch-brandenburgischer Regie allen Bündnisavancen, die von den Gesandten des Kurfürsten von der Pfalz und der Königin von England vorgebracht wurden. Ganz im Sinne Schwendis und Cracos zogen sie die bestehenden Loyalitäten im Reichsverband den Verlockungen und Risiken eines konfessionellen Sonderbundes vor[39].

Wenn sich die Protestanten so deutlich zum Zusammenhalt im Reich bekannten, dann galt es erst recht, das Einigungswerk auch bei den katholischen Reichsständen entschlossen zu betreiben. Craco meinte, daß Schwendi dabei „viel guetes thuen" könne, „weil sonderlich von allen theilenn das vortrauen in euch gestellet wirt"[40]. Diese Versicherung mag dem kaiserlichen Rat geschmeichelt haben, jedenfalls sah auch er die Gefahr, daß die geistlichen Fürsten als Ergebnis der von Rom vorangetriebenen Gegenreformation „mer ufsehens uf den pabst dan uf die kayserliche Majestät und das Reich haben müessen", was ausländischer Einmischung in Deutschland Tür und Tor öffne[41]. Der immer selbständiger agierende und politisierende Schwendi meinte, daß es in dieser Situation darauf ankäme, die Einheit und Handlungsfähigkeit des Reiches mit einer symbolischen Aktion nach innen und außen zu demonstrieren. Die

---

36 Ebd., fol. 277 (Baden bei Wien, 1569 Juni 2). Der „Hauptpunct" stehe darauf, daß „sonderlich die churfürsten under ein ander gut vertrawen erhalten und nit ein teil besorge, daß in der ander außrotten welle..."

37 Ebd., fol. 282f. (Straßburg, 1569 Oktober 5).

38 Ebd., fol. 283', Konzept (1569 Oktober 22).

39 *M. Lanzinner*, Friedenssicherung und politische Einheit (Anm. 10), 200 - 203; *G. Wolf*, Kursächsische Politik (Anm. 22), 48 - 51. Dort (49) eine längere Passage aus dem Schreiben Cracos an Schwendi. Zur Beteiligung Englands: *E. I. Kouri*, England and the Attempts to form a Protestant Alliance in the late 1560s: A Case Study in European Diplomacy (Annales Academiae Scientiarum Fennicae, B 210), Helsinki 1981, 137ff.

40 Wie Anm. 35, fol. 274, Konzept (1569 November 30).

41 Ebd., fol. 281' (Straßburg, 1569 September 21).

Funktion eines „Generalleutnants“ im Südwesten des Reiches, die ihm der Frankfurter Reichsdeputationstag im Frühjahr 1569 verliehen hatte, und die ihm in diesem Amt zustehenden Befugnisse legte er extensiv aus. Eigentlich sollte er nach dem Willen der Stände, die aus den kriegerischen Vorgängen im Elsaß um die Jahreswende 1568/69 gelernt hatten, mit anderen Bevollmächtigten von Straßburg aus die Truppenbewegungen in Frankreich beobachten und sicherheitspolitische Vorkehrungen bei Durchzügen treffen. Lediglich im Ernstfall durfte er die Kreisaufgebote aufmahnen und ihren Einsatz gegen die Friedensstörer koordinieren[42]. Unbekümmert um diese Vorgaben und ungeachtet der Tatsache, daß von den innerfranzösischen Kämpfen kaum noch eine Gefährdung des Grenzgebietes ausging, wollte der Generalleutnant gleichwohl eine Reichstruppe aufbieten, um aller Welt Geschlossenheit und Stärke der deutschen Nation vor Augen zu führen. Damit drang er bei den Reichsständen nicht durch, die sein unkonventionelles Politikverständnis mißbilligten. Sein Wirken als Generalleutnant endete mit einer reichspolitischen Blamage, die zeigte, daß er mehr wollte als die Bewahrung des Bestehenden, nämlich eine Reichsreform, die eine starke, geschlossen handlungsfähige Macht in der Mitte Europas geschaffen hätte. Dafür fehlte ihm aber der Rückhalt bei den Fürsten und Ständen.

Bitter klagte Schwendi in einem Brief an Craco, es seien „vieleicht die *fata Germaniae*“, daß auf große Beschlüsse nie etwas erfolge, so sei es auch mit dem Frankfurter Deputationsrezeß gegangen[43]. Der gescheiterte Generalleutnant gab sich noch nicht geschlagen. Er richtete seine hochgespannten Erwartungen auf den von Kaiser Maximilian II. für das Frühjahr 1570 nach Speyer angesetzten Reichstag. Dort sollten Fürsten und Stände persönlich zusammenkommen, um ihre Divergenzen auszuräumen. Gemeinsam würden sie dann, so meinte Schwendi, aus Einsicht in die Notwendigkeit und das Beste des Reiches weitgehende Reformschritte beschließen. Dazu gehörte eine hierarchische Straffung der Kreisverfassung, die dem Reichsoberhaupt erweiterte Einwirkungsmöglichkeiten an die Hand gegeben hätte; vor allem aber eine Zentralisierung des Militärwesens im Reich, das der Kontrolle eines Kondirektoriums von Kaiser und Kurfürsten unterstehen sollte[44]. Schwärmerisch schrieb Schwendi an Craco, daß die Deutschen zur führenden Macht Europas würden, wenn sie nur ihr kriegerisches Potential einheitlich regierten[45]. Als Kurfürst

---

42 Der Reichsdeputationstag 1569 hat in der Forschung reichliches Interesse gefunden: *M. Lanzinner*, Friedenssicherung und politische Einheit (Anm. 10), 243ff.; *A. P. Luttenberger*, Kurfürsten (Anm. 23), 413ff.; *Helmut Neuhaus*, Reichsständische Repräsentationsformen im 16. Jahrhundert. Reichstag – Reichskreistag – Reichsdeputationstag (Schriften zur Verfassungsgeschichte, 33), Berlin 1982, 471ff. Zu Schwendis Sicht der Dinge: *Th. Nicklas* (Anm. 2), 109ff.

43 Wie Anm. 35, fol. 275 (Straßburg, 1569 November 6).

44 Zu den Schwendischen Reformplänen 1570: *M. Lanzinner*, Friedenssicherung und Zentralisierung; *Th. Nicklas*, 115 - 127 (jeweils Anm. 2).

45 „Es müessen alle frembden kenig und potentaten dem Teutschen Reich zu gnaden komen, wan man allein im Reich des kriegs volckh[s] so mechtig were, das on sondere bewilligung (...) kein frembder potentat teutsch kriegs volckh zu sich bringen mechte“ (Anm. 35, fol. 278).

Augusts „furnembster Rath" möge Craco seinen Herrn „dazu laiten und ihn anraitzen", den für das Reich so wohltätigen Plan zu unterstützen[46]. Der Angesprochene blieb skeptisch. Er habe schon an zu vielen Reichsversammlungen teilgenommen, schrieb der Dresdner Rat zurück, als daß er sich noch Illusionen über die Reformierbarkeit der Reichsverfassung machen könne, an der man weiter „flicken" mag, „so lange man kan", eine grundlegende Erneuerung sei kaum noch möglich[47]. Schwendi habe doch „sonder zweiffel mit vleiß" den Thukydides gelesen, so der bildungsstolze Craco. Im ersten Buch des „Peloponnesischen Krieges" stehe die Rede des Perikles an die vor den Athenern erschienene lakedämonische Gesandtschaft. Der in Analogien befangene Geist des Humanisten erkannte die Situation des Heiligen Römischen Reiches von 1570 wieder, wenn Perikles von der uneinheitlichen Regierung der Peloponnesier sprach, von der Langsamkeit ihrer Beschlüsse, der Nachlässigkeit bei deren Umsetzung, dem Egoismus der einzelnen Stämme, schließlich gar dem drückenden Mangel an Geld[48].

So argumentierte der reichspolitische Realist Craco mit dem antiken Historiker Thukydides gegen den Utopisten Schwendi. Das war bewundernswert elegant, denn indem er den Griechen zitierte, ersparte sich der Sachse eine eigene Stellungnahme zum Schwendischen Reformplan, die den Briefpartner bitter enttäuscht hätte. Dresden wollte nämlich keine Reichsreform. Man hatte die libertär-ständische Verfassungsordnung von 1552/55 nicht mitgeschaffen, um sich nun auf hierarchisch-zentralistische Experimente einzulassen, wie sie die Herrschaft Kaiser Karls V. aus sächsischer Sicht zur Genüge gebracht hatte. Kursachsen war reichspolitisch eine Kraft der Beharrung in jeder Hinsicht und mußte es als saturierte Macht auch sein. Wenn es zu Aktionen albertinischer Außenpolitik kam, so dienten sie der Wahrung des Bestehenden, wie der Kriegszug nach Gotha 1567, der ernestinische Ansprüche auf die sächsische Kurwürde abwehrte. Auf dem Speyerer Reichstag vom Juli bis Dezember 1570 kam es zwar zu einer kursächsischen Beratungsinitiative, die sich aber in begründetem Eigeninteresse auf die Erstattung der verauslagten Kosten für die Gothaer Exekution bezog[49]. Hingegen wandte sich Kur-

---

46 Ebd., fol. 271 (Schlettstadt, 1569 Dezember 7).

47 Ebd., fol. 269 - 270, Konzept (1569 Dezember 29).

48 Die von Craco gemeinte Passage lautet übersetzt: „...aber einen Krieg gegen ein überlegen gerüstetes Volk führen können sie nicht, weil sie bei dem Mangel einer einheitlichen Befehlsstelle keine schnellen Entschlüsse ausführen können und weil bei der allgemeinen Stimmberechtigung und der Stammesverschiedenheit jeder nur an seinen Vorteil denkt. Daher pflegt denn überhaupt nichts Rechtes zustande zu kommen. (...) Jeder meint, es werde nichts ausmachen, wenn er auch nachlässig sei, die anderen hätten doch wohl die Pflicht, für ihn mitzusorgen. Darunter, daß alle bei sich so denken, leidet unvermerkt das Gesamtwohl Schaden (...) Das schwerste Hemmnis aber ist ihr Mangel an Geld...". Thukydides, Der Peloponnesische Krieg. Vollständige Ausgabe, übertragen von *August Horneffer*, Bremen 1957, 109.

49 *Maximilian Lanzinner* (Bearb.), Der Reichstag zu Speyer 1570 (Deutsche Reichstagsakten. Reichsversammlungen 1556 - 1662), 1. Teilband: Protokolle, 2. Teilband: Akten und Abschied, Göttingen 1988, Nr. 48, 346, 525 et passim; *ders.*, Friedenssicherung und politische Einheit (Anm. 10), 357 - 362.

sachsen wie die anderen Reichsstände gegen die antilibertären Reformpläne Schwendis, die Kaiser Maximilian II. zur offiziellen Verhandlungsgrundlage des Reichstages von 1570 gemacht hatte[50].

Der Traum von einer Reform des Reiches war zerplatzt, Lazarus von Schwendi zog sich auf seine elsässisch-breisgauischen Güter zurück. Von dort aus verfolgte er die Begebenheiten der Zeit, wie das Ereignis der Bartholomäusnacht, von dem schon die Rede war. Er warnte Craco im Oktober 1572 vor einem gegenreformatorischen Offensivbündnis der Höfe in Rom, Madrid und Paris, das den Religionsfrieden im Reich in Frage stellte[51]. Gesteigertes Interesse fanden auch die Vorgänge in Polen, die zum Gegenstand eines ausgiebigen Briefwechsels zwischen Kientzheim, der Schwendischen Residenz im Elsaß, und Dresden wurden. Die polnisch-litauische Krone war verwaist, nachdem im Juli 1572 mit König Sigismund II. August die Dynastie der Jagiellonen im Mannesstamm erloschen war. Die Stände des Königreiches schritten zu einer Neuwahl und erhoben im April 1573 Henri de Valois auf den Thron, den Bruder des französischen Königs Karl IX.[52] Diese Entwicklungen verfolgte der Dresdner Hof hellwach und erbat sich von Schwendi, der an der Westgrenze des Reiches saß und zu den bestunterrichteten Männern Deutschlands zählte[53], Informationen über die Abreise des neuen polnischen Königs aus Paris. Der Elsässer erhoffte sich bei Gelegenheit der Durchreise des Valois von Frankreich nach Polen eine Machtdemonstration des Reiches, damit „auch des Hayligen Reichs Reputation, die sonst ein zeit heer bey den frembden nationen wenig geacht worden, sich widerumb mit der alten teütschen großmüettigkait und dapfferkait sehen lassen und erzaigen mege“[54]. Kurfürst August, durch dessen Lande der Prinz zu ziehen habe, möge sich „mit verordnung und bestellung irer beglaitung der massen und so gefasst und statlich sehen lassen, das die frembden nationen der teutschen macht und gewalt inner lands abzunemen und sich dest mer zuberichten und zuerinnern haben“[55].

50 *A. P. Luttenberger,* Kurfürsten (Anm. 23), 440 - 444, hier 443, konstatiert die „notorische Abneigung der Kurfürsten gegen jede weitergreifende Verschiebung der reichspolitischen Handlungsräume und Führungsstrukturen und die fast instinktive Scheu vor Veränderungen, deren Auswirkungen schwer zu überschauen waren...“. Allgemein: *Hermann Becker,* Der Speyerer Reichstag von 1570. Ein Beitrag zur Geschichte des 16. Jahrhunderts, Diss. Mainz 1969, 58 - 70.

51 Wie Anm. 35, fol. 265 - 267’ (Kientzheim, 1572 Oktober 24).

52 Als einer der Gegenkandidaten des Franzosen trat Erzherzog Ernst auf, der zweite Sohn Kaiser Maximilians II.: *Almut Bues,* Die habsburgische Kandidatur für den polnischen Thron während des Ersten Interregnums in Polen 1572/1573 (Dissertationen der Universität Wien, 163), Wien 1984, 42ff. Ernsts Wahl scheiterte nicht zuletzt am „bedächtige[n], ja unentschlossene[n] Vorgehen“ des Kaisers (ebd., 116).

53 Jean Vulcop, der französische Gesandte in Wien, meinte von ihm: „... j’entends qu’il n’y a personnage en Allemagne qui aye plus d’avertissements de tous costés que luy“. *Guillaume Groen van Prinsterer,* Archives ou correspondance inédite de la maison d’Orange-Nassau, Première Série, Bd. 4, Leiden 1837, 119*.

54 HStA Dresden, Loc. 8520 An Churfürst Augustum zu Sachßen abgelassene gemeine und andere Schreiben 1550 - 1583, fol. 130’ (Kientzheim, 1573 August 4).

55 Ebd., fol. 131 (Burkheim, 1573 Oktober 20).

In Dresden hatte man andere Sorgen. Bestand nicht die Gefahr, daß die Religionsverfolgungen, die Frankreich so viel Blut kosteten, auch im nicht so fernen Polen losbrachen? Schwendi sah vor allem den außenpolitischen Aspekt. Seiner Meinung nach bestand keine Gefahr eines gemeinsamen französisch-polnischen Vorgehens gegen das Reich. Ein wenig spöttisch kommentierte er, es werde wohl lange dauern, „ehe die beede hochferttigen unnd leychtfertigen nationen sich vertrewlich inn ein annder schickhen unnd vil wunders mit einannder stifften“[56]. Wichtig sei der Zusammenhalt der Reichsstände im Obersächsischen Kreis, der das Reich gegen Osten sichere, und der Schutz der Ostseeküste vor den fremden Mächten. Wenn die Deutschen unter sich einig blieben, dann drohe ihnen von außen keine Gefahr. Schwendi rühmte – einmal mehr – Kurfürst August, auf den „die gemeine teutsche nation nit das wenigst aug und hertz“ werfe, weil der Wettiner eine „von aller privat pretention und passion abgesonderte naigung“ zum Erhalt der Eintracht im Reich hege[57]. Das wichtigste Mittel, um die Reichseinheit zu bewahren, sei die Toleranz. Die wechselseitige Duldung der Konfessionen wurde nun immer mehr zum Hauptanliegen Schwendis, für das er auch in Dresden warb: „Das maist und sicherst im Reich ist, das man ein ander tolleriere und kein gewaltsame und tätlicheit stat gebe“[58]. Nur so war die politische Spaltung und der „innere Krieg“ zu verhindern.

Tragischerweise hatte sich gerade zu der Zeit, da dieses Plädoyer für Duldsamkeit an den kursächsischen Hof abging, dort ein Umschwung vollzogen, der den eingeforderten Prinzipien von Versöhnlichkeit und Milde stracks zuwiderlief. Im Februar 1574 hatte Kurfürst August zum Vernichtungsschlag gegen den sächsischen Philippismus ausgeholt, dem auch Schwendis Briefpartner Craco zum Opfer fiel. Die „mangelnde theologische Bildung und leichte Beeinflußbarkeit des Kurfürsten in religiösen Angelegenheiten“[59] machten August anfällig für Einflüsterungen unerbittlicher Gnesiolutheraner, die auf Vernichtung des Philippismus sannen. Dieser hatte seine Schwerpunkte am Dresdner Hof und an der Universität Wittenberg, die sich der Lehre Melanchthons besonders verpflichtet wußte[60]. Als Wittenberger Professor nicht frei von philippisti-

---

56 Ebd., fol. 143 (Kientzheim, 1573 November 30).

57 Ebd., fol. 149f. (Kientzheim, 1574 Juli 1).

58 Ebd., fol. 149'.

59 *Wolfgang Sommer,* Gottesfurcht und Fürstenherrschaft. Studien zum Obrigkeitsverständnis Johann Arndts und lutherischer Hofprediger zur Zeit der altprotestantischen Orthodoxie (Forschungen zur Kirchen- und Dogmengeschichte, 41), Göttingen 1988, 81.

60 Der Sturz des kursächsischen Philippismus 1574 bereits in älteren Darstellungen ausführlich behandelt: *Gottlieb J. Plank,* Geschichte der protestantischen Theologie von Luther bis zur Einführung der Konkordienformel, Leipzig 1799, Bd. 2/2. Teil, 578 - 633; *Heinrich Heppe,* Geschichte des deutschen Protestantismus in den Jahren 1555 - 1581, Bd. 2, Marburg 1853, 403 - 445; *Robert Calinich,* Kampf und Untergang des Melanchthonismus in Kursachsen 1570 - 1574, Leipzig 1866; *August von Kluckhohn,* Der Sturz der Kryptocalvinisten in Sachsen 1574, in: Historische Zeitschrift 18 (1867), 77 - 127. Dogmatisch läßt sich der Philippismus tatsächlich, wie die Gnesiolutheraner argwöhnten, als Vorstufe zum Calvinismus bezeichnen: *Otto Ritschl,* Dogmengeschichte des Protestantismus, Bd. 4, Göt-

schen Einflüssen, geriet auch Georg Craco in den Strudel der Katastrophe, weil Briefe von ihm abgefangen wurden, die den Stolz und das Selbstgefühl des Kurfürsten schwer kränkten. Er kam als Gefangener auf die Leipziger Pleißenburg, wo er unter unmenschlichen Bedingungen in Haft gehalten wurde. Gefoltert und mit Billigung des maßlos erzürnten Kurfürsten in jeder erdenklichen Weise gequält, starb Craco elend im März 1575[61].

Einige Wochen nach Cracos Sturz unternahm Lazarus von Schwendi wiederum einen politischen Vorstoß am Dresdner Hof. Er bediente sich dafür seines alten Vertrauten Carlowitz. Dieser hatte im April 1574 im kaiserlichen Auftrag bei Kursachsen die Chancen für eine Wahl des ältesten Kaisersohnes Rudolf zum Römischen König sondiert[62]. Keine andere reichspolitische Initiative wäre August von Sachsen zu dieser Zeit gelegener gekommen, hatte er selbst doch zuvor schon bei den Kurfürsten von Mainz und Brandenburg wegen einer möglichen Königswahl vorgefühlt. Angesichts der angegriffenen Gesundheit Kaiser Maximilians II. wollte die stabilitätsorientierte kursächsische Reichspolitik der Eventualität eines Interregnums vorbeugen und einen kontinuierlichen Übergang an der Reichsspitze sicherstellen[63]. Aus denselben Gründen befürwortete auch Schwendi die Wahl eines Römischen Königs *vivente imperatore*. Das von außen bedrohte, in seinem inneren Zusammenhalt gefährdete Reich bedurfte der Kontinuität im Kaisertum. Damit Carlowitz Kurfürst August weiterhin für die Wahl des Habsburgers Rudolf einnahm, sandte Schwendi ihm Argumentationsmaterial[64]. Dabei warb er nicht nur für den Kandidaten Rudolf, sondern auch für eigene Projekte. So schwebte ihm nun eine zentralisierende Straffung der Reichsverfassung durch stärkere Partizipation der Kurfürsten an der „Reichsregierung“ vor. Hauptanliegen blieben aber die Toleranz und die Gleichberechtigung der Konfessionen, die auf dem Wahltag vorangebracht werden sollten.

---

tingen 1921, 33 - 40; *Ernst Koch,* Der kursächsische Philippismus und seine Krise in den 1560er und 1570er Jahren, in: Die reformierte Konfessionalisierung in Deutschland – Das Problem der „Zweiten Reformation“, hrsg. v. Heinz Schilling, Gütersloh 1986, 60 - 77, hier 67 - 73; ferner auch: *Karlheinz Blaschke,* Religion und Politik in Kursachsen 1586 - 1591, in: ebd., 79 - 97.

61 Das traurige Ende Cracos beschrieben bei: *A.v. Kluckhohn,* Sturz der Kryptocalvinisten (Anm. 60), 110 - 127. Dort (109) die Bemerkung, August habe gerade gegen die beiden Nichttheologen Kaspar Peucer, seinen Leibarzt, und Georg Craco „eine in dem Maße unverdient und wahrhaft unmenschliche Härte gezeigt“.

62 *A. P. Luttenberger,* Kurfürsten (Anm. 23), 151.

63 Zu den Motiven kursächsischer Politik in der Sukzessionsfrage: *Joseph M. Schneidt,* Vollständige Geschichte der römischen Königs-Wahl Rudolfs II. nach annoch ungedruckten Urkunden, Würzburg 1792, 10 ff; *Hugo Moritz,* Die Wahl Rudolfs II., der Reichstag zu Regensburg 1576 und die Freistellungsbewegung, Marburg 1895, 62ff.; *Gudrun Westphal,* Der Kampf um die Freistellung auf den Reichstagen zwischen 1556 und 1576, Diss. Marburg 1975, 173ff.

64 Eine Inhaltsangabe des Schreibens (1574 Juli 20) bei: *Fr. A. v. Langenn,* Carlowitz (Anm. 10), 344ff.; *Th. Nicklas* (Anm. 2), 145f.; einzelne Passagen bei: *H. Moritz* (Anm. 63), 91 Anm. Im folgenden erstmals editiert.

Als Brechstange für die Toleranz sah Schwendi die „Freistellung“ an. Dieser komplizierte, selbst von den Zeitgenossen unterschiedlich gedeutete Begriff[65] implizierte vieles, so den Zugang von Protestanten zu den geistlichen Pfründen der alten Kirche oder die Gewissensfreiheit evangelischer Untertanen unter katholischen Landesherrn. Letzteres, die völlige Freiheit des Bekenntnisses im ganzen Reich, strebte der kaiserliche Rat an. Nachdem der Regensburger Wahltag, der am 27. Oktober 1575 in der einstimmigen Erhebung Rudolfs II. zum König der Römer gipfelte, die Entscheidung in der Freistellungssache nicht gebracht hatte[66], mußte der Kampf auf dem folgenden Reichstag ausgetragen werden, der am 25. Juni 1576, ebenfalls in Regensburg, begann.

Geographische Brennpunkte der Auseinandersetzung bildeten die Fürstabtei Fulda und das kurmainzische Eichsfeld. In Fulda hatte der junge Abt Balthasar von Dermbach unter Mithilfe der Jesuiten die Rekatholisierung seiner zumeist lutherischen Untertanen aufgenommen; auch auf dem Eichsfeld trieben die Jesuiten seit 1574 die Gegenreformation voran[67]. Damit handelten der Abt und der Erzbischof von Mainz im Widerspruch zu Geist und Buchstaben der Ferdinandeischen Deklaration von 1555. Mit diesem Dokument aus dem Umfeld des Augsburger Religionsfriedens garantierte Ferdinand I. den Landständen geistlicher Gebiete die freie Ausübung der Confessio Augustana. Der Akt galt als Kompensation für die Zustimmung der protestantischen Stände zum geistlichen Vorbehalt (Reservatum ecclesiasticum)[68]. In Abwehr der gegenreformatorischen Bestrebungen bemühten sich die evangelischen Stände auf dem Regensburger Reichstag 1576, von Maximilian II. eine Bestätigung der Ferdinandeischen Deklaration zu erhalten. Da sie wußten, wie sehr der Kaiser zur Sicherung der Südostgrenze in Ungarn auf finanzielle Hilfe aus dem Reich angewiesen war, konnten sie ihn mit der Steuerfrage erheblich unter Druck setzen[69]. Dazu drängte und trieb sie ein Mann, der zwar als kaiserlicher Berater an der Reichsversammlung teilnahm, der aber sehr selbständig Politik nach eigenen Konzepten betrieb – Lazarus von Schwendi. Er war „im werk der freistellung hoch beflissen“, wie der bayerische Gesandte besorgt an den katholischen Herzog in München schrieb[70]. Schwendi ermahnte die Räte der Protestanten, sie sollten unter sich einig bleiben und entschlossen die Freistellung erzwingen, nur so sei der Frieden im Reich zu

---

65 Zum Freistellungsbegriff: *H. Moritz,* 19ff.; *G. Westphal,* 6ff. (jeweils Anm. 63).

66 Vgl. *G. Westphal* (Anm. 63), 169 - 197.

67 *Heinrich Heppe,* Die Restauration des Katholizismus in Fulda, auf dem Eichsfeld und in Würzburg, Marburg 1850, 25ff. bzw. 80ff.; zum Gegenreformator Dermbach zuletzt: *Otto Schaffrath,* Fürstabt Balthasar von Dermbach und seine Zeit. Studien zur Geschichte der Gegenreformation in Fulda (Veröffentlichungen des Fuldaer Geschichtsvereins, 44), Fulda 1967.

68 Der Text der Deklaration bei: *Karl Brandi,* Der Augsburger Religionsfriede vom 25. August 1555, Göttingen 1927, 52 - 54. Zum Hintergrund: *H. Lutz* (Anm. 13), 423 - 437.

69 *H. Moritz,* 287f.; *G. Westphal,* 214 (bde. Anm. 63).

70 *H. Moritz,* 361 Anm. 3 (1576 August 25).

erhalten, andernfalls komme der Tag, da man in Deutschland „im Blut schwimmt“[71].

Der Regensburger Reichstag 1576 brachte den erhofften Durchbruch zur Freistellung und Toleranz indes nicht. Dies lag an der Haltung des vornehmsten lutherischen Reichsstandes, Kursachsens, das den Kaiser wegen der Bestätigung der Declaratio Ferdinandea nicht unter Druck setzen wollte. Nach Ansicht Kurfürst Augusts schadete die von den Protestanten angedrohte Verweigerung von Türkenhilfen dem Reich, während sie in der Sache der Freistellung nichts nütze: „Die Geistlichen seint damit nicht zu zwingen dan sie erlegen ja so ungern als andere“[72]. In Dresden sah man die Konflikte zwischen Untertanen und Landesherrn um die Konfession in Fulda und auf dem Eichsfeld als privatrechtliche Streitigkeiten an, die das Funktionieren der Reichsverfassung nicht stören durften. Es bestand die Gefahr, daß „auch gleich der gantze Religionsfriede, do Gott fur sey, aufgehoben unnd ein ewigk mißvortrauen vorursacht wurde“[73]. Es kam hinzu, daß der Kurfürst selbst mit seinem Schlag gegen die philippistischen Eliten an der Universität und am Hof das Prinzip der konfessionellen Einheitlichkeit im Territorium unerbittlich durchgesetzt hatte. Konnte er dem Kurfürsten von Mainz oder dem Abt in Fulda gleiches verwehren? Kursachsen scherte aus der protestantischen Front aus, gefolgt von Kurbrandenburg, das sich unter Johann Georg seit 1571 völlig an der Dresdner Reichspolitik orientierte[74]. Der gescheiterte Freistellungskampf von 1576 bewies die Spaltung der protestantischen Reichsstände in eine kaiser- und verfassungstreue Fraktion um Kursachsen und die calvinistische „Aktionspartei“ unter pfälzischer Führung. Das Ergebnis von Regensburg verschärfte auf lange Sicht die Gegensätze, anstatt sie zu mildern. So ehrte sein Verantwortungsgefühl für den Bestand der Reichsverfassung den Kurfürsten von Sachsen, der Blick für die größere Dimension der Auseinandersetzung ging ihm allerdings ab.

Lazarus von Schwendi, der Apostel von Macht und Einheit des Reiches, rückte in der Folge immer näher an das reformierte Lager unter Führung des umtriebigen Pfalzgrafen Johann Casimir heran, bei dem er einzig noch einen politischen Aktionswillen erkannte, der sich einer von Rom und Madrid forcierten Gegenreformation in den Weg stellte. Damit wurde der elsässische Freiherr aus der Sicht des Dresdner Hofes zum politischen Extremisten, mit dem sich jeder Umgang aus guten Gründen verbot.

---

71 Ebd., 362. Vgl. auch: *Christoph Lehenmann*, De pace religionis acta publica et originalia. Das ist: Reichshandlungen, Schrifften und Protocollen uber die Constitution deß Religion-Friedens (...), II. Theil, Frankfurt a.M. 1631, 315.

72 HStA Dresden, Loc. 10200 Resolutiones Electoris Saxoniae den Räthen auf dem Reichs-Tag de A° 1576 gen Regensburg gegeben, fol. 80 - 83, hier 81': Instruktion, 1576 Juli 30.

73 Ebd. Zu den Motiven Augusts: *H. Moritz* (Anm. 63), 323ff.

74 Vgl. *Reinhold Koser*, Geschichte der brandenburgisch-preußischen Politik, Bd. 1, Stuttgart/Berlin 1913, 278ff.

Anhang:
Ein Brief des Lazarus von Schwendi an Christoph von Carlowitz (1574 Juli 20)

Editorische Bemerkungen:

Das Schreiben zeigt klar die reichspolitischen Zielsetzungen Schwendis in den 1570er Jahren auf, es läßt sehr gut erkennen, wie er den Dresdner Hof für seine Pläne einzunehmen hoffte. Immer wieder wird des Verfassers hohe Meinung von Einfluß und Stellung des Kurfürstentums Sachsen im Reich deutlich.

Erhalten hat sich der Brief in einer Abschrift, die in Carlowitz' Kanzlei zu Schloß Rothenhaus im böhmischen Erzgebirge für Kurfürst August in Dresden gefertigt wurde[75] und die sich heute im Sächsischen Hauptstaatsarchiv Dresden befindet[76]. Sie wurde mit großer Sorgfalt erstellt und lehnt sich im Buchstabenbestand eng an die Schreibgewohnheiten Schwendis an. Daneben existiert im Generallandesarchiv Karlsruhe eine Abschrift aus dem 18. Jahrhundert[77], die jedoch mancherlei Lesefehler und Verschreibungen aufweist. In der Literatur fand der Text gelegentliche Beachtung[78]. Der folgenden Transkription wurden die „Empfehlungen zur Edition frühneuzeitlicher Texte“ zugrunde gelegt[79].

Die einzelnen Sinnabschnitte des Briefes haben vom Bearbeiter folgende Kurztitel erhalten:

Plädoyer für die österreichische Sukzession, Reichsverfassung und Konfession, Sicherung der Südostgrenze, Projekt eines neuen Ritterordens, politisches Programm für den Wahltag.

Textedition:

Edler strenger altvertrauter lieber herr und freundt! Mein freundlich willig dienst und was ich liebs und guts vermag sey euch alzeit bevor. Euer schreiben bey zaigern euerm bothen hab ich mit sonderm verlangen empfangen. Mir ist aber fast laid, das wir unser itzo schir dreissig jhar her vertreuliche gehabtte correspondentz erst itzo in unserm altter, do wir von wegen mer erfarung beßer und nuzlicher dan zuvorn de rebus communibus unnd von itzigem untreulichen sorglichen thun und wesen zusam schreiben und unsere guthhertzige gedancken kegen unsern vaterland und unser obrigkeit einander communicieren und eröfnen kendten und soltten, so gar kalt undterhaldten, also das wir etwa kaum in ein jhar oder zweyen einmal ein brieflein zusammen schreibenn. Wan es bothen oder derselben gewißheit mangelt, so bin ich meines theils gantz unbeschweret und urbötig, alle ein oder zwen monat ein aigen bothen zu euch abzuferttigen.

75 Dies geht aus einer Marginalie von Carlowitzens Hand hervor.

76 Loc. 10674 Discours und Bedencken die Wahl eines Römischen Königs und der Churfürsten dießfalls persönliche zusammenkunfft anno 1570 - 74 (unfoliiert).

77 Bestand 65/1143, fol. 1 - 12.

78 *Fr. A. v. Langenn,* Carlowitz (Anm. 10), 344ff.; *H. Moritz,* Wahl (Anm. 63), 91 Anm; *Th. Nicklas* (Anm. 2), 145f.

79 In: Jahrbuch der Historischen Forschung in der Bundesrepublik Deutschland: Berichtsjahr 1980, Stuttgart 1981, 85 - 96.

Ich höre von hertzen gerne, das ir wol auf seit, wolte euch aber wol gönnen, das ir von ewer gewerbs factoreyenn mit euerm nutz erlediget und euer gedancken und arbeit uf etwas hohers und gemein nutzigers wenden möchtet[80]. Das ihr dan meldet, das ich zu hof etwan wenig danck verdienet, das ist mir wohl wissent, aber gott dem herrn sey lob, das ich nit hart darnach fragen darff und das es mir allein umb treu, ufrichttigkeyt und warheit willen begegnet, dann es sich gnugsam erfunden, daß mich in mein thun kein ambitio oder avaricia geführet, sondern das ich gern vielem unwesen zubesserung geholffen unnd mir den altten kaltten verseumblichen proceß etlicher leuth nicht hab konnen gefallen lassen[81]. Nicht desto weniger aber ist mein gut gemuet und eifer gegen irer Majestät und iren nachkommen nit geendert worden und do sich in der zeit soltte feintts oder krigs noth vom turcken zugetragen haben, so solt man erfaren haben, das ich irer Majestät und dem vaterland von freyem guthen herzen wolt zugesprungen sein und noch.

Was euch nun mein gnedigster herr der churfürst mir vertreulich zuzuschreiben bevolen[82], das hab ich vieler ursachen halben mit höchsten freuden und frolocken vernommen, dann erstlich hab ich alweg dafur geachttet, das ohne ihr churfürstlich gnaden als des ansehlichsten und vermöglichsten churfürsten sorgfelttig und getreues zuthun den itzt vorstehenden gemeinen gefährlichkeiten nicht wurde nottdürftiger und zeitiger rath und fürsehung mögen geschehen. So gönne ich ihr churfürstlich gnaden von hertzen wol und congratulir unserm vaterland wie auch dem hause Österreich, das sy sich darin mit solcher ufrichttigkeyt und großmuetigkeit all privat ambition und cupiditet hindan gesetzt bemuehet, zweiffel auch gar nicht, es solle gott der almechttige sein gedeyen und segen zu eim heilsamen guthen außgang verleihen[83].

[Plädoyer für die österreichische Sukzession]

Unnd ist zwar nit weniger, dan das in successionis negotio vilerley hoher bedencken und der gemueter ab- und zufal und naigungen furfallen, aber es ist doch das heylsambst und sicherst, das interregnum zufürkommen und die frembden potentaten außzuschlissenn und in der Austriacorum familia in ista necessitate et difficultate temporis kein verenderung zu suchen, aus welcher sonst noch viel mehr weitterungen und verenderungen ohn zweifel erfolgen wurden. So haben die Osterreicher dannoch bißhero deß Reichs regiment also vorgestanden, das man sy

---

80 Carlowitz hatte ein Alaunwerk im nordböhmischen Rothenhaus bei Görkau gegründet und betrieb eine Eisengießerei. Trotz oder wegen solcher Unternehmungen waren seine Vermögensverhältnisse zerrüttet; *Fr. A. v. Langenn,* Carlowitz (Anm. 10), 329, 336ff.

81 Schwendis Verbitterung über vermeintliche oder tatsächliche Zurücksetzungen am kaiserlichen Hof fand einige Jahre später Ausdruck in seinem Gedicht „Der Hofdank“: „Mein treuer Dienst bleibt unerkannt/Das Spiel zu Hof hat sich gewandt,/In Zeit der Noth war ich der best,/Jetzt bin ich schier geworden der lezt“; *W. v. Janko* (Anm. 20), 166.

82 Weder das Schreiben selbst noch der Befehl waren auffindbar.

83 Hinweis auf die Bemühungen des Kurfürsten um eine Regelung der Nachfolge Kaiser Maximilians II. Seit sich Craco im Februar 1573 mit einem historisch argumentierenden Gutachten für die Regelung der Nachfolgefrage durch die Wahl eines Habsburgers ausgesprochen hatte (HStA Dresden, Loc. 10674 Discours und Bedencken), wurde die Sukzessionsfrage zunehmend zu einer Priorität kursächsischer Reichspolitik.

keiner tyrannischen, unchristlichen, treulosen, unfürstlichen, unerbarn handlungen nicht beschuldigen kahn und ist vil besser und genadreicher, von einer guetigen miltten hand, dan von einer eysern und scharffen geregiret zu werdenn. So befindt sich gleichsfals bey den jungen hern kein böse natur oder arth, noch einig antzeigung eines verkertten tuckischenn bösen gemuets unnd ist in isto corrupto et dissoluto seculo nit ein geringe genad von gott, wan man ein obrigkeyt gehaben mag, die eins nuchttern[84] eingetzogenen erbarn wandels ist und die ein eifer zur gotsfurcht hat und mit keiner wißentlichen leichtferttigkeit befleckt ist, wie man leider bey etlich andern koniglichen heusern teglich sicht und erferet. So sein die moderata ingenia in gubernatione alweg vil besser und sicherer, dan die praecocia et aspera quia libenter parent consilio et recte monenti, da sy sonst wan sy inen selbst zuvil zugeben und es alles selbst wissen wollen oft anstossen und sich und das gemein wesen in noth und gefahr setzen.

So kahn man auch die spanische education nicht so gar hoch antziehen[85], dan dieselb in viel dingen ahn ir selbst guth und furtrefflich ist, dan sie miltet die sonst zuvil frechen oder hartten und hitzigenn teutschen gemueter und macht sie hinderheltiger und kaltsinniger, das dan zum regiment hoch vonnöthen ist; so hat man dannoch bißhero nichts hofferttigs, gifftigs, spanisch gespueret, das bey ihnen zuvil eingewurtzelt hette. Keyser Ferdinand hochlöblichster gedechtnus ist gar ein geborner Spanier gewesen und hat sich doch nach und nach von wegen seiner miltten guthen osterreichischen natur also in das teutsch regiment geschickt, das noch itzo nach seinem tode idermann seiner mit gutem herzen gedenkt.

Also ist genzlich darfur zu achtten, die jungen herrn werden des spanischen wesens so fern es der teutschen artt und regirung zuwieder je lenger je mehr vergessen unnd daß der marckt und die teglich erfahrung sie wol besser werde kramen lernen, dan die natur und eigenschafft der. regierung gibts, das man uf selbs thun und wesen, nicht auf andere frembde muß sein aufsehen habenn unnd erlernt sich teglich, das bey frembden potentaten kein blut oder verwandtnus, trew noch glaub noch freundtschafft vil stadt hat, sondern nur soweit es mit irem eigenen vortheil und nutz geschehen mag. Darumb ihme keiner kein frembden[86] zu weit in sein gartten gern will springen lassen unnd je mehr die spanier sich mit ihren krigen und regieren zu den teutschen nehern, je mehr alles mißtrauen und verbitterung und erregung der gemueter gegen ihnen wirt uberhand nehmen, dan sy werden ihr libidinem dominandi und wie gefehrlich sie es mit den teutschen gemeinet je lenger je weniger verbergen und mit falschem furgeben und verblendungen bescheinen unnd verbluemen können, sondern die zeit wirdt die warheit an tagk gebenn unnd werden sich die offensae und inimicitiae immerzu mehren und heuffen.

---

84 = nüchtern.

85 Anspielung auf die Erziehung der beiden ältesten Söhne Maximilians II., der Erzherzöge Rudolf (geboren 1552) und Ernst (geboren 1553) in Spanien, was bei den Protestanten größten Argwohn wachrief; vgl. *Erwin Mayer-Löwenschwerdt,* Der Aufenthalt der Erzherzöge Rudolf und Ernst in Spanien 1564 - 1571 (Sitzungsberichte der Philosophisch-Historischen Klasse der Akademie der Wissenschaften, 206/5), Wien 1927.

86 Auslassung. In der Karlsruher Abschrift: „kein frembden bock".

[Reichsverfassung und Konfession]

Was dan die religion belangt, weil ihr natur milt und guth ist, so hats auch desto weniger gefahr, so lernen sy[87] teglich bey iren selbst underthanen, eine und andere zu gedulden unnd kahn in diesem und andern fällen in der kunftigen wahl nottwendige versehung geschehen. Wollen sy teutsche konig und keyser sein, so nehmen sy die regel und gesetz desselben regiments uf sich unnd untter andern auch diese, das sy an[88] untterscheid zu ihren Reichs hofräthen und allen andern ihren thun sich räth und diener beider religion sollen und wollen gebrauchen: und ist nicht unbillich, das der Reichs hofrath wie das camergericht mit beiderseits personen zugleich besetzt werde. Item die churfürsten weil sy nit personlich bey eim römischen keiser zw hofe wie vor zeitten allweg etlich aus inen oder doch den fursten gewesen seint, mögen aus irem mittel etzliche sonderliche deputirtte räth am hof haben, die in alle Reichs räthe gezogenn werden und durch welche sy aller furfallenden sachen bericht unnd hinwieder des Reichs notturft und ir guth achtten der keyserlichen Majestät jderzeit berichtten mogen, also wurdts in allen sachen desto mer ufsehens und nachdenckens geben und im gemeinen Reichs regiment der churfürsten authoritet und intervention desto mehr correspondentz, zusammenstimmung, satisfaction, nachtruck und gehorsam erfolgenn[89]. Item es werde also die frembden einmischungen, practicirungen, corruptionenen, durchsteckungen, die zu hoff sonst ettwa pflegen furzulauffen und dardurch die frommen keyser etwan irre und verblent gemacht, desto mehr verhuet und fürkommen werdenn.

Uber das alles so kahn man auch uf ein kunftigen Reichstagk uf wege und mittel bedacht sein, den religion frieden etwas zuerstrecken, zuerkleren und weitter zu confirmieren, damit die gaistlichen desto sicherer sein mogen, das die evangelischen sy von iren gueteren, einkommen, jurisdiction nicht wollen oder konnen stossen und das desto weniger der frembden einbildungen, practicken, verwirrungen, zutrennung, mißtrauen und innerlichen krigenn untter den teutschen beyfall und statt haben, sondern das in religions sachen alle verfolgung ufhören und ein gemeine, getzämpte, gemässigte tollerantz beider religion ahn schmehen, schenden, ufsatz und zuvil große licentz mit freystellung der gewissen möge angericht werdenn[90]. Dieweil es doch an deme, das kein vergleichung zutreffen und kein theil den andern seines gefallens bezwingen und außtilgen wirdt mögen, sondern das die dinge gottes gerechttem urtel und der zeit heimtzustellen unnd mittler weil sich guts eifers und beßerung jedes theils zubefleissigen und das gemein wesen in friedt und sicherheit aufs möglichst zuerhaltten sein will.

87 Sc. die jungen Erzherzöge.

88 = ohne.

89 Den Gedanken, durch eine ständige Deputation der evangelischen Fürsten am Kaiserhof das Mißtrauen zwischen Reichsoberhaupt und Ständen abzubauen, hatte Schwendi erstmals nach der Bartholomäusnacht 1572 in einem Brief an Kurfürst Friedrich III. von der Pfalz vertreten: *August von Kluckhohn,* Briefe Friedrichs des Frommen, Kurfürsten von der Pfalz, mit verwandten Schriftstücken, Bd. 2, Braunschweig 1872, 553.

90 Schwendis Konzept der „gemäßigten Toleranz" richtete sich gegen religiöse Subjektivität und Sektierertum, die zur Gefahr für das Gemeinwesen werden konnten. Nicht schrankenlose Glaubensfreiheit, sondern eine politisch verträgliche Gleichberechtigung der bestehenden Konfessionen strebte er an. Vgl. dazu seine Briefe an Humelius: *Hans Beschorner,* Sechs Humelius-Briefe, in: Neues Archiv für Sächsische Geschichte und Altertumskunde 25 (1904), 68 - 80, hier 74.

[Sicherung der Südostgrenze]

Betreffent die ungerische kriegs sachenn, so hat hochstermeltter churfürst auch disfals ein hochnottwendigs und hochvernunftigs bedencken, das die succession desto weniger vom hause Osterreich solle oder konde abgewendet werden, dan es demselben je nit moglich, die frontier und teglich furfallende kriegsgefahr und noth alleine zu erhalten und zuertragen, so ists ie ein gemein werck. Bricht der feind weidter ein, so ligt er dem Teutschlandt schon gar uf dem halße und ist der Osterreicher schaden und verlust ein zu nahende brunst und verderb, der immerzu den nechsten teutschen uf den rucken felt unnd wen man ein ort und der grenitz nicht wil wehren, so muß man je inwendig verbrennen und verderben, dan da ist kein ablassen vom feinde zuhoffen und das zuthun und die kegen wehr je lenger je schwerer und unmuglicher. Wie kahn man aber eines theils besser helffen und anders theils im besser und nutzlicher helffen lassen, dan wan mans dem haubt und der oberkeyt thut unnd anders theils nicht allein von seiner selbst nutz und noth wegen, sondern von ambts authoritet und pflicht wegen sich der hulffe hat zugebrauchen?

Was sich bißhero mit dem turcken krigen und hulffen verloffen, da wil ich nicht vil von eifern, es ist leider am tage, das es in viel wege mit der teutschen krig gegen diesem feindt ein mangelhafftig ungleich wergk ist. Doch haben die Osterreicher neben des Reichs hülffe immer zur das irige uf das eusserst zugesetzt und hat zum wenigsten am guthen treuen willen nicht gemangeltt. Das unvermogen unnd die armut kan kein gewisse maß oder regel haltten, sondern hat allerseits zu retten und zuwehren und do es am maisten brennet, da leuft man zu unnd löscht und holt und nimpt wasser wo mans gehaben mag. Wan man aber im Reich dahin einmal schleust, wie man dan es nottwendiglich thun soll und muß, das man beharlich und ordentlich zuerhalttung der ungerischen frontier helfen wolle, so sein baldt mittel und wege zufinden unnd an die handt zunehmen, wie solche hulffe am fruchtbarlichsten möge angewendt werdenn unnd dan der außgab halben bißhero mangel und clage oder unrichttigkeyt furgefallen, so stets bey den chur und fürsten, durch ir mittel und ire verordneten commissarien das gelt außzugeben unnd allein an die orth und ende und uf die gebew und besatzungen antzuwenden, dohin es erstlich geordnet, berathschlaget unnd beschlossen worden ist, wie ichs dan meins theils je und alwegk vor ein notturfft gehaltten unnd vil Osterreicher waydlicher und treuer leuth selbst dohin hab rathen hören, hab auch nie gemerckt, das ein solcher wegk der keyserlichen Majestät fast zugegen sey[91].

Sonst mit bestellung und anordnung der frontier hab ich irer Majestät ie und allwege dahin gerathen, das itziger zeit und dem gemeinen wesen und leuften nach uf kein offensieff und gewalttigen hertzug kegen diesem feinde kein rechnung zumachen, sondern das man den defensiff krigk soll und muß ie biß zu anderer und besserer gelegenheit an die handt nehmen. Darumb soll man die orth, plätz und vhestungen in wehrendem friedesstandt desto vleissiger und stattlicher erbawen unnd mit volck, profiant, munition und anderer notturft versehen. Den Turcken falle schwer uberland ein so weitten zugk heraus furtzunehmen und ein

91 Die Reformüberlegungen zur Türkenhilfe auf den Reichskonventen nach 1574 zielten jedoch auf Neuerungen bei der Einhebung, nicht bei der Verwendung der Mittel, dazu: *Winfried Schulze,* Reich und Türkengefahr im späten 16. Jahrhundert. Studien zu den politischen und gesellschaftlichen Auswirkungen einer äußeren Bedrohung, München 1978, 181ff.

gantzen summer gefahrlicher mißlicher weise vor ein oder zwayen plätzen und vhestungen zutzubringen. Item soltt im die eröberung etwan fehlen oder sucht und sterben untter sein volck kommen unnd das man im Reich mit der teutschen reutterey ufkehme, mochtte ihnen mit gottes hulff wol einmal ein abbruch beschehen. Item die guthe bestellung der frontier wurde ider zeit den friedsstandt desto lenger und sicherer erhaltten, so habe ehr bereit sein krigen ufs mör gewendt, do wurde er nit balt von ablassen, habe auch doselbst am meisten zugewinnen, item aus den wolbesteltten defensiff krig werde man, da mittel unnd gelegenheit gefast zu sein mit der zeit zur hand kohmen, desto besser zum offensiff krig mogen gelangen. Den ein stadlich erbauete frontier werde groß vortheil und gelegenheit geben, sich unvorsehens unnd wan der turck nicht so balt ufkommen kondte, zuvorsamblen, ein oder mehr seiner vhestungen in Ungern, die unerbauet, zu ubervallen und zuerobern und datzu mit profiant, volck, munition und anderer nottdurfft desto besser gefast zuwerden. Item in des turcken heraus zugk bey und zwischen den vhestungen desto sicherer und gewarsamer ein lager zuschlagen, ime uf zuhaltten, sein zuerwartten oder in belegerttem platz zuentsetzenn.

Aber weil die bestellung der frontier und der defensif krig ein beharlich und wie man sagen möcht, schir ein ewig wergk sein müße, den wer weiß wan der turckischen gewalt durch gottes urttel sein entschafft nehmen werde, so sey ie zum hochstenn vonnöthen, das damit ein bestendige gewisse ordnung furgenommen werde. Erstlich mit erbawung der vhestungen, das zu fortsetzung und vollendung der gebew ein gewisser verlagk verhanden und nit alles im anfang oder in der mitten stecken bleibenn, item, das solche vhestungen von der undterthanen landgütern, zehenden, dartzu dan in Ungern wol gelegenheit verhandenn, sonder einkommen gemacht und erhaltten werdenn, domit das krigs volck, gleich wie ichs in Zipß angeordnet[92], sich davon profantiren und in feindts noth oder mangel der betzalung ufenthalten mögen, dieweil doch diesen dingen sonst durch mitel der camer und mit barem pfennige nimmer genugsam rath geschafft werde. Item das die untterhalttung solcher örthe, platz uf gewiße einkommen und schatzungen irer erbland und uf des Reichs hulffen außgetheilet werden, dergestalt das ider platz seiner ordentlichen betzalung gewiß sein moge und die camer nicht drein zugreiffen noch das krigs volck unaufhörlich zu sollicitiren und antzuhaltten habe. Item das abgehendt krigsvolck nach und nach vom landtvolck, sonderlich von denen orten, do der undterhalt und zahlung herkompt mit sonderer ordenung ersetzt unnd also die kriegs ubung undter ir Majestät underthanen gebracht werde. Item das in allen irer Majestät erblanden ein militia ordinaria all gemeine krigs ordnung und verfassung uf gericht und angestellt unnd mit jherlicher musterungen und besichtigungen untterhaltten werde, dergestalt das ider ortten ir Majestät ir gewisse antzall von reutter und knechtten zum ersten, andern und dritten uf both habe und sich derselben in eim eylenden uberfall zu rettung irer landt und sonst in ander wege habe nottdurfftig zugebrauchen[93].

---

92 Schwendi hatte im Türkenkrieg 1564 - 68 das Kommando über die kaiserlichen Truppen in der Zips und in Oberungarn inne: *W. v. Janko* (Anm. 20), 44ff.

93 Der wohl von Machiavelli entlehnte Miliz-Gedanke taucht in Schwendis Überlegungen zur Sicherung des Reiches immer wieder auf. Bei der Landesdefension empfehle sich der Rückgriff auf den einheimischen Adel und die Untertanen schon deshalb, weil diese „jeder zeit zum pessten und trewlichsten an der hand sein" könnten, schrieb er 1559 an Erzherzog Ferdinand (Landesarchiv Innsbruck, Ferdinandea 210/1, fol. 20).

[Projekt eines neuen Ritterordens]

Item das ihr Majestät darauf bedacht sein wolle, wie ein ritter orden zu mehrer beschutzung der frontier mocht angericht oder wie der teutsche und johans orden dohin möcht reformirt und verwendet werden, dan jo ihr fundation ein solches mit sich bringe, so sein die teutschen herrn rei publicae sonst nichts nutz und doch eins grossen vermegens und hulffen die andern[94] billicher irem vaterlandt dan den welschenn und frembden. Item der teutsche adel werde dadurch mittel und gelegenheit gehalttenn, sich bei der ritterschafft gegen diesen feindt zu ubenn und erfahrenheit zuerlangenn, dergestalt das an solchem ordenn das Teutschlandt eine rechtte ritterschul und ufziehung ehrlicher waidlicher leuthe, der man sich hernacher in ofnen kriegen zu kriegs obersten und bevelichhabern, anfurern und rathgebern zugebrauchen werde gehaben mogen, uber das das durch ir mittel und zuthun ein guther theil der nehesten frontier des Teutschlandes desto eher erhalttenn und versichert werden möcht. Item man werde wol guthe mittel gehaben mogen, solchen orden, wan man sein fruchtbarkeyt spure, von einer zeit zur andern mit mehrerm einkommen, sonderlich von den teglich abgehenden und erödenden clöstern und apteyen zu mehren und zustercken und werden ohne zweiffel auch viel guther leuth funden werden, die in irenn testamenten den orden wollen bedenckhenn, dergestaltt das in kurtzen durch sein mittel das Reich in iren beharlichen turcken hulffen auch umb vil wurde ubertragen mogen werden.

Wan dan kunftiglich in der wahl undter anderen notturftigen Reichs bedencken auch die fursehungk und bestellung der frontier als nicht das wenigste wurde furfallen und disfals novo successori etwas mehr maß unnd ordnung furgeschrieben soltt werden, so wuste ich nicht, was fur andere und bessere wege und mittel dan die itzo vermeldet und angeregt, mochten durch die churfürsten an die handt genommen werden, nemlichen verordnung einer gewissen beharlichen Reichs hulffe, dan ohne das ist den osterreichischen nit muglich die frontier in die lange zuerhaltten. Item anstellung des ritter ordens und reformirung und verwendung des teutschen und johans ordens uf der frontier, darzu man etzliche sonderbahre personen verordnen mochtte, die uber solche sach sessen, die altte statuta ersehen, auch bericht einnehmen, welcher massen Florentz und Sophoi itzt neulich ir orden angesteltt[95] und entlich den churfürsten derwegen ein sondern dißcurs und bedencken steltten, wie die sach am fuglichsten ins wergk zurichtten. Meins theils wuste ich bei hochster warheit nichts furtreglichers und nutzlichers wieder den turcken uf die bahn zubringen und das der teutschen manheit und tugendt und sicherheit erst wieder recht uf die bein wurde helffen[96]. Letzlich das der künftig Keyser seins theils die mittel nochmals an die hand neme, die itzo irer keyserlichen Majestät durch mich furgeschlagen worden unnd das ehr sich darzu insonderheit verpflichtten müsse.

94 Sc. die Johanniter/Malteser.

95 Herzog Emmauel Philibert von Savoyen hatte einen neuen Ritterorden vom heiligen Mauritius gegründet, den Papst Gregor XIII. am 16. September 1572 bestätigte. Zuvor hatte Cosimo de' Medici bereits in Florenz einen Sankt-Stefans-Ritterorden errichtet; *Francesco Cognasso,* I Savoia, Varese 1971, 367.

96 In seinem hier nicht edierten Postskript an Carlowitz bemerkte Schwendi, daß „die anrichtung und verwendung des teutschen ordens uff der frontier das nutzlichst, notwendigst wergk und mittel (ist), so wir bey unsern zeitten dem Reich und vatterlandt zu schutz wider diesen feindt mogen immer an die handt nehmen".

[Politisches Programm für den Wahltag]

Also mochtte auch in andern mehr sachen und gemeinen Reichs obliegen die kunftig Reichs regierung etwas nottdurfftigher und besser angestelt und in huius modi occasione durch die churfürsten beratschlagt werdenn, als nemlich, das ein gemein durchgehend Reichs recht decidirt und angeordnet und die uberheuffung der unentlichen proceß und unaufhorliche verhetzung und verwirrung der partheien mocht furkommen werden[97]. Item das der frembden potentaten krigs dienst, pensionen, bestallungen, corruptionen, praticirungen, einmischungen in des Reichs sachen ein mehr biß und ordnung eingelegt wurde[98]. Item das in der teutschen krigen in und ausser Reichs mehr ordnung, manßzucht, biederkeyt, dapfferkeyt erhaltten wurde unnd das die teutsch manheit und stercke, sonderlich in dem fuß kriege nicht gar zu boden ginge unnd die teutschen so schentlich von einer zeit zur andern vor den frembden nationen fluchttig wurden. Item das eine so stattliche summa geldes viler milion goldts, so die teutschen bey den frembden potentatenn stecken und in ufrichttiglich dargeliehen haben nit also ohne alle hülffe und zuthun und einsehen des Reichs dahinden blieben und drüber sovil stadlicher handtirs leuth und sovil armer wittwen und waisen zugrund gingen. Sondern das man sich irer annehme unnd so wol als die Schweizer in gemein dahin bedacht wehre, Spannien, Franckreich und ander potentaten dahin zuvermögen und antzuhaltten, das den teutschen Reichs bürgern, gewerbs leuthen und undterthanen gebürlich recht und zahlung begegnete[99].

Item das Metz, Toll, Verdun und dan die lehn in Niderland und andern örtten nit gar vom Reich abgewendt und in der frantzosen und spanier handen stecken blieben, sondern das durch ein kunftigen romischen keyser dohin soltte getracht werden, auch die mittel berathschlaget werdenn, damit das Reich bey seiner gerechtigkeit gehandhabet und nit uber kurtz oder lang sich die frembden potentaten solcher trefflicher stuck und eigenthumb des Reichs, dasselb desto beßer zukrigen und antzugreiffen, gebrauchen kondten.

Item das in allwege dem niderlendischen krig durch zuthun der keyserlichen Majestät und churfürsten ein leidlich ende gemacht und der so gefehrlich spanisch gewaldt dem Reich nicht weitter uf den halß wachssen möge und das der printz von Uranien[100] ersucht werde, seine sach irer Majestät und churfürsten oder dem Reich volmechttig heimtzustellen unnd sein inhabende landt und leuthe in ir hand zu sequestrieren, mittler weil und biß derwegen mit Spanien vergleichung getroffen werde, welches ehr dan meins erachttens nicht verweigern wirdt wollen und der konig[101] uf ein solchen fall sich auch desto ehr wirdt weisen müssen lassen.

---

97 Auch in einem Gutachten an Maximilian II. vor dem Reichstag von 1576 sollte Schwendi die Forderung nach der Rechtseinheit, nach einem „gemein durchgehend Reichs recht" erheben (Haus-, Hof- und Staatsarchiv Wien, Reichskanzlei Reichstagsakten 53, fol. 105 - 108').

98 Bereits auf dem Speyerer Reichstag von 1570 hatte Kurfürst August selbst Maßnahmen gegen die ausländischen Bestallungen reichsfürstlicher Räte angemahnt: *M. Lanzinner,* Reichstag zu Speyer 1570 (Anm. 59), 176 Anm. 2.

99 Dieser Punkt erscheint ebenfalls im Schwendischen Memorandum für den Reichstag von 1576, s. o. Anm. 97.

100 Sc. Wilhelm von Oranien.

101 Sc. Philipp II. von Spanien.

Wie dan von diesem und andern die churfürsten irem hohen verstand nach wol werden wissen weitter nachdencken zuhaben und gott lob die mittel und gelegenheit gar nit mangeln, da man allein derselben wahrnemen und gebrauchen will. Welches alles ich mich gutherziger vertreulicher naigung uf ewer schreiben fort an mein gnedigen herrn den churfürsten, wie es euch fur guth und gelegen ansiehet, underthenigst gelangen zwlassen hinwieder berichtten und beantwortten wollen unnd do ihr churfürstlich gnaden in einem oder andern weittren bericht von mir begert, wil ich derselben iderzeit mein einfelttigs bedenckenn gern weitter zuschreiben und thue uns hirmit alle dem allmechtigen unnd mich zu euern diensten ider zeit gantz guthwilligk erbiedtenn. Burkheim, den 20. Juli 1574. Lazarus von Schwendi

Zur Entstehungs- und Überlieferungsgeschichte der Vertragsexemplare des Westfälischen Friedens*

Von Franz-Josef Jakobi, Münster

Wie sehr in der Bewertung des Westfälischen Friedens, seiner Bedeutung für die deutsche wie für die europäische Geschichte, die Einschätzungen im Positiven wie im Negativen auch auseinandergingen, er galt doch immer als ein Ereignis von säkularem Rang[1]. Es mag deshalb überraschen, entspricht aber den Schwierigkeiten der Friedensverhandlungen und ihres bis zuletzt umstrittenen Abschlusses[2], daß in der Forschungsdiskussion weder Klarheit darüber besteht, wie viele Exemplare des Vertrages zwischen Kaiser/Reich und Frankreich, des Instrumentum Pacis Monasteriense (IPM), und des Vertrages zwischen Kaiser/Reich und Schweden, des Instrumentum Pacis Osnabrugense (IPO), ausgefertigt worden sind und für wen sie bestimmt waren, noch darüber, wie die zeitgenössischen Berichte über die Zweckbestimmung und Unterzeichnung einzelner Ausfertigungen den bis heute erhaltenen Exemplaren zuzuordnen sind[3].

---

* Erweiterte, überarbeitete und mit Anmerkungen versehene Fassung des Abschnitts „Vertragsunterzeichnung und Vertragsexemplare" der Einführung zur Faksimile-Edition „Der Westfälische Frieden. Das münstersche Exemplar des Vertrags zwischen Kaiser/Reich und Frankreich vom 24. Oktober 1648", hrsg. v. *Heinz Duchhardt* und *Franz-Josef Jakobi*, Wiesbaden 1996, 28 ff. Ich danke Herrn Duchhardt sowie Herrn Kollegen Hofrat Prof. Dr. Auer/Wien für die kritische Durchsicht des Typoskripts.

1 Grundlegend für alle damit zusammenhängenden Fragen noch immer: *Fritz Dickmann,* Der Westfälische Frieden, 6. Aufl., Münster 1992; zur wechselnden Bewertung vgl. die neueren Überblicke bei *Armin Reese,* Pax sit Christiana. Die westfälischen Friedensverhandlungen als europäisches Ereignis (Historisches Seminar, 9), Düsseldorf 1988, 13 ff.; *Herbert Langer,* Der Westfälische Frieden. Pax Europaea und Neuordnung des Reiches (Das Tagebuch Europas – 1648), Berlin 1994, 11 ff.; über die umfangreiche internationale und interdisziplinäre Forschungsliteratur zum Westfälischen Frieden informiert die mehr als 4000 Titel umfassende Bibliographie zum Westfälischen Frieden, hrsg. v. *Heinz Duchhardt,* bearb. v. *Eva Ortlieb* und *Matthias Schnettger* (Schriftenreihe der Vereinigung zur Erforschung der Neueren Geschichte, 26), Münster 1996.

2 Vgl. dazu ausführlich *Dickmann,* Westfälischer Frieden (Anm. 1), 488 ff.; zusammenfassend neuerdings die Einführung zur Faksimile-Edition des „Münsterschen" Vertragsexemplars (Anm. *), 11 ff.

3 Bis heute maßgeblich ist die zum 300-Jahre-Jubiläum im Jahr 1948 vorgelegte Studie von *Johannes Bauermann,* Die Ausfertigungen des Westfälischen Friedens, in: Pax optima rerum. Beiträge zur Geschichte des Westfälischen Friedens 1648, hrsg. v. Ernst Hövel, Münster 1948, 63 - 72; der Aufsatz ist in erweiterter Form wieder abgedruckt in: Johannes Bauermann, Von der Elbe bis zum Rhein. Aus der

Die komplizierte Entstehungs- und Überlieferungsgeschichte hat ihre Ursache in den divergierenden Interessen und Ansprüchen, den abgestuften Mitwirkungsrechten und protokollarischen Bedürfnissen der beteiligten Mächte und Reichsstände, die ein vielgliedriges Vertragswerk und die Ausfertigung einer ganzen Serie von Vertragsurkunden mit unterschiedlicher Funktion und Bedeutung erforderlich machten[4].

Über die Einzelheiten der Vertragsunterzeichnung am Samstag, den 24. Oktober 1648, in Münster und über die dabei benutzten sowie über die in den darauffolgenden Wochen und Monaten dort zusätzlich hergestellten, signierten und gesiegelten Ausfertigungen sind wir durch detaillierte Tagebuchaufzeichnungen von Kongreßteilnehmern – etwa der kaiserlichen Gesandten Graf Lamberg[5] und Dr. Isaac Volmar[6], des braunschweigischen Gesandten Lampadius[7] und der sachsen-altenburgischen Gesandtschaft[8] – und durch die Berichte der zum Vertragsschluß Bevollmächtigten nach Wien[9], Paris[10] und Stockholm[11] recht genau unterrich-

---

Landesgeschichte Ostsachsens und Westfalens. Gesammelte Studien, Münster 1968, 425 - 433.

4 Vgl. *Dickmann,* Westfälischer Frieden (Anm. 1), 492f.; zur Überlieferung ebd., 500f.; Dickmann unterscheidet zwischen den vier „Unterhändler-Ausfertigungen" und späteren „Zweitausfertigungen"; diese Bezeichnung ist mißverständlich; außerdem kennt er – wie Bauermann – nur zwei der vier Wiener Exemplare (vgl. dazu unten, nach Anm. 24).

5 Diarium Lamberg 1645 - 1649, bearb. v. *Herta Hageneder* (Acta Pacis Westphalicae, III C 4), Münster 1986.

6 Diarium Volmar 1643 - 1649, 1. und 2. Teil: Text, bearb. v. *Joachim F. Foerster* und *Roswitha Philippe,* 3. Teil: Register, bearb. v. *Joachim F. Foerster* und *Antje Oschmann* (Acta Pacis Westphalicae, III C 2), Münster 1984/1993.

7 Das Tagebuch ist noch nicht publiziert; eine Abschrift des verschollenen Originals befindet sich im Stadtarchiv Münster (Hs. 41); Auszüge bei *Helmut Lahrkamp,* Friedensunterzeichnung und Ratifikation 1648/49 nach dem Tagebuch Lampadius, in: Quellen und Forschungen zur Geschichte der Stadt Münster N.F. 5, Münster 1970, 287 - 289.

8 Edition in Vorbereitung: Altenburgisches Diarium 1645 - 1649 (Acta Pacis Westphalicae, III C 5); hier benutzt nach den Auszügen in: *Johann Gottfried von Meiern,* Acta Pacis Westphalicae publica oder Westphälische Friedens-Handlungen und Geschichte, Sechster Theil, Hannover 1736, 615 - 624.

9 Der gemeinsame Bericht der beiden kaiserlichen Gesandtschaften vom 25. Oktober 1648, unterzeichnet von Lamberg und Crane einerseits und Nassau und Volmar andererseits (Haus-, Hof- und Staatsarchiv Wien, RK 58a, fol. 213ff.) ist noch unpubliziert (Edition in den APW ist in Vorbereitung). Ich möchte mich an dieser Stelle noch einmal ganz herzlich für die freundliche Unterstützung durch das Wiener Archiv, Herrn Direktor Hofrat DDr. Gottfried Mraz, Frau Hofrätin Prof. Dr. Christiane Thomas und Herrn Hofrat Prof. Dr. Leopold Auer bedanken.

10 Der Bericht des Grafen Servien an Königin Anna, datiert vom 25. Oktober 1648, ist publiziert als Nr. 1 der Pièces Justificatives zu: *Pierre Duparc,* Les actes du traité de Münster de 1648 entre la France et l'Empire, in: Bibliothèque de l'Ecole des Chartes 107 (1948), 52 - 61, hier 59. (Die Edition in den APW ist in Vorbereitung).

11 Die schwedischen Korrespondenzen, 2. Teil: 1648 - 1649, bearb. v. *Wilhelm Kohl* unter Mitarbeit von Paul Nachtsheim (Acta Pacis Westphalicae, II C 4), Münster 1994, Nrn. 401ff., 748ff.

tet. Danach lagen an dem für die Abschlußzeremonie der Friedensverhandlungen anberaumten Tag im Bischofshof, dem Versammlungsort der reichsständischen Gesandten, je zwei Ausfertigungen des in Münster und des in Osnabrück ausgehandelten, in den jeweiligen Kanzleien ausgefertigten und beim Reichsdirektorium, also bei der kurmainzischen Gesandtschaft, deponierten Vertragswerks zur Unterschrift bereit[12]. Nach dem Bericht der sächsisch-altenburgischen Gesandtschaft waren sie auf Papier geschrieben und in weißes Pergament eingebunden[13]. Die zwei „kaiserlichen" Exemplare waren mit schwarz-gelben, das „schwedische" mit blau-gelben und das „französische" mit blau-roten Siegelschnüren bzw. -bändern versehen[14]. Für das IPM ist außerdem bezeugt, daß auf dem Einband der Reichsadler aufgeprägt war[15].

Nach Klärung bzw. Vertagung letzter noch offener Streitfragen, die den ganzen Vormittag in Anspruch nahm[16], konnte schließlich gegen Mittag mit der Unterzeichnung begonnen werden. Dazu begaben sich entsprechend dem festgelegten Protokoll um Punkt 1 Uhr mittags zeitgleich die Bevollmächtigten der beiden Kronen Frankreich und Schweden zu ihren kaiserlichen Verhandlungspartnern, d.h. der allein noch in Münster verbliebene französische Unterhändler, Graf Abel Servien, suchte die kaiserlichen Unterhändler für Münster, Graf Johann Ludwig von Nassau-Hadamar und Dr. Isaac Volmar, im Quartier Nassaus auf; die schwedischen Unterhändler, Graf Johan von Oxenstierna und Johan Adler Salvius, begaben sich zu ihren kaiserlichen Partnern für die Verhandlungen in Osnabrück, Graf Johannes Max von Lamberg und Johann Crane, in das Quartier Lambergs. Dort wurde dann jeweils, nachdem durch gegenseitiges Vorlesen die Wortgleichheit der beiden Vertrags-

12 „Als nun der Chur-Fürsten und Stände Abgesandte guten theils beysammen auf dem Bischoffs Hoffe, kam der Kayserliche nacher Oßnabrück zu den Schwedischen Tractaten verordnete abgesandte Secretarius, Gailius, und dann der Schwedische Secretarius Legationis Hanssohn auf einem Wagen gefahren, und brachten mit wenigen an, daß die Herren Kayserliche und Königlich-Schwedische Gesandten nunmehr entschlossen, die Instrumenta Pacis zu subscribiren, und wären sie, die Secretarii, zu dem Ende abgeordnet, daß sie das Schwedische Instrumentum, so in zweyen Exemplaren bey dem Reichs-Directorio versiegelt deponiret, sollten abholen ... Nicht lange hernach kam auch des Herr Graffen von Nassau, und Herrn Graff Servient Secretarius, auf des Herrn Graffen von Nassau Carosse gefahren, und holten das Frantzösische Instrumentum ab". (Altenburgisches Diarium [Anm. 8], 619).

13 Vgl. den Text in Anm. 17; auch die Beschreibung im Diarium Lamberg unten Anm. 14.

14 „Unser instrumentum war mit schwarz und gelb, das Schwedisch in blau und gelb seidener schnur durchzogen, beede in weiß pergament eingebunden". (Diarium Lamberg [Anm. 5], 199); zum hier nicht erwähnten „französischen" vgl. unten nach Anm. 41.

15 Vgl. den Text in Anm. 17; allerdings kann das wohl nur für das „kaiserliche", für Frankreich bestimmte Exemplar zutreffen; vgl. dazu unten nach Anm. 41.

16 Vgl. *Dickmann*, Westfälischer Frieden (Anm. 1), 493.

exemplare festgestellt worden war, der erste Teil der Unterzeichnung und Besiegelung vorgenommen. Anschließend kehrten der Franzose und die Schweden in ihre Quartiere zurück, und wenig später folgten ihnen die Kaiserlichen; dort schloß sich dann der zweite Teil an. Der dritte Teil vollzog sich im Bischofshof, wo die Deputation der Reichsstände und weitere Ständevertreter warteten, um ihrerseits zu unterzeichnen und zu siegeln; die vier Exemplare wurden zu diesem Zweck nach Abschluß der Zeremonien in den Gesandtenquartieren von den Legationssekretären überbracht. Soweit stimmen die Gesandtenberichte und Tagebuchaufzeichnungen überein[17].

Merkwürdigerweise gibt es allerdings zwei unterschiedliche Versionen darüber, wie der Vorgang im einzelnen vonstatten gegangen ist: Sowohl aus dem Bericht der kaiserlichen Gesandtschaft nach Wien[18] als auch aus den Tagebuchaufzeichnungen Volmars[19] geht hervor, daß Servien bzw. Oxenstierna und Salvius bei den Kaiserlichen jeweils beide Exem-

---

17 Am ausführlichsten und detailliertesten ist auch hierfür das Tagebuch der sachsen-altenburgischen Gesandtschaft: „Hor. I. mit dem Schlage, (ohne Zweiffel darum, damit die Königlich-Schwedische nicht eher ausführen) fuhr Herr Graff Servient mit 6. Carossen, deren diejenige, darinn er gesessen, inwendig und auswendig mit rothen Sammet bekleidet, und mit güldenen Trodeln gebrämet, auch die zwey Pferde, damit sie bespannet, mit rothen Sammeten Tüchern beleget, die andern Kutschen aber mit 6. Pferden bespannet gewesen, zu des Herrn Graffen von Nassau Quartier. Herr Vollmar war noch nicht zugegen, und wurde alsbald geruffen, der dann mit 2. Carossen jede mit 6. Pferden bespannet alsbald dahin folgte. Kurtz, hierauf sind auch die Königlich-Schwedischen mit 5. Carossen, jede mit 6. Pferden, zu den Herrn Graffen von Lamberg, allwo auch Herr Cran, gefahren. ... Sobald die Kayserlichen mit denen Königlichen Gesandten die Instrumenta Pacis noch einmahl abgelesen, und jeder Theil das eine Exemplar unterschrieben, die Königlichen auch wieder zu ihrem Logiment gekehret, haben nach einer viertel Stunde, der Graff von Nassau und Herr Vollmar, mit 6. Carossen, jede mit 6. Pferden bespannet, zu Herr Graff Servient sich verfüget, und das andere Exemplar besiegelt und unterschrieben. Der Herr Graff von Lamberg und Herr Cran aber sind hernach ebenmäßig mit 3. Carossen denen Herren Schwedischen in ihr Quartier gefolget, und haben die Subscription vollbracht. Der Kayserliche und Französische Secretarius brachten um 6. Uhr, die zween unterschriebene auf Papier verfertigte, und in weiß Pergament, darauf in der Mitte der Reichs-Adler gedrücket, gebundene Exemplaria hinauf, und überliefferten sie zur Stände Gesandtschafften Subscription". (Altenburgisches Diarium [Anm. 8], 619 u. 620).

18 „Nemblich so sint der Conte Servient bey uns dem Grafen von Nassau und Volmarn, die Schweden aber bey uns dem Grafen von Lamberg und Crane nachmittag umb 1 Uhr erschinen, da wir erstens die gegeneinander verfaste Instrumenta abgelesen, und nachdem die allerdinges gleichlautend befunden worden, so hat der Servient die beede aus seiner und unserer Canzley verferttigte Exemplaria seines theils underschriben ... Darauf hat er das seine Instrumentum, so aus unserer Canzley expediret, zu sich genommen, und ist darmit nach seinem Quartier gefahren. Wir haben das seinig ... behalten und Ime darmit alspald nachzufolgen anerboten. Ebenmässiger gestalt haben die Schweden die gegeneinander ufgerichte Instrumenta ohne einige fernere einwendung underschriben und besiglet, und sich wiederumb nach Hauß begeben. Darauf sint wir Graf von Nassau und Volmar dem Servient, und wir Graf von Lamberg und Crane denen Schweden in Ir quartier alspald nachgefolgt, und haben daselbst auch unseres theils die Subscriptiones und besiglung volnzogen...". (Haus-, Hof- und Staatsarchiv Wien, RK 58a, fol. 215r und v).

plare unterschrieben und gesiegelt haben und anschließend Nassau und Volmar bzw. Lamberg und Crane jeweils beide Exemplare bei den Franzosen bzw. den Schweden. Der Bericht Serviens[20] und auch das Altenburgische Diarium[21] hingegen lassen nur den Schluß zu, daß im Quartier der Kaiserlichen zuerst jeweils das Exemplar kaiserlich/reichischer Provenienz von den Bevollmächtigten insgesamt und dann im Quartier der Franzosen bzw. der Schweden jeweils das „französische" bzw. das „schwedische" Exemplar von den Bevollmächtigten insgesamt signiert und gesiegelt wurden. Nach Duparc[22] und Dickmann[23] hätte nur die letztere Version den damals üblichen diplomatischen Gepflogenheiten entsprochen. Der höhere Quellenwert dürfte in diesem Fall dem detaillierten Bericht der kaiserlichen Gesandtschaft zukommen. Ob somit also vom „diplomatischen Brauch" abgewichen worden ist und welche Gründe dafür gegebenenfalls ausschlaggebend waren, kann hier nicht weiter diskutiert werden.

Über dem mit entsprechendem protokollarischen Aufwand in Szene gesetzten Unterzeichnungszeremoniell war es bereits fast Abend gewor-

---

19 „Haben darauff die instrumenta vordrist gegeneinander ze collazionirn vorgenommen. Servien namb daß unser, ich aber daß seinig in die handt und verlaß es. Nachdem sie also gegeneinander verlesen und auscultirt worden, hatt er beede seinestheils underschriben und besiglet. ... Hierauff hatt er sich widerum nach seinem quartier begeben. Gleicher actus ist auch underdessen zwischen herrn grafen von Lamberg und herrn Crane mit denen Schweden vorgangen. Als nun herr graf von Nassau und ich in deß herrn Servients quartier kommen, hab ich vordrist dise protestation abgelegt: ... Praemissis his haben wir beede instrumenta auch unserstheils underschriben". (Diarium Volmar [Anm. 6], 1159f.).

20 „La moytié de l'action s'est faicte dans les maisons des ambassadeurs de l'Empereur, et l'aultre moytié dans la mienne et celle des Suédois, où les premiers sont venus signer le Traité qui leur doibt demeurer, comme nous avions desja signé chez eux celuy qui doibt estre envoyé au Roy et à la Reyne de Suède". (*Duparc,* Les actes du traité de Münster [Anm. 10], 59).

21 Vgl. den Text in Anm. 17.

22 Die beiden ersten Teilvorgänge der Unterzeichnung faßt er wie folgt zu einem „schéma du cérémonial" zusammen: „1° L'exemplaire du traité entre la France et l'Empire destiné au roi de France fut signé chez les plénipotentiaires de l'empereur, par ceux-ci et par Servien (l'exemplaire du traité entre la Suède et l'Empire destiné à la reine de Suède fut signé chez les plénipotentiaires de l'empereur, par ceux-ci et les plénipotentiaires suédois); 2° L'exemplaire du traité entre la France et l'Empire destiné à l'empereur fut signé chez Servien par les plénipotentiaires de l'empereur et par Servien (l'exemplaire du traité entre la Suède et l'Empire destiné à l'empereur fut signé chez les plénipotentiaires de l'empereur par ceux-ci et par les plénipotentiaires suédois)". (*Duparc,* Les actes du traité de Münster [Anm. 10], 54f.).

23 „Der diplomatische Brauch sah in solchen Fällen vor, daß beide Unterhändlerurkunden am gleichen Tage unterzeichnet würden. Jeder Vertragspartner unterschrieb in seinem Hause das für die Gegenseite bestimmte Exemplar, im Quartier des anderen Partners sein eigenes". (*Dickmann,* Westfälischer Frieden [Anm. 1], 492). Die Formulierung „sein eigenes" ist mißverständlich; präziser wäre „das für ihn bestimmte". Dickmann geht hierbei von der falschen Einschätzung aus, die kaiserliche Seite habe das von ihr selbst ausgefertigte Exemplar zurück erhalten (vgl. dazu unten nach Anm. 46).

den, und noch immer warteten die schon seit den frühen Morgenstunden im Bischofshof auf dem Domplatz versammelten Vertreter der zur Mitzeichnung ausgewählten Reichsstände darauf, ebenfalls ihre Unterschriften und Siegel unter die vier Vertragsurkunden zu setzen. Das geschah dann im Laufe des Abends und war gegen 21 Uhr abgeschlossen. Durch drei Salven aus den etwa 70 auf den Stadtbefestigungen verteilten Geschützen war schon nach dem Eintreffen der von den kaiserlichen und königlichen Bevollmächtigten unterzeichneten Exemplare auf dem Bischofshof und noch während der Unterzeichnung durch die Vertreter der Reichsstände der Stadt und der Öffentlichkeit der vollzogene Friedensschluß bekannt gemacht worden[24].

Neben den vier für die feierliche Unterzeichnungszeremonie vorgesehenen und verwendeten Exemplaren war vor dem 24. Oktober zumindest noch ein weiteres ausgefertigt worden: Es ist den Tagebuchnotizen zu entnehmen, daß bereits zwei Tage später, am 26., von den jeweiligen Bevollmächtigten und den Vertretern der mitzeichnenden Reichsstände ein auf Pergament geschriebenes Exemplar des IPO signiert und gesiegelt wurde, das für den schwedischen Königshof bestimmt war[25]. Aus denselben Quellen geht hervor, daß in den folgenden Wochen – während man in Münster zunächst auf die Nachricht von der Ratifizierung der Verträge in Wien, Paris und Stockholm und auf das Eintreffen der entsprechenden Dokumente wartete und auch danach noch über Detailfragen weiterverhandelte – noch mindestens sechs zusätzliche Vertragsexemplare hergestellt und signiert worden sind; allerdings wurden sie nicht mehr von allen bzw. von anderen Vertretern der Reichsstände mit unterzeichnet.

Zum einen legten die protestantischen Reichsstände größten Wert darauf, ebenfalls über vollwertige Exemplare der beiden Verträge zu ver-

---

24 „Indem man nun also von seiten der Stände in der Subscription begriffen, schickte gegen 8. Uhr der Obriste Sirmund (= Johann von Reumont, Verf.), Commendant dieser Stadt, zu dem Chur-Mayntzischen Cantzlar, und ließ fragen, ob bald aus Stücken Salve zu geben? Erlangte zur Antwort, es hätte billig geschehen sollen, so bald die Kayserlichen von den Königlichen weggefahren, und sey lange nicht inne zu halten. Nicht lange darauf wurden auf den Basteyen um die Stadt die Stücke zu dreymahl gelöset". (Altenburgisches Diarium [Anm. 8], 621f.); vgl. auch den Bericht eines nicht genannten Gesandten an seinen Fürsten bei *Meiern,* Acta Pacis Westphalicae (Anm. 8), 613f.; dort ist auch die Zahl 70 für die Geschütze überliefert.

25 „Montags, den 16. Octobr. (= 26. Oktober) hor. 8. waren diejenigen, so das Instrumentum Pacis Suecicum unterschrieben, auf den Bischoffs-Hoff erfordert, weil die Königlich-Schwedischen noch ein Exemplar, so sie allbereit zu Oßnabrück auf Pergament durch ihren Secretarium Legationis, Hanssohn, verfertigen lassen, wollten subscribiret haben, und dasselbe durch denselben, morgen nachher Schweden schicken. Die Herren Kayserlichen, nemlich der Herr Graff von Lamberg und Herr Cran, hatten es allbereit unterschrieben und besiegelt, und sagen lassen, es wäre richtig collationiret. Dahero wurde es ohne ferneres Durchlesen auch von seiten der Stände alsobald unterschrieben". (Altenburgisches Diarium [Anm. 8], 624); vgl. auch das Diarium Lampadius (Anm. 7), 288.

fügen. Sie sollten dem sächsischen Kurfürsten als dem Wortführer der protestantischen Seite (und künftigen Direktor des Corpus Evangelicorum) übergeben werden[26], da ja die beiden Originale vom 24. Oktober beim Kaiser verbleiben würden. Auch hierüber kam es erneut zu Protokoll-Streitigkeiten, vor allem wegen des Widerstands des Mainzer Delegierten, der auf dem alleinigen Archivierungsrecht des Erzkanzlers beharrte[27]. Unter anderem wegen dieses Streitpunktes, der bei den Verhandlungen über die Vertragsunterzeichnung nicht hatte beigelegt werden können, hatte der kursächsische Delegierte Dr. Johannes Leuber am 24. Oktober noch keine Vollmacht aus Dresden, den Vertrag mitzuunterzeichnen. Als die Instruktion schließlich eingetroffen war, konnte die Angelegenheit wieder aufgenommen werden. Erst jetzt, am 14./ 15. November, wurden seine Unterschrift und sein Siegel auf den vier Erstausfertigungen und auf dem zusätzlichen Exemplar des IPO für Schweden nachträglich eingefügt und je ein weiteres Exemplar des IPM und des IPO für Kursachsen hergestellt[28]. Wegen des nach wie vor dage-

---

26 *Meiern,* Acta Pacis Westphalicae (Anm. 8), 691: „Damit nun auch die Augspurgische Confess.-Verwandten Stände ein besonders Exemplar des Instrumenti Pacis haben möchten; So wurde das Chur-Mayntzische Exemplar mit dem bey den Kayserlichen Gesandten befindlichen Original, in des Kayserlichen Gesandten Cranii Quartier collationirt, und auf Pergament sauber abgeschrieben, um es dem Chur-Sächsischen Archiv beyzulegen". Der Hinweis muß zunächst – da das verglichene Original bei Crane aufbewahrt wurde – auf das IPO bezogen werden. Zur gleichen Zeit muß jedoch auch eine Abschrift des IPM gefertigt worden sein (vgl. Anm. 28); vgl. zum gesamten Problemkomplex *Bauermann,* Ausfertigungen (Anm. 3), 428ff.

27 *Meiern,* Acta Pacis Westphalicae (Anm. 8), 855: „Dieweil nun also die Vollziehung des Frieden-Schlusses durch Auswechselung der Ratificationen endlich zu Stand gebracht werden sollte; So wollte der Chur-Sächsische Gesandte nicht verabsäumen, die vor das Evangelische Corpus gehörige Exemplarien der beyden Friedens-Instrumenten, welche in das Chur-Sächsische Archiv deponirt werden sollten, und welche bereits von den Kayserlichen und Königlichen Gesandten vollzogen worden waren, gleichfalls von den Reichs-Ständen unterschreiben und besiegeln zu lassen. Er brachte solche zu dem Ende mit auf den Bischoffs-Hoff, Mittwochs, den 7. Febr. (= 17. Februar, Verf.) bekam aber von den Chur-Mayntzischen Gesandten darunter Widerspruch, indem diese solche Unterschrifft und Besieglung ex parte Statuum Imperii, nicht zugeben wollten, biß der Chur-Sächsische Gesandte einen schriftlichen Revers würde von sich gestellt haben, daß solches Sr. Churfürstlichen Gnaden zu Mayntz Reichs-Ertz-Cancellariat-Amt nicht præjudicirlich oder nachtheilig seyn solle. Der Chur-Sächsische aber weigerte sich solches schrifftlich zu thun, sondern verstande sich endlich nur zu einer mündlichen Declaration, und, da die Chur-Mayntzischen solche nicht annehmen wollten, ersuchte er der Evangelischen Stände Gesandten, daß sie ihre in Handen habende Ratificationes ehender nicht extradiren möchten, biß die Instrumenta Pacis vollzogen wären. Womit man also aus einander gieng".

28 Ebd., 690f.: „Weil der Chur-Sächsische Gesandte, keines von den beyden Friedens-Instrumenten, weder das Schwedische, noch Frantzösische, mit unterschrieben hatte; So war kein Exemplar vor das Evangelische Direktorium davon gefertigt worden. Als aber selbiger Gesandter von seinem Churfürsten endlich den Befehl erlangte, die Unterschrifft gleichmäßig zu verrichten, ... So unterschrieb selbiger, erst im Monath November, die zwey Friedens-Instrumenta, und zwar das Schwedische Instrumentum Pacis, einmahl in des Graffen Oxenstierna Quartier,

gen bestehenden Einspruchs der Mainzer Delegation dauerte es jedoch bis zum Mai 1649, ehe sie mit den Unterschriften und Siegeln der dann noch in Münster weilenden Delegierten versehen werden konnten[29].

Eine weitere Serie von vier Nachausfertigungen ist schließlich bei einer Zusammenkunft der Delegierten am 8. März 1649 unterzeichnet worden. Zwei davon, je ein Exemplar des IPM und des IPO, hat der kurmainzische Gesandte vorgelegt; sie waren für das Reichsarchiv bestimmt. Bei den beiden anderen handelte es sich um Ausfertigungen des IPM, die Graf Nassau und der französische Bevollmächtigte erhalten sollten[30].

Es sind also elf Ausfertigungen, sechs des IPM und fünf des IPO, deren Entstehung und Zweckbestimmung in den Tagebuch-Notizen bezeugt ist. Überraschenderweise gibt es Probleme, diese Informationen mit den bis heute in den Archiven vorhandenen Exemplaren in Einklang zu bringen. Es sind zwar ebenfalls elf, aber von ihnen sind zumindest zwei in den vorher genannten Tagebuch-Aufzeichnungen nicht genannt[31]. Die Zahl

---

und das andere Exemplar davon, in des Kayserlichen Gesandten Cranii Logis, in Anwärtigkeit des Chur-Mayntzischen Kanzlers; sodann das Frantzösische Instrumentum, in gleichmäßiger desselben Gegenwart, bey dem Graff Servient; Welcher es nach des Chur-Sächsischen Gesandten Bericht, trefflich gern gesehen, auch sich so gar erbothen hatte, ihm das Original in sein Logiment zur Unterschrifft zuzuschicken. Es war noch in allen Exemplarien so viel Raum gewesen, daß er zwischen Chur-Bayern und Brandenburg sich hatte unterschreiben können. Weil er aber auch als Deputatus Extraordinarius die Vollziehung verrichtet, so wurde um deßwillen sein Nahme, durch die Scribenten in margine beygezeichnet. Die Schwedischen waren so mißtrauisch, daß sie begehrten, er der Chur-Sächsische, sollte es selbst eigenhändig in margine hinzuschreiben: welches er aber nicht that, sondern antwortete, daß er zur Subscription befehlicht sey, solches bezeuge ja seine Unterschrifft".

29 Ebd., 1017: „Dieweil auch eine Gesandschafft nach der andern wegzog, und die Instrumenta Pacis vor die Stände Augspurgischer Confession zu dem Chur-Sächsischen Archiv, von denen Chur-Mayntzischen und andern noch nicht vollzogen waren; So wurde der Chur-Sächsische Gesandte nunmehr befehliget, er sollte den Revers, wie ihn die Chur-Mayntzischen begehrten, vollziehen. Der Chur-Mayntzische Gesandte, Mehl, hatte nun selbigem das Project zugeschickt, wie der Revers einzurichten, darin aber enthalten war, daß die Exemplaria, so die Evangelischen bekämen, ihnen allein loco Informationis seyn, hingegen diejenigen Exemplaria, so bey dem Chur-Mayntzischen Archiv blieben, allein von seiten der Stände den Beweiß nach sich führen sollten. Alleine die Evangelischen wollten dieses keines wegs zugeben, dahero endlich beliebt wurde, solchen passum in den Revers lieber gar nicht einzurücken".

30 Ebd., 904 (aus dem Verhandlungsprotokoll vom 26. Februar = 8. März 1649): „Wann es gefällig, wolle man nunmehro zu dem Reichs-Archiv, die beyde Exemplarien, nemlich eines des Schwedischen, das andere des Frantzösischen Friedens-Instrumenti vollziehen, wie von seiten der Kayserlichen und Königlichen allbereit geschehen. Ingleichen begehre Herr Graff von Nassau, daß man ihm ein Exemplar des Frantzösischen Instrumenti möchte vollziehen, und also auch Herr Graff Servient ebener gestalt. Diese vier Exemplaria waren auf Papier geschrieben, die man dann also besiegelte und subscribirte".

31 Nämlich die aus dem Kurbayerischen Archiv stammenden Exemplare des IPO und des IPM im Bayerischen Hauptstaatsarchiv München (Kurbayern Urk. 1698 und 1699). Ich danke Herrn AOR Dr. Höppl für die Besorgung von Foto-Reproduktionen.

der uns heute insgesamt bekannten Exemplare beträgt also 13, d.h. zwei davon müssen als verschollen gelten. Aufbewahrt werden von den elf noch vorhandenen vier – und nicht, wie bislang in der Forschungsliteratur zu lesen, nur zwei! – in Wien, und zwar je zwei des IPM und des IPO[32], zwei in Dresden[33] und zwei in München[34], und zwar jeweils eines des IPM und des IPO, sodann ein Exemplar des IPO in Stockholm[35] und ein Exemplar des IPM in Paris[36]; und schließlich das kürzlich in einer kommentierten Faksimile-Edition publizierte und seit 1978 als Dauerleihgabe aus Privatbesitz im Stadtarchiv Münster deponierte Exemplar des IPM[37].

Am einfachsten ist die Zuordnung bei dem Exemplar in Stockholm und bei den beiden in Dresden. Es handelt sich zum einen um die schon vor der Vertragsunterzeichnung hergestellte und am 26. Oktober signierte und gesiegelte Pergament-Ausfertigung des IPO, zum anderen um die beiden Nachausfertigungen für Kursachsen, die im November 1648 hergestellt wurden, nachdem auch dessen Bevollmächtigter Johannes Leuber die Originale nachträglich unterschrieben und gesiegelt hatte. Seine Unterschrift und sein Siegel sind hier nämlich an der richtigen Stelle eingereiht, während sie auf dem Stockholmer Exemplar später eingefügt sind[38].

Ebenso eindeutig lassen sich die vier Wiener Exemplare zuordnen, allerdings ist hier der auf Bauermann und Dickmann beruhende und auf eine zumindest mißverständliche oder vielleicht auch irrige Auskunft des Haus-, Hof- und Staatsarchivs aus dem Jahre 1948 zurückgehende Stand der überlieferungsgeschichtlichen Forschungsdiskussion[39] in mehrfacher Hinsicht zu korrigieren.

---

32 Haus-, Hof- und Staatsarchiv Wien, AUR 1648 X 24; Foto-Reproduktionen der Umschläge sowie der Unterschriften-Seiten im Stadtarchiv Münster.

33 Sächsisches Hauptstaatsarchiv Dresden, O.U. 13164 und 13163; ich danke Herrn Ref. Leisering für die Anfertigung von Foto-Reproduktionen.

34 Vgl. Anm. 31.

35 Riksarkivet Stockholm, Traktatsamlingen: Tyskland I; vgl. „Westfaliska Freden“, Katalog över Minnes uställingen 1948, Stockholm 1948, Nr. 1, 29; eine Foto-Reproduktion (Schenkung von Johannes Bauermann) befindet sich im Stadtarchiv Münster.

36 Archives du Ministère des Affaires Étrangères; vgl. Exposition l'Alsace Française 1648 - 1948, Strasbourg 1948, Nr. 10, 21; eine Foto-Reproduktion der Unterschriften-Seiten (Schenkung von Johannes Bauermann) befindet sich im Stadtarchiv Münster.

37 Anm. *.

38 Das ist an den Foto-Reproduktionen deutlich zu erkennen; die Zuordnung so auch bei *Bauermann,* Ausfertigungen (Anm. 3), 430.

39 Er ist zum Teil auch in die entsprechenden Passagen des Anm. * genannten Einführungskapitels der Faksimile-Edition des münsterschen Vertragsexemplars eingegangen (ebd., 29ff.); erst nach Druckfreigabe erreichte mich ein Brief der Direktion (28. Juli 1996), in dem die im Haus-, Hof- und Staatsarchiv Wien schon vor 1948 bekannte Tatsache mitgeteilt wurde, daß die beiden Nachausfertigungen als die aus dem Mainzer Erzkanzlerarchiv stammenden anzusehen sind.

Bei zwei von ihnen, je einem des IPM und des IPO, sind nämlich ebenfalls die Unterschrift und das Siegel Leubers nachträglich eingefügt, bei den beiden anderen sind sie von vornherein an der richtigen Stelle eingereiht[40]. Bei den beiden ersteren handelt es sich um die bislang bekannten Exemplare, die, obwohl sie nicht in allen Punkten der Beschreibung in den Tagebüchern entsprechen, als zwei der am 24. Oktober in Münster unterzeichneten Ausfertigungen zu gelten haben, und zwar als die aus französischer bzw. aus schwedischer Provenienz[41]. Sie weisen die blauroten bzw. blau-gelben Siegelschnüre und Seidenbänder auf, die für das französische Exemplar des IPM und für das schwedische Exemplar des IPO anzunehmen sind, sind auf Papier geschrieben, und das IPO ist in weißes Pergament eingebunden. Das IPM hat heute einen kartonierten Einband mit einer Beschichtung aus marmoriertem Papier, der jedoch eindeutig aus späterer Zeit stammt. Die einzige Abweichung von der Beschreibung in den Tagebüchern ist das Fehlen des aufgeprägten Reichsadlers auf dem Pergament-Einband. Der Original-Umschlag des IPO weist ihn nicht auf. Das jedoch ist durchaus erklärlich: Wenn die beiden im Besitz des Reiches verbliebenen Exemplare durch die französische bzw. schwedische Delegation gefertigt worden sind, dürfte kaum der Reichsadler auf den Umschlag geprägt worden sein. Das ist nur für die beiden kaiserlich-reichischen Exemplare anzunehmen, die im Besitz der französischen bzw. der schwedischen Delegation verblieben sind.

Bei den beiden anderen Wiener Exemplaren kann es sich nicht um diese Exemplare handeln. Abgesehen von der Tatsache, daß Unterschrift und Siegel Leubers eingereiht sind, fehlt auf den Einbänden die Aufprägung des Reichsadlers. Es dürften vielmehr die zwei Nachausfertigungen sein, die am 8. März 1649 in Münster unterzeichnet und gesiegelt wurden und die vom Mainzer Delegierten ausdrücklich als diejenigen vorgelegt worden waren, die für das Reichsarchiv bestimmt seien[42].

Bauermann wußte nur von zwei Wiener Exemplaren, nämlich denen, die schon in der münsterschen Jubiläumspublikation von 1898 beschrieben worden sind und von denen dort die jeweils erste Unterschriftenseite abgebildet ist[43]. Er erkannte richtig, daß es sich dabei nicht um die am 8. März 1649 signierten und für das Mainzer Erzkanzlerarchiv bestimmten Nachausfertigungen handeln könne, es vielmehr zwei der vier vom

---

40 So an den Originalen bei Besuchen in Wien im Februar 1996 und Januar 1997 verifiziert; auch an den Foto-Reproduktionen ist das eindeutig zu erkennen.

41 Vgl. die in Anm. 18 mitgeteilten Auszüge aus dem Bericht der kaiserlichen Gesandtschaft.

42 Anm. 30.

43 Der Westfälische Friede, hrsg. v. *Friedrich Philippi,* Münster 1898, 93 („Beschreibung der Friedensurkunden nach Mittheilungen aus dem K. u. K. Haus-, Hof- und Staatsarchive Wien") und Tafeln nach 70 und 90.

24. Oktober 1648 sein müssen[11]. Da er aber entsprechend einer von ihm eingeholten schriftlichen Auskunft des Wiener Archivs davon ausgehen mußte, daß diese beiden Exemplare aus dem Mainzer Erzkanzlerarchiv stammten[45], folgerte er daraus: „Für die kaiserliche Seite verblieb auf diese Weise keine der Erstausfertigungen. Sie hat sich mit der am 8. März vollzogenen Zweitausfertigung des französischen Vertrages begnügt, die heute ebenso als verschollen zu gelten hat wie die beiden Mainzer Nachausfertigungen und wie die Erstausfertigung vom 24. Oktober 1648 für Schweden“[46]. Diese Schlußfolgerung ist – wie gezeigt – insgesamt zu revidieren.

Dickmann, der sich im Gegensatz zu Bauermann auf das Studium der Wiener Überlieferung vor Ort stützen konnte, kommt zunächst unter Berufung auf die Gesandtenberichte zu dem Schluß, daß beim Austausch der unterzeichneten Urkunden jede Seite die von ihr gefertigten Exemplare zurückerhalten habe[47]. Unter ausdrücklicher Bezugnahme auf Bauermann faßt er sodann seine Einschätzung wie folgt zusammen: „Von den vier Originalurkunden, die am 24. Oktober 1648 in Münster unterzeichnet wurden, sind nur zwei erhalten, und zwar die in der kaiserlichen Kanzlei gefertigten und für den Kaiser bestimmten Exemplare. Sie sind frühzeitig aus unbekannten Gründen in das Mainzer Erzkanzlerarchiv und mit dessen Beständen nach Wien gekommen, wo sie heute im Haus-, Hof- und Staatsarchiv liegen. Die anderen vermeintlichen ‚Originale‘ in Paris, Stockholm, Wien und Dresden sind Zweitausfertigungen, teils einige Tage, teils Monate nach Friedensschluß hergestellt und unterschrieben. Im Text weichen sie nur unwesentlich von den Originalen ab“[48]. Offensichtlich hat er sich bei dieser Einschätzung die naheliegende Frage gestellt, wieso die für den Kaiser bestimmten Exemplare ins Mainzer Erzkanzlerarchiv gelangen konnten. Sie hat ihn jedoch nicht veranlaßt, die Herkunft neu zu überprüfen, er hat sie vielmehr mit der

---

44 *Bauermann,* Ausfertigungen (Anm. 3), 431.

45 Ebd. mit Anm. 37; vgl. dazu das Schreiben vom 15. Juli 1948 (Haus-, Hof- und Staatsarchiv Wien, Kurrentakten Z1. 1149 (295/48) (freundlicher Hinweis von L. Auer/Wien).

46 Ebd., 433.

47 *Dickmann,* Westfälischer Frieden (Anm. 1), 500, Anm. 3: „Nach Unterzeichnung aller Exemplare durch die Reichsstände im Bischofshof erhielt jede Signatarmacht ihr selbstgefertigtes Exemplar zum dauernden Verbleib zurück. So übereinstimmend der Bericht der kaiserlichen Gesandten vom 25. Oktober ... und der Serviens vom gleichen Tage“. Beide Berichte machen diesen Schluß jedoch nicht zwingend; vgl. den Auszug aus dem Bericht Serviens (Anm. 20); die entsprechende Passage im Bericht der kaiserlichen Gesandtschaft lautet: „Als nun die Underschreibung von denen Ständen auch beschechen, haben wir die Instrumenta gegeneinander außgewechslet, auch ein ieder das seinige zu sich genommen“. (Anm. 18, fol. 216); gemeint sein kann mit „das seinige“ natürlich genausogut „das für ihn bestimmte“.

48 *Dickmann,* Westfälischer Frieden (Anm. 1), 500 mit Anm. 4.

hypothetischen Erklärung beantwortet. „Die für den Kaiser ausgefertigten Originale beider Verträge wurden doch wohl nur deshalb dem Mainzer Reichsdirektorium übergeben, weil das Reich als Vertragspartner betrachtet wurde. Sie sind bis heute im Erzkanzlerarchiv verblieben, während der Kaiser sich mit Zweitausfertigungen begnügte“[49].

Daß dem nicht so war, geht aus den Tagebuchaufzeichnungen und Berichten eindeutig hervor. Bereits am 25. Oktober wurde der Sohn des Grafen von Nassau, der junge Graf Hermann Otto, mit den beiden für den Kaiser bestimmten Exemplaren nach Wien geschickt, um sie dem Kaiser mit der Bitte um möglichst baldige Ratifikation zu präsentieren[50]. Auch das für die schwedische Königin bestimmte Exemplar des IPO kaiserlich/reichischer Provenienz sowie die Zweitausfertigung schwedischer Provenienz und das für den König von Frankreich bestimmte Exemplar des IPM kaiserlich/reichischer Provenienz sind bereits am 25. bzw. 26. Oktober 1648 nach Stockholm bzw. nach Paris abgeschickt worden[51]. Sie alle müssen bald darauf – wohl mit den Ratifikationen – wieder nach Münster zurückgelangt sein, wo dann erst die Unterschriften Leubers für Kursachsen nachgetragen wurden[52]. Nach Austausch der Ratifikations-Urkunden am 18. Februar 1649 wurden sodann die beiden für den Kaiser bestimmten Exemplare schwedischer bzw. französischer Provenienz durch den Grafen von Lamberg nach Wien zurückgebracht und dort dem Kaiser am 15. Juni übergeben[53]. Im Wiener Haus-, Hof- und Staatsarchiv werden sie noch heute aufbewahrt. Was damals mit den beiden für Schweden bzw. für Frankreich bestimmten Exemplaren kaiserlich/reichischer Provenienz geschehen ist, entzieht sich unserer Kenntnis. Das für Schweden bestimmte, für das der kaiserliche Hauptunterhändler Graf Trautmannsdorff ein blanko unterschriebenes Formular hinterlassen hatte[54], ist ver-

49 Ebd., 491.

50 Vgl. den in Anm. 24 zitierten Bericht: „Sonsten haben die Herren Kayserlichen sobalden den jungen Herrn Graffen von Nassau anfangs, hernach einen Oesterreichischen Edelmann und endlich einen Secretarium nach Ihre Kayserlichen Majestät versand, diese frohe Post zu notificiren, die Herren Schwedischen aber haben zwar nacher Ihrer Majestät, dergleichen die Herren Frantzosen auch gethan, die Instrumenta spediret...“. (*Meiern*, Acta Pacis Westphalicae [Anm. 8], 614); vgl. zum 9./19. November auch Diarium Lampadius (Anm. 7), 288: „Herr Graff von Nassaw berichtete, daß sein Herr Sohn die erste Zeitung dem Kayser überbracht und hätte Ihro Mayestät das Instrumentum Pacis mit beeden Händen ergriffen“. Graf Hermann Otto von Nassau als Überbringer ist im Brief seines Vaters an den Kaiser vom 25. Oktober 1648, den er dem Gesandten-Bericht (Anm. 18, fol. 213r) beigab, genannt.

51 Vgl. den Anm. 50 zuerst zitierten Bericht.

52 Vgl. oben nach Anm. 26.

53 Diarium Lamberg (Anm. 5), 248, zum 15. Juni 1649: „Auf den abent haben Ihr Maiestät mir audienz geben: und habe deroselben die beede instrumenta pacis von der cron Frankreich und Schweden in originali underthenigist übergeben“.

54 Ebd. zum 24.10.1648 im Anschluß an den in Anm. 14 bereits zitierten Text (S. 199): „...und in dem unserigen, so wir den Schwedischen gesanden zuegestelt,

schollen, das für Frankreich bestimmte muß nach unserem derzeitigen Kenntnisstand das „münstersche" Exemplar sein. Die beiden anderen in Wien aufbewahrten Exemplare können demnach nur die am 8. März unterzeichneten und für das Mainzer Erzkanzlerarchiv bestimmten Ausfertigungen des IPO und des IPM sein, die erst in der Mitte des 19. Jahrhunderts mit diesem nach Wien gelangt sind[55].

In denselben Entstehungszusammenhang wie diese beiden Wiener Exemplare könnte auch das Pariser Exemplar gehören. Es enthält neben den Unterschriften der kaiserlichen und des französischen Bevollmächtigten nur die des kurmainzischen und einer Reihe von fürstlichen Gesandten, nicht aber die der Städtevertreter bis auf den Regensburger Bevollmächtigten Wolff von Todenwart. Das würde gut zu der späten Nachausfertigung passen, die am 8. März 1649 auf Wunsch des Grafen Servien signiert und gesiegelt wurde; damals waren die meisten Städtevertreter bereits aus Münster abgereist[56].

Unbekannt und in keinem der Tagebücher erwähnt ist schließlich, wann die beiden Münchener Exemplare angefertigt worden sind. Sie sind wohl in Parallele zu den Dresdener Exemplaren zu sehen und dürften bei dem Wortführer der katholischen Reichsstände als Originalzeugnisse für den Friedensschluß deponiert worden sein. Auch sie sind – wie das Fehlen der Unterschrift des am 20. März in Münster verstorbenen braunschweigischen Gesandten Lampadius vermuten läßt – wohl erst im Frühjahr 1649 entstanden[57].

Leider ist es bislang nicht gelungen, die Überlieferungsgeschichte des „münsterischen" Exemplars weiter als bis zum Auftauchen auf einer Florentiner Messe von 1965[58] zurückzuverfolgen, da es weder beim Käufer noch beim Verkäufer irgendwelche Herkunftsnachweise gibt[59]. Man muß wohl davon ausgehen, daß es, da ja für Paris eine autorisierte

---

ist herr graf von Trautmanstorff – der mir ein carta bianca hinderlaßen – underschriben und sein petschafft aufgetrukht worden".; im Bericht zum 15. Juni 1649 (Anm. 53) wird das noch einmal wiederholt.

55 Das ergibt sich nicht zuletzt aus den alten Archivsignaturen der Mainzer Exemplare, die mit jenen des 1816 in Aschaffenburg aufgenommenen Inventars übereinstimmen (Haus-, Hof- und Staatsarchiv Wien AB 142, p. 67 Nr. 502 und p. 72 Nr. 529) (freundliche Mitteilung von L. Auer/Wien); vgl. *Leopold Auer*, Das Mainzer Erzkanzlerarchiv. Zur Geschichte der Bestände und ihrer Erschließung, in: Inventar des Aktenarchivs der Erzbischöfe und Kurfürsten von Mainz, Bd. 1 (Veröffentlichungen der Landesarchivverwaltung Rheinland-Pfalz, 54), Koblenz 1990, XIXf. u. XXI.

56 Vgl. dazu *Bauermann*, Ausfertigungen (Anm. 3), 431f.

57 Ebd., 432f.

58 Vgl. den Katalog Quarta biennale mostra mercato internazionale dell' Antiquariato 18. Sett. - 18. Ott. 1965, Firenze 1965, Tafel 99.

59 Briefliche Äußerungen des Eigentümers, Herrn Karl-Heinz Danzer/Reutlingen. Nachforschungen in Paris beim damaligen Verkäufer, der Librairie de l'Abbaye, blieben vergeblich.

Zweitausfertigung da war, die auch heute noch existiert, im Besitz des Grafen Servien verblieben ist. Daß Diplomaten Dokumente – auch solche von erheblicher Bedeutung für die von ihnen vertretene Macht – nach Abschluß ihrer Mission in Privatbesitz behielten, gilt für die Frühe Neuzeit keineswegs als ungewöhnlich[60]. Ähnliches muß man wohl auch für den Verbleib des für Schweden bestimmten Exemplars kaiserlich/reichischer Provenienz annehmen. Für die schwedische Königin war ja bereits von vornherein ein „eigenes" schwedisches Exemplar angefertigt und vollzogen worden, das am Hof verbleiben konnte und noch heute im Reichsarchiv Stockholm liegt.

Die wichtigsten „Echtheits-Kriterien" für das münstersche Exemplar sind – um das zum Schluß noch einmal zu wiederholen –, daß die Unterschrift und das Siegel des kursächsischen Bevollmächtigten Johannes Leuber am Rande nachgetragen und durch ein Verweisungszeichen protokollarisch richtig eingereiht sind. Das wird noch dadurch unterstützt, daß Kursachsen ebenfalls in der Liste der mitzeichnenden Reichsstände am Schluß des Vertragstextes nachgetragen und durch Verweisungszeichen eingereiht wurde, genauso wie es in den Tagebüchern dargestellt ist[61]. Darüber hinaus entspricht das Dokument auch in allen Einzelheiten[62] der Beschreibung in den Tagebüchern: Es ist auf Papier geschrieben und in weißes Pergament eingebunden; auf dem Umschlag ist in Gold der Reichsadler eingeprägt; die Siegelschnur, auf die die Siegel der Bevollmächtigten der vertragschließenden Parteien aufgedrückt sind, ist schwarz-gelb, und gelb waren – wie an den verbliebenen Resten noch erkennbar ist – die Bänder, mit denen Umschlag und Lagen verbunden waren und das Heft verschlossen werden konnte.

Das Exemplar zeichnet sich außerdem – ganz im Gegensatz zu den beiden in Wien aufbewahrten anderen Ausfertigungen vom 24. Oktober! – durch eine sehr sorgfältige Fertigung mit penibler Einhaltung des vorgezeichneten Zeilenschemas und Seitenspiegels sowie durch eine gleichmäßige kalligraphische Buchschrift aus. Es steht in dieser Hinsicht den beiden späteren – aus dem Mainzer Erzkanzlerarchiv stammenden – Wiener Exemplaren, denen vom 8. März 1649, sehr viel näher als seinen beiden Gegenstücken[63]. Daraus ist zu folgern, daß es wie die ersteren in den Kanzleizusammenhang des Mainzer Erzkanzlers gehört. Man geht

---

60 Vgl. *Dickmann,* Westfälischer Frieden (Anm. 1), 492.

61 Vgl. den oben in Anm. 27 mitgeteilten Bericht.

62 Vgl. dazu im einzelnen die Faksimile-Edition.

63 So jedenfalls der erste Augenschein beim Vergleich des münsterschen mit den Wiener Exemplaren. Eine Bestätigung müßte das durch genaue paläographische und kanzleigeschichtliche Untersuchungen erfahren, die für die Edition der Vertragsurkunden insgesamt im Rahmen der APW vorgesehen sind und denen hier nicht vorgegriffen werden kann.

wohl nicht fehl in der Annahme, daß das verschollene Pendant, das den schwedischen Delegierten übergebene kaiserliche Exemplar des IPO – dasjenige, für welches das dem Grafen Lamberg zurückgelassene Blanko-Formular des Grafen Trautmannsdorff verwandt worden war –, genauso ausgesehen hat.

Der Fürstenverein von 1662

Zur Problematik der *iura principum* nach dem Westfälischen Frieden

Von Matthias Schnettger, Mainz

Der Westfälische Friede stellt unbestritten eine Zäsur in der Verfassungsgeschichte des Alten Reiches dar. Hat man jedoch früher dazu geneigt, die Reichsverfassung nach 1648 weitgehend als statisch zu betrachten, so ist die Forschung in den letzten Jahren und Jahrzehnten dazu übergegangen, auch für diese Phase der Reichsgeschichte dynamische Tendenzen in den Blick zu nehmen. In jüngster Zeit hat dabei besonders die Zeit unmittelbar nach dem Westfälischen Frieden Beachtung gefunden, eine Epoche, die – nicht nur – aus verfassungsgeschichtlicher Perspektive von besonderem Interesse ist, weil sie eine unübersehbare Weichenstellungsfunktion besaß. In den ersten Jahren nach den Friedensschlüssen von Münster und Osnabrück hat sich herauskristallisiert, ob, wie und welche Bestimmungen der *Instrumenta Pacis* in die Realität umgesetzt würden, wie mithin die Gewichte im Reich künftig verteilt sein würden. Trotz der jüngsten Fortschritte bei der Erforschung dieser Epoche der Reichsgeschichte bleiben noch etliche Lücken aufzuarbeiten. Eine dieser Lücken betrifft den Fürstenverein von 1662. Dieser Verbindung der Häuser Pfalz-Neuburg, Braunschweig-Lüneburg, Hessen und Württemberg – ausnahmslos Mitglieder des Rheinbundes – hat bisher die historische Forschung nur geringes Interesse entgegengebracht. Lediglich Köcher widmet ihr einige Seiten[1], während sie in den Arbeiten zum Rheinbund bestenfalls kurz erwähnt wird[2]. Dagegen hat sie bei den Zeitgenossen offensichtlich größere Beachtung gefunden, denn immerhin war sie noch den Regierenden der 1690er Jahre so gut im Gedächtnis, daß der Fürstenverein von 1693, der den Widerstand gegen

---

1 *Adolf Köcher,* Geschichte von Hannover und Braunschweig 1648 bis 1714, Bd. 1: 1648 - 1668 (Publikationen aus den K. Preußischen Staatsarchiven, 20), Leipzig 1884, 316 - 321.

2 So etwa bei *Roman Schnur,* Der Rheinbund von 1658 in der deutschen Verfassungsgeschichte (Rheinisches Archiv, 47), Bonn 1955, 57f. (allerdings ohne den Fürstenverein explizit zu erwähnen) und *Fritz Wagner,* Frankreichs klassische Rheinpolitik. Der Rheinbund von 1648, Stuttgart 1941, 82. *Eckhart Pick,* Die Bemühungen der Stände um eine Beständige Wahlkapitulation und ihr Ergebnis 1711, Jur. Diss. Mainz 1969, 76f. behandelt den Fürstenverein zwar kurz, referiert im wesentlichen jedoch lediglich Köcher.

die Errichtung der 9. Kurwürde artikulierte, als Erneuerung desjenigen von 1662 aufgefaßt wurde[3]. Basierend vor allem auf württembergischem Quellenmaterial[4], jedoch unter Berücksichtigung der allgemeinen Entwicklungstendenzen der Reichverfassungsgeschichte, sollen die folgenden Ausführungen einen Beitrag zur Erforschung dieses interständischen Verbundes leisten.

I.

Die *communis opinio* der Historiographie des 19. und des frühen 20. Jahrhunderts, nach der der Kaiser der eindeutige Verlierer, die Stände die Gewinner von 1648 gewesen seien, so daß das Reich nach 1648 faktisch eine Fürstenrepublik dargestellt habe, ist mittlerweile relativiert worden. Nicht nur, daß eine Rückkehr des Kaisers ins Reich spätestens seit den 1670er Jahren festgestellt worden ist[5], auch bei der Gruppe „der" Stände ist zu Recht differenziert worden. Wenn auch zentrale Verfassungsbestimmungen der Westfälischen Friedensinstrumente *de iure* die Stände in ihrer Gesamtheit betrafen, so müssen *de facto* doch erhebliche Unterschiede in Rechnung gestellt werden, je nachdem, ob es sich um einen Kurfürsten, einen Fürsten oder eine Reichsstadt handelte, um einen geistlichen oder weltlichen Stand, einen katholischen, lutherischen oder reformierten, um einen armierten oder einen mindermächtigen usw.[6].

---

3 Text: The Consolidated Treaty Series, hrsg. v. *Clive Parry,* Bd. 20: 1692 - 1695, New York 1969, 127 - 135, hier: 127.

4 Es sind dies in erster Linie die württembergischen Akten zum Reichsdeputationstag 1655 - 1663: Hauptstaatsarchiv Stuttgart (künftig: HStA S), A 90 F, Büschel (künftig: Bü.) 1 - 21. Auf dieses Material stützt sich offensichtlich auch *Christian Friedrich Sattler,* Geschichte Württembergs unter der Regierung der Herzogen, Bd. 9 - 10, Tübingen/Ulm 1776 - 1779.

5 Etwa *Volker Press,* Die kaiserliche Stellung zwischen 1648 und 1740 – Versuch einer Neubewertung, in: Stände und Gesellschaft im Alten Reich, hrsg. v. Georg Schmidt (Veröffentlichungen des Instituts für Europäische Geschichte Mainz, Beiheft 29), Wiesbaden 1989, 51 - 80 und *Anton Schindling,* Die Anfänge des Immerwährenden Reichstags zu Regensburg. Ständevertretung und Staatskunst nach dem Westfälischen Frieden (Veröffentlichungen des Instituts für Europäische Geschichte Mainz, Abteilung Universalgeschichte, 143. Beiträge zur Sozial- und Verfassungsgeschichte des Alten Reiches, 11), Mainz 1991, bes. 224 - 226. Besonders dezidiert hat jüngst Aretin betont, daß sich im Kampf gegen die französische Expansion die hierarchische Ordnung des Reiches gegen das föderalistische Prinzip durchgesetzt habe, nachdem schon in den 1650er Jahren eine Vorentscheidung gefallen sei: *Karl Otmar Freiherr von Aretin,* Das Alte Reich 1648 - 1806, Bd. 1: Föderalistische oder hierarchische Ordnung (1648 - 1684), Stuttgart 1993, 158 - 172 und 273 - 314 sowie passim.

6 Dies hat besonders deutlich ausgeführt: *Dieter Albrecht,* Die Kriegs- und Friedensziele der deutschen Reichsstände, in: Krieg und Politik 1618 - 1648. Europäische Probleme und Perspektiven, hrsg. v. Konrad Repgen unter Mitarbeit v. Elisabeth Müller-Luckner (Schriften des Historischen Kollegs, Kolloquien 8), München 1988, 242 - 273, der die Kriegsziele Hessen-Kassels denen Bayerns gegenüberstellt.

In besonderer Weise profitierten vom Westfälischen Frieden die weltlichen Reichsfürsten. Zwar fielen die spezifischen Bestimmungen hinsichtlich Restitution und Satisfaktion für die einzelnen Fürsten durchaus unterschiedlich aus – so erreichte Württemberg seine völlige Restitution[7] und erhielt Hessen-Kassel neben der säkularisierten Reichsabtei Hersfeld und einigen Ämtern im Lippischen eine Entschädigungssumme von 600.000 Reichstalern sowie die Bestätigung des günstigen Hausvertrags vom April 1648 zugestanden[8], während Hessen-Darmstadt durch eben diesen Vergleich die Regelung der marburgischen Erbfolgefrage zugunsten Kassels hinnehmen und auch das Haus Braunschweig-Lüneburg sich im wesentlichen mit dem Alternat im Hochstift Osnabrück bescheiden, seiner Ansprüche auf die übrigen niederdeutschen Hochstifte aber entsagen mußte[9]. Die allgemeinen verfassungsrechtlichen Bestimmungen des Westfälischen Friedens dagegen fielen für alle Reichsfürsten positiv ins Gewicht. Die Schlüsselrolle kommt dabei Art. VIII § 2 des *Instrumentum Pacis Osnabrugense* zu, der das ständische *ius suffragii* in allen Reichsgeschäften, zumal in Fragen von Krieg und Frieden, und das Bündnisrecht der Reichsstände bestätigte[10] und damit eine deutliche Begrenzung der kaiserlichen Kompetenzen, aber auch eine zumindest partielle Nivellierung der Unterschiede zwischen Kurkolleg und nichtkurfürstlichen Ständen verfügte – das *ius suffragii* wurde eben *allen* Ständen zugesprochen[11].

---

7 Art. IV §§ 24 - 25 IPO. Text/Übersetzung: *Konrad Müller* (Bearb.), Instrumenta Pacis Westfalicae. Die Westfälischen Friedensverträge 1648. Vollständiger lateinischer Text mit Übersetzung der wichtigeren Teile und Regesten (Quellen zur neueren Geschichte, 12/13), Bern 1949, 18f./108. Vgl. *Roswitha Philippe,* Württemberg und der Westfälische Friede (Schriftenreihe der Vereinigung zur Erforschung der Neueren Geschichte, 8), Münster 1974.

8 Art. XV §§ 146 - 147 IPO. Text/Übersetzung: *K. Müller,* Instrumenta Pacis Westphalicae (Anm. 7), 65 - 69/146f. Vgl. *Kurt Beck,* Der hessische Bruderzwist zwischen Hessen-Kassel und Hessen-Darmstadt in den Verhandlungen zum Westfälischen Frieden 1644 bis 1648, Frankfurt a.M. 1978; *Erwin Bettenhäuser,* Die Landgrafschaft Hessen-Kassel auf dem Westfälischen Friedenskongreß 1644 - 1648, Wiesbaden 1983 und neuerdings *Holger Thomas Gräf,* Konfession und internationales System. Die Außenpolitik Hessen-Kassels im konfessionellen Zeitalter (Quellen und Forschungen zur hessischen Geschichte, 94), Darmstadt/Marburg 1993, 322 - 328.

9 Art. XIII IPO Text/Übersetzung: *K. Müller,* Instrumenta Pacis Westphalicae (Anm. 7), 61 - 64/145f.

10 Text/Übersetzung: *K. Müller,* Instrumenta Pacis Westphalicae (Anm. 7), 48/134. Zur Frage des ständischen Bündnisrechts vgl. *Ernst-Wolfgang Böckenförde,* Der Westfälische Frieden und das Bündnisrecht der Reichsstände, in: Der Staat 8 (1969), 449 - 478.

11 Die Tendenz zur Einebnung der Unterschiede zwischen den Ständegruppen betonen auch *Heinz Duchhardt,* Deutsche Verfassungsgeschichte 1495 - 1806, Stuttgart/Berlin/Köln 1991, 164 und *Winfried Becker,* Der Kurfürstenrat. Grundzüge seiner Entwicklung in der Reichsverfassung und seine Stellung auf dem Westfälischen Friedenskongreß (Schriftenreihe der Vereinigung zur Erforschung der Neueren Geschichte, 5), Münster 1973, 349, 351, 354. Außerdem wichtig zu dieser Problematik immer noch: *Fritz Dickmann,* Der Westfälische Frieden, 6. Aufl. hrsg. v. Konrad Repgen, Münster 1992, 325 - 332.

Während dieses grundlegende Prinzip der Reichsverfassung nach dem Westfälischen Frieden zumindest *de iure* kaum mehr in Frage gestellt wurde – wenngleich immer wieder Beschwerden wegen angeblicher oder tatsächlicher Verletzung des *ius suffragii* erhoben wurden –, gestaltete sich die Umsetzung der in Art. VIII § 3 IPO[12] enthaltenen konkreteren Bestimmungen von Anfang an schwierig. Nicht nur, daß der erste Reichstag nach dem Westfälischen Friedensschluß nicht, wie gefordert, binnen sechs Monaten, sondern erst 1653 eröffnet wurde, die Aufarbeitung der an dieser Stelle des *Instrumentum Pacis* aufgezählten *negotia remissa,* die auf dem Reichstag hätte vorangetrieben werden sollen, kam über Ansätze kaum hinaus. Nicht zuletzt deswegen ergab sich auf dem Reichstag eine Frontstellung zwischen Kurfürsten und – vor allem weltlichen – Fürsten. Charakteristisch waren etwa die heftigen Auseinandersetzungen hinsichtlich der Gültigkeit von Mehrheitsbeschlüssen in Steuerfragen und der Ergänzung der ordentlichen Reichsdeputation, bei der es darum ging, durch Bestellung neuer Deputierter die Forderung nach konfessioneller Parität dieses Gremiums[13] zu erfüllen. Wichtig in unserem Zusammenhang ist vor allem, daß es Kaiser und Kurfürsten gelang, einen fürstlichen Vorstoß auf eine Zusammenlegung von Kurfürsten- und Fürstenrat bei der ordentlichen Reichsdeputation und damit einen augenfälligen Einbruch in die Sphäre der kurfürstlichen Präeminenz abzuwehren.

Eine besonders herbe Niederlage mußten die Reichsfürsten in der Frage der Römischen Königswahl und der Beständigen Wahlkapitulation[14] hinnehmen, indem es Kaiser Ferdinand III. (1637 - 1657) gelang, noch im Vorfeld des Reichstags seinen ältesten Sohn als Ferdinand IV. zum Römischen König wählen zu lassen, und sich die Kurfürsten lediglich bereit fanden, völlig unverbindlich fürstliche *monita* zur Wahlkapitulation entgegenzunehmen. Immerhin blieben fürstliche Interessen nicht

12 Text/Übersetzung: *K. Müller,* Instrumenta Pacis Westphalicae (Anm. 7), 48/134f.

13 Art. V § 51 IPO. Text/Übersetzung: *K. Müller,* Instrumenta Pacis Westphalicae (Anm. 7), 42f./129. Zu den Auseinandersetzungen um die ordentliche Reichsdeputation auf dem Reichstag 1653/54 vgl. *Andreas Müller,* Der Regensburger Reichstag von 1653/54. Eine Studie zur Entwicklung des Alten Reiches nach dem Westfälischen Frieden (Europäische Hochschulschriften, Reihe 3. Geschichte und ihre Hilfswissenschaften, 511), Frankfurt a.M. u.a. 1992, 145 - 174 und *Matthias Schnettger,* Der Reichsdeputationstag 1655 - 1663. Kaiser und Stände zwischen Westfälischem Frieden und Immerwährendem Reichstag (Schriftenreihe der Vereinigung zur Erforschung der Neueren Geschichte, 24), Münster 1996, 14 - 29.

14 Zu diesen eng miteinander verknüpften Problemkreisen vgl. *Gerd Kleinheyer,* Die kaiserlichen Wahlkapitulationen. Geschichte, Wesen und Funktion (Studien und Quellen zur Geschichte des deutschen Verfassungsrechts, Reihe A. Studien, 1), Karlsruhe 1968; *E. Pick,* Bemühungen (Anm. 2), passim und *Günter Scheel,* Die Stellung der Reichsstände zur römischen Königswahl seit den Westfälischen Friedensverhandlungen, in: Forschungen zu Staat und Verfassung. Festgabe für Fritz Hartung, hrsg. v. Richard Dietrich und Gerhard Oestreich, Berlin 1958, 113 - 132.

völlig unberücksichtigt. So wurde in der Frage der vom Kaiser kreierten „neuen Fürsten“, zumeist habsburgischen Parteigängern, verfügt, daß sie nur dann Sitz und Stimme im Fürstenrat des Reichstags erhalten sollten, wenn sie den Besiz eines fürstenmäßigen reichsunmittelbaren Territoriums nachweisen konnten, eine Regelung, die durch den Reichsabschied von 1654 und die folgenden Wahlkapitulationen bestätigt wurde. Auf diese Weise wurde ein kontrollierter „Pairsschub“ im Fürstenrat vermieden. Allerdings blieb es ein wichtiges Anliegen der altfürstlichen Häuser, ihre höhere Würde gegenüber den Emporkömmlingen zu betonen – auch wenn diese ihre Introduktion in den Reichstag erreicht hatten[15].

Eine Behandlung der für sie zentralen Kapitulationsfrage auf dem Reichstag von 1653/54 vermochten die Fürsten zwar im Januar 1654 zu erreichen. Als der Kaiser und die Kurfürsten aber gegen den mit den protestantischen und einigen katholischen Stimmen gefaßten Beschluß des Fürstenrates, die Kapitulationsfrage an eine Deputation zu verweisen, aus der Österreich und die Kurfürsten ausgeschlossen waren, massiven Widerspruch einlegten, gelang es ihnen, zunächst die katholischen Mitglieder der Deputation zur Einstellung ihrer Mitarbeit zu bewegen und damit schließlich die Tätigkeit dieses Gremiums gänzlich zum Erliegen zu bringen[16].

Nicht größer als beim Reichstag 1653/54 waren die Erfolge der Fürsten während des Interregnums von 1657/58, nach dem Tode Ferdinands III. – sein Sohn, der Römische König Ferdinand IV., war bereits 1654 gestorben. Zunächst hatte es so ausgesehen, als könnten die Fürsten während des Interregnums einen größeren Einfluß geltend machen, zumal zum Zeitpunkt des Todes des Kaisers die ordentliche Reichsdeputation in der Wahlstadt Frankfurt tagte, an der auch die Fürsten und Stände beteiligt waren. Diese sprachen sich gegen eine Aufhebung dieser Versammlung infolge des Todes des Kaisers aus, eine Auffassung, der auch der Kurerzkanzler Johann Philipp von Schönborn und – zumindest vordergründig – die Mehrheit des Kurkollegs sowie das Haus Österreich beipflichteten. Faktisch jedoch ruhten die Deputationsberatungen seit dem Sommer

15 Auf dem Regensburger Reichstag von 1653/54 wurden neun neuen Fürsten Virilstimmen im Fürstenrat zuerkannt, von denen allerdings vier – Hohenzollern, Nassau-Hadamar, Nassau-Dillenburg und Salm – im Gegensatz zu den kaiserlichen Funktionsträgern Auersperg, Lobkowitz, Dietrichstein, Eggenberg und Piccolomini immerhin reichsgräflichen Häusern entstammten. Zum Problem der neuen Fürsten vgl. *Thomas Klein,* Die Erhebungen in den deutschen Reichsfürstenstand 1550 - 1806, in: Blätter für deutsche Landesgeschichte 122 (1986), 137 - 192, hier: 150 - 155 und *Harry Schlip,* Die neuen Fürsten. Zur Erhebung in den Reichsfürstenstand und zur Aufnahme in den Reichsfürstenrat im 17. und 18. Jahrhundert, in: Liechtenstein – Fürstliches Haus und staatliche Ordnung. Geschichtliche Grundlagen und moderne Perspektiven, hrsg. v. Volker Press und Dietmar Willoweit, Vaduz/Wien 1987, 249 - 292, hier: 278 - 281.

16 Vgl. *A. Müller,* Regensburger Reichstag (Anm. 13), 116 - 128.

1657, und es kristallisierte sich immer stärker eine Gegnerschaft zwischen der Kurfürstenratsmehrheit und den Fürsten und Ständen heraus. Letztere wollten sich der Berufung auf die Goldene Bulle und dem Argument, mit der Eröffnung des Wahltags sei die Kompetenz des Deputationstags *ipso facto* erloschen, nicht beugen, sondern bestanden energisch auf ihrem *ius suffragii* zumal in Fragen von Krieg und Frieden und wiesen auf die Gefahren, die dem Reich durch den Nordischen Krieg (1655 - 1660) und den immer noch andauernden spanisch-französischen Konflikt drohten, hin. Außerdem – und mit dieser Thematik in Zusammenhang stehend – ging es ihnen selbstverständlich auch um eine Einflußnahme auf die Wahl, konkret vor allem auf die Abfassung der Kapitulation. Obwohl sich Kurmainz und auf dessen Einwirken schließlich auch Kurköln für ein Entgegenkommen gegenüber den fürstlich-ständischen Forderungen aussprachen, setzte sich die Mehrheit der übrigen Kurfürsten mit ihrer ablehnenden Haltung durch, so daß die Reichsdeputation während des Wahltags faktisch suspendiert blieb und sich die Einwirkung der Fürsten und Stände auf die Wahlkapitulation ähnlich wie 1653 auf die Übergabe unverbindlicher *monita* beschränkte. Unfreundliche Handlungen des Kurfürstenrates – wie etwa die Verweigerung von Audienzen für die Vertreter der Fürsten und Stände – bewirkten eine weitere Verschärfung der Differenzen zwischen den Kontrahenten[17].

Auch nach der Wahl Leopolds, des überlebenden Sohnes Ferdinands III., zum Kaiser (18. Juli 1658) kam es zu keiner echten Entspannung zwischen Österreich und der Mehrheit des Kurkollegs einerseits und der Fürstenpartei andererseits, deren aktivste Vertreter nun Mitglieder des am 14./15. August 1658 gegründeten, unter französischem Einfluß stehenden Rheinbundes waren[18]. Zwar konnte die Kriegsgefahr für das Reich nach dem Pyrenäenfrieden (1659) und dem Frieden von Oliva (1660) als abgewendet gelten, doch dauerten weitere verfassungsrechtliche Konflikte innerhalb des Reiches an. Von besonderem Interesse ist in diesem Zusammenhang der Streit um die Wiederaufnahme und die Verle-

---

17 Vgl. *M. Schnettger,* Reichsdeputationstag (Anm. 13), 267.

18 Zum Rheinbund vgl. *Alfred Francis Pribram,* Beitrag zur Geschichte des Rheinbundes von 1658 (Sitzungsberichte der Kaiserlichen Akademie der Wissenschaften, Philosophisch-Historische Klasse, 115), Wien 1885; *Fritz Wagner,* Frankreichs klassische Rheinpolitik. Der Rheinbund von 1658, Stuttgart 1941; *Martin Göhring,* Kaiserwahl und Rheinbund von 1658. Ein Höhepunkt des Kampfes zwischen Habsburg und Bourbon um die Beherrschung des Reiches, in: Geschichtliche Kräfte und Entscheidungen. Festschrift für Otto Becker, hrsg. v. Martin Göhring und Alexander Scharff, Wiesbaden 1954, 65 - 83 und vor allem *R. Schnur,* Rheinbund (Anm. 2); *Margarete Hintereicher,* Der Rheinbund von 1658 und die französische Reichspolitik in einer internen Darstellung des Versailler Außenministeriums des 18. Jahrhunderts, in: Francia 13 (1985), 247 - 270 sowie neuerdings *Anton Schindling,* Der erste Rheinbund und das Reich, in: Alternativen zur Reichsverfassung in der Frühen Neuzeit? Hrsg. v. Volker Press (Schriften des Historischen Kollegs, Kolloquien 23), München 1995, 123 - 129.

gung des Reichsdeputationstags nach der Wahl Leopolds I. Der Wiener Hof zog unter kurbrandenburgischem Einfluß, unter anderem, um sich reichsständischer Kritik gegen sein Vorgehen im Nordischen Krieg zu entziehen, eine völlige Zerschlagung der Deputation in Erwägung, strebte zumindest aber deren Verlegung aus Frankfurt, dem Tagungsort des Allianzrates des Rheinbundes, wo sie in besonderer Weise dem französischen und kurmainzischen Einfluß ausgesetzt war, zunächst nach Nürnberg, dann nach Regensburg an. Dem widersetzten sich natürlich gerade die Mitglieder der Deputation, die zugleich im Rheinbund engagiert waren. Darüber kam es zu einer langwierigen Auseinandersetzung, dem sogenannten Translationsstreit, der das Reich über mehrere Jahre in Aufregung versetzte und sein Ende erst mit dem Zusammentreten eines neuen Reichstags fand, desjenigen, der dann zum Immerwährenden werden sollte[19]. Auch der Translationsstreit kann nicht zuletzt als Konflikt zwischen Kaiser und Kurkolleg bzw. dessen Mehrheit einerseits und fürstlicher Opposition andererseits verstanden werden. Dies dokumentiert die Argumentation der an Frankfurt als Tagungsort festhaltenden Partei, daß eine derart weitreichende Entscheidung wie die Verlegung des Deputationstags die *collegialiter* durchgeführte Befragung zumindest aller deputierten Stände – und nicht nur, wie von Wien zunächst intendiert, lediglich der Kurfürsten – erfordere, ebenso wie die Zusammensetzung der Parteien in diesem Streit[20].

In dieser Situation, in der sich Fürsten und Stände mit immer neuen Eingriffen in ihre Rechte konfrontiert sahen und eine Aufweichung der einschlägigen Bestimmungen des Westfälischen Friedens befürchten mußten, lag es zumindest für die mächtigeren unter ihnen nahe, einen engeren Zusammenschluß als Gegenstück zum Kurverein, der über alle konfessionellen und machtpolitischen Gegensätze hinweg auch noch im 17. Jahrhundert seinen Zusammenhalt bewahrte und ein wichtiges Bollwerk gegen alle Vorstöße in Richtung auf eine Nivellierung der Unterschiede zwischen Kurfürsten und Fürsten darstellte[21], anzustreben.

---

19 Zum Translationsstreit vgl. die älteren Arbeiten *Hermann Grössler*, Der Streit um die Translation der Frankfurter Ordinari-Reichsdeputation (1658 - 1661), Stargard 1870; *ders.*, Die Ursachen der Permanenz des sogenannten immerwährenden Reichstags zu Regensburg, Phil. Diss. Jena 1869 und – mit mehr Tiefgang – *Julius Höxter*, Die Vorgeschichte und die beiden ersten Jahre des „immerwährenden" Reichstags zu Regensburg, Phil. Diss. Heidelberg 1901 sowie *M. Schnettger*, Reichsdeputationstag (Anm. 13), 269 - 353.

20 Vgl. *M. Schnettger*, Reichsdeputationstag (Anm. 13), 280 - 300.

21 Zum Kurverein und seiner Bedeutung im 17. Jahrhundert vgl. *Hans-Jürgen Becker:* Art. „Kurverein", in: Handwörterbuch zur deutschen Rechtsgeschichte, Bd. 2, Berlin 1978, 1310 - 1314 und *W. Becker*, Kurfürstenrat (Anm. 11), passim. Bemerkenswert ist, daß Kurmainz noch 1668 eine Reorganisation des Kurvereins anregte und daß es auch noch im 18. Jahrhundert mehrfach Bemühungen in dieser Richtung gab.

Denn so konnte man hoffen, den kurfürstlichen Übergriffen erfolgversprechenderen Widerstand entgegensetzen zu können. Schon gegen Ende des Reichstags von 1653/54 hatte eine Reihe evangelischer Fürsten Partikularkonferenzen abgehalten, um ihre Gravamina gegen den Reichsabschied zusammenzutragen[22]. Im Zuge der Proteste der Fürsten und Stände während des Interregnums 1657/58 gab es dann erste Überlegungen zur Gründung eines förmlichen Fürstenvereins. Die endgültige Umsetzung dieser Pläne verzögerte sich indes bis 1662, bis ins unmittelbare Vorfeld des neuen Reichstags.

II.

Der erste Anstoß zur Errichtung eines förmlichen Fürstenvereins ging von dem pfalz-neuburgischen Gesandten beim Wahltag 1657/58 Giese aus[23]. Im Juni 1658 unterbreitete er dem braunschweig-wolfenbüttelschen Vertreter Polycarp Heiland und dem württembergischen Abgeordneten Georg Wilhelm von Bidenbach auf Treuenfels einen entsprechenden Vorschlag. Bidenbach nahm die Anregung zwar grundsätzlich positiv auf, doch sah er Schwierigkeiten hinsichtlich des Verfahrens bei der Gründung des Vereins sowie dessen Umfangs und empfahl ein behutsames Vorgehen. Vor allem solle man zunächst im kleinen Kreis agieren und die Verhandlungen geheimhalten. Begrenzt waren auch die Hoffnungen, die Bidenbach in das Haus Braunschweig setzte: Zwar habe sich Heiland positiv zu dem Vorschlag geäußert, die Erfahrung habe aber gelehrt, wie langwierig der Entscheidungsprozeß im Welfenhause zu sein pflege. Entsprechend dem Grundsatz der württembergischen Politik dieser Jahre, sich in Reichsfragen an Schweden zu orientieren, gab Bidenbach den neuburgischen Plan auch dem schwedisch-vorpommerschen Gesandten zur Kenntnis, der in Aussicht stellte, daß Schweden für seine Reichslande Mitglied des projektierten Vereins werden könne. Ferner gab der württembergische Gesandte an seinen Herrn die Anregung weiter, er möge die Meinung Brandenburg-Ansbachs und Baden-Durlachs zu den Vereinsplänen in Erfahrung zu bringen suchen[24].

---

22 *Johann Gottfried von Meiern* (Hrsg.), Acta comitialia Ratisbonensia publica oder Regenspurgische Reichstags-Handlungen und Geschichte von den Jahren 1653 und 1654, Bd. 1, Leipzig 1738, 1138 - 1140.

23 Eine Darstellung des Fürstenvereins aus pfalz-neuburgischer Sicht fehlt bisher. Weder *Hans Schmidt,* Philipp Wilhelm von Pfalz-Neuburg (1615 - 1690) als Gestalt der deutschen europäischen Politik des 17. Jahrhunderts, Bd. 1: 1615 - 1658, Düsseldorf 1973 [mehr nicht erschienen] noch *Oskar Krebs,* Beiträge zur Geschichte der Politik der Pfalzgrafen Wolfgang Wilhelm und Philipp Wilhelm von Neuburg in den Jahren 1630 bis 1660, in: Zeitschrift des Historischen Vereins für Schwaben und Neuburg 13 (1886), 49 - 88 gehen auf diese Thematik ein.

24 Bidenbach an Eberhard von Württemberg. Frankfurt 1658 VI 10/[20]. HStA S, A 90 F, Bü. 12.

Ähnlich seinem Gesandten begrüßte Herzog Eberhard die Idee eines Fürstenvereins, vergleichbar dem Kurverein, zwar grundsätzlich, doch sah er die Gefahr, durch einen Zusammenschluß nur der weltlichen Fürsten die geistlichen zu verärgern und dadurch eine Spaltung des Fürstenrates hervorzurufen. Bei einer Beteiligung der geistlichen Stände hingegen sei zu befürchten, daß der eine oder andere von diesen aufgrund seiner spezifischen Interessenlage das Vorhaben erschweren könnte[25]. Auf keinen Fall werde man vor Beendigung des Wahltages zu einem Ergebnis kommen. Dies war jedoch keine grundsätzliche Absage an das Projekt, denn Herzog Eberhard stellte ausdrücklich in Aussicht, sich an dem Fürstenverein zu beteiligen, wenn andere, v. a. Schweden und die Häuser Braunschweig und Hessen, ein gleiches täten. Zu diesem Zweck sollten die in Frankfurt anwesenden Gesandten das Projekt eines Vereinsrezesses aufsetzen[26].

Tatsächlich kamen bereits am 22. August die Gesandten Schwedens, Braunschweig-Wolfenbüttels und Württembergs zusammen und erstellten das Konzept für einen Vereinsrezeß, das jedoch in mancherlei Hinsicht den Charakter eines hastigen Entwurfs trägt[27] und in seiner im Vergleich zu dem später verabschiedeten Vertrag auffälligen Schärfe deutlich die aktuelle Entrüstung der fürstlichen Gesandten über das kurfürstliche Verhalten während des vergangenen Wahltags widerspiegelt. Dieses wird schon in der Präambel heftig kritisiert und zum Anlaß für den Abschluß des Fürstenvereins genommen. In diesem ersten Entwurf wird auch die Idee, eine Organisation, an Geschlossenheit vergleichbar dem Kurverein, zu schaffen, viel prononcierter vertreten als in den späteren Fassungen. Anders als dort taucht häufig der Ausdruck „special fürstlicher Verein" auf. Ebenso wird die bindende Wirkung des abzuschließenden Rezesses - nicht nur für die gegenwärtigen Regenten, sondern auch für deren Nachfolger - betont (Präambel, Artikel 5, 7). Bei Differenzen zwischen Angehörigen des Vereins sollen andere Mitglieder vermittelnd tätig werden (Artikel 8). Änderungen des Vertragstextes per Mehrheitsbeschluß sind möglich und für alle Mitglieder bindend (Artikel 9). Darüber hinaus sollen die fürstlichen Forderungen durch ein in einem Nebenrezeß näher zu regelndes Militärbündnis besonderen Nachdruck erhalten (Artikel 3). Die Behauptung, ein derartiger Verein sei

25 Bidenbach sah außer den geistlichen auch die mit kurfürstlichen Häusern verwandten Fürsten als potentiell retardierendes Element an. Bidenbach an Eberhard von Württemberg. Frankfurt 1658 VI 24/[VII 4]. HStA S, A 90 F, Bü. 12.

26 Eberhard von Württemberg an Bidenbach. Stuttgart 1658 VI 24/[VII 3]. HStA S, A 90 F, Bü. 12. S. auch ders. an dens. Stuttgart 1658 VII 2/[12]. Ebd.

27 Bidenbach selbst rechnete mit noch etlichen Verbesserungsvorschlägen. Bidenbach an Eberhard von Württemberg. Frankfurt 1658 VIII 13/[23]. HStA S, A 90 F, Bü. 13. Der pfalz-neuburgische Gesandte war nicht an der Abfassung des Projekts beteiligt, da er zu dieser Zeit in Wiesbaden weilte.

durch das *Instrumentum Pacis* erlaubt, ziele auch nicht auf eine Trennung zwischen Kurfürsten und Fürsten und verpflichte niemanden zur Unterstützung von Partikularinteressen anderer Fürsten (Artikel 4), kann dem Entwurf nur wenig von seiner Brisanz nehmen. Insofern bestanden wohl von Anfang an kaum Chancen darauf, daß er allgemein angenommen werden würde. Eingang in den endgültigen Vereinsrezeß gefunden haben von seinen Bestimmungen – in entschärfter Formulierung – lediglich die Absichtserklärung zur Wahrung der allgemeinen fürstlichen Rechte (Artikel 1), der Protest gegen die Wahlkapitulation Leopolds I. (Artikel 2), die Weigerung, sich künftig Beschlüssen, die ohne Beteiligung der Gesamtheit der Stände zustande gekommen seien, zu unterwerfen (Artikel 3), sowie der Gedanke einer Erweiterung des Vereins (Artikel 6)[28].

Doch nicht nur das kaum konsensfähige Projekt des Vereinsrezesses verhinderte einen raschen Abschluß des ins Auge gefaßten Fürstenvereins; mit dem Ende des Wahltages hatte die Frage der fürstlichen Rechte hinsichtlich der Wahlkapitulation an Aktualität verloren. Außerdem traten alsbald andere Probleme wie die Translation des Deputationstages und die Sorge einer Verwicklung des Reiches in den Nordischen Krieg in den Vordergrund.

III.

Bis der Vorschlag der Gründung eines Fürstenvereins schließlich umgesetzt wurde, vergingen noch mehrere Jahre. Pfalz-Neuburg, das die treibende Kraft bei der Errichtung des Fürstenvereins blieb, instruierte im Sommer 1659 seinen Vertreter beim Allianzrat des Rheinbundes Giese, an die anderen in Frankfurt anwesenden fürstlichen Gesandten heranzutreten. Daraufhin beschlossen die Vertreter Pfalz-Neuburgs, der Häuser Braunschweig und Hessen sowie Württembergs geheime Beratungen im Quartier des braunschweig-cellischen Abgeordneten[29]. Es dauerte jedoch bis zum Oktober desselben Jahres, bis ein neuer Entwurf für einen Haupt- und einen Nebenrezeß vorlag. Zumal bei der Abfassung des

---

28 Beilage zur Relation Bidenbachs. Frankfurt 1658 VIII 13/[23]. HStA S, A 90 F, Bü. 13. Diese erste Version eines Fürstenvereinsrezesses findet bei Köcher keine Beachtung, obwohl auch der braunschweig-wolfenbüttelsche Gesandte an ihrer Abfassung beteiligt war.

29 Bidenbach an Eberhard von Württemberg. Frankfurt 1659 VIII 5/[15]. HStA S, A 90 F, Bü. 15. Auffälligerweise wurde der zu diesem Zeitpunkt noch in Frankfurt anwesende sachsen-altenburgische Gesandte nicht beteiligt. Offensichtlich zählte im Verständnis der an den Verhandlungen teilnehmenden Fürsten Altenburg nicht zu den „von denn Herren Chur Fürsten nicht sogar dependirende[n] vnd gleichsam zu ihrem willen vnd gebüeth stehende[n] Fürstliche[n] Häußer[n]". Die pfalz-neuburgische Initiative wurde lebhaft begrüßt. Eberhard von Württemberg an Bidenbach. Stuttgart 1659 VIII 12/[22]. Ebd.

Hauptrezesses hatte man Mäßigung walten lassen, um sich, falls der Vertrag bekannt werden sollte, nicht gegenüber Kaiser und Kurfürsten zu kompromittieren. Überhaupt waren die Bedenken gegen die Errichtung eines Fürstenvereins nicht unerheblich, und in der zweiten Hälfte des Jahres 1660 unterzogen die Frankfurter Gesandten der am Rheinbund beteiligten Fürsten das ursprüngliche Projekt auf braunschweigischen Wunsch einer Umarbeitung, und zwar in dem Sinne, daß der revidierte Entwurf sich nunmehr auf die Kernfrage, die Gewährleistung des fürstlichen *ius suffragii,* konzentrierte[30].

In den letzten Dezembertagen des Jahres 1660 lag die überarbeitete Fassung vor. Bewußt hatten die Gesandten sie „in solchen generalen terminis und glimpflichen" eingerichtet, daß man sich Hoffnung auf den Beitritt weiterer Fürsten machen konnte, und einige heikle „particularitäten" in den Nebenrezeß verbannt, um den Hauptrezeß dann der Krone Schweden, auf deren Unterstützung man hoffte, oder auch anderen unbesorgt mitteilen zu können[31].

In seiner revidierten Form umfaßte der Hauptrezeß 10 Punkte. Von Wichtigkeit war aber auch die Präambel, denn sie beinhaltete die Rechtfertigung und die generelle Zielsetzung des Fürstenvereins: Es seien nicht nur erhebliche Eingriffe in die „Ehren, Würden, Hoheiten, Recht vnd Gerechtigkheiten" der Vertragschließenden und des gesamten deutschen Fürstenstandes zu beklagen, nein, diese dürften gar völlig in Abgang geraten, wenn man nicht „mit mehrerem fleiß sorgfalt vnd einigkheit" auf deren Erhaltung und auf Abwendung „alles nachteiligen beginnens" bedacht sein werde. Daher habe man beschlossen, erstens in dieser Angelegenheit miteinander Kommunikation zu pflegen und sich gegenseitig mit Rat und Tat beizustehen, zweitens vor allem aber das durch Art. 8 IPO verbürgte *ius suffragii,* das als Bestandteil der Westfälischen Friedensverträge durch den vorangegangenen Reichsabschied zu einem Reichsgrundgesetz erhoben worden sei, entschieden zu behaupten[32]. Drittens wolle man den Protest wider die Verstöße gegen das fürstliche und ständische *ius belli et pacis* und Bündnisrecht, die sich während des Interregnums und vor allem im Zusammenhang mit der Abfassung der Wahlkapitulation ereignet hätten, sowie die Erklärung, daß man sich durch die dem Friedensschluß und anderen Reichssatzungen

30 Vgl. *A. Köcher,* Geschichte (Anm. 1), 317f.

31 Bidenbach an Eberhard von Württemberg. Frankfurt 1660 XII 21/[31]. HStA S, A 90 F, Bü. 17.

32 *A. Köcher,* Geschichte (Anm. 1), 318 nennt bei seiner Aufzählung der Bestimmungen des Rezesses den meines Erachtens zentralen Punkt des *ius suffragii* nicht explizit, sondern spricht nur allgemein von „bezüglichen Festsetzungen des Friedensinstruments und des Reichsabschieds". Noch knapper und ungenauer *F. Wagner,* Rheinpolitik (Anm. 17), 82.

zuwiderlaufenden Teile der Kapitulation nicht gebunden fühle, wiederholen und beim nächsten Reichstag auf die Abfassung einer Beständigen Wahlkapitulation sowie die Abstellung der *gravamina* gegen die Leopolds I. dringen. Viertens werde man künftig Beschlüsse in Reichsangelegenheiten, die gegen die Bestimmungen des *Instrumentum Pacis* ohne die Beteiligung aller Kurfürsten, Fürsten und Stände auf einem Reichstag oder anderen „zu solchen sachen gewidmeten Conventen" getroffen worden seien, nicht als Reichsschluß anerkennen. Fünftens werde man die protokollarischen Rechte des Fürstenstandes zu wahren trachten. Sechstens beschlossen die Vertragspartner, für die Aufrechterhaltung ihrer und anderer Fürsten obrigkeitlicher Rechte über ihr Land und ihre Untertanen einzutreten. Siebtens sollten, um diese Ziele zu erreichen, die Abgeordneten der Vertragschließenden auf Reichstagen und anderen Versammlungen in Fragen der fürstlichen Rechte zusammenwirken. Achtens verpflichtete man sich, wenn außerhalb von Reichstagen oder anderen Versammlungen wichtige, die fürstlichen Rechte betreffende Fragen aufträten, zum schriftlichen Gedankenaustausch oder gegebenenfalls zur Abhaltung eines eigenen Konvents. Neuntens wurde beschlossen, andere Fürsten über den beschlossenen Rezeß in Kenntnis zu setzen, sich jedoch gegebenenfalls durch deren Ablehnung in seiner eigenen Haltung gegenüber dem Fürstenverein nicht beirren zu lassen. Zehntens behielt man sich eine Änderung oder Erweiterung der beschlossenen Artikel sowie einen etwaigen engeren Zusammenschluß vor[33]. Der Entwurf des Nebenrezesses führte Punkt 5 des Hauptrezesses über die protokollarischen Rechte des Fürstenstandes näher aus, wobei in unserem Zusammenhang besonders der Widerspruch gegen verschiedene kurfürstlicherseits beanspruchte Vorrechte (vor allem Punkt 2 - 4, 8 - 11), die Forderung des Gesandtschaftsrechts (Punkt 7) und die Betonung der protokollarischen Distanz zu den Reichsgrafen (Punkt 12) von Bedeutung sind[34].

Obgleich die Gesandten zu Frankfurt bei der Abfassung der Konzepte Zurückhaltung geübt hatten, erschienen die Entwürfe, als sie den Fürsten zur Kenntnisnahme übersandt wurden, zumindest einigen unter ihnen, nicht unbedenklich. Beispielsweise befand Herzog Eberhard von Württemberg sie zwar als geeignet zur Wahrung der fürstlichen Rechte, in einer Weise, daß „von Niemandem dargegen mit fueg einige einwendung zumachen seyn mögte". Dennoch sah er die Gefahr, daß die Entwürfe allerhand „offensiones" hervorrufen könnten, und votierte daher dafür, insbesondere den Nebenrezeß geheim zu halten und ihn etwaigen

---

33 Konzept des Hauptrezesses zum Fürstenverein. Beilage zur Relation Bidenbachs. Frankfurt 1660 XII 21/[31]. HStA S, A 90 F, Bü. 17.

34 Konzept des Nebenrezesses zum Fürstenverein. Beilage zur Relation Bidenbachs. Frankfurt 1660 XII 21/[31]. Ebd.

neuen Mitgliedern des Fürstenvereins erst nach Unterzeichnung des Hauptrezesses mitzuteilen[35].

Noch kritischer standen die Welfenherzöge dem Nebenrezeß gegenüber, auf den sie ganz verzichten wollten. Überdies wünschten sie eine Milderung auch des Hauptrezesses und betrachteten überhaupt die ganze Angelegenheit mit einer gewissen Skepsis, da sie dem Herzog von Pfalz-Neuburg, der ja den Anstoß für den Zusammenschluß gegeben hatte, und seinen Absichten mißtrauten, den Rheinbund für ausreichend hielten, eine Einengung des Spielraums für ihre Reichspolitik fürchteten und bezweifelten, daß man gegenüber Kaiser und Kurfürsten eine hinreichende Einigkeit an den Tag legen werde. In diesem Sinne votierten sie auch dafür, den Fürstenverein, so er denn geschlossen werden sollte, auf die Dauer des Rheinbundes zu begrenzen[36].

Engagierter zeigten sich dagegen die Gesandten in Frankfurt. Noch bevor die Resolutionen ihrer Herren auf das Konzept des Fürstenvereinsrezesses eingegangen sein konnten, traten sie, um die Haltung Frankreichs in Erfahrung zu bringen, an den französischen Gesandten Gravel heran und ließen ihn durch die braunschweigischen Abgeordneten mittels eines gemeinsam vorbereiteten Vortrags, der dem Franzosen dann auch schriftlich übergeben wurde, von ihren Anschauungen hinsichtlich der fürstlichen Rechte in Kenntnis setzen: Sie verwiesen darauf, daß der Rheinbund nicht nur zur Abwehr feindlicher Angriffe, sondern auch zur Wahrung der Rechte seiner Mitglieder gegründet worden sei, brachten die durch den Westfälischen Frieden bestätigten *iura principum* – und damit die französische Garantie derselben – zur Sprache und ließen durchblicken, daß ein weiteres Übergehen der fürstlichen Interessen schädliche Wirkungen auf den Zusammenhalt des Rheinbundes nach sich ziehen könne. Indem sie so das Interesse und die Verpflichtung des französischen Königs, sich mit den fürstlichen Anliegen zu beschäftigen, herausgestellt hatten, baten sie Gravel, dessen Resolution darüber einzuholen[37]. Der Franzose versprach, bei seiner anstehenden Reise nach Paris dem König Mitteilung zu machen, und stellte eine günstige Antwort in Aussicht[38].

Dasselbe Memorandum brachten die Fürstlichen auch dem schwedisch-bremischen Gesandten Snoilsky zur Kenntnis, wenn sie auch nicht für ratsam hielten, ihn in die eigentlichen Verhandlungen zur Gründung des Fürstenvereins einzubeziehen, „damit nicht etwa zu unzeit darvon

---

35 Eberhard von Württemberg an Bidenbach. Stuttgart 1660 XII 28/[1661 I 7]. Ebd. Vgl. *Ch. F. Sattler*, Geschichte (Anm. 4), Bd. 10, 9.

36 *A. Köcher*, Geschichte (Anm. 1), 319f.

37 Konzept des Vortrags an Gravel. Beilage zur Relation Bidenbachs. Frankfurt 1661 I 4/[14]. HStA S, A 90 F, Bü. 18.

38 Bidenbach an Eberhard von Württemberg. Frankfurt 1661 I 4/[14]. Ebd.

was außkommen und dardurch solch negocium mehr gehindert alß befördert werden möchte"; sie hofften aber, Schweden werde ihnen nicht seine Unterstützung entziehen. Der Bescheid fiel aus wie erhofft, indem Snoilsky seiner Überzeugung Ausdruck verlieh, Schweden werde „sowohlen alß Principalis Pars paciscens, alß auch alß ein Constatus Imperij" an der Erhaltung der durch das *Instrumentum Pacis* verbürgten fürstlichen Rechte mitwirken[39].

Diese Initiative der fürstlichen Gesandten wurde in Stuttgart als nicht ungefährlich eingeschätzt. So billigte Herzog Eberhard zwar den Text des Vortrages an Gravel und Snoilsky, äußerte auch seine Hoffnung auf die Unterstützung der beiden Kronen, gab jedoch zu bedenken, wie heikel diese Angelegenheit sei, und betonte die Notwendigkeit der Geheimhaltung insbesondere des Nebenrezesses[40]. Bidenbach suchte seinen Herrn zu beruhigen, den Gesandten Frankreichs und Schwedens sei nur der bewußte Vortrag, nicht aber die Konzepte der Rezesse übermittelt worden. Man wünsche keine Spaltung im Reich, wolle den Kronen auch keine Gelegenheit geben, in diese Richtung zu wirken, sondern sie lediglich veranlassen, den einen oder anderen Kurfürsten zu einer stärker dem Westfälischen Frieden entsprechenden Haltung zu bewegen[41].

Die Rechnung der fürstlichen Gesandten schien aufzugehen, denn die Antwort, die Gravel bei seiner Rückkehr nach Frankfurt mitbrachte[42], sprach sich eindeutig zugunsten der fürstlichen Forderungen aus. Ludwig XIV. bestätigte die fürstliche Auffassung, auch die Wahrung der Rechte seiner Mitglieder sei ein Ziel des Rheinbundes, und schloß sich ihrer Meinung über den Umfang der durch den Westfälischen Frieden verbürgten fürstlichen Rechte an. Die Ruhe im Reich und das Wohlergehen nicht nur der Fürsten, sondern auch der Kurfürsten und aller Stände hingen an der Beachtung der Grundsätze des *Instrumentum Pacis,* gegen die zu verstoßen nur Spaltung und in deren Folge die Schwächung des gesamten Corpus nach sich ziehen könne. Der König versprach, das Streben der Fürsten nach Wahrung ihrer Freiheits- und Hoheitsrechte zu unterstützen, ließ aber dabei erkennen, daß es sein vornehmstes – und nicht uneigennütziges – Ziel war, Spannungen vor allem in der Allianz zu verhüten[43]. Daß die fürstliche Initiative Frankreich außerdem als ein pro-

39 Ebd.

40 Eberhard von Württemberg an Bidenbach. Stuttgart 1661 I 10/[20]. Ebd.

41 Bidenbach an Eberhard von Württemberg. Frankfurt 1661 I 18/[28]. Ebd.

42 Er übergab dazu den fürstlichen Gesandten einen Auszug aus seiner Instruktion, die er ihnen in dieser Passage auch im Original vorlegte. Bidenbach an Eberhard von Württemberg. Frankfurt 1661 V 24/[VI 3]. Ebd.

43 Auszug der Instruktion für Gravel. o. D. Beilage zur Relation Bidenbachs. Frankfurt 1661 V 24/[VI 3]. Ebd.

bates Mittel diente, um die schwankend gewordenen und zu einem Ausgleich mit dem Kaiser tendierenden kurfürstlichen Mitglieder des Rheinbundes unter Druck zu setzen, hat schon Schnur[44] erkannt.

Konnte man fürstlicherseits mit dem Inhalt dieser Erklärung durchaus zufrieden sein, so war man unangenehm berührt davon, daß der französische Gesandte ohne vorherige Absprache die Angelegenheit auch an den Kurfürsten von Mainz gebracht hatte, der – nach dem Bericht Gravels – bestritt, seinerseits die Fürsten in ihren im Westfälischen Frieden begründeten Rechten beeinträchtigt zu haben. Wenn etwas derartiges vorgefallen sei, gehe dies nicht auf Kurmainz zurück, eine Antwort, die der württembergische Gesandte äußerst skeptisch kommentierte[45]. Nicht nur der Inhalt der kurmainzischen Erklärung konnte die Fürsten kaum befriedigen. Die Tatsache allein, daß dieses Thema vor Abschluß des Fürstenvereins an Kurmainz gebracht worden war, wodurch dem Kurkolleg Gelegenheit gegeben werde, dieses nun nicht länger geheime Vorhaben zu torpedieren, rief in Stuttgart Bestürzung hervor[46]. Um etwaigen Behinderungen seitens der Kurfürsten zuvorzukommen, befürwortete Württemberg den beschleunigten Abschluß des Fürstenvereins[47], während vor allem die Welfen und Hessen-Kassel durch etliche Änderungswünsche an dem Projekt des Vereinsrezesses die Verhandlungen erheblich verzögerten[48], deren Fortgang auch durch die vorübergehende Abwesenheit verschiedener Gesandter von Frankfurt gehemmt wurde[49].

So kam es, daß sich die Fertigstellung und Unterzeichnung des Vereinsrezesses bis ins Frühjahr 1662 hinzog. Zu diesem Zeitpunkt hatte

---

44 *R. Schnur*, Rheinbund (Anm. 2), 57f.

45 „...mit dergleichen guten general worttcontestationen aber wollen die werckhe nicht eben allweeg übereinstimmen vnd correspondiren, noch die Fürstliche deren so allerdings gläubig machen". Bidenbach an Eberhard von Württemberg. Frankfurt 1661 V 24/[VI 3]. HStA S, A 90 F, Bü. 18.

46 Eberhard von Württemberg an Bidenbach. Stuttgart 1661 V 30/[VI 9]. Ebd. Vgl. *Ch.F. Sattler*, Geschichte (Anm. 4), Bd. 10, 10.

47 Eberhard von Württemberg an Bidenbach. Stuttgart 1661 V 30/[VI 9]. HStA S, A 90 F, Bü. 18. Die Bedenken wurden von den Gesandten in Frankfurt geteilt, auch wenn Gravel versicherte, er habe die Angelegenheit bei Kurmainz auf Befehl seines Königs nur allgemein angebracht, ohne zu erwähnen, daß sich die Fürsten an ihn gewandt hätten, damit die Einigkeit in der Allianz gewahrt bleibe. Bidenbach an Eberhard von Württemberg. Frankfurt 1661 VI 7/[17]. Ebd.

48 Vgl. *A. Köcher*, Geschichte (Anm. 1), 320. Neben inhaltlichen Fragen spielte auch die Problematik einer etwaigen Erweiterung des Fürstenvereins eine Rolle, wofür Braunschweig Münster und Holstein in Vorschlag brachte. Bidenbach an Eberhard von Württemberg. Frankfurt 1661 VI 7/[17]. HStA S, A 90 F, Bü. 18. – Bemerkenswert sind die unterschiedlichen Auffassungen der welfischen Höfe und ihrer Gesandten in Frankfurt, die die von ihren Auftraggebern gewünschten Abschwächungen des Vertragstextes ablehnten, s. *A. Köcher*, Geschichte (Anm. 1), 320.

49 So etwa die des pfalz-neuburgischen Gesandten im Juni 1661. Bidenbach an Eberhard von Württemberg. Frankfurt 1661 VI 7/[17]. HStA S, A 90 F, Bü. 18.

sich die allgemeine Lage im Reich insofern entscheidend verändert, als der Kaiser im Februar 1662 nach langem Taktieren unter dem Druck der Türkengefahr und angesichts der verfahrenen Situation im Translationsstreit dem Drängen der Stände auf einen Reichstag nachgegeben und diesen zum 1. Juni desselben Jahres ausgeschrieben hatte. Damit war das Problem des Fürstenvereins in besonderer Weise wieder aktuell geworden, denn daß man fürstlicherseits auf dem Reichstag Fragen wie die der Beständigen Wahlkapitulation und der Römischen Königswahl *vivente Imperatore* erneut thematisieren würde, war ebenso klar, wie daß Kaiser und Kurfürsten derartigen Vorstößen auch weiterhin Widerstand entgegensetzen würden. Abschließende Beratungen über den Fürstenverein wurden daher zwar als dringlich empfunden, sie verzögerten sich aber aufgrund der Abwesenheit des hessen-kasselschen Gesandten noch weiter[50]. Doch auch nach dessen Rückkehr Ende März[51] kamen die Konsultationen weniger schnell voran als erhofft. Erneut gab es etliche Anmerkungen zu der Ende 1661 von Braunschweig vorgelegten revidierten Fassung des Konzeptes für den Hauptrezeß[52]. Besonders Hessen-Kassel erwies sich als retardierender Faktor, indem von dieser Seite noch verschiedene Bedenken formuliert wurden: Man solle noch weitere Fürsten zum Beitritt bewegen[53], ebenso Schweden für seine Reichslande, sich der französischen Unterstützung versichern und die Kurfürsten von Mainz und Köln informieren, um sie davon abzuhalten, gemeinsam mit ihren Genossen im Kurkolleg gegen die Fürsten vorzugehen[54]. Darüber hinaus verlangte man, die Frist für die Ratifikation von 4 Wochen auf 4 Monate, zumindest aber bis zum Beginn des Reichstags auszudehnen, so daß die übrigen Verhandlungspartner ein weiteres Verschleppen, ja den Abbruch der Konsultationen befürchteten[55]. Zumindest einige, darunter auch Württemberg, waren aber entschlossen, den Fürstenverein ungeachtet der hessischen „intrigen" um jeden Preis bis zum Antritt des Reichstags zum Abschluß zu bringen, notfalls auch unter Ausschluß Kassels[56].

---

50 Bidenbach an Eberhard von Württemberg. Frankfurt 1662 II 28/[III 10]. HStA S, A 90 F, Bü. 20.

51 Bidenbach an Eberhard von Württemberg. Frankfurt 1662 III 21/[31]. Ebd.

52 Vgl. *A. Köcher,* Geschichte (Anm. 1), 320.

53 Mit dieser Idee konnte sich auch Herzog Eberhard anfreunden, der schon im Sommer 1661 die Ausdehnung des Fürstenvereins auch über die von Braunschweig in Vorschlag gebrachten potentiellen neuen Mitglieder Münster und Holstein hinaus begrüßt hätte. Eberhard von Württemberg an Bidenbach. Stuttgart 1661 VI 13/[23]. HStA S, A 90 F, Bü. 18.

54 Ebd.

55 Verantwortlich für diese veränderte Haltung des Kasseler Hofes wurde Kurbrandenburg gemacht, zu welchem Kassel immer noch gute Kontakte pflege, zumal auch einige kasselsche Minister in kurbrandenburgischen Landen begütert seien. Bidenbach an Eberhard von Württemberg. Frankfurt 1662 III 28/[IV 7]. HStA S, A 90 F, Bü. 20.

So weit mußte man schließlich jedoch nicht gehen: Am 20. April wurde der Vereinsrezeß von den Gesandten aller an den Verhandlungen beteiligten Stände unterzeichnet[57].

Der endgültige Rezeß unterschied sich nur unwesentlich von dem oben skizzierten Entwurf vom Jahresende 1660. Diejenigen Änderungen aber, die zu konstatieren sind, lassen die Intentionen vornehmlich Braunschweigs und Hessen-Kassels als der für diese in der Hauptsache Verantwortlichen faßbar werden. Im Gegensatz zur früheren Fassung wurde nunmehr schon in der Präambel explizit auf den Westfälischen Frieden und die aus diesem herrührenden allgemeinen fürstlichen und ständischen Rechte hingewiesen[58]. Auch im weiteren Verlauf des Textes sind Änderungen hin auf eine stärkere Betonung der „Jura, so weit solche dem gesambten Fürsten-Stande gemein seyn", festzustellen[59]. Eine andere Kategorie von Modifikationen des früheren Textes stellt dessen Abschwächung durch Fortlassen einiger allzu verbindlicher Passagen dar[60], wofür vor allem Braunschweig verantwortlich zeichnete.

IV.

Parallel zu den Verhandlungen über den Fürstenverein fanden in Frankfurt auch Gespräche der fürstlich-evangelischen Gesandten über Fragen statt, die allein die protestantischen Fürsten angingen[61]. Diese betrafen zumeist das Problem der Restitutionen, der Rückerstattung der während des Dreißigjährigen Krieges entfremdeten Güter an ihre rechtmäßigen Besitzer, ein Gegenstand, mit dem sich sowohl der Kongreß von Münster und Osnabrück als auch der Nürnberger Exekutionstag und der Reichstag von 1653/54 beschäftigt hatten und den der Deputationstag

---

56 Eberhard von Württemberg an Bidenbach. Stuttgart 1662 IV 4/[14]. Ebd.

57 Bidenbach an Eberhard von Württemberg. Frankfurt 1662 IV 11/[21]. Ebd. Für Pfalz-Neuburg unterzeichnete Hans Ernst von Rautenstein, für die drei welfischen Herzöge Caspar Alexandri und Otto Johann Witte, für Württemberg Georg Wilhelm Bidenbach von Treuenfels, für Hessen-Kassel Regner Badenhausen und für Hessen-Darmstadt Conrad Fabricius. Text: The Consolidated Treaty Series (Anm. 3), Bd. 7: 1661 - 1663, 1969, 131 - 137, hier: 137.

58 Ebd., 134.

59 Art. 6. Ebd., 135f., hier: 136. Ähnlich auch Art. 9. Ebd. Das besondere Interesse Hessen-Kassels und Braunschweigs an den gemeinsamen fürstlichen Rechten, wie sie durch den Westfälischen Frieden festgelegt worden waren, betont auch der württembergische Gesandte. Bidenbach an Eberhard von Württemberg. Frankfurt 1662 IV 11/[21]. HStA S, A 90 F, Bü. 20.

60 So bei Artikel 4, 5 und 6. The Consolidated Treaty Series (Anm. 3), Bd. 7, 135f. Vgl. *A. Köcher*, Geschichte (Anm. 1), 320. Daß die Forderung nach baldiger Wiederaufnahme des Reichstags gestrichen wurde, ist durch das unterdessen geschehene kaiserliche Ausschreiben bedingt.

61 Bidenbach an Eberhard von Württemberg. Frankfurt 1662 III 28/[IV 7]. HStA S. A 90 F. Bü. 20.

der Jahre ab 1655 endgültig hätte abhandeln sollen. Die diesbezüglichen Beratungen waren aber verschleppt worden und mit dem Tode Ferdinands III. im April 1657 gänzlich zum Erliegen gekommen[62]. Während Braunschweig und Hessen diese Frage als weniger dringlich, ja „gleichsamb pro privat sachen" der betroffenen Stände betrachteten und behaupteten, daß, wenn die Frage der allgemeinen *iura principum* erst einmal im fürstlichen Sinne geklärt sei, die *restituenda* sich dann um so leichter abhandeln lassen würden[63], mahnte Württemberg die moralische Verpflichtung der armierten zur Unterstützung der schwächeren evangelischen Stände an. Das ganze Friedenswerk werde noch Schaden leiden, wenn man in diesem einen, zentralen Punkt nachgebe[64]. Durchsetzen konnte sich die württembergische Position in dieser Frage jedoch nicht.

Obwohl sich die Ratifikation des Vereinsrezesses aufgrund von Präzedenzstreitigkeiten insbesondere zwischen Hessen und Württemberg über die ursprünglich angesetzten vier Wochen hinaus verzögerte[65], schritten angesichts des nahenden Termins zur Eröffnung des Reichstags die Beratungen der Gesandten zu Frankfurt über weitere Maßnahmen der Fürsten voran. Bereits Anfang Mai konnte man sich auf einen Nebenrezeß über das weitere Vorgehen sowie das Konzept für einen erneuten Vortrag an den französischen Gesandten einigen, die man – im Unterschied zum eigenmächtigen Vorgehen 1661 – jedoch den jeweiligen Auftraggebern zur Begutachtung übersandte, bevor man tätig wurde[66].

Der Nebenrezeß beschäftigte sich mit vier Fragen: 1. ob und wie weitere Reichsfürsten einbezogen werden sollten, wie man 2. die Unterstützung der Kronen Frankreich und Schweden gewinnen könne, ob 3. die Krone Schweden in ihrer Eigenschaft als Reichsstand in den Bund aufzunehmen sei und wie man 4. das Mißtrauen der im Rheinbund stehenden Kurfürsten, vor allem des Mainzers und des Kölners, abwenden könne. Hinsichtlich des ersten Punktes kam man überein, daß ein jedes Vereinsmitglied mit anderen benachbarten oder befreundeten Fürsten in Verbindung treten solle. Man machte zwar keine verbindlichen Vorgaben

---

62 Vgl. *M. Schnettger*, Reichsdeputationstag (Anm. 13), 244 - 268.

63 Bidenbach an Eberhard von Württemberg. Frankfurt 1662 IV 11/[21]. HStA S, A 90 F, Bü. 20.

64 Eberhard von Württemberg an Bidenbach. Stuttgart 1662 IV 18/[28]. HStA S, A 90 F, Bü. 20. Teilzitat: *Ch. F. Sattler*, Geschichte (Anm. 4), Bd. 10, 19. Kennzeichnend für die württembergische Politik dieser Zeit ist auch das Vertrauen auf Schweden, auf dessen Gesandten man auch in dieser Frage große Hoffnung setzte. – Auch spätere württembergische Vorstöße in Richtung auf eine Wiederaufnahme der Restitutionsproblematik blieben aufgrund des Desinteresses der Adressaten wirkungslos. Bidenbach an Eberhard von Württemberg. Frankfurt 1662 VI 13/[23]. HStA S, A 90 F, Bü. 20.

65 Bidenbach an Eberhard von Württemberg. Frankfurt 1662 V 23/[VI 2]. Eberhard von Württemberg an Bidenbach. Teinach 1662 V 30/[VI 9]. Ebd.

66 Bidenbach an Eberhard von Württemberg. Frankfurt 1662 V 2/[12]. Ebd.

hinsichtlich des jeweiligen Vorgehens, doch wurde nahegelegt, zunächst lediglich unter Hinweis auf den bevorstehenden Reichstag die bisherigen Verletzungen der fürstlichen Rechte in Erinnerung zu rufen und den Vorschlag einer gemeinsamen Verteidigung der *iura principum* zu unterbreiten. Wenn darauf eine positive Antwort erfolge, könne man den Betreffenden von dem Fürstenverein und dessen Bestimmungen unterrichten. Punkt 2 betreffend beschloß man, Gravel einen erneuten Vortrag über die fürstlichen Anliegen zu halten und ihm diesen auf Verlangen auch schriftlich zu übergeben. Ebenso wollte man nach dessen Rückkehr nach Frankfurt auch gegenüber dem schwedischen Gesandten verfahren. Zum dritten sprach man sich dafür aus, den König von Schweden in seiner Eigenschaft als Herzog von Bremen, Verden und Pommern zum Beitritt einzuladen. Im Fall einer weiteren Verzögerung der Rückkehr Snoilskys sollte der Württemberger Bidenbach als schwedischer Interimsgesandter das fürstliche Anliegen nach Schweden berichten. Den Vereinsrezeß selbst den Kurfürsten von Mainz und Köln derzeit schon zur Kenntnis zu geben, hielt man zum vierten zwar nicht für ratsam. Doch einigte man sich darauf, ihnen die Anliegen der korrespondierenden Fürsten mitzuteilen und sie unter Erinnerung an ihre verschiedentlich abgegebenen Versprechen um Unterstützung der fürstlichen Forderungen zu ersuchen. Über alle diese Beschlüsse sollte innerhalb von vier Wochen die Resolution der Fürsten eingeholt werden[67].

Aufgrund der Abwesenheit des hessen-kasselschen und des pfalz-neuburgischen Gesandten und weil die Instruktion der Braunschweigischen auf sich warten ließ, mußten die Beratungen des Fürstenvereins in den folgenden Wochen ausgesetzt werden[68]. Obwohl immer noch nicht vollständig instruiert, fanden sich die welfischen Gesandten Mitte Juni zwar zu einer Fortsetzung der Beratungen bereit, doch gerieten diese aufgrund der erneuten Abwesenheit des pfalz-neuburgischen Abgeordneten bald wieder ins Stocken[69].

So kam es, daß die Konzepte für die durch den Nebenrezeß beschlossenen Vorträge an Gravel und Snoilsky bzw. Kurmainz und Kurköln erst im August vorlagen. Die Gesandten Pfalz-Neuburgs und Braunschweig-

67 Projekt eines Nebenrezesses des Fürstenvereins. Frankfurt 1662 IV 28/V 8. Beilage zur Relation Bidenbachs. Frankfurt 1662 V 2/[12]. Ebd. Vgl. *Ch. F. Sattler*, Geschichte (Anm. 4), Bd. 10, 21 f.

68 Bidenbach an Eberhard von Württemberg. Frankfurt 1662 V 9/[19] und V 30/[VI 9]. HStA S, A 90 F, Bü. 20. Bedingt war die Verzögerung nicht nur durch die eher skeptische Haltung der Welfen gegenüber dem Fürstenverein, es spielte auch das Verfahren eine Rolle, über wichtige Angelegenheiten vor Erteilung einer Instruktion im ganzen Haus Braunschweig zu kommunizieren. Der dadurch verursachte Zeitverlust wurde zwar von anderen Gesandten bedauert, der Gedanke, Braunschweig zu übergehen, jedoch nicht ernsthaft erwogen.

69 Bidenbach an Eberhard von Württemberg. Frankfurt 1662 VI 6/[16]. Ebd.

Celles sollten bei Gravel, die Vertreter Wolfenbüttels und Württembergs aber beim Kurfürsten von Mainz persönlich vorstellig werden. Da der kurkölnische Abgeordnete von Frankfurt abgereist war, sollten die Deputierten Hessen-Kassels und Pfalz-Neuburgs ihm die fürstlichen Anliegen auf schriftlichem Wege nahebringen. Aus taktischen Gründen kam man überein, die Vorträge an Gravel und Kurmainz an einem Tage stattfinden zu lassen, sah sich aber gezwungen, die Genesung des erkrankten französischen Gesandten abzuwarten[70]. Der Reaktion Gravels mochten die Fürstlichen mit Optimismus entgegensehen, nicht nur angesichts der positiven Antwort auf den letztjährigen Vortrag, sondern auch jüngerer Äußerungen des Franzosen, der außerdem auf Befehl Ludwigs XIV. in dieser Angelegenheit erneut beim Kurfürsten von Mainz vorstellig geworden war und behauptete, von diesem eine günstige Resolution erhalten zu haben[71].

In dem Vortrag, den Rautenstein und Witte im Namen des Fürstenvereins dem französischen Gesandten am 15. August hielten, bezogen sie sich zunächst auf die Anfrage vom vergangenen Jahr und sprachen ihren Dank für die günstige Antwort des Königs, für sein festes Verharren bei den Bestimmungen des Westfälischen Friedens und seinen Einsatz für die fürstlichen Rechte, die „pulcherrima libertatis Germanicae Harmonia“, aus. Sie bestritten, mit ihren auf dem *Instrumentum Pacis* basierenden Forderungen die Rechte anderer beeinträchtigen zu wollen. Vielmehr sei neben der Wahrung der fürstlichen Rechte die Einigkeit zwischen Kurfürsten und Fürsten, vor allem den in der Rheinischen Allianz stehenden, ihr Ziel. Daher möge der König ihnen seine Unterstützung gewähren. Um so stärkere Bundesgenossen werde er dann an ihnen haben[72].

Auf das Versprechen Gravels, das Anliegen der Fürsten nach Paris zu berichten und eine positive Resolution zu erwirken, führten die fürstlichen Abgeordneten noch einmal aus, daß ihr Vorgehen im Interesse des Reichs liege. Außerdem teilten sie dem Franzosen mit, daß man sich fürstlicherseits auch an die im Rheinbund stehenden Kurfürsten wenden wolle, und betonten, keineswegs dessen Spaltung zu intendieren. Gravel zeigte sich diesen Ausführungen zugänglich, betonte aber, wie wichtig es sei, daß die alliierten Kurfürsten und Fürsten einig blieben. Den Kurfürsten von Mainz und dessen Oberhofmarschall Boineburg habe er in der Frage der *iura principum* zu verschiedenen Malen gesprochen und sie als

---

70 Bidenbach an Eberhard von Württemberg. Frankfurt 1662 VIII 1/[11]. Ebd.

71 Herzog Eberhard von Württemberg äußerte sich höchst erfreut darüber, daß Gravel in dieser Angelegenheit bei Kurmainz „praeparatorie den weg gebahnet und die notturfft mit erheblichen umbständen ... remonstriret“ habe. Eberhard von Württemberg an Bidenbach. Stuttgart 1662 VIII 7/[17]. Ebd.

72 Vortrag der fürstlichen Deputierten an Gravel. Beilage zur Relation Bidenbachs. Frankfurt 1662 VIII 1/[11]. Ebd.

aufgeschlossen befunden. Auch Kurköln sei im Prinzip wohlgesinnt[73]. Der französische Gesandte ließ die Gelegenheit, gegen den Kaiser Stimmung zu machen, nicht ungenutzt, wenn er betonte, daß vor allem die Österreicher dafür verantwortlich seien, wie sehr die jüngste Wahlkapitulation die fürstlichen Rechte beiseite geschoben habe, wodurch mehr und mehr die Oligarchie eingeführt, die Reichsverfassung beeinträchtigt und schließlich eine monarchische Herrschaft errichtet werden könnte. Entscheidend sei, daß man fürstlicherseits Einigkeit beweise. Die *iura principum* seien seit den Zeiten Karls V. bis zum Westfälischen Frieden vor allem durch die Fürsten selbst, nämlich durch ihre Uneinigkeit, verspielt worden[74].

Die Ausführungen Gravels sind kennzeichnend für die Maximen der französischen Reichspolitik. Im Prinzip entsprach nämlich die von den Fürsten angestrebte extensive Auslegung ihres *ius suffragii* zumal in Fragen von Krieg und Frieden den französischen Interessen in besonderem Maße, da diese dem Kaiser Fesseln angelegt hätte, sei es durch Widerspruch im Einzelfall, sei es durch die Aufnahme grundsätzlicher Bestimmungen in die angestrebte Beständige Wahlkapitulation. Während also die Bemühungen, den Zorn der Fürsten auf Österreich zu lenken, deutlich nachvollziehbar sind, mußte die Einstellung gegenüber den fürstlichen Vorwürfen an das Kurkolleg ambivalent sein, da einerseits eine Begrenzung seiner Prärogativen französischerseits wohl begrüßt worden wäre, andererseits der Status der Kurfürsten eine besondere Rücksichtnahme auf diese nahelegte und vor allem Spannungen innerhalb des Rheinbundes oder eine Verprellung seiner kurfürstlichen Mitglieder zu vermeiden waren - es ging darum, sie durch begrenzte Druckausübung im französischen Lager zu halten, nicht darum, sie dem Kaiser in die Arme zu treiben[75]. Die fürstlichen Vertreter hatten dieses zentrale Interesse Frankreichs durchaus erkannt und ihm, wie oben ausgeführt, in ihrer Argumentation gegenüber Gravel Rechnung getragen.

---

73 Tatsächlich hatte man zu dieser Zeit in Paris allen Grund, mit der kurkölnischen Haltung unzufrieden zu sein: So hatte Kurfürst Maximilian Heinrich Bereitschaft gezeigt, dem Kaiser in den Fragen der Translation der Reichsdeputation und der Einberufung des Reichstags entgegenzukommen, und machte nun Schwierigkeiten bei der Erneuerung des Rheinbundes. Vgl. *M. Schnettger,* Reichsdeputationstag (Anm. 13), 293 - 296 bzw. *R. Schnur,* Rheinbund (Anm. 2), 47 - 49.

74 Bericht Rautensteins und Wittes über ihren Vortrag bei Gravel. Frankfurt 1662 VIII 6/16. Beilage zur Relation Bidenbachs. Frankfurt 1662 VIII 8/[18]. HStA S, A 90 F, Bü. 20.

75 Zur französischen Reichspolitik zwischen der Kaiserwahl von 1658 und der Eröffnung des Immerwährenden Reichstags vgl. *Bertrand Auerbach,* La France et le Saint Empire Romain-Germanique depuis la paix de Westphalie jusqu'à la Révolution française, Paris 1912, 57 - 79; *Claude Badalo-Dulong,* Trente ans de diplomatie française en Allemagne. Louis XIV et l'Electeur de Mayence. 1648 - 1678, Paris 1956, 29 - 68 sowie *R. Schnur,* Rheinbund (Anm. 2), hier besonders 57f.

V.

Gar so unproblematisch, wie Gravel sie dargestellt hatte, war die Haltung des Mainzer Hofes gegenüber den fürstlichen Forderungen nicht. Johann Philipp von Schönborn befand sich diesbezüglich nämlich in einem Interessenkonflikt: Für ein Entgegenkommen an die Fürsten sprach, zumal in der aktuellen Situation eines gespannten Verhältnisses zum Kaiser und zu mehreren Kurfürsten, die Überlegung, eine Erschütterung oder gar ein Zerbrechen des Rheinbundes und den Verlust des Rückhalts bei den Fürsten zu vermeiden, dagegen sprachen die Tradition und grundsätzliche eigene Interessen, denn von einer tiefergehenden Spaltung des Kurkollegs und einer Beeinträchtigung der kurfürstlichen Präeminenz wäre auch und in besonderer Weise Mainz als Direktor des Kurkollegs betroffen gewesen.

Die Fürsten waren sich der problematischen Auswirkungen des Fürstenvereines auf ihr Verhältnis zu den mit ihnen verbündeten Kurfürsten von Mainz und Köln – Trier spielte in ihren Überlegungen eine deutlich geringere Rolle[76] – durchaus bewußt und suchten einen Zusammenschluß dieser beiden mit den anderen Kurfürsten gegen die fürstlichen Interessen zu verhindern[77]. Im Frühjahr 1662, als die Verhandlungen um den Fürstenvereinsrezeß vor dem Abschluß standen, wurde deutlich, daß derartige Befürchtungen nicht aus der Luft gegriffen waren. So ließ der kurmainzische Oberhofmarschall und leitende Minister Johann Christian von Boineburg, als er Mitte März in Frankfurt weilte, verlauten, daß sein Herr von den übrigen Kurfürsten zur Abhaltung eines Kollegialtags vor der Eröffnung des Reichstags gedrängt werde, um Vorstößen der Fürsten gegen die kurfürstliche Präeminenz zu begegnen[78]. Er ließ durchblicken, Kenntnis von den Verhandlungen zum Abschluß des Fürstenvereins zu haben, bestritt jedoch, daß dieser eine große Gefahr für die Kurfürsten darstelle, da es bekanntermaßen mit der Einigkeit unter den Fürsten nicht weit her sei. Kurmainz werde beim kommenden Reichstag den Fürsten nicht das Leben schwer machen, sich aber ebensowenig von den übrigen Kurfürsten absondern oder Mehrheitsbeschlüsse verhindern können[79].

---

76 Daß Kurtrier, obwohl seit Oktober 1661 Mitglied der Allianz, nicht berücksichtigt wurde, wirft ein helles Licht auf das geringe Vertrauen, das Kurfürst Karl Kaspar von der Leyen, der dem Rheinbund nur unter Druck beigetreten war, insgesamt aber immer noch zur kaiserlichen Partei tendierte, sowohl von seiten Frankreichs als der Fürsten genoß. Vgl. *M. Hintereicher*, Rheinbund (Anm. 17), 257.

77 Vgl. *A. Köcher*, Geschichte (Anm. 1), 320.

78 Zur Korrespondenz zwischen Kurbrandenburg und Kurköln um die Berufung eines Kollegialtags s. Urkunden und Actenstücke zur Geschichte des Kurfürsten Friedrich Wilhelm von Brandenburg, Bd. 11: Politische Verhandlungen, Bd. 7, hrsg. v. *Ferdinand Hirsch*, Berlin 1865, 55f.

79 Bidenbach an Eberhard von Württemberg. Frankfurt 1662 III 7/[17]. HStA S, A 90 F, Bü. 20.

Ähnlich lautete auch die kurmainzische Resolution auf den Vortrag, den die Gesandten Braunschweig-Wolfenbüttels und Württembergs im Namen der Fürstlichen am 16. August in Gegenwart Boineburgs vor dem Kurfürsten von Mainz hielten: Um die durch den Westfälischen Frieden bekräftigten Rechte des Reichsfürstenstandes zu wahren, seien ihre Auftraggeber genötigt gewesen, „sich in eine nähere Verständtnuß vnd Correspondenz, mit einander zusetzen", zumal sie festgestellt hätten, daß der Mangel an Einigkeit dem Fürstenstand bisher geschadet habe. Sie beteuerten, weder den Kaiser noch das Kurkolleg noch sonst einen Mitstand in seinen durch die Reichssatzungen begründeten Rechten beeinträchtigen noch „einige Jalousie" vor allem bei den mit ihnen verbündeten Kurfürsten erwecken zu wollen. Unter Berufung auf die Versicherungen Schönborns während des jüngsten Wahltags, er billige die gegen die fürstlichen Rechte gerichteten Beschlüsse nicht, und auf entsprechende Beteuerungen seiner Minister beim Abschluß des Rheinbundes wurde Kurfürst Johann Philipp ersucht, beim kommenden Reichstag seine bisherige Position beizubehalten, damit Eintracht und Vertrauen zwischen den Ständen wiederhergestellt würden und so der Friede im Reich erhalten werde. Abschließend verliehen die fürstlichen Abgeordneten der Hoffnung Ausdruck, daß ihr Zusammenschluß ein Mittel zur Beförderung der Reichsgeschäfte sein werde, und betonten ihr Interesse, am bisherigen guten Einvernehmen mit Kurmainz festzuhalten[80].

Der Kurfürst, der von dieser Proposition, die ihm zugleich auch schriftlich übergeben wurde, sichtlich überrascht war[81], erteilte den fürstlichen Deputierten folgende Antwort: Schon in seiner Eigenschaft als Bischof von Würzburg – dieses Hochstift hatte er in Personalunion mit Kurmainz inne – habe er kein Interesse daran, den Rechten des Reichsfürstenstandes Abbruch zu tun. Ebensowenig werde er jedoch eine Beeinträchtigung der kurfürstlichen Rechte auf dem Reichstag gestatten. Ansonsten werde es dort zu Zusammenstößen kommen, die nur den auswärtigen Potentaten die erwünschte Gelegenheit zur Einmischung geben würden – man hatte in Mainz durchaus die Absichten der französischen Diplomatie durchschaut. Auf dem kommenden Reichstag werde man daher so zu verfahren haben, daß jedem seine Rechte, so wie sie der Westfälische Friede festgelegt habe, verblieben. Er entsinne sich wohl der Bestimmungen der jüngsten Wahlkapitulation über das *ius belli ac pacis*. Er sei damit nicht einverstanden gewesen, sondern habe Einspruch erhoben, habe jedoch nicht gegen den Widerstand Triers und anderer Kurfürsten durchdringen können. Er vertrete noch immer dieselbe Meinung und wisse sich darin

80 Konzept des Vortrags bei Kurmainz. Frankfurt o.D. Beilage zur Relation Bidenbachs. Frankfurt 1662 VIII 1/[11]. Ebd.

81 Bidenbach an Eberhard von Württemberg. Frankfurt 1662 VIII 8/[18]. Ebd.

auch mit Kurköln einig. Da aber diese Angelegenheit nicht nur die weltlichen Fürsten betreffe, zweifele er nicht, man werde auch mit geistlichen darüber korrespondiert haben, insbesondere mit Münster als einem Mitglied des Rheinbundes. Ansonsten werde es das Ansehen gewinnen, als wolle man diese ausschließen, was auf dem Reichstag statt größerer Einigkeit nur weitere Konflikte bewirken werde. Nachdem er nochmals ausgeführt hatte, daß, wenn die Fürsten nur die Umsetzung der Bestimmungen des *Instrumentum Pacis* verlangten, Kurfürsten und Fürsten auf dem Reichstag wohl einig miteinander werden könnten, stellte er eine günstige schriftliche Resolution in Aussicht.

In ihrer Antwort beteuerten die fürstlichen Deputierten nochmals, daß ihre Auftraggeber nichts anderes verlangten, als was das *Instrumentum Pacis* und die Reichsgrundgesetze beinhalteten. Da aber die *negotia remissa* nicht – wie vorgesehen – auf dem ersten Reichstag nach dem Friedensschluß abgehandelt worden seien, inzwischen aber von den Bestimmungen des Westfälischen Friedens abgewichen worden sei und auch zukünftig dergleichen zu befürchten stehe, wenn man keine Gegenmaßnahmen treffe, hätten ihre Herren diese Erinnerung für nötig gehalten. Mit Münster und anderen Fürsten habe man bereits allgemein geredet, beabsichtige auch keinen Fürsten auszuschließen[82]. Nur werde diese Angelegenheit derzeit noch geheim gehalten, und man habe zunächst mit Kurmainz und -köln als verbündeten Kurfürsten sprechen wollen, wie dies der Allianzrezeß hinsichtlich Fragen, die den Westfälischen Frieden beträfen, vorsehe[83].

Die Reaktionen auf die Ausführungen des Mainzer Kurfürsten waren unterschiedlich. Während etwa Bidenbach eher skeptisch war[84], konzedierte Herzog Eberhard von Württemberg, daß Schönborn sich in Fragen der fürstlichen Rechte bisher entgegenkommender erwiesen habe als seine Mitkurfürsten[85]. Auch in der Folgezeit fiel es den Fürsten schwer, die kurmainzische Haltung eindeutig einzuordnen. Für eine kritische Einschätzung sprach die Verzögerung der versprochenen Resolution, indem Boineburg zunächst verlauten ließ, sein Herr müsse, da die Fürsten sich auch an Kurköln gewandt hätten, vor einer Antwort zunächst

---

82 Außer Münster erklärte auch Sachsen-Gotha seine Bereitschaft zum Beitritt und stellte überdies in Aussicht, auch Weimar für den Fürstenverein zu gewinnen. *Ch. F. Sattler*, Geschichte (Anm. 4), Bd. 10, 27.

83 Bericht Alexandris und Bidenbachs über ihren Vortrag beim Kurfürsten von Mainz. Frankfurt 1662 VIII 7/17. Beilage zur Relation Bidenbachs. Frankfurt 1662 VIII 8/[18]. HStA S, A 90 F, Bü. 20. Vgl. auch *Ch. F. Sattler*, Geschichte (Anm. 4), Bd. 10, 23 f.

84 „... die wortt sindt aller orthen in generalibus guth, wie aber der effect folgen möge, wirdt die Zeit lehren". Bidenbach an Eberhard von Württemberg. Frankfurt 1662 VIII 8/[18]. HStA S, A 90 F, Bü. 20.

85 Eberhard von Württemberg an Bidenbach. Mühlacker 1662 VIII 14/[24]. Ebd.

mit Kurfürst Maximilian Heinrich korrespondieren[86], wenig später aber ausführte, vor einer schriftlichen Antwort sei aufgrund der Wichtigkeit der Angelegenheit eine Kommunikation mit allen Kurfürsten nötig. Wenn er auch gleichzeitig betonte, Kurmainz werde, unbeeinflußt von deren Meinungen, bei seiner mündlich erteilten Resolution beharren und entsprechend handeln[87], so mußte die Verzögerung der schriftlichen Antwort, die schließlich gänzlich unterblieben zu sein scheint, dennoch einen negativen Eindruck auf die Fürsten machen. Offensichtlich war die Neigung Schönborns, sich in dieser Frage verbindlich festzulegen und womöglich in einen offenen Gegensatz zur Mehrheit des Kurkollegs zu treten, gering[88].

Auch anläßlich eines Besuches des Herzogs von Pfalz-Neuburg am Mainzer Hof wurde deutlich, daß dieses Problem ungeachtet aller Erklärungen, die gegenseitigen legitimen Rechte respektieren zu wollen, gefährlichen Zündstoff in sich barg. Unmißverständlich artikulierte Kurfürst Johann Philipp seine Befürchtungen, der Fürstenverein könne nachteilige Auswirkungen auf das Verhältnis von Kurfürsten und Fürsten in der Allianz haben, und beharrte entschieden auf den Rechten, die gemäß der Goldenen Bulle und dem Herkommen den Kurfürsten zustünden. Umgekehrt führte der Pfalzgraf aus, daß es mit der von Schönborn den Fürsten zugebilligten Teilhabe am *ius belli ac pacis* nicht getan sei. Die Fürsten wollten ihre durch Art. 8 IPO verbürgten Rechte nicht nur theoretisch, sondern auch praktisch genießen und nicht zusehen müssen, wie diese ihnen durch Wahlkapitulationen entzogen würden. Zugleich wies er alle Beschuldigungen, die Fürsten gäben Anlaß zu Spannungen, zurück, da sie ja nur ihre legitimen Rechte verteidigten[89]. Trotz aller beiderseitigen Beteuerungen und Berufungen auf das *Instrumentum Pacis* wurde hier deutlich, wie umstritten dessen Interpretation in dieser wie in anderen Fragen war, und auch, daß die Bereitschaft, seine durch die jeweilige Interpretation bedingte Position zu relativieren, nur bedingt vorhanden war.

86 Bidenbach an Eberhard von Württemberg. Frankfurt 1662 VIII 22/[IX 1]. HStA S, A 90 F, Bü. 21.

87 Bidenbach an Eberhard von Württemberg. Frankfurt 1662 IX 5/[15]. Ebd.

88 Insgesamt ist das Verhältnis Schönborns zu den Fürsten kaum eindeutig zu bestimmen. Bei grundsätzlicher Akzeptanz der Bestimmungen des Westfälischen Friedens neigte er offensichtlich grundsätzlich dazu, diese im kurfürstlichen Sinne auszulegen. Am Ende der 1650er und zu Beginn der 1660er Jahre allerdings, in einer Situation, da er auf die Unterstützung verschiedener Fürsten angewiesen war, war seine Bereitschaft zu einem Entgegenkommen offensichtlich größer. Vgl. *Georg Mentz,* Johann Philipp von Schönborn, Kurfürst von Mainz, Bischof von Würzburg und Worms 1605 - 1673. Ein Beitrag zur Geschichte des siebzehnten Jahrhunderts, Bd. 2, Jena 1899, 15 - 18.

89 Bidenbach an Eberhard von Württemberg. Frankfurt 1662 XI 14/[24]. HStA S, A 90 F, Bü. 21 (nach dem Bericht des bei diesem Gespräch anwesenden pfalzneuburgischen Gesandten).

Dafür, daß eine solche Bereitschaft andererseits jedoch auf beiden Seiten nicht völlig in Abrede zu stellen ist, spricht eine Äußerung Boineburgs von Ende November 1662, in der er konkrete Vorschläge für die einvernehmliche Abfassung einer Beständigen Wahlkapitulation unterbreitete: Alle die Rechte, die Fürsten und Stände gemäß den älteren Reichssatzungen und vor allem gemäß dem Westfälischen Frieden mit den Kurfürsten gemeinsam hätten, sollten in dieselbe aufgenommen und daran in der Zukunft nichts geändert oder bestritten werden. Andererseits seien auch die kurfürstlichen Rechte, besonders hinsichtlich der Kaiser- bzw. Königswahl, zu respektieren[90]. Dieser Vorschlag fand auch auf fürstlicher Seite Zustimmung. So äußerte Herzog Eberhard von Württemberg die Hoffnung, daß auf diese Weise ein Zerwürfnis zwischen Kurfürsten und Fürsten zu vermeiden, „das zerfallene alte vertrawen wider zimblich zu restabilieren vnd in allen anstellenden Reichß Consultationibus auf dießes vorher legende gute fundament sicher zu bauen" sein werde[91].

Diese Hoffnungen sollten sich jedoch im Verlauf der Verhandlungen des am 20. Januar 1663 eröffneten Reichstags nur bedingt erfüllen. Zwar blieb der als Menetekel an die Wand gemalte völlige Bruch zwischen Kurfürsten und Fürsten aus, doch kam es zu Konfrontationen, als etwa 1663 der Fürstenverein unter Führung Pfalz-Neuburgs den – gescheiterten – Versuch unternahm, die Gewährung der Türkenhilfe von der Abstellung der fürstlichen Gravamina abhängig zu machen[92]. Ebenso erwiesen die 1664 aufgenommenen Beratungen über den zentralen Gegenstand der Beständigen Wahlkapitulation die Schwierigkeit eines Kompromisses, und die Tatsache, daß die Konsultationen über diese Materie 1671 ausgesetzt wurden, ließ die Kurfürsten *de facto* im Besitz der von ihnen beanspruchten Prärogativen[93].

VI.

Läßt man die Geschichte der Fürstenopposition der Jahre 1658 bis 1662 Revue passieren, so ergibt sich auf den ersten Blick ein zwiespältiges Bild. Feurige Vorstöße und weitreichende Pläne, die in der Vorstellung eines praktisch unauflösbaren Fürstenvereins gipfelten, dem ein Militärbündnis zur Sicherung der fürstlichen Rechte an die Seite gestellt werden sollte, wechselten mit Phasen der Stagnation, in denen sich in dieser Frage nichts bewegte. Insgesamt jedoch wird man die Feststellung

90 Bidenbach an Eberhard von Württemberg. Frankfurt 1662 XI 21/[XII 1]. Ebd.

91 Eberhard von Württemberg an Bidenbach. 1662 XI 27/[XII 7]. Ebd.

92 Vgl. *Ch. F. Sattler*, Geschichte (Anm. 4), Bd. 10, 31.

93 Vgl. *A. Schindling*, Anfänge (Anm. 5), 134 - 156.

treffen müssen, daß ein Umsturz der Reichsverfassung im fürstlichen Sinne, eine Nivellierung der Unterschiede zwischen Kurfürsten und Fürsten, die letztlich auf eine grundlegende Umgestaltung des Reiches in einem föderalen Sinne hinausgelaufen wäre, kaum je gedroht hat, so auch wohl zumindest nicht von allen Mitgliedern des Fürstenvereines intendiert war[94]. Nach ihren Äußerungen jedenfalls waren die Fürsten stets ausdrücklich bereit, die unbestreitbaren Vorrechte der Kurfürsten unangetastet zu lassen – wobei allerdings deren Umfang, sofern er nur durch das „Herkommen" definiert war, höchst umstritten blieb. Es ist jedoch bezeichnend, daß ein derart weitreichendes Projekt wie das vom August 1658 nicht konsensfähig war und der letztlich akzeptierte Entwurf nicht nur in der Festlegung der Ziele weit weniger scharf, sondern insgesamt wesentlich unverbindlicher formuliert war. Hier fiel nicht nur ins Gewicht, daß die Höfe insgesamt dazu tendierten, die Projekte ihrer allzu eifrigen Gesandten abzumildern, sondern es dürfte auch eine Rolle gespielt haben, daß vor allem die Welfen und Hessen-Kassel davor zurückscheuten, durch weitreichende bindende Verpflichtungen ihren politischen Spielraum allzu sehr einengen zu lassen. Die Wahrung der allgemeinen fürstlichen Interessen bildete eben für alle Fürstenvereinsmitglieder nur einen von mehreren Orientierungspunkten ihrer Politik, der in bestimmten Situationen – wie etwa angesichts der Konfrontationen während des Wahltags 1657/58 oder im Vorfeld des Reichstags mit seinen zu erwartenden Beratungen über die Frage der Beständigen Wahlkapitulation und andere *negotia remissa* – zwar einen wesentlichen Faktor darstellen mochte, zu anderen Zeiten jedoch zugunsten anderer Aspekte in den Hintergrund zu treten hatte.

Dennoch blieb in dem bis zum Ende hierarchisch strukturierten Reich die Frage der Abgrenzung der fürstlichen und der kurfürstlichen Rechte aktuell. Zwar konnte der Fürstenverein von 1662 kaum konkrete Erfolge verbuchen. Solche mußten von Anfang an auch als wenig wahrscheinlich betrachtet werden: Wie bereits ausgeführt, war das Engagement der einzelnen Mitglieder des Vereins unterschiedlich, insgesamt jedoch eher begrenzt. Zum zweiten waren dort zwar wichtige Mitglieder des Fürstenrates vertreten, die letztlich aber nur einen kleinen Teil dieses Corpus repräsentierten[95]. Ob sie mächtig genug sein würden, um ihre 1648 nicht

94 Wenn man also *W. Becker*, Kurfürstenrat (Anm. 11), 354 auch grundsätzlich zustimmen muß, wenn er als eine Wirkung des Westfälischen Friedens annimmt, „daß die Hierarchie der drei Reichstagskurien teilweise fiel", so wird man mit Blick auf die Verfassungsrealität nach 1648 das „teilweise" betonen müssen.

95 Schon beim Westfälischen Friedenskongreß hatte die evangelische Fürstenpartei unter Führung Hessen-Kassels ihre verfassungspolitischen Maximalziele nicht erreichen können, weil ihr hierin nicht nur die katholischen, sondern auch etliche evangelische Fürsten nicht gefolgt waren. Vgl. *F. Dickmann*, Der Westfälische Frieden (Anm. 11), 329.

verwirklichten Absichten gegen den entschlossenen Widerstand von Kaiser und Kurfürsten, deren Position sich zu Beginn der 1660er Jahre deutlich gefestigter gestaltete als in der Endphase des Dreißigjährigen Krieges, durchsetzen zu können, mußte von Anfang an zweifelhaft erscheinen. Auf der anderen Seite mußte eine Erweiterung der Vereinigung deren ohnehin begrenzten inneren Zusammenhalt weiter schwächen. Und auch auf die Garantiemächte des Westfälischen Friedens konnten die Fürsten nur begrenzt rechnen. Zwar war ihnen deren grundsätzliche Unterstützung sicher, doch büßte Schweden, dessen Großmachtstatus in der Endphase des Ersten Nordischen Krieges seine Fragwürdigkeit enthüllt hatte, nach dem Tode Karls X. Gustav (1660) auch im Rahmen der Reichspolitik deutlich an Bedeutung ein und ergriff Frankreich immerhin die Gelegenheit, mit Hilfe der fürstlichen Forderungen Druck auf die widerspenstigen rheinischen Kurfürsten auszuüben. Ob Ludwig XIV. aber bereit gewesen wäre, im Interesse der Fürsten etwa die Beziehungen zu Kurmainz, die für die französische Reichspolitik von zentraler Bedeutung waren, ernsthaften Belastungen auszusetzen, war höchst unwahrscheinlich. Insofern standen die Chancen für die fürstlichen Absichten denkbar schlecht: Wie schon 1648, waren im Grunde nur diejenigen Pläne realisierbar, die die Unterstützung eines breiten Spektrums der Reichsstände und der Auswärtigen genossen[96], was für die Ziele des Fürstenvereins von 1662 nur begrenzt gelten konnte.

Trotz allem diente – wie erwähnt – der Fürstenverein von 1662 als Vorbild für den des Jahres 1693, der im Kontext des Widerstandes gegen die Errichtung der neunten Kurwürde eine deutlich größere Wirkung entfaltete als sein Vorgänger. Die fürstliche Opposition konnte damals zwar nicht die Entscheidung von 1692 umstoßen, aber zumindest die nachträgliche Beteiligung auch des Fürstenrates des Reichstags an der Kurfrage und damit die Anerkennung des fürstlichen Rechtsstandpunktes erreichen, daß diese Angelegenheit nicht durch Kaiser und Kurfürsten allein entschieden werden könne[97]. Wichtige andere fürstliche Gravamina blieben auch im 18. Jahrhundert, ungeachtet etwa des Projekts einer Beständigen Wahlkapitulation von 1711, unerledigt. Eine völlig andersartige Lösung, zumindest aber eine Entschärfung des Problems, daß es für die mächtigeren der altfürstlichen Häuser unerträglich war, die kurfürstliche

---

[96] Vgl. *D. Albrecht,* Kriegs- und Friedensziele (Anm. 6), 255.

[97] Zum Widerstand gegen die Errichtung der neunten Kurwürde vgl. etwa *Wolfgang Burr,* Die Reichssturmfahne und der Streit um die hannoversche Kurwürde, in: Zeitschrift für Württembergische Landesgeschichte 27 (1968), 245 - 316 und neuerdings *Anna Sinkoli,* Frankreich, das Reich und die Reichsstände 1697 - 1702 (Europäische Hochschulschriften, Reihe 3. Geschichte und ihre Hilfswissenschaften, 652), Frankfurt a. M. u. a. 1995, 49 - 70, 178 - 193, 277 - 296, 333 - 343. Dort auch weitere Literatur.

Präeminenz hinzunehmen, brachte die Tatsache, daß die bedeutendsten unter ihnen selbst zur Kurwürde aufstiegen: Nachdem schon 1623/1648 Bayern vorangegangen war, folgten 1685 Pfalz-Neuburg (durch Erbgang) und 1692/1708 Hannover. Baden, Hessen, Württemberg und das säkularisierte Salzburg erreichten erst durch den Reichsdeputationshauptschluß von 1803 ihre Aufnahme ins Kurkolleg, ohne daß dies noch größere praktische Bedeutung gehabt hätte, denn bereits 1805 erfolgte die Erhöhung Bayerns und Württembergs zum Königtum, und ein Jahr später sank mit dem Alten Reich auch seine hierarchische Ordnung ins Grab.